Georgios Zekos

Rozwój sytuacji w zakresie praw własności intelektualnej i handlu w UE

Georgios Zekos

Rozwój sytuacji w zakresie praw własności intelektualnej i handlu w UE

Wydawnictwo Bezkresy Wiedzy

Cover image: www.ingimage.com

Publisher:
Wydawnictwo Bezkresy Wiedzy
is a trademark of
International Book Market Service Ltd., member of OmniScriptum Publishing Group
17 Meldrum Street, Beau Bassin 71504, Mauritius
Printed at: see last page
ISBN: 978-620-0-81519-4

Rozwój sytuacji w zakresie praw własności intelektualnej i handlu w UE

GEORGIOS ZEKOS

PhD (Law) PhD (Econ)

Do mojej ukochanej żony

Σοφία Προδρόμου Γρηγοριάδου

PREFACE

Gospodarka cyfrowa jest centralnym elementem transformacji opartej na staranności technologii opartych na cyberprzestrzeni. Przedsiębiorstwa wielonarodowe odgrywają kluczową rolę w gospodarce światowej, łącząc bogate i biedne gospodarki i przekazując kapitał, wiedzę, pomysły i systemy wartości ponad granicami, a zatem współdziałanie z instytucjami, organizacjami i osobami fizycznymi powoduje pozytywne i negatywne skutki uboczne dla zainteresowanych stron w krajach przyjmujących. BIZ stanowią źródło prywatnego finansowania zewnętrznego dla gospodarki kraju przyjmującego, przyczyniając się do tworzenia kapitału państwa w formie dochodów z podatku dochodowego od osób prawnych, pozwalając na transfer technologii i innowacji, a tym samym pozwalając gospodarce kraju przyjmującego na dogonienie ulepszeń technologicznych i zarządczych wchłoniętych przez resztę gospodarki w celu uzyskania pełniejszego wpływu na produktywność. Prawa własności intelektualnej przyznawane przez patenty, prawa autorskie, znaki towarowe itp. odgrywają istotną rolę w promowaniu innowacji i podtrzymywaniu wzrostu gospodarczego, umożliwiając ich posiadaczom powstrzymanie, przez ograniczony okres czasu, innych stron przed otrzymywaniem wynagrodzenia wynikającego z nowej wiedzy oraz z handlowego wykorzystania innowacyjnych produktów i opracowań opartych na tej nowej wiedzy. Wreszcie, wyniki oparte na naszych wskaźnikach pokazują nie tylko pozytywne i realne znaczenie praw własności intelektualnej dla przyciągania bezpośrednich inwestycji zagranicznych, ale również prawa własności intelektualnej są istotne w odwrotny sposób, przyczyniając się do wzrostu PKB.

Spis treści

Wprowadzenie

Rosnąca globalna konkurencja na rynkach produktów i usług, zachęty do obniżania kosztów i bardziej efektywnej produkcji, systematyczne wysiłki na rzecz zwiększania produkcji i dywersyfikacji eksportu, a także rola nowych technologii w obniżaniu kosztów komunikacji i transportu - wszystko to sprzyjają globalnym przepływom kapitału. Zewnętrzna liberalizacja, w tym usunięcie barier dla bezpośrednich inwestycji zagranicznych poprzez zakładanie przedsiębiorstw lub nabywanie przedsiębiorstw, przynosi dodatkowe korzyści w postaci lepszego dostępu do światowych rynków kapitałowych oraz perspektywy zwiększenia wydajności krajowego sektora finansowego poprzez inwestycje w wewnętrzny i zewnętrzny sektor finansowy, wraz z udziałem kapitałowym i zakładaniem przedsiębiorstw w sektorze finansowym.

Globalizacja jest procesem dynamicznym i wielowymiarowym, w związku z czym zasoby, które kiedyś były narodowe, stają się mobilne w skali międzynarodowej, podczas gdy gospodarki krajowe stają się coraz bardziej współzależne. Co więcej, globalizacja jest złożonym, silnym procesem prawnym i społecznym, który odbywa się w ramach zintegrowanej całości, bez względu na granice geograficzne. Globalizacja ma tendencję do nagradzania kreatywnych i technicznie wykwalifikowanych pracowników oraz do wywierania największej presji na pracowników o niższych kwalifikacjach. Dlatego też globalizacja ma wpływ na gospodarki, obejmując rozszerzony handel towarami i usługami, licencjonowanie produktów i technologii, większe międzynarodowe inwestycje portfelowe oraz bezpośrednie inwestycje zagraniczne.

Przedsiębiorstwa wielonarodowe odgrywają kluczową rolę w gospodarce światowej, łącząc bogate i biedne gospodarki i przekazując kapitał, wiedzę, pomysły i systemy wartości ponad granicami, a zatem współdziałanie z instytucjami, organizacjami i osobami fizycznymi powoduje pozytywne i negatywne skutki uboczne dla zainteresowanych stron w krajach przyjmujących. MNE jako całość jest postrzegane jako posiadające zdolność do łączenia lub integrowania wiedzy wygenerowanej na poziomie filii poprzez wewnątrzfirmowy transfer takiej wiedzy (międzynarodowa współzależność). Dlatego też PWN może być postrzegane jako zintegrowana sieć, w której powiązania między węzłami sieci służą jako przewody dla takich wartości niematerialnych, jak wiedza i ekspertyza, a także takich materialnych jak produkty i komponenty. Badania i rozwój oraz technologia przedsiębiorstw wielonarodowych są głęboko skoncentrowane na kilku krajach macierzystych, w przeciwieństwie do inwestycji, produkcji i zatrudnienia przedsiębiorstw wielonarodowych, które są bardziej rozproszone zarówno w gospodarkach uprzemysłowionych, jak i rozwijających się. Technologia jest zasadniczo pojęciem abstrakcyjnym, a zatem trudnym do zaobserwowania i oceny. Przedsiębiorstwa wielonarodowe kontrolują dostawy technologii poprzez swoje własne technologie, ale również mają znaczący udział w popycie za pośrednictwem swoich zagranicznych oddziałów. Wewnątrzfirmowy charakter transferów technologii, które mają miejsce poprzez handel sprzętem kapitałowym i innymi produktami, jest mniej widoczny, ale wciąż zauważalny. Znaczna część wywozu i przywozu głównych krajów pochodzenia odbywa się między przedsiębiorstwami macierzystymi i powiązanymi z MNE i jest ściśle powiązana z bezpośrednimi inwestycjami zagranicznymi. BIZ to transgraniczny transfer kapitału, który pozwala gospodarce przyjmującej na pobudzenie inwestycji przekraczające jej stopę oszczędności. BIZ są w przeważającej mierze akceptowalnym źródłem kapitału, ponieważ mają bardziej długoterminowy charakter niż inwestycje portfelowe.

Cyberspace to globalna sieć komputerów połączonych szybkimi liniami danych i systemami bezprzewodowymi. Cyberprzestrzeń jest więc środkiem, który globalizacja ^{XXI} wieku wykorzystuje w globalnym procesie integracji. Cyberprzestrzeń może wzmocnić krajowe i globalne zarządzanie. Na stosunki międzynarodowe wpływają krajowe zjawiska polityczne oraz interakcje podmiotów niepaństwowych ponad granicami. Co więcej, Internet nie jest siecią w sensie fizycznym czy komunikacyjnym, lecz otwartą siecią wirtualną opartą na wspólnym protokole transmisji. Wzrost wykorzystania Internetu jest jednym z najciekawszych osiągnięć technologicznych i politycznych końca XX wieku. Internet przyłącza się do ataku na suwerenność i być może bardziej niż którekolwiek z innych sił globalizacji przyczyni się do odsunięcia suwerenności i jej tradycyjnych pułapek na stos pozostałości z historii. Tym samym cyberprzestrzeń dołącza do długiego historycznego dziedzictwa nowych technologii informacyjnych, zagrażając zaburzeniem istniejącego charakteru polityki w państwach narodowych. Internet w swoim obecnym kształcie uosabia kluczową ideę techniczną, a mianowicie sieć o otwartej architekturze. W sieci o otwartej architekturze poszczególne sieci mogą być niezależnie projektowane i rozwijane, a każda z nich może mieć swój własny, unikalny interfejs, który może oferować użytkownikom i/lub innym dostawcom, w tym innym dostawcom Internetu. Każda sieć może być zaprojektowana zgodnie ze specyficznym środowiskiem i wymaganiami użytkowników tej sieci. Poważna zmiana nastąpiła w wyniku zwiększenia skali Internetu i związanych z nim problemów z zarządzaniem[1]. W erze cyfrowej współtworzenie treści przez kilku autorów stało się łatwiejsze na wiele sposobów, dlatego też sieci reformują i wspierają komunikację, edukację, innowacyjność i rozwój zawodowy. Tak więc w erze postindustrialnej postęp technologiczny, wysiłek ludzki i regulacje operacyjne pozostają kluczowymi elementami wzmocnienia gospodarczego[2].

Era cyfrowa charakteryzuje się kilkoma pojęciami, wśród których społeczeństwo sieciowe jest pojęciem obejmującym aspekty przemian wywołanych przez technologie cyfrowe. Gospodarka cyfrowa jest zatem centralną częścią transformacji opartej na pilności technologii opartych na cyberprzestrzeni do produkcji i handlu towarami i usługami, co oznacza, że nie tylko dotyka ona codziennego życia ludzi, ale jest także ucieleśnieniem coraz większej części gospodarki światowej.

O ponadnarodowym charakterze prawa europejskiego świadczy fakt, że państwa członkowskie przekazały UE pewne kompetencje ustawodawcze, ograniczając w ten sposób swoje suwerenne prawa do przyjmowania aktów prawnych w przedmiotowych dziedzinach.[3]Jako normalne założenie życia politycznego UE podaje, że administracja jest uzupełnieniem polityki; wiedza techniczna jest służbą publiczną odpowiedzialną za podejmowanie decyzji, a władza wykonawcza podlega woli obywateli. Swobodny przepływ pracowników, towarów i kapitału, swoboda przedsiębiorczości i swoboda świadczenia usług zależą od obszernych ram regulacyjnych, wdrażanych poprzez obowiązkową harmonizację prawa krajowego, systemów prawnych UE i wspólnych polityk. Tak więc art. 67 ust. 1 TFUE ustanawia europejską przestrzeń wolności, sprawiedliwości i bezpieczeństwa oraz respektuje różne systemy prawne i tradycje państw członkowskich w poszczególnych dziedzinach - takich jak prawo procesowe - które są dobrze ugruntowane na poziomie krajowym, a jednocześnie są raczej nowe na poziomie UE. W UE technokratyczny charakter reżimu politycznego osiągnął punkt, w którym wyrażane są obawy dotyczące "deficytu demokracji[4]".

Ponadto proces globalizacji w ramach UE pokazuje, że zastosowano zarówno mechanizmy wolnego rynku, jak i instrumenty regulacji centralnej, wspierane przez centralne organy wykonawcze (Komisję i Trybunał). W ramach modelu unijnego lub ponadnarodowego efekt globalizacji prawa jest natychmiastowy, zgodnie z monistycznym podejściem do relacji między prawem międzynarodowym/ ponadnarodowym i krajowym. Zasada nadrzędności prawa UE oznacza, że prawo krajowe jest uchylane lub, w przypadku dyrektyw, że tworzenie prawa krajowego jest poprzedzone obowiązkowymi celami określonymi w dyrektywach. W odniesieniu do tych celów nie ma miejsca na uznaniowość krajowych prawodawców. Bezpośredni skutek prawa ponadnarodowego jako czynnika globalizacji jest niezależny od suwerennej woli państw członkowskich i jest wspierany przez uprawnienia wykonawcze ETS.

Istotą pomysłu badawczego i jego zakresu jest udowodnienie w kategoriach ekonomicznych roli praw własności intelektualnej i konkurencyjności oddzielnie dla przyciągania BIZ w gospodarce. Ta analiza ekonomiczna udowodni lub nie udowodni istoty/rdzenia teorii prawnej dotyczącej praw własności intelektualnej i prawa konkurencji w gospodarce. Innymi słowy, konieczność i skuteczność obecnego prawa własności intelektualnej i konkurencji zostanie zweryfikowana / udowodniona za pomocą analizy ilościowej.

Gospodarka cyfrowa jest nieodzowną częścią globalnej gospodarki reformującej sposób prowadzenia działalności gospodarczej, mając na uwadze wnioski dotyczące BIZ. BIZ ucieleśniające kapitał i technologię lub jakąś niematerialną korzyść jest aktem założenia lub nabycia zagranicznej

---

[1] G Zekos, MNEs and Human Rights in International Law and Globalization, 2006 The ICFAI journal of International Business Law, wydanie październikowe str. 7 www.icfaipress.org .G Zekos, State Cyberspace Jurisdiction and Personal Cyberspace Jurisdiction in Cyber Crimes and Cyber Torts, 2006 ICFAI Journal of Cyber Law, maj 06, str. 9 www.icfaipress.org.

[2] Manuel Castells, The Rise of the Network Society (Blackwell, Oxford 2010) 51-4.

[3] Sprawa 26/62, Van Genden Loos przeciwko Nederlandse Inland Revenue Administration, EU:C:1963:1; 1 C.M.L.R. (1970).

[4] D. Federico Mancini i David T. Keeling, Democracy and the European Court of Justice, 57 Mod. L. Rev. 175 (1994); Karlheinz Neunreither, The Democratic Deficit of the European Union: W kierunku ściślejszej współpracy między Parlamentem Europejskim a parlamentami krajowymi, 29 GOV'T i OPP'N 299 (1994).

spółki zależnej, nad którą inwestująca firma ma szeroką kontrolę zarządczą[5]. Przepływy BIZ są zazwyczaj preferowane w stosunku do innych form finansowania zewnętrznego, ponieważ nie tworzą długu, nie są zmienne, a ich zwrot zależy od wyników projektów finansowanych przez inwestorów. Jaki jest wpływ praw własności intelektualnej na wpływy i odpływy BIZ?

Istotnym celem prawa własności intelektualnej jest nagradzanie innowacji i twórczości poprzez przyznawanie wyłącznych praw do wykorzystania nowego wynalazku, nowej informacji lub dobra kultury. System prawny wywołuje system gospodarczy, a normy prawne muszą być oceniane w sposób, który prowadzi do najbardziej kompetentnego rezultatu[6]. Zwrot wynikający z praw własności intelektualnej jest bezpośrednio powiązany z czasem trwania i zakresem tych praw. W ciągu ostatnich dwóch dziesięcioleci otoczenie własności intelektualnej uległo gwałtownym zmianom. Wraz z pojawieniem się cyberprzestrzeni ludzie zmienili sposób, w jaki dzielą się informacjami i konsumują własność intelektualną, stając się łatwiejszym dla ludzi na całym świecie do sprzeniewierzania nieodpowiednich chronionych materiałów,[7] co oznacza, że istnieje potrzeba lepszego zarządzania prawami własności intelektualnej w celu osiągnięcia jak najlepszych wyników również w zakresie zarządzania BIZ. Warto wspomnieć, że postęp w dziedzinie technologii i projektowania wynalazków, w połączeniu ze zróżnicowanymi punktami widzenia na własność intelektualną, spowodował potrzebę/popyt na wiele nagród w dziedzinie własności intelektualnej[8].

Patent jest niezwykle potężny, ponieważ chroni nowe i nieoczywiste idee, a nie tylko ich ekspresję. System patentowy ma na celu ochronę maszyn, urządzeń i nowych chemicznych kompozycji biotechnologicznych/nanotechnologicznych - bardziej niż czyste koncepcje. Po opatentowaniu wynalazku, sam wynalazca czerpie korzyści ze swojej twórczości i ma prawo do wykluczenia innych z korzystania z jego wynalazku, a w zamian za ten okres wyłącznego użytkowania, wynalazca w pełni ujawnia swój wynalazek publicznie[9]. W ciągu ostatnich kilku dziesięcioleci liczba patentów w dziedzinie technologii informacyjno-komunikacyjnych znacznie się zwiększyła, a zatem rosnąca liczba patentów i związane z nią rozdrobnienie praw własności intelektualnej doprowadziły do powstania szeregu problematycznych konsekwencji, które oznaczają, że gąszcze patentów, nakładanie opłat licencyjnych, powstawanie podmiotów zajmujących się ochroną praw patentowych, nasilenie sporów patentowych, głównie dotyczących standardowych podstawowych patentów, oraz problemy z określeniem sprawiedliwych, rozsądnych i niedyskryminujących warunków udzielania licencji to niektóre z kwestii mających wpływ na zmiany prawne dotyczące ochrony praw własności intelektualnej.

---

[5]G Zekos, Wpływ praw własności intelektualnej na BIZ, 2013 PhD Thesis Economics Department, University of Peloponnese Tripoli Hellas www.uop.gr . G Zekos, The Value of IPRs and Competitiveness Regarding FDI: Linear and Non-Linear Analysis 2013 Journal of Computational Optimization in Economics and Finance Volume 5 Issue 2, www.novapublishers.com G Zekos, Impact of IPRs on FDI and Trade, 2013, The IUP Journal of Management Research, Vol. XII, No. 4. www.iupindia.in , G Zekos, Interrelation of Intellectual Property Rights and Competitiveness: FDI inwards i FDI outwards, 2013 Journal of Intellectual Property Rights, Vol. 18 July 2013 s. 338-350 www.niscair.res.in G Zekos, "Constructing a New IPRs index" [2012] 4 Web JCLI http://webjcli.ncl.ac.uk/2012/issue4/zekos4.html

[6] G Zekos, IPRs' impact on FDI, 2013 PhD Thes, Economics Department, University of Peloponnese, Tripoli, Hellas.G Zekos, IPRS' influence on FDI Inflows & FDI Outflows In EU, 2017 Lambert Academic Publishing www.lap-publishing.com www.morebooks.de NIEMCY ISBN: 978-620-2-09524-2 G Zekos, **The** United States of Europe in place of the European Union, 2017 Nova Science Publications New York USA. www.novapublishers.com.

[7] G Zekos, Law & Economics of IPRs, 2016 Nova Science Publications New York USA. www.novapublishers.com G Zekos, IPRs' impact on FDI, 2013 PhD Thesis, Economics Department, University of Peloponnese, Tripoli, Hellas www.uop.gr CoStar Grp., Inc. v. LoopNet, Inc., 373 F.3d 544, 558 (4th Cir. 2004) (omawiając sposób, w jaki Internet wywiera presję na system ścisłej odpowiedzialności przewidziany w ustawie o prawach autorskich).

[8] Apple Inc. przeciwko Samsung Elecs. Co., Ltd., 2014 U.S. Dist. LEXIS 29721 (N.D. Cal. Mar. 6, 2014). (dotyczyło roszczeń o odszkodowanie za trzy formy patentów na własność intelektualną - użyteczność, patenty na wzór oraz strój handlowy dla dwudziestu ośmiu produktów Apple na smartfony i tablety).

[9] U.S. CONST. Art. I, § 8, kl. 8. Kongres ma uprawnienia do "promowania postępu nauki i użytecznych sztuk, poprzez zapewnienie Autorom i Wynalazcom na ograniczony czas wyłącznego prawa do ich odpowiednich Pism i Odkryć". Donald Chisum Et Al., Principles of Patent Law 3 (2d red. 2001). Mazer v. Stein, 347 U.S. 201, 219 (1954) ("Filozofią ekonomiczną stojącą za klauzulą upoważniającą Kongres do udzielania patentów i praw autorskich jest przekonanie, że zachęcanie do indywidualnego wysiłku poprzez osobisty zysk jest najlepszym sposobem na zwiększenie dobrobytu publicznego poprzez talenty autorów i wynalazców w "Nauce i sztuce użytkowej". Dni poświęcone takiej działalności twórczej zasługują na nagrody współmierne do świadczonych usług"). eBay Inc. v. MercExchange, L.L.C., 547 U.S. 388, 391 (2006).

Długoletnia podstawa praw autorskich polega na tym, że zachęcają one do nadawania nowego wyrazu poprzez gwarantowanie ograniczonego monopolu na powielanie ekspresyjnych dzieł[10]. Prawa autorskie nie są absolutne, a posiadacz praw autorskich nigdy nie ma całkowitej kontroli nad wszystkimi prawdopodobnymi sposobami wykorzystania jego dzieła. Prawo autorskie jest prawem nadanym twórcom do ich dzieł literackich lub artystycznych obejmujących dzieła takie jak książki i e-booki, sztuki teatralne, gazety, programy komputerowe, bazy danych, filmy, kompozycje muzyczne, obrazy, fotografie, rzeźby, architekturę, reklamy, mapy itp. Prawa autorskie nie obejmują idei, procesów lub procedur, pojęć matematycznych lub metod działania. Prawa własności intelektualnej, podobnie jak prawa autorskie, czynią z dóbr cyfrowych również prawnie wyłącznymi. Celem prawa autorskiego jest wykluczenie bezprawnego wykorzystania lub piractwa jakiegokolwiek dzieła literackiego lub artystycznego przez osobę trzecią. Utwory, które nie są chronione prawem autorskim, należą do domeny publicznej. W sprawie Golan przeciwko Holder[11], Sąd zalegalizował rozszerzenie ochrony praw autorskich na utwory należące wcześniej do domeny publicznej. Charakterystyczne jest, że ostatnio w sprawie Garcia przeciwko Google[12] stwierdzono, że prawa autorskie są wykorzystywane do promowania cenzury idei.

Biorąc pod uwagę, że ochrona prawna znaku towarowego jest przyznawana w odniesieniu do znaku używanego w handlu, w Grecji od 400 r. p.n.e. zwykłe towary były oznaczane symbolami garncarzy, malarzy i znakami urzędowymi[13]. Prawo o znakach towarowych pomaga konsumentom, którzy używają znaków towarowych na rynku, w szybkiej i bezproblemowej identyfikacji produktu, który im się podobał lub którego nie lubili w przeszłości, odróżniając go od różnych konkurencyjnych producentów danego produktu. Warto wspomnieć, że zdecydowana większość twierdzeń dotyczących znaków towarowych koncentruje się na nazwie lub słowach objętych znakiem towarowym, a nie na obrazie wizualnym[14]. Ochrona znaków towarowych promuje trzy główne polityki: (1) ochrona dobrej woli właściciela znaku towarowego; (2) ochrona konsumenta; oraz (3) efektywność ekonomiczna. Dobra wola powinna być chroniona w zakresie niezbędnym do zapobieżenia bezpodstawnemu wzbogaceniu się konkurenta. Jeżeli w momencie kliknięcia przez użytkownika na reklamę lub link internetowy nie ma miejsca zamieszanie, nie prowadzi to do bezpodstawnego wzbogacenia. Uczciwe użycie jest obroną przed naruszeniem znaku towarowego, a jednym z przykładów uczciwego użycia jest reklama porównawcza[15]. Twierdzi się, że fair use grozi połknięciem praw właścicieli praw autorskich do zapobiegania nieautoryzowanemu kopiowaniu ich dzieł[16]. Prawo o znakach towarowych jest zbiorem przepisów, które chronią oznaczenie wskazujące na pochodzenie towarów i usług na wyłączny użytek właściciela[17].

Krajowe przepisy dotyczące konkurencji[18] mają swoje granice i ograniczenia, dlatego nie są w stanie skutecznie przeciwdziałać międzynarodowym ograniczeniom. Ponadto krajowe prawo

---

[10] Eldred v. Ashcroft, 537 U.S. 186, 219 (2003) (nazywając prawa autorskie "silnikiem wolnej wypowiedzi"). *Cariou v. Prince* 714 F.3d 694 (2d Cir. 2013), *cert. denied*, 134 S. Ct. 618 (2013).

[11] 132 S. Ct. 873 (2012).

[12] Garcia v. Google, Inc., 786 F.3d 733 (9. Cir. 2015) (en banc). Garcia v. Google, Inc., 766 F.3d 929, 935 (9. Cir. 2014), *rev'd en banc*, 786 F.3d 733. Google Spain SL przeciwko Agencia Espanola de Proteccion de Datos (AEPD), sprawa C-131/12, ECLI:EU:C:2014:317 (13 maja 2014 r.). Katz v. Chevaldina, No. 14-14525, slip op. na 11 (11. Cir. 2015),https://www.eff.org/files/2015/09/17/katz_opinion.pdf.

[13] Gerald Ruston, "On the Origin of Trademarks" (1955) 45:2 Trademark Reporter 127, na podstawie pracy Franka I. Schechtera, The Historical Foundations of the Law Relating to Trade-marks" (Nowy Jork: Columbia University Press, 1925).

[14] Hershey Co. v. Friends of Steve Hershey, 33 F. Supp. 3d 588, 592-93 (D. Md. 2014). Warner Bros. Entm't v. Global Asylum, Inc., No. CV 12_9547 PSG CWX, 2012 WL 6951315, at *8 (C.D. Cal. 10 Dec. 2012).

[15] G Zekos, Wpływ praw własności intelektualnej na BIZ, 2013 PhD Thesis, Economics Department, University of Peloponnese, Tripoli, Hellas. G Zekos, Trademarks and Cyberspace, The Journal of World Intellectual Property (2006) Vol. 9, no. 5, s. 496-547, www.blackwell-synergy.com. G Zekos, Initial Interest Confusion or the Sales' Moment Confusion Doctrine and Trademarks, 2006 *The ICFAI Journal of Intellectual Property Rights Issue November p27* www.icfaipress.org.

[16] Cariou v. Prince, 714 F.3d 694 (2d. Cir. 2013)., Seltzer v. Green Day, Inc., 725 F.3d 1170, 1177-78 (9. Cir. 2013). Cariou v. Prince, 784 F. Supp. 2d 337, 349 (S.D.N.Y. 2011). Monge v. Maya Magazines, Inc., 688 F.3d 1164, 1185-88 (9. Cir. 2012) (Smith, J., odmienny) (nie zgadzający się z większością, która uchyliła postanowienie sądu okręgowego o godziwym wykorzystaniu zdjęć, co do tego, czy wykorzystanie zdjęć przez magazyn kwalifikowało się jako relacja prasowa i było transformacyjne); *Kienitz v. Sconnie Nation LLC* 766 F.3d 756 (7. Cir. 2014).

[17] Andrew Griffiths, An Economic Perspective On Trade Mark Law (2011).

[18] G Zekos, ECONOMICS AND LAW ON COMPETITION IN 21st CENTURY GLOBALIZATION 2014 Nova Science Publications New York USA. www.novapublishers.com

konkurencji może zbliżać się do pewnych wspólnych punktów i standardów, w związku z czym z biegiem lat podejmowane są starania, aby egzekwowanie prawa konkurencji stało się eksterytorialne, ponieważ istnieje potrzeba umiędzynarodowienia prawa konkurencji. Argumentuje się, że współpraca dwustronna, wprowadzenie międzynarodowego kodeksu konkurencji oraz harmonizacja i konwergencja krajowych systemów konkurencji mogą doprowadzić do stworzenia międzynarodowego systemu prawa konkurencji[19].

Celem obecnych prac jest zbadanie wpływu praw własności intelektualnej na BIZ w UE w porównaniu z ich wpływem na gospodarkę światową. W pierwszym rozdziale znajduje się odniesienie do kwestii BIZ, cyberprzestrzeni i globalizacji, a następnie przegląd literatury. W rozdziale trzecim zilustrowano kształtowanie się indeksów ZEKIPR i ZEKEUIPR, a następnie w kolejnych rozdziałach przedstawiono wyniki ekonometryczne z różnych modeli ekonometrycznych. Na koniec przedstawiamy wnioski wyciągnięte z naszej analizy.

---

[19] R. Weintraub, "Globalization Effect on Antitrust Law", *New Eng. L. Rev.* 34 (1999), s. 27.

Rozdział 1

BIZ i prawa własności intelektualnej w Unii Europejskiej

1. Wprowadzenie

Bezpośrednie inwestycje zagraniczne (BIZ) stanowią źródło prywatnego finansowania zewnętrznego dla gospodarki kraju przyjmującego, przyczyniając się do tworzenia kapitału państwa w postaci dochodów z podatku dochodowego od osób prawnych, umożliwiając transfer technologii i innowacji, a tym samym tolerując nadrabianie przez gospodarkę kraju przyjmującego zaległości w zakresie ulepszeń technologicznych i zarządczych, które są wchłaniane przez resztę gospodarki w celu uzyskania pełniejszego wpływu na wydajność. Ponadto, BIZ ucieleśniające kapitał i technologię lub pewne niematerialne korzyści to akt założenia lub nabycia zagranicznej spółki zależnej, nad którą spółka inwestująca sprawuje szeroką kontrolę zarządczą. Istnieją tryby BIZ, takie jak fuzje i przejęcia, wspólne przedsiębiorstwa i nowe zakłady, które mają swoje własne cechy charakterystyczne, zalety i wady. Aby przetrwać konkurencję na rynku zagranicznym, firma musi posiadać pewne specyficzne dla własności aktywa, takie jak własna wiedza, technologia, struktura organizacyjna, umiejętności w zakresie zarządzania lub marketingu. Pod tym względem BIZ są przede wszystkim istotne, ponieważ stanowią zarówno źródło kapitału, jak i źródło wiedzy o technikach produkcji. W związku z tym, BIZ skłaniają wiele firm do rozwijania swoich produktów i usług, albo poprzez konkurencję, albo poprzez partnerstwo, takie jak joint venture[20].

Rynki światowe rozszerzyły się i pogłębiły drastycznie w wyniku liberalizacji handlu, prywatyzacji, deregulacji i produkcji off-shore na dodatek do centrów finansowych. Prawa przedsiębiorstw wielonarodowych (MNE) do prowadzenia działalności w skali globalnej zostały prawnie zachowane w ramach szerokiego rozszerzenia dwustronnych umów inwestycyjnych i rozdziałów inwestycyjnych dwustronnych i regionalnych umów o wolnym handlu, poza nowym międzynarodowym systemem ochrony własności intelektualnej. Nowoczesna kolonizacja[21] oznacza zawładnięcie terytorium poprzez wykorzystanie kapitału i materiałów za pomocą władzy prawnej, nie wykazując w rzeczywistości zawładnięcia w starym sensie.

Powszechne uznanie znaczenia konkurencji zostało uzupełnione przez utrzymujący się proces globalizacji i wyraźne podniesienie poziomu eliminacji przeszkód w przepływie handlu i globalnych inwestycji. W ten[22] sposób konkurencja pomiędzy firmami zagranicznymi i lokalnymi daje możliwość zwiększenia produktywności i konkurencyjności. Krajowe przepisy dotyczące konkurencji mają swoje granice i ograniczenia, dlatego nie są w stanie skutecznie zwalczać ograniczeń międzynarodowych. Co więcej, krajowe prawo konkurencji może zbliżać się do pewnych wspólnych punktów i standardów, w związku z czym podejmowane są starania, aby egzekwowanie prawa konkurencji stało się na przestrzeni lat eksterytorialne, ponieważ istnieje potrzeba umiędzynarodowienia prawa konkurencji. Argumentuje się, że współpraca dwustronna, wprowadzenie międzynarodowego kodeksu konkurencji oraz harmonizacja i konwergencja krajowych systemów konkurencji mogą doprowadzić do powstania międzynarodowego systemu prawa konkurencji.[23]

Można powiedzieć, że zatwierdzenie praw własności intelektualnej stanowi drogę do uprzemysłowienia, przyczyniając się do poprawy dobrobytu materialnego krajów rozwijających się. W odniesieniu do praw autorskich wyraźnie wyjaśniono, że silne prawa są niezbędne do wspierania rozwoju gospodarczego i kulturalnego poprzez zachęcanie do krajowej kreatywności i produkcji

[20] http://www.imf.org/external/pubs/ft/fandd/1999/03/mallampa.htm

[21] G. Zekos, "Re-Colonization within and via Economic Globalization", *International Law Journal of London*, *www.internationallawjournaloflondon.com* (2015).

[22] Fiebig, A, "A Role for the WTO in International Merger Control", *Nw. J. Int'l L. & Bus 20* (2000), s. 233.

[23] Robert C. Bird, "Defending Intellectual Property Rights in the BRIC Economies," 43 *AM. BUS. L.J.* 317, 323-331 (2006).

autorskiej[24]. Obecnie, w międzynarodowych kontekstach prawnych i politycznych, rozwój gospodarczy i interes publiczny jawią się jako kluczowe uzasadnienia dla ochrony praw autorskich, obejmujące w międzynarodowych umowach handlowych najsilniejsze międzynarodowe standardy w zakresie praw autorskich[25].

[26]Prawa własności intelektualnej (PWI) przyznane przez patenty, prawa autorskie, znaki towarowe itp. odgrywają znaczącą rolę w promowaniu innowacji i podtrzymywaniu wzrostu gospodarczego, umożliwiając ich posiadaczom powstrzymanie, przez ograniczony czas, innych stron od płacenia wynagrodzenia wynikającego z nowej wiedzy oraz z handlowego wykorzystania innowacyjnych produktów i opracowań opartych na tej nowej wiedzy. Stanowi to motywację dla stron do przeznaczania zasobów finansowych i ludzkich na badania i rozwój (R&D) w celu dokonywania nowych odkryć, opracowywania innowacyjnych produktów i odkrywania lepszych metod produkcji.

W gospodarce opartej na wiedzy skuteczna ochrona praw własności intelektualnej staje się kluczowym składnikiem triumfu handlowego. Wraz z rosnącym poziomem handlu międzynarodowego wzrasta ilość wymiany handlowej dotyczącej praw własności intelektualnej, co powoduje, że warto poświęcić znaczne środki na skuteczną ochronę. Rewolucja cyfrowa i inne przełomowe rozwiązania technologiczne ostatnich kilku dziesięcioleci sprawiły, że własność intelektualna znalazła się na pierwszym planie pod względem interesów gospodarczych, społecznych i politycznych. W ten sposób cyberprzestrzeń zwiększyła użyteczność ochrony praw własności intelektualnej, a wszystkie jurysdykcje walczą o wprowadzenie nowych przepisów regulujących wszystkie nowe formy praw własności intelektualnej wynikające z wykorzystania cyberprzestrzeni.

Teoria i praktyka wskazują na niepewny związek pomiędzy ochroną praw własności intelektualnej a rozkładem BIZ w poszczególnych jurysdykcjach. BIZ polegają na przenoszeniu zdolności produkcyjnych z państwa pochodzenia do państwa przyjmującego. Istnieje potrzeba zbadania wpływu ochrony praw własności intelektualnej na BIZ w różnych jurysdykcjach przyjmujących. Teoretycznie niejasny jest związek między siłą systemu ochrony praw własności intelektualnej danego państwa a jego stopniem wzrostu. Jaki jest wpływ ochrony praw własności intelektualnej na BIZ, handel i produkt krajowy brutto (PKB)?

Oryginalność obecnej analizy opiera się na nowych wskaźnikach praw własności intelektualnej dotyczących krajów/gospodarek UE, takich jak zekeuipr1- zekeupat1- zekeucopy1- zekeumark1, zekeuipr2, zekeuipr4 i zekeuipr3. Ponadto, nowym trzonem idei badawczej i zakresem niniejszego opracowania jest udowodnienie w kategoriach ekonomicznych roli praw własności intelektualnej[27] i konkurencyjności oddzielnie dla przyciągania napływu lub powodowania odpływu BIZ, handlu i wzrostu PKB w Unii Europejskiej. Niniejsza analiza ekonomiczna udowodni lub nie udowodni istoty/rdzenia teorii prawnej dotyczącej praw własności intelektualnej i prawa konkurencji w gospodarce. Innymi słowy, konieczność i skuteczność obecnego prawa własności intelektualnej i konkurencji zostanie zweryfikowana/ udowodniona za pomocą analizy ilościowej.

---

[24] J. Janewa OseiTutu, Socially Responsible Corporate IP, 21 Vand. J. Ent. & Tech. L. 484, 511-13 (2018) (omówienie zastosowania społecznej odpowiedzialności biznesu do własności intelektualnej w kulturze). J. Janewa OseiTutu, Humanizing Intellectual Property: Moving Beyond the Natural Rights Property, 20 Vand. J. Ent. & Tech. L. 207, 213–14 (2017).

[25] Traktat WIPO o prawie autorskim, 20 grudnia 1996, S. TREATY DOC. Nr 105-17 (1997). Paul Goldstein & P. Bernt Hugenholtz, International Copyright: Principles, Law, And Practice 19-22 (3d ed. 2013) (zauważając znaczne pokrywanie się kontynentalnych systemów droit d'auteur i systemów praw autorskich pod pewnymi względami); Paul Edward Geller, International Copyright: The Introduction, in International Copyright Law And Practice 13, 15-16, 27 (Paul Edward Geller & Lionel Bently eds., 2015) ("Mądrość konwencjonalna rozróżnia prawa autorskie i prawa autorskie. Jednakże ... kwestie kluczowe dla transgranicznych spraw z zakresu prawa autorskiego mogą być często najlepiej rozumiane jako pojawiające się w powiązanych ze sobą rodzinach takich praw").

[26] G. Zekos, "Law & Economics of IPRs", 2016 Nova *Science Publications,* Nowy Jork, *www.novapublishers.com;* G. Zekos, "IPRs' impact upon FDI", 2013 PhD Thesis, Economics Department, University of Peloponnese, Tripoli, Hellas www.uop.gr.

[27]G. Zekos, "Re-Colonization within and via Economic Globalization", *International Law Journal of London, www.internationallawjournaloflondon.com* (2015). G. Zekos, "Constructing a New IPRs index", 4 Web JCLI (2012), http://webjcli.ncl.ac.uk/2012/issue4/zekos4.html; G. Zekos, "IPRs Protection And Their Impact Upon FDI, GDP Growth & Trade", 2013 Scholar's Press, Www.Scholars-Press.Com, www.morebooks.de Niemcy.

2. Tło BIZ

Kanały, poprzez które globalizacja wpływa na gospodarki to: handel, inwestycje portfelowe i BIZ. Różne rodzaje technologii mogą przepływać przez różne kraje za pomocą różnych środków, takich jak handel, BIZ i licencjonowanie. Zewnętrzne bezpośrednie inwestycje zagraniczne (OFDI) stały się ważnym mechanizmem, dzięki któremu gospodarka jest zintegrowana z gospodarką globalną, wraz z rosnącą wymianą handlową i napływem BIZ.[28]

W ostatnich latach OFDI staje się coraz bardziej godne uwagi i rozpowszechnione. Zewnętrzne (odpływy) BIZ utrzymywane przez inwestycje napływające do wewnątrz (napływy) mogą być dokonywane w wewnętrznej części procesu tworzenia wartości. Rozróżnia się pomiędzy wewnętrznymi powiązaniami holistycznego procesu internacjonalizacji, a wewnętrznymi powiązaniami BIZ. Eskalacja uzdolnień technologicznych firmy i jej kompetencji rynkowych jest czynnikiem, który stwarza pozytywne warunki dla dokonywania inwestycji zagranicznych na zewnątrz, jako racjonalnego przeniesienia na rzecz przyjmowania BIZ do wewnątrz.

Przepływy BIZ muszą być znaczne, aby mogły przynieść realne zmiany i w 2017 r. wyniosły 1,4 biliona USD[29]. Można by argumentować, że istnieje zapotrzebowanie na lepsze BIZ, aby były one warte inwestycji powodujących rozwój gospodarczy państw przyjmujących i odbywających się w kontekście procedur sprawiedliwego zarządzania. Innymi słowy, inwestycje dokonywane przez przedsiębiorstwa wielonarodowe i instytuty biznesowe muszą przyczyniać się do zrównoważonego rozwoju państw przyjmujących. W tym zakresie, przepływy BIZ muszą znacznie wzrosnąć, aby dokonać rzeczywistej zmiany, co oznacza większe zrównoważone przepływy BIZ. Gregory Sabin[30] argumentuje, że "jednostronne przyjęcie MSSF nie jest szczególnie ważne, jeżeli obydwa kraje w relacjach nie przyjmą tych samych standardów rachunkowości. Ponadto uważam, że przejrzystość i porównywalność mają dodatkowy wpływ na siebie nawzajem w ułatwianiu BIZ".

Co więcej, wewnętrzne BIZ, OFDI i eksport są często powiązane[31]. BIZ polegają na przenoszeniu zdolności produkcyjnych ze stanu źródłowego do państwa przyjmującego[32]. Co więcej, BIZ przynoszą godne uwagi korzyści dla gospodarek krajowych. Niektóre z nich są bezpośrednie, inne pośrednie, a jeszcze inne wynikają z efektów zewnętrznych (spillover). Dlatego też, decydenci polityczni powinni zwiększać chłonność gospodarek krajowych, aby zmaksymalizować korzyści płynące z OFDI, w szczególności poprzez tworzenie powiązań pomiędzy firmami OFDI a innymi przedsiębiorstwami krajowymi, w celu rozprzestrzenienia zdolności nabytych za granicą przez gospodarki krajowe. Komisja Europejska opowiedziała się za wnioskiem w sprawie uregulowania kontroli przepływu BIZ do UE na podstawie art. 207 ust. 2 Traktatu o funkcjonowaniu UE (TFUE)[33]. W kontekście zwykłej procedury ustawodawczej UE instytucje UE osiągnęły porozumienie polityczne w sprawie tego wniosku[34].

W jaki sposób euro wpływa na czynniki wpływające na napływ BIZ w państwach członkowskich? Należy wziąć pod uwagę, że najwięcej zyskały państwa, które mają lepiej funkcjonujące instytucje, niższe jednostkowe koszty pracy lub położenie geograficzne bliżej największych rynków strefy euro. Z drugiej strony, w przypadku krajów o nieodpowiednich instytucjach lub wysokich jednostkowych kosztach pracy, wprowadzenie euro spowodowało spadek napływu BIZ. Wyniki te podkreślają więc, że aby w pełni czerpać zyski z euro w stosunku do napływu BIZ, państwa muszą zwracać uwagę na

---

[28] Nagesh Kumar, "Emerging TNCs: trends, patterns and determinants of outward FDI by India enterprises", *Transnational Corporations,* Vol. 16, No. 1 (kwiecień 2007).

[29] Karl P. Sauvant i Howard Mann, "Towards an Indicative List of FDI Sustainability Characteristics".
(Genewa: ICTSD i WEF, 2017), dostępne na stronie SSRN: https://ssrn.com/abstract=3055961.

[30] Gregory Sabin, Przejrzystość a porównywalność: The Impact of Accounting Standards on Foreign Direct Investment February, 2019 available at: https://ssrn.com/abstract=3373339 p21

[31] Karl P. Sauvant et al., "Trends in FDI, home country measures and competitive neutralality", w Yearbook on International Investment Law & Policy 2012-2013 (Nowy Jork: OUP, 2014) Bank Światowy, Global Investment Competitiveness Report 2017/2018 (Waszyngton, DC: Bank Światowy, 2017).

[32] G Zekos, MNE's in 21st Century, 2016 Nova Science Publications New York USA. www.novapublishers.com

[33] Fabrizio Di Benedetto, "Europejski Komitet Inwestycji Zagranicznych?" Columbia FDI Perspectives, No. 214, December 4, 2017.

[34] Wniosek dotyczący rozporządzenia Parlamentu Europejskiego i Rady ustanawiającego ramy dla przeglądu bezpośrednich inwestycji zagranicznych w Unii Europejskiej (COM(2017)0487 - C8-0309/2017 - 2017/0224(COD)). Komisja Handlu Międzynarodowego, Porozumienie tymczasowe będące wynikiem negocjacji międzyinstytucjonalnych 6.12.2018.

wzrost konkurencyjności kosztowej i jakości struktury gospodarczej. Można powiedzieć, że program jednolitego rynku i wprowadzenie euro mają pozytywny wpływ na pionowe bezpośrednie inwestycje zagraniczne w strefie euro ze względu na prohandlowe skutki integracji jednolitego rynku i wprowadzenia euro, ale z drugiej strony zniechęcają horyzontalne bezpośrednie inwestycje zagraniczne w strefie euro poprzez wspólną walutę i integrację jednolitego rynku w zakresie zmniejszenia kosztów[35]handlu. Ponadto DeSousa i Lochard[36] twierdzą, że dominują pozytywne skutki.

Baldwin i in. twierdzą, że euro przyspiesza pionowe BIZ w oparciu o obserwację, że wynik proinwestycyjny euro był znacznie większy w produkcji niż w usługach[37]. W odniesieniu do BIZ pochodzących z państw spoza unii walutowej sprecyzowano, że im większa integracja rynku strefy euro, tym bardziej atrakcyjne jest posiadanie platformy produkcyjnej wewnątrz strefy euro[38]. Co więcej, Petroulas[39] znajduje w euro wynik proinwestycyjny dla przepływów pochodzących z krajów inwestujących spoza unii walutowej, ale wydaje się, że wynik ten jest mniejszy niż dla BIZ wewnątrz strefy euro. Argumentuje się jednak, że euro było ujemne dla BIZ wewnątrz strefy, a więc Taylor[40] wskazuje, że napływ BIZ z kluczowych dziedzin gospodarki zwiększył się po wprowadzeniu euro.

3. Konkurencja, prawa własności intelektualnej i BIZ

Międzynarodowe inwestycje bezpośrednie są coraz bardziej uznawane za motor wzrostu gospodarczego i potężną siłę napędową globalnej integracji. Jak wspomniano powyżej, bezpośrednie inwestycje zagraniczne definiuje się jako kapitał zainwestowany w celu uzyskania długoterminowego udziału w przedsiębiorstwie i wywarcia pewnego wpływu na jego działalność. Inwestycje bezpośrednie różnią się od inwestycji portfelowych tym, że obejmują kontrolę nad danym składnikiem aktywów, podczas gdy inwestorzy portfelowi są inwestorami pasywnymi, motywowanymi jedynie stopą zwrotu z danego składnika aktywów.

Rządy realizują kompleksową politykę mającą na celu zwiększenie wydajności poprzez deregulację i reformy strukturalne, częściowo w celu zwiększenia konkurencji w gospodarce. Racjonalizacja mająca na celu osiągnięcie większej wydajności i efektywności znajduje częściowe odzwierciedlenie w fuzjach, przejęciach i sojuszach strategicznych, mających na celu rozwój wysoce konkurencyjnych podmiotów o strategicznej pozycji we własnym przemyśle, często w skali globalnej.

Sojusze strategiczne pojawiły się jako projekt organizacyjny umożliwiający firmom radzenie sobie z rosnącą złożonością budowania nowych źródeł przewagi konkurencyjnej w celu konkurowania na rynku globalnym. Tworzenie aliansów strategicznych łączy konkurencję i współpracę w celu stworzenia strategii współpracy. Sojusze tworzą synergię pomiędzy zasobami wzmacniającymi lub przekształcającymi konkurencję na rynku. W zamian za sojusze przedsiębiorstwa współpracują w pewien sposób, aby osiągnąć swoje cele. W sojuszu integracyjnym zasoby są integrowane w ramach określonej organizacji zaprojektowanej przez partnerów w celu pełnienia określonych funkcji, które służą wspólnemu celowi partnerów, choć ostateczne cele partnerów pozostaną odrębne. Sojusze integracyjne prowadzą do częściowego włączenia działań partnera do własnej organizacji firmy. Partnerzy mają większą kontrolę nad sojuszami integracyjnymi niż nad sojuszami wymiany. Sojusze giełdowe pozwalają partnerom skoncentrować się na ich podstawowych kompetencjach, a jednocześnie zlecać na zewnątrz te działania, które są uważane za działania o drugorzędnym znaczeniu. Z kolei sojusze integracyjne pozwalają partnerom na realizację synergii poprzez umieszczenie odrębnych zasobów w jednej organizacji. Sojusze strategiczne odnoszą się do

---

[35] Baldwin, R., Nino, V. D., Fontagne, L., Santis, R. D., i Taglioni, D. (2008). Study on the Impact of the Euro on Trade and Foreign Direct Investment. European Economic and Monetary Union Working Paper, No. 321. Neary, J. (2009). Trade Costs and Foreign Direct Investment (Koszty handlu i bezpośrednie inwestycje zagraniczne). International Review of Economics and Finance, 18(2):207-218.

[36] DeSousa, J. i Lochard, J. (2011). Czy jednolita waluta ma wpływ na bezpośrednie inwestycje zagraniczne? The Scandinavian Journal of Economics, 113(3):553-578.

[37] Baldwin, R., Nino, V. D., Fontagne, L., Santis, R. D., i Taglioni, D. (2008). Study on the Impact of the Euro on Trade and Foreign Direct Investment. European Economic and Monetary Union Working Paper, No. 321. Coeurdacier, N., Santis, R. D., i Aviat, A. (2009). Cross-Border Mergers and Acquisitions and European Integration. Polityka gospodarcza, 24(57):56-106.

[38] Neary, J. (2009). Trade Costs and Foreign Direct Investment. International Review of Economics and Finance, 18(2):207-218.

[39] Petroulas, P. (2007). The Effect of the Euro on Foreign Direct Investment. European Economic Review, 51(6):1468-1491.

[40] Taylor, C. (2008). Foreign Direct Investment and the Euro: The First Five Years. Cambridge Journal of Economics, 32(1):1-28.

porozumień o współpracy między przedsiębiorstwami, które mają na celu wpłynięcie na długoterminową pozycję rynkową przynajmniej jednego partnera. Porozumienia kooperacyjne to albo oszczędność kosztów w celu zminimalizowania kosztów netto, albo strategiczna motywacja w celu zwiększenia wartości aktywów firmy. Przedsiębiorstwa z Triady (Europa, Ameryka Północna i Japonia) prowadzą transgraniczną działalność gospodarczą w celu przetrwania i w związku z tym prowadzą politykę, która maksymalizuje ich obecność nie tylko w tych lokalizacjach, które są ich podstawowymi rynkami, ale również we wszystkich tych lokalizacjach, w których działają ich konkurenci. Zachowanie sieciowe działalności przedsiębiorstw wielonarodowych wynika częściowo z faktu, że nadal istnieją wyraźne różnice w zasobach dostępnych w różnych krajach. Strategiczne partnerstwo technologiczne jest zasadniczo zjawiskiem występującym na poziomie przedsiębiorstwa. Zwiększanie konkurencyjności i wartości przedsiębiorstwa w perspektywie bardziej długoterminowej motywuje do zawierania strategicznych sojuszy, a nie do poprawy krótkoterminowej efektywności kosztowej w wyniku globalizacji[41]. Tendencja do stosowania umów dotyczących kapitału własnego wiąże się z różnicami charakterystycznymi dla danej branży, a nie dla danego kraju.

Ugruntowany pogląd na konkurencję postrzega konkurencję jako sposób alokacji zasobów w celu ich jak najlepszego wykorzystania i poprzez instrument mechanizmu cenowego prowadzi do równowagi, gdzie ceny są równe krańcowym kosztom społecznym produkcji[42]. Z jednej strony, konkurencja może wywoływać zarówno pozytywne, jak i negatywne skutki w zakresie dobrobytu na poziomie lokalnym, zmieniając *poziom* oferowanych zachęt, jak i na poziomie państwa, powodując wzrost jakości i wielkości napływu BIZ poprzez bardziej skuteczne i efektywne kosztowo zachęty. Z drugiej strony, konkurencja może pogłębiać słabą politykę motywacyjną prowadzącą urzędników do stosowania nieskutecznych mechanizmów motywacyjnych lub zalecania państwu przyjmującemu zachęt, które są większe niż zwrot netto projektu inwestycyjnego. Konkurencja motywująca zachęca do tworzenia środowiska przyjaznego dla biznesu, co czyni prawdopodobnym efektywną alokację inwestycji, ale istnieje obawa o transfer środków od rządów do przedsiębiorstw poprzez zachęty[43]. Ponadto konkurencja motywacyjna prowadzi do nieproporcjonalnie wysokich obrotów przedsiębiorstw, a zatem przedsiębiorstwa mogą zmniejszać "głębokość" swoich inwestycji w dowolnej lokalizacji, umożliwiając im przenoszenie się i wykorzystywanie wszelkich ofert motywacyjnych.

BIZ poprawiają konkurencyjność i tworzą miejsca pracy, zwiększając dobrobyt kraju przyjmującego.[44] Inwestycje wewnętrzne zwiększają liczbę podmiotów wchodzących na rynek w lokalnym przemyśle, co zmusza wszystkie konkurencyjne firmy w branży do zwiększenia konkurencyjności poprzez redukcję kosztów oraz poprawę efektywności i jakości. Joseph Schumpeter[45] wyjaśnił dynamiczną efektywność jako: "...konkurencja z nowym towarem, nową technologią, nowym źródłem zaopatrzenia, nowym typem organizacji...konkurencja, która ma decydującą przewagę kosztową lub jakościową i która uderza nie w marże zysków i wyników istniejących firm, ale w ich fundamenty i w ich życie". Powinno to skutkować niższymi cenami i bardziej efektywnym poziomem obsługi konsumenta. Korzyści mogą wynikać zarówno ze współpracy, jak i konkurencji. Duża część działalności BIZ jest realizowana w formie wspólnego przedsięwzięcia pomiędzy firmą zagraniczną a rodzimą, przynoszącego takie korzyści jak dywersyfikacja ryzyka, redukcja wymogów kapitałowych i niższe koszty rozpoczęcia działalności[46]. Oddziaływanie pośrednie przejawiać się będzie w tworzeniu powiązań i powiązań - zazwyczaj u dostawców i klientów - natomiast oddziaływanie dynamiczne będzie miało wpływ na środowisko konkurencyjne.

---

41 Inkpen, P., Beamish, P., 1997. Wiedza, siła przetargowa i niestabilność międzynarodowych joint ventures. Academy of Management Review 22, 177-202.

42 McNulty, P.J. (1968) Economic Theory and The Meaning of Competition, Quarterly Journal of Economics, 82(4), s. 639-656. Richardson, G.B.(1975) Adam Smith on Competition and Increasing Returns in A. Skinner and T. Wilson ed. Essays in Smith, A. Skinner and T. Wilson. Clarendon Press: Oxford, str. 350-360. Schumpeter, J. (1934) Theory of Economic Development, Cambridge, Mass: Harvard University Press. Schumpeter, J. (1942) Capitalism, Socialism and Democracy. New York: Harper and Row.

43 Williamson, J.G. (1997) *Globalizacja i nierówność, przeszłość i teraźniejszość*. World Bank Research Observer 12, 117-35. Fisher, P., and Peters, A., (1996) "Taxes, Incentives and Competition for Investment", *The Region*, June 96. Wilson, J. (2001), "Welfare-Improving Competition for Mobile Capital". Wydział Ekonomii, Michigan State University, *Mimeo*.

44 Dunning, J.H., "The prospects for foreign direct investment in Central and Eastern Europe", Buckley, P.J. and Ghauri, P.N. (Eds), The Economics of Change in Eastern and Central Europe: Its Impact on International Business, Academic Press, London, 1994. Giese, A.S., Kahley, W.J. and Riefler, R.F., "Foreign direct investment: motivating factors and economic impact", Regional Science Perspectives, Vol. 20, 1990, str. 105- 27. Dunning, J.H., "Re-evaluating the benefits of foreign direct investment", Transnational Corporations, Vol. 3 No. 1, 1994, s. 23-51.

45 Joseph Schumpeter, Capitalism, Socialism and Democracy 84 (Harper Perennial 1976) (1942).

46 Perlmutter, H.V. i Heenan, D.A.,... "Cooperate to compete global", Harvard Business Review, marzec-kwiecień 1986, str. 78-86.

Zachęcająca konkurencja została pochwalona za zachęcanie do tworzenia otoczenia sprzyjającego przedsiębiorczości i ułatwianie kompetentnej alokacji inwestycji[47]. Konkurencja o inwestycje zapewnia ogólnokrajową efektywność, dzięki czemu projekty inwestycyjne są dopasowane do lokalizacji, w których ich wartość jest największa. Czy istnieje interakcja pomiędzy BIZ a polityką konkurencji? Rządowa polityka konkurencji ogranicza zdolność operatora zasiedziałego do wdrażania strategii antykonkurencyjnych, a praktyki te wpływają na BIZ[48][49]. Prawa własności intelektualnej nie istnieją w próżni, ale są one ściśle powiązane z polityką konkurencji i prawami dotyczącymi bezpośrednich inwestycji zagranicznych i podlegają ich wpływowi. Przyjęcie odpowiedniego prawa konkurencji jest konieczne w celu ochrony rynku przed praktykami antykonkurencyjnymi ze strony posiadaczy praw własności intelektualnej[50].

Georgios I Zekos[51] uważa, że konkurencja to swoboda konkurowania na równych warunkach w każdej transakcji lub działaniu w życiu społecznym, a więc ludzie i firmy o większych zdolnościach/umiejętnościach lub o większej kreatywności i zapale do działania, aby odpowiednio zyskać. Swoboda konkurencji obejmuje swobodę wyboru przez przedsiębiorstwa parametrów działania, oprócz siły rynkowej, która może utrudniać zarówno swobodę wyboru pomiędzy różnymi dostawcami, jak i swobodę decydowania o parametrach działania przedsiębiorstw konkurujących z innymi przedsiębiorstwami. Prawo konkurencji musi uwzględniać wpływ porozumień ograniczających konkurencję, połączeń i zachowań przedsiębiorstw na dobrobyt konsumentów, a także na zbiór chronionych praw konkurentów, które mogą ponieść straty w wyniku naruszenia tych praw. Innymi słowy, dobrobyt konsumentów jest terminem we współczesnej analizie antymonopolowej używanym albo jako synonim efektywności, albo jako określenie anonimowego interesu konsumenta[52].

Ponadto Komisja Europejska jest właściwym organem w zakresie egzekwowania unijnych ram polityki konkurencji w odniesieniu do ważnych spraw o zasięgu transgranicznym, podczas gdy krajowe organy ds. konkurencji są właściwe w sprawach lokalnych, takich jak fuzje przedsiębiorstw krajowych, które nie prowadzą działalności międzynarodowej. Ponadto polityka konkurencji stała się bardzo istotną częścią ram polityki finansowej UE, w szczególności dzięki mandatowi UE do kontroli pomocy państwa. Podstawowym uzasadnieniem dla ustanowienia ESA było zapewnienie pewnej ściślejszej współpracy i lepszej wymiany informacji między krajowymi organami nadzoru, ułatwienie przyjmowania unijnych rozwiązań problemów o charakterze transgranicznym oraz poprawa prawidłowej interpretacji i stosowania przepisów[53]. W tym zakresie, poprzez wprowadzenie jednolitych standardów oraz zagwarantowanie konwergencji i harmonizacji w zakresie nadzoru, ESA utworzyły dodatkowy "jednolity zbiór przepisów" mający zastosowanie do wszystkich 28 państw UE, promujący jednolity rynek.

Kluczowy cel prawa konkurencji UE opiera się na art. 3 lit. g) Traktatu WE, który w ostatecznym rozrachunku stara się utrzymać rzeczywistą konkurencyjność rynku wewnętrznego. W UE swobodny przepływ towarów, o którym mowa w art. 28-30, jest prawem bardzo cenionym, a zatem zasady konkurencji są postrzegane jako niezwykle istotne uzupełnienie tej wartości[54]. Artykuł 101 ust. 1 TFUE zakazuje porozumień, które zmieniają konkurencję, a art. 101 ust. 3 TFUE dopuszcza uzasadnienie dla porozumień, które są w równowadze prokonkurencyjne lub postępowe technologicznie i nie zawierają żadnych niezbędnych ograniczeń.

Ramy konkurencji powinny ustanawiać wolną rywalizację, pobudzać efektywność i innowacyjność oraz pomagać konsumentom (Am. Needle, Inc. przeciwko Nat'l Football League, 130 S. Ct. 2201 (2010)). Regulacja konkurencji powinna utrzymać rynek na uczciwym i konkurencyjnym poziomie, nie hamując innowacji - zwłaszcza w takich branżach jak rynek oprogramowania komputerowego,

---

[47] Charlton, A. (2003), "Incentive Bidding for Mobile Investment: Economic Consequences and Potential Responses", Technical Paper no. 203, Centrum Rozwoju OECD, Paryż.

[48] Noland, M., (1999). "Competition Policy and FDI: A Solution in Search of a Problem", Institute for International Economics Working Paper http://www.iie.com/publications/wp/1999/99-3.htm.

[49] G Zekos, IPRs protection and their impact on FDI, GDP Growth & Trade, 2013 www.scholars-press.com Niemcy.

[50] Konferencja Narodów Zjednoczonych w sprawie handlu i rozwoju, 2001, Polityka konkurencji i wykonywanie praw własności intelektualnej, TD/B/COM.2/CLP22, 3 (2 lipca 2001 r.).

[51] G Zekos, ECONOMICS AND LAW ON COMPETITION IN 21st CENTURY GLOBALIZATION 2014 Nova Science Publications New York USA. www.novapublishers.com

[52] Joseph F. Brodley, (1987). Ekonomiczne cele antymonopolowe: Efficiency, Consumer Welfare, and Technological Progress, 62 N.Y.U. L. REV. 1020.

[53] de Haan, Jacob, Sander Oosterloo i Dirk Schoenmaker. 2015. *Rynki finansowe i instytucje: Perspektywa europejska*, wydanie trzecie. Cambridge, UK: Cambridge University Press.

[54] Kent, K. (2008). Law of the European Union, Harlow: Longman.

nanotechnologia/biotechnologia. Ponadto głównym celem interwencji w zakresie ochrony konkurencji jest zagwarantowanie konkurencji na rynkach z korzyścią dla konsumentów.

Kluczowym celem prawa konkurencji jest, z jednej strony, uregulowanie zachowań firmy, które mogą zakłócić proces konkurencji. Polityka konkurencji (lub "polityka antymonopolowa" w terminologii amerykańskiej) ma zatem zasadnicze znaczenie dla efektywnego funkcjonowania gospodarki rynkowej[55]. Polityka konkurencji pozwala na to, że w pewnych warunkach społeczeństwo byłoby w lepszej sytuacji, pozwalając na ograniczone ograniczenia rynkowe, monopolistyczne zyski i krótkookresową alokację nieefektywności, gdy można potwierdzić, że przyczyniają się one do dynamicznego wzrostu efektywności i długoterminowego wzrostu gospodarczego. Etro[56] sprawdził, że wysoka koncentracja rynku jest w rzeczywistości wynikiem ostrej konkurencji cenowej i pozacenowej, a nie wskaźnikiem siły rynkowej i braku sił konkurencyjnych, gdy przeważa otoczenie swobodnego wejścia na rynek, ale istnienie lidera rynkowego może jeszcze bardziej zwiększyć siłę konkurencyjną i szorstkość konkurencji cenowej.

Podobnie jak w Stanach Zjednoczonych, europejscy decydenci polityczni podjęli szereg działań w odpowiedzi na kryzys finansowy, mających na celu rozwiązanie kwestii ładu korporacyjnego. Wiele nowych działań zakwestionowało ład korporacyjny w bankach i spółkach inwestycyjnych, odzwierciedlając aspekt, że ład korporacyjny w bankach, choć sam w sobie nie był jedną z przyczyn kryzysu, stanowił jego kluczową, fundamentalną kwestię[57]. Kryzys finansowy wskazał wiele przypadków zarządom przedsiębiorstw finansowych, którym nie powiodło się, a które nie były w stanie dokonać obiektywnej, niezależnej oceny[58].

Czy w nowej gospodarce i w przyciąganiu napływu BIZ istnieje jakiekolwiek zaangażowanie praw własności intelektualnej? Własność intelektualna znajduje się w centrum "nowej gospodarki", znanej również jako "gospodarka oparta na wiedzy". Hasło "gospodarka oparta na wiedzy" ukazuje nowe środowisko gospodarcze, w którym tworzenie i zarządzanie wiedzą odgrywa dominującą rolę w tworzeniu bogactwa, w porównaniu z tradycyjnymi czynnikami produkcji, a mianowicie ziemią, pracą i kapitałem[59]. Nowe gałęzie przemysłu, które się rozwinęły, charakteryzują się: znikomymi kosztami krańcowymi, efektami domina konsumentów, ustalaniem cen w oparciu o wartość, koncentracją na ochronie własności intelektualnej, umiarkowanymi wymogami kapitałowymi, bardzo wysokimi wskaźnikami innowacyjności, szybkim i wielokrotnym wchodzeniem i wychodzeniem z rynku oraz efektami sieciowymi dającymi korzyści skali w konsumpcji. Posiadacze praw własności intelektualnej poszerzyli granice swoich roszczeń, doprowadzając te prawa do coraz większego konfliktu z podstawowymi zasadami i założeniami przepisów antymonopolowych[60].

Decydenci polityczni powinni przyjąć strategie na rzecz utrzymania ochrony praw własności intelektualnej, a także zarządzania zasobami tych praw i ich rozwoju. Strategie te dzielą się na cztery podstawowe kategorie: opracowywanie krajowych strategii w zakresie praw własności intelektualnej, formułowanie i egzekwowanie potrzebnych przepisów, zapewnianie dobrej infrastruktury, uruchamianie odpowiednich programów edukacyjnych i szkoleniowych.

Prawa własności intelektualnej nie są oparte na tych samych przesłankach ekonomicznych co zasady konkurencji. Często prawo własności intelektualnej jest sformułowane w kategoriach nieekonomicznych. Przepisy dotyczące PWI mają na celu m.in. stymulowanie dynamicznej wydajności, od której bardziej oczekuje się, że będzie miała charakter ekonomiczny. Co więcej, wiedza, gdy jest tworzona, jest prawem własności intelektualnej, które daje prawo do jej wykorzystania w sposób, który daje potencjalnym innowatorom motywację ekonomiczną do innowacji[61]. Udzielenie patentu zamienia się na spadek wydajności alokacyjnej i być może produktywnej wydajności statycznej na rozwój działalności innowacyjnej o zadowalającej motywacji do innowacji pomimo praw przyznanych wczesnemu wynalazcy. W związku z tym zakres monopolu przyznanego przez patent musi być ograniczony, aby nie ingerować w motywację do innowacji kolejnych innowatorów. Patenty mogą przyznawać prawa do monopolu prawnego na więcej niż

---

[55] Vickers, John. 2005. Nadużycie władzy rynkowej. Dziennik ekonomiczny . Tom 6, wydanie 1, s. 117-137, grudzień.
[56] Etro, F., 2007. Competition, Innovation and Antitrust: a Theory of Market Leaders and its Policy Implications. Springer Verlag, Berlin i Nowy Jork.
[57] Daniela Weber-Rey, *Effects of the Better Regulation Approach on European Company Law and Corporate Governance*, 4 EUR. COMP. & FIN. L. REV. 370, 393-94 & 397-99 (2007).
[58] OECD, Corporate Governance And The Financial Crisis: Najważniejsze ustalenia i główne przesłania 41 (2009)
[59] WIPO, (2003), "What Is Intellectual Property?" Publikacja WIPO NO.450.
[60] Reza Dibadj, Saving Antitrust, 75 U. Colo. L. Rev. 745, 779-80 (2003).
[61] Drexl, J. (2008). Research handbook on Intellectual property and Competition law, Cheltenham: Edward Elgar Publishing.

jednym rynku antymonopolowym, ale własność patentu nie obciąża właściciela patentu założeniem, że posiada on siłę monopolistyczną na jakimkolwiek konkretnym rynku (sprawa *Tool Works Inc* (2006)).

Każde prawo własności, zakorzenione we własności rzeczywistej lub intelektualnej, może być nadużywane w postępowaniu biznesowym, co prowadzi do naruszenia przepisów antymonopolowych (sprawa *Microsoft Corp.* 2001). Bardzo trudno jest przewidzieć konflikt między udzieleniem patentu a przepisami antymonopolowymi w momencie udzielenia patentu ze względu na czas, jaki dzieli badanie patentowe od potencjalnego naruszenia przepisów antymonopolowych, a także wiele innych czynników związanych ze sposobem, w jaki właściciel patentu opracowuje produkty i osiąga pozycję rynkową. Przed udzieleniem patentu rzeczoznawcy patentowi nie zastanawiają się nad potencjalnym naruszeniem przepisów antymonopolowych.

Kluczowym celem prawa własności intelektualnej jest wspieranie nowych i ulepszonych dzieł - czy to technologicznych, czy ekspresyjnych. Inne przesłanki prawa własności intelektualnej dotyczą specyficznego problemu gospodarczego - zapewnienia integralności rynku. Ponadto prawo własności intelektualnej ma na celu wspieranie innowacji i produktywnego tworzenia wiedzy. Wyjątkowość prawna wynikająca z praw własności intelektualnej obniża koszty transakcyjne, promuje rozpowszechnianie wiedzy i inspiruje do inwestowania w cenne idee zgodne z podstawowymi zasadami gospodarki rynkowej[62].

W gospodarkach konkurencyjnych przyznawanie większości patentów, praw autorskich i znaków towarowych stanowi słabą siłę rynkową, która może zaszkodzić konsumentom. Natomiast prawa własności intelektualnej mogą zwiększać dynamiczną konkurencję poprzez stymulowanie inwestycji w nowe metody i zróżnicowane produkty. Emmanuelle Auriol i Sara Biancini[63] *mówią, że* "zwiększenie poziomu ochrony w krajach słabiej rozwiniętych nie zawsze zwiększa dobrobyt na świecie". Pokazujemy, że niepełny system ochrony, w którym kraj wschodzący nie chroni innowacji, może być preferowany, a system ten nie musi zmniejszać innowacji". Mimo że możliwości technologiczne znacznie się zwiększyły w takich dziedzinach, jak oprogramowanie i biotechnologia/nanotechnologia, prowadząc do większej liczby innowacji, a tym samym większej liczby patentów, ruch patentowy mógł również wzrosnąć niezależnie od podstawowego tempa innowacji[64].

Kraje rozwijające się mają zazwyczaj systemy praw własności intelektualnej, które wspierają rozpowszechnianie informacji poprzez tanie imitacje zagranicznych produktów i technologii, co sugeruje, że scenariusze dotyczące krajowych wynalazków i innowacji są niezadowalająco rozwinięte, aby uzasadnić ochronę. Niemniej jednak nieprawidłowo funkcjonujące prawa własności intelektualnej mogą hamować zmiany techniczne nawet na niskim poziomie rozwoju gospodarczego, ponieważ wiele wynalazków i innowacji produktowych jest opracowywanych na rynkach lokalnych, zyskując na krajowej ochronie patentowej, ochronie wzorów użytkowych i tajemnic handlowych. Słabe prawa własności intelektualnej odegrały kluczową rolę w rozwoju technologicznym Korei i Tajwanu, wykorzystując szanse oferowane z powodzeniem dzięki inwestycjom w rozwój umiejętności, silnej orientacji na eksport, dużemu napływowi zagranicznych dóbr kapitałowych oraz silnym zachętom rządowym do prowadzenia badań i rozwoju. Najkorzystniejszy poziom ochrony praw własności intelektualnej powinien być oceniany pomiędzy społecznym zyskiem ze zwiększonej innowacyjności a społecznymi kosztami zniekształceń monopolistycznych i nierówności dochodów. W otwartej gospodarce osiągnięcie najkorzystniejszego w skali światowej poziomu ochrony wymaga międzynarodowej koordynacji ochrony praw własności intelektualnej. Celem każdej ochrony prawnej jest maksymalizacja inwestycji czasu, energii i kapitału w działalność innowacyjną przy jednoczesnym zminimalizowaniu ograniczeń swobody korzystania przez społeczeństwo z dóbr wynikających z tej wynalazczości (Labcorp v. Metabolite Laboratories, Inc., 548 U.S. 124 (2006)). Czy istnieje potrzeba zwykłej konwergencji, czy całkowitej harmonizacji ochrony praw własności intelektualnej? Na przykład Nordhaus[65] argumentuje, że najkorzystniejsza długość patentu powinna zawierać ocenę pomiędzy statyczną konsekwencją zakłócenia ochrony patentowej a dynamicznym zwrotem ze wzmocnionej innowacyjności.

---

[62] Scotchmer, Suzanne.2004. Innowacje i zachęty. Cambridge MA: MIT Press.

[63] Emmanuelle Auriol, Sara Biancini, 2009, Intellectual Property Rights Adoption in Developing Countries 2 października, WP 09-094 Toulouse school of economics P7.

[64] Reitzig, M., Henkel, J. i Schneider, F. (2010), "Collateral damage for R&D manufacturers: how patent sharks operate in markets for technology", Industrial and Corporate Change, 19(3), strony 947-967.

[65] Nordhaus, William D. (1969), Invention, Growth and Welfare: A Theoretical Treatment of Technological Change, Cambridge MA: The M.I.T. Press.

Czy ochrona antymonopolowa i ochrona własności intelektualnej uzupełniają się lub są ze sobą sprzeczne? W jaki sposób prawo antymonopolowe wiąże się z przepisami dotyczącymi własności intelektualnej (IP)? Powiązanie między polityką konkurencji a ochroną własności intelektualnej powinno rekompensować krótkoterminową niewydolność, która - jak się oczekuje - będzie ceną, jaką społeczeństwo musi zapłacić, aby uzyskać "nagrodę" w postaci długoterminowego wzrostu gospodarczego. Z drugiej strony, zawsze istnieje ryzyko zmniejszenia dobrobytu społecznego poprzez przyznanie nadmiernej wyłączności rynkowej i dodatkowych korzyści w porównaniu z tymi, które są niezbędne do odzyskania poczynionych inwestycji i zagwarantowania odpowiednich zachęt.

Pogląd szkoły chicagowskiej uważa, że monopoliści nie powinni być karani za uzyskanie swojej siły rynkowej ze względu na lepszy produkt, ale w przypadkach, w których monopoliści są zobowiązani do zawierania transakcji, sprzedaży wiązanej i wyłącznej, im łagodniejszy jest pogląd szkoły chicagowskiej, tym bardziej myli się standardy postępowania przedsiębiorstw dominujących. Naukowcy z Post-Chicago School zdali sobie sprawę, że monopoliści tacy jak Microsoft mają wyłączną zdolność do wykorzystania atrakcyjności swoich sieci do rozszerzenia swojej siły rynkowej na inne rynki lub uniemożliwienia nowym firmom wejścia na rynek, który już zmonopolizowały. Sprawa Microsoftu nie przedstawiła struktury regulacji antymonopolowych, która mogłaby być sztywno lub realistycznie wykorzystana do analiz antymonopolowych wszystkich firm z branży zaawansowanych technologii. Tak więc sądy i organy regulacyjne muszą uznać, nie tracąc z pola widzenia ostatecznego celu, że technologia nie tylko wpływa na analizy antymonopolowe, ale także sprzyja konkurencji.

[66]W duchu szkoły harvardzkiej panował pogląd, że dopuszczenie do istnienia wielu małych przedsiębiorstw przyczynia się do zwiększenia konkurencji, a nie niewielkiej liczby przedsiębiorstw, co w rzeczywistości jest słuszne, ale w rzeczywistości większe przedsiębiorstwa w niektórych dziedzinach mogą produkować lepsze towary po niższych cenach, biorąc pod uwagę korzyści skali. Pojęcie konkurencji zmienia się w zależności od globalnych okoliczności związanych z technologią i produktami, które wymagają lub nie wymagają koncentracji przedsiębiorstw. W rzeczywistości konkurencja oznacza swobodę konkurowania na każdym rynku na tych samych warunkach, co oznacza istnienie wielu przedsiębiorstw i istnienie możliwości swobodnego wejścia na rynek i konkurowania z innymi na tych samych warunkach. W rzeczywistości konkurencja pod tym pojęciem jest ideałem, który nie istnieje, a zatem istnieje potrzeba ustanowienia warunków, w których przedsiębiorstwa mogą wejść na rynek i mieć szansę konkurowania ze swoimi konkurentami na rynku na uczciwych warunkach. Podejście, zgodnie z którym wszelkie fuzje są dozwolone tak długo, jak długo konsumenci korzystają z aglomeracji, jest błędne, ponieważ pojęcie konkurencji nie istnieje zgodnie z tym podejściem i wszystko powinno być dozwolone tak długo, jak długo konsumenci korzystają z wyników poważnej wojny między przedsiębiorstwami. W rzeczywistości ludzie twierdzący, że konsumenci czerpią korzyści z połączeń niezależnie od wyeliminowania konkurencji, wielokrotnie nie biorą pod uwagę wpływu połączeń na inne czynniki wpływające na życie konsumentów, takie jak zanieczyszczenie, niszczenie środowiska naturalnego spowodowane przez duże przedsiębiorstwa i niemierzone w pojęciu korzyści dla konsumentów. Zmodyfikowane podejście szkoły Harvardu do rozumienia konkurencji poprzez określenie konkretnych typów aglomeracji, które zawsze okazują się szkodliwe dla konkurencji, a więc niedopuszczalne, co oznacza dopuszczenie innych form łączenia się lub współpracy, które będą pomocne zarówno dla konsumentów, jak i konkurencji. Luka w podejściu ekonomicznym zatwierdzonym przez szkołę w Chicago to niejasność i złożoność analizy ekonomicznej oraz niepewność spowodowana obliczeniami ekonomicznymi, które obejmują model ekonometryczny, a nie tylko konkretne czynniki ekonomiczne wskazujące zawsze na niekonkurencyjny wpływ na rynek.

Na wysokim poziomie abstrakcji te dwa zbiory praw wydają się wzajemnie uzupełniać. Oba mają na celu dobroczynność. Prawa antymonopolowe chronią silną konkurencję na rynku, podczas gdy prawa własności intelektualnej chronią zdolność do uzyskania zwrotu z inwestycji niezbędnych do innowacji. Oba powodują, że konkurencja między konkurentami staje się pierwszą, która wchodzi na rynek z potrzebną technologią, produktem lub usługą. Podczas gdy prawo własności intelektualnej celowo podporządkowuje aktywa intelektualne wyłącznej kontroli właścicieli praw, prawo konkurencji ma na celu wykluczenie barier rynkowych przynoszących korzyści konsumentom poprzez wspieranie

[66] G Zekos, ECONOMICS AND LAW ON COMPETITION IN 21st CENTURY GLOBALIZATION 2014 Nova Science Publications New York USA. www.novapublishers.com

konkurencji między wieloma dostawcami towarów, usług i technologii[67]. Według Dolmans, O'Donoghue & Loewenthal[68] cele unijnego prawa konkurencji i prawa własności intelektualnej są w rzeczywistości takie same jak promowanie postępu innowacji i inwestycji z korzyścią dla konsumentów, a zatem dynamiczna skuteczność jest wspólnym celem prawa konkurencji i prawa własności intelektualnej.

Czy prawa własności intelektualnej przyznają monopolistyczną władzę rynkową posiadaczom praw? Społeczeństwo czerpie cztery rodzaje korzyści z przyznawania krótkoterminowych praw monopolistycznych innowatorom, takie jak: po pierwsze, zachęcanie do prywatnych innowacji jako podstawowego zysku ekonomicznego z tytułu praw własności intelektualnej, po drugie, wykorzystanie nowej wiedzy w działalności produkcyjnej prowadzącej do wyższych dochodów, zatrudnienia i konkurencyjności całej gospodarki, po trzecie, rozpowszechnianie nowej wiedzy wśród innych podmiotów dzięki prawom własności intelektualnej i umowom (zamówienia, licencje lub sprzedaż) lub rozpowszechnianiu, a po[69] czwarte, ramy prawne zwiększają koszty technologii dla nabywcy. Zwykłe występowanie prawa własności intelektualnej nie zakłada istnienia siły rynkowej (ilustracja "*Tool Case* 2006"), a zatem prawa własności intelektualnej nie przyznają automatycznie monopolistycznej siły rynkowej posiadaczom praw.

Postępy w technologii cyfrowej, komercjalizacja Internetu oraz wynalezienie zupełnie nowych dziedzin działalności człowieka, takich jak handel elektroniczny, nanotechnologia, biotechnologia i nanobiotechnologia, spowodowały zmiany w rdzeniu praw autorskich,[70] patentów, znaków towarowych itp. Prawa autorskie przysługują wynalazcy utworu w momencie, w którym "utrwalił" on go w namacalnym środku wyrazu.[71] Cyberprzestrzeń ogranicza perspektywy twórców na czerpanie zysków z ich pracy, ponieważ nielegalne działania i wolne treści podcinają legalny rynek.[72]

Większa dominacja jednej firmy nie może być interpretowana jako brak konkurencji, ale może sugerować, że lider technologiczny ma największą motywację do innowacji, ponieważ presja konkurencji jest zdrowa. Polityka konkurencji mogłaby zwiększyć tempo postępu technologicznego w gospodarce poprzez wprowadzenie rozróżnienia pomiędzy innowacyjnymi gałęziami przemysłu. Oczekuje się, że konkurencja o rynek wzmocni motywację do szybkiego osiągnięcia znacznej wielkości i udziału w rynku, być może w celu przyjęcia własnego standardu przez daną branżę. Etro[73] proponuje, aby siła monopolistyczna była dobra dla innowacji, twierdząc, że inwestycje liderów rynkowych w badania i rozwój mogą być cenne dla społeczeństwa, ponieważ rozszerzają one przewagę technologiczną i otwierają nowe skuteczne sposoby wzrostu. Walcząc o utrzymanie monopolu, Etro działa bardziej konkurencyjnie niż inne firmy na rynkach, na których nie ma wyraźnie

---

[67] Kovacic, W. (2005). "Polityka konkurencji i własność intelektualna. Redefining the Role of Competition Agencies" in Antitrust, Patents and Copyrignt, EU and US Perspectives. Lévêque, F. i Shelanski, H. (Eds).

[68] Dolmans, M., O'Donoghue, R., & Loewenthal, P.-J. (2007). Czy art. 82 WE i własność intelektualna są interoperacyjne? The State of the Law Pending the Judgment in Microsoft v. Commission, Competition Policy International, Vol. 3, No. 1.

[69] Anderson, R.D. (1998) The interface between competition policy and intellectual property in the context of the international trading system, Journal of International Economic Law, 1(1), pp. 655-678.

[70] Tom W. Bell, "The Specter of Copyism v. Blockheaded Authors. How User-Generated Content Affects Copyright Policy," 10 *Vand. J. Ent & Tech. L.* 841, 852-854 (2008) (wyjaśniając, że postęp technologiczny zmniejszył koszty produkcji i dystrybucji dzieł o charakterze ekspresyjnym, co zaowocowało większą liczbą autorów o charakterze blokowym). John Tehranian, Infringement Nation: Copyright 2.0 and You 14 (2011) (opisując dzisiejsze prawa autorskie jako "reżim prawny, który grozi przestępczym naruszeniem nas wszystkich"); *id.* na 129 ("[T]on rozszerzając zakres ochrony praw autorskich coraz bardziej wkraczał w krytyczne wartości Pierwszej Poprawki, tłumiąc transformacyjne wykorzystanie dzieł chronionych prawami autorskimi, które rozwijają kreatywność i prawa do wolności słowa"); Peter Baldwin, The Copyright Wars: Three Centuries Of Trans-Atlantic Battle (2014) (sprzeciwiając się zorientowanej na autora tradycji kontynentalnego prawa autorskiego przeciwko publicznie myślącej anglosaskiej tradycji praw autorskich i twierdząc, że nadmierna uwaga poświęcana autorom ogranicza dostęp do kultury i tłumi ekspresję).

[71] Marvel Characters, Inc. przeciwko Kirby'emu, 726 F.3d 119, 143 (2d Cir. 2013) (stwierdzając, że bohaterowie komiksów Kirby'ego byli utworami stworzonymi do wynajęcia, a zatem Kirby nie miał prawa do wypowiedzenia przeniesienia praw autorskich na Marvela). Siegel v. Warner Bros. Entm't, 542 F. Supp. 2d 1098, 1064-1079 (C.D. Cal. 2008) (stwierdzając, że niektóre utwory "Supermana" były utworami stworzonymi do wynajęcia, a zatem nie wchodziły w zakres prawa do wypowiedzenia). Wendy J. Gordon, "The Core of Copyright: Autorzy, nie wydawcy", 52 *Houston L. Rev.* 613 (2014) (Kongres nie ma uprawnień do uchwalania praw autorskich na rzecz rozpowszechniaczy, jeśli nie są one również korzystne dla autorów).

[72] Rob Levine, Free Ride; How Digital Parasites are Destroying the Culture Business, and How The Culture Business Can Fight Back 252-253 (2011). Robert McCrum, From Bestseller to Bust: Is This the End of an Author's Life?, *http://www.theguardian.com/books/2014/ mar/02/bestseller-novel-to-bust-author-life* (cytując powstanie wolnych treści w Internecie jako wyzwanie dla dzisiejszych autorów i stwierdzając, że pisanie jest coraz mniej opłacalne dla nieznanych autorów).

[73] Etro, F. (2004). Innovation by leaders, Economic journal, Vol. 114, No. 495, s. 281-303.

dominującego gracza. Podobnie, znaczenie praw własności intelektualnej zależy od zdolności ich posiadacza do korzystania z pewnego stopnia władzy rynkowej[74].

Tylko wtedy, gdy alternatywne technologie nie są dostępne, można powiedzieć, że prawa własności intelektualnej przyznają ich posiadaczom monopolistyczną pozycję na odpowiednio zdefiniowanych rynkach powiązanych. Jeżeli prawa własności intelektualnej doprowadzą do monopolizacji, istnieje rzeczywista perspektywa, że ochrona prawna przyznana za pośrednictwem praw własności intelektualnej jest zbyt silna, a pojawienie się skutków antykonkurencyjnych może zagrozić dobrobytowi społecznemu. Przebieg innowacji jest stale powiązany z oczekiwanym zawłaszczeniem tymczasowych opłat monopolistycznych wynikających z wdrożenia innowacji[75]. Jeśli prawa własności intelektualnej generują dodatkowe bariery wejścia na rynek dla konkurentów, mogą one w szczególności zmienić bodźce zachęcające do uruchamiania procesu innowacyjnego. Feldman[76] twierdzi, że jeżeli innowacja nie jest napędzana przez prawa własności intelektualnej, to ochrona prawna odgrywa jedynie rolę w hamowaniu wejścia na rynki pokrewne jako strategia dźwigni finansowej.

Scherer[77] twierdzi, że konkurencja odgrywa znacznie skuteczniejszą rolę we wspieraniu innowacji niż własność intelektualna, podczas gdy znaczny sceptycyzm został podniesiony "w kierunku pozycji monopolistycznych, które utrzymują się dzięki gromadzeniu wewnętrznie opracowanych patentów dłużej niż 20 lat rozważanych w obecnym prawie patentowym". Z tego powodu kontekst własności intelektualnej powinien być zaprojektowany w taki sposób, aby zachować jak największą skuteczność zagrożenia wejścia na rynek bardziej "pomysłowych" konkurentów i w rezultacie zapobiec izolacji przedsiębiorstwa dominującego.

Jaki jest zakres ochrony praw własności intelektualnej? Stosowanie licencji przymusowych w celu ograniczenia praw własności intelektualnej dla uzasadnienia wspierania konkurencji może mieć odwrotny skutek, zniechęcając do innowacji i konkurencji poprzez przekonywanie tych, którzy czerpią korzyści z licencji przymusowej do naśladowania istniejących produktów, a nie do samodzielnego wprowadzania innowacji w nowych produktach. Należy wziąć pod uwagę fakt, że osoba korzystająca z licencji przymusowej ma prawo uniemożliwić innym korzystanie z tego wynalazku, a możliwość osiągnięcia potencjalnie wysokich zysków stanowi główną zachętę do podejmowania ryzykownych i kosztownych działań innowacyjnych, a zatem cała istota przepisów dotyczących praw własności intelektualnej polega na wykorzystaniu tej zachęty do promowania innowacji. Z tego powodu, zgodnie z amerykańskim prawem antymonopolowym, nie ma naruszenia prawa do jednostronnego ustalania cen licencji na prawa własności intelektualnej na poziomie "zbyt wysokim". Ponadto nie należy zakładać, że patent lub inne prawa własności intelektualnej tworzą siłę rynkową, co oznacza, że konieczna jest dokładna analiza rynku w celu ustalenia zakresu właściwego rynku oraz tego, czy opatentowany wynalazek posiada siłę rynkową[78]. Istnienie czynszów monopolistycznych na rynku produktowym jest główną motywacją dla konkurentów do wejścia na rynek poprzez naśladowanie przedsiębiorstwa dominującego. Niemniej jednak, imitacje powodujące zniszczenie mogą różnić się na poszczególnych rynkach, w zależności od poziomu oczekiwanych czynszów, niejednoznaczności co do zwrotu z inwestycji oraz ochrony prawnej praw własności intelektualnej.

Skutki przedkonkurencyjne mogą wynikać z integrowania uzupełniających się technologii, obniżania kosztów transakcji, rozliczania pozycji blokujących i obchodzenia kosztownych postępowań sądowych w sprawie naruszenia przepisów. Skutki antykonkurencyjne mogą wystąpić, gdy porozumienia obejmują zbiorowy limit cen lub produkcji lub przyznają zwrot wymagań, które mogą ograniczać badania i rozwój prowadzone przez strony. Kato[79] twierdzi, że "pula patentów zastępczych może pod pewnymi warunkami wspierać konkurencję, zwiększając w ten sposób dobrobyt społeczny na rynku produktów". Prawo patentowe przyspiesza upowszechnianie wiedzy, uzależniając udzielenie

---

[74] Ramello, G.B. (2003) Copyright and Antitrust issues, in: W.J. Gordon i R. Watt (Eds), The Economics of Copyright: Developments in Research and Analysis, str. 118-147 (Cheltenham, UK and Northampton, MA, USA: Edward Elgar).

[75] Schumpeter, J. (1939) Business Cycles: A Theoretical, Historical and Statistical Analysis of Capitalist Process (Nowy Jork: McGraw-Hill).

[76] Cooper Feldman, R. (1999) Defensive leveraging in antitrust, Georgetown Law Journal, 87(6), s. 2079-2115.

[77] Scherer, F.M. (2005), Patenty. Economics, Policy and Measurement (Cheltenham, UK and Northampton, MA, USA: Edward Elgar).

[78] Daryl Lim, 2009 "Innowacje i dostęp: Legal Strategies at the Intellectual Property Rights and Competition Law Interface"; Legal Strategies, Springer Berlin Heidelberg, s. 403-437.

[79] Atsushi Kato, (2004) Patent pool enhance market competition, International Review of Law and Economics Vol24, 255-268 P255.

patentu od ujawnienia istotnych cech innowacji, w odniesieniu do której wystąpiono o patent, ułatwiając innym innowatorom dostęp do wiedzy zawartej w patencie. Dodatkową motywację do upowszechniania stanowią przepisy, które umożliwiają korzystanie z aktywów intelektualnych za pośrednictwem umów licencyjnych. Rozpowszechnianie wydaje się zatem spójne z celami konkurencji.

Badanie antymonopolowe i interwencja są przeprowadzane ex post po przyznaniu patentu. Teoria ekonomiczna sugeruje, iż uodpornienie posiadacza patentu na odpowiedzialność antymonopolową jest niewłaściwe, gdy próbuje on rozszerzyć swój monopol patentowy na sąsiednie rynki, ponieważ mogłoby to zmniejszyć nadwyżkę konsumentów. Niemniej jednak, stosując prawo antymonopolowe, sądy uznały, iż monopoliści mogą być odpowiedzialni za bezprawne rozszerzanie swoich monopoli na sąsiednie rynki w wielu dziedzinach, takich jak komputerowe urządzenia peryferyjne i aplikacje oprogramowania; rynki wtórne części zamiennych, serwis i konserwacja trwałych towarów; zmiany w projektach urządzeń medycznych; oraz zmiany w formułach leków. Mimo że granica między patentami a ochroną konkurencji nie jest wyraźnie wyznaczona, sądy niechętnie przyznają ochronę antymonopolową właścicielom patentów, gdy kontrolują oni władzę rynkową na rynkach sąsiednich (*Xerox Corp.* 2007, *Atari Games Corp.* 1990).

W większości krajów rozwijających się prawa własności intelektualnej zostały rozszerzone i wzmocnione z powodu braku skutecznego zbioru przepisów dotyczących konkurencji, w przeciwieństwie do krajów rozwiniętych, w których przedmowa o wyższym poziomie ochrony własności intelektualnej miała miejsce w kontekście normatywnym, zapewniając solidną ochronę przed praktykami antykonkurencyjnymi. Mimo że prawo konkurencji może być istotnym środkiem ograniczającym szkodliwe skutki PWI, większość krajów rozwijających się nie wykorzystuje takich przepisów do zmiany antykonkurencyjnego wykorzystania PWI, ze względu na brak przepisów, nieskuteczne wdrażanie lub brak polityki w zakresie korelacji między PWI a konkurencją. W związku z tym szersze podejście do polityki konkurencji może być szczególnie cenne w krajach rozwijających się, aby zapewnić prokonkurencyjne korzystanie z PWI[80]. Kraje rozwijające się mogą dążyć do własnego zrozumienia prawa konkurencji i PWI, ponieważ nie istnieją międzynarodowe przepisy (z wyjątkiem art. 40 Porozumienia TRIPS), które ograniczają kompetencje tych krajów w zakresie dyscyplinowania antykonkurencyjnych zachowań związanych z PWI.

Prawo konkurencji wyznacza granicę między dozwolonymi strategiami biznesowymi a nadużywaniem PWI, granicę, która często jest zniekształcana przez porozumienia horyzontalne, wyłączające ograniczenia licencyjne, porozumienia wiązane, nieproporcjonalne wykorzystanie PWI i inne praktyki sprzedaży. Ponadto istnieje prawdopodobieństwo nadużywania cen monopolistycznych, w szczególności w krajach rozwijających się, gdzie operacyjne substytuty produktów chronionych prawami własności intelektualnej mogą nie być od razu dostępne[81]. Ograniczone monopole ustanowione przez prawa własności intelektualnej nie są same w sobie antykonkurencyjne lub bardzo wyzyskujące, ale stają się one antykonkurencyjne tylko wtedy, gdy właściciel praw własności intelektualnej rozszerza te prawa bardziej niż jest to zamierzone i właściwe. Wreszcie, zwięzła prezentacja ukazuje ważną rolę praw własności intelektualnej i konkurencyjności w przyciąganiu napływu BIZ. Kolejnym etapem jest zbadanie sposobu pomiaru ochrony praw własności intelektualnej i przedstawienie już istniejących wskaźników praw własności intelektualnej.

Jak wspomniano wcześniej, prawo konkurencji ma zasadnicze znaczenie dla właściwego, przyjaznego dla konsumentów funkcjonowania gospodarki, a zatem poprzez zwalczanie karteli i innych antykonkurencyjnych porozumień między korporacjami, wraz z nadużywaniem pozycji rynkowej przez przedsiębiorstwa dominujące oraz poprzez kontrolowanie połączeń zdolnych do generowania antykonkurencyjnych wyników, prawo konkurencji chroni dobrobyt konsumentów, który wiąże się z niskimi cenami, wysoką jakością, wyborem i innowacyjnością. Ponadto prawo konkurencji uzupełnia integrację rynku UE, przeciwdziałając rozdzieleniu rynku wewnętrznego przez podmioty prywatne poprzez wzmocnienie czterech podstawowych swobód przepływu na rynku wewnętrznym UE. Prawo konkurencji jest stosowane zarówno na poziomie UE, jak i na poziomie krajowym, regulowane zarówno przepisami prawa UE (art. 101-102 TFUE), jak i podobnymi przepisami w krajowych aktach prawnych dotyczących konkurencji. Podczas gdy rozważania często koncentrują

[80] Drexl, J. (1999). "Trade-Related Restraints of Competition - The Competition Policy Approach" in Towards WTO Competition Rules: Key Issues and Comments on the WTO Report (1998) on Trade and Competition. Zäch, R. (Ed.).

[81] L. Peeperkorn, (2003), Licencje IP i zasady konkurencji: Striking the Right Balance, 26 World Competition 112.

się na poziomie UE, krajowe organy ochrony konkurencji i sądy dokonujące kontroli ich działań odgrywają zasadniczą rolę w zagwarantowaniu równych szans w całej UE[82]. Maciej Bernatt[83] pokazuje, że "reformy sądownictwa budzą wątpliwości co do niezależności i wiedzy fachowej sądów, które są odpowiedzialne za kontrolę decyzji krajowych organów ochrony konkurencji przyjętych na mocy art. 101-102 TFUE i krajowych przepisów prawa konkurencji. W rezultacie podważona zostaje skuteczna ochrona sądowa wymagana przez prawo pierwotne UE. Ponadto kwestionowane jest wzajemne zaufanie, na którym opiera się zdecentralizowane egzekwowanie unijnego prawa konkurencji".

W szczególności zapobiegają one ograniczeniom, które tworzą bariery wejścia na rynek dla firm z innych państw członkowskich UE, a więc wszystkie te funkcje są częścią funkcjonalności prawa. Prawdziwym pojęciem praworządności jest stosowanie prawa i dlatego nie można go mylić z istotą kryzysu wykonalności prawa w społeczeństwie w zakresie tworzenia, zmiany i stosowania prawa. Gdyby więc ogólny kryzys rządów prawa dotyczący wykonalności samego prawa miał wpłynąć na rolę prawa konkurencji, to jego status dla UE byłby zagrożony.

Argumentuje się, że istnieje szerokie porozumienie co[84] do cech, które powinny wyróżniać zasady systemu prawnego, jeśli ma on być zgodny z zasadami praworządności, takich jak powszechność, jawność, przejrzystość, względna stabilność itp[85]. Poza tym nie ma zgody co do tego, jakie rozwiązania instytucjonalne i proceduralne państwo prawa jest niezbędne, czy ma ono nieodłączną wartość moralną i czy nie wymusza ono materialnych ograniczeń w zakresie treści prawa[86]. Charakterystyczny jest spór pomiędzy zaprzeczeniem, że państwo prawa ma nieodłączną wartość moralną Kramera, a wyrażeniem takiej wartości przez Simmondsa[87]. Warto zauważyć, że rządy prawa to stosowanie prawa w danej jurysdykcji, a zatem wszystkie kwestie proceduralne i materialne prawa są częścią prawa i rządów prawa. W rzeczywistości nie ma zgody co do rozróżnienia między zwolennikami tzw. koncepcji "formalnej" i "materialnej" rządów prawa, a zatem koncepcja formalna[88] potwierdza, że rządy prawa są spełnione, gdy prawa są zgodne z poświadczonymi wymogami formalnymi i proceduralnymi, co oznacza, że przepisy prawne powinny być ogólne, perspektywiczne, jasne, niesprzeczne, stosunkowo stabilne, ogłaszane itp. a postępowanie sądowe powinno umożliwiać prawidłowe stosowanie przepisów prawnych poprzez sprawiedliwe i otwarte, kierowanie nimi lub ich kontrolę przez niezawisłe sądownictwo itp. Z drugiej strony, wszystko to są elementy dotyczące tworzenia, kształtowania i stosowania prawa, a nie elementy koncepcji zasady praworządności, ponieważ mylące jest wykorzystywanie elementów i cech koncepcji prawa do określenia zasady praworządności, która oznacza stosowanie prawa do rządzenia społeczeństwem, a tym samym wykorzystywanie jej do rozstrzygania sporów w jakiejkolwiek jurysdykcji. W przeciwnym razie wszystkie dyskusje dotyczące prawa są implikowane do istoty państwa prawa, co powoduje dezorientację, ponieważ jedynie stosowanie prawa ustalonego spełnia zasady państwa prawa. Dyskusja o prawie nie powinna być związana z zasadą praworządności, lecz jedynie z kształtowaniem prawa, które będzie stosowane w celu realizacji zasady praworządności, a więc każde inne znaczenie zasady praworządności musi oznaczać po prostu prawo. W rzeczywistości

[82] Organy ochrony konkurencji państw członkowskich UE (NCA) są zobowiązane do stosowania nie tylko krajowego prawa konkurencji, ale również unijnych przepisów dotyczących konkurencji (art. 101-102 TFUE), gdy dana praktyka może mieć wpływ na handel między państwami członkowskimi UE. Marco Botta, Alexandr Svetlicinii i Maciej Bernatt, The Assessment of the Effect on Trade by the National Competition Authorities of the "New" Member States: Another Legal Partition of the Internal Market?, 52(5) Common Market Law Review 1247 (2015). W rzeczywistości krajowe organy ds. konkurencji odgrywają ważną rolę w zdecentralizowanym systemie egzekwowania prawa konkurencji w UE. http://ec.europa.eu/competition/ecn/statistics.html

[83] Maciej Bernatt, "Rule of Law Crisis, Judiciary and Competition Law", pod adresem: https:/ /ssrn.com/abstract=3431631 P1

[84] Aleardo Zanghellini, The Foundations of the Rule of Law, 28 Yale J.L. & Human. (2016). https://digitalcommons.law.yale.edu/yjlh/vol28/iss2/2

[85] Timothy A.O. Endicott, The Impossibility of the Rule of Law, 19 Oxford J. Legal Stud. 1, 12(1999).

[86] Jeremy Waldron, The Rule of Law and the Importance of Procedure, New York University Public Law and Legal Theory Working Papers, Paper 234 (2010), http://lsr.nellco.org/nyu~plltwp/234 (argumentując, że wielu naukowców zaniedbuje argumentacyjne i proceduralne aspekty rządów prawa). T.R.S. Allan, Constitutional Justice: A Liberal Theory of the Rule of Law (2001) (broniąc koncepcji rządów prawa, która zawiera merytoryczne ograniczenia treści prawa); Joseph Raz, The Rule of Law and its Virtue, 93 LAW QUARTERLY REV. 195 (1977) (w obronie przeciwnego poglądu).

[87] Matthew H. Kramer, On the Moral Status of the Rule of Law, 63 Cambridge L.J. 65 (2004); Nigel E. Simmonds, Law as a Moral Idea, 55 University Toronto L.J. 61 (2005).

[88] Paul Craig, Koncepcje formalne i merytoryczne państwa prawa: An Analytical Framework, Public Law 467 (1997).

prawo jest cenne, ponieważ niezależnie od jego treści, odpowiednio sformułowane, administrowane i orzekane przepisy prawne umożliwiają przewidywalność skutków prawnych i zależność ludzi od prawa, a tym samym służą interesom autonomii ludzi[89].

4. UE i prawa własności intelektualnej

Polityka UE ewoluowała od liberalnego podejścia we wcześniejszych latach do bardziej ekonomicznego podejścia, które znalazło odzwierciedlenie w wyłączeniu grupowym dla umów o transferze technologii z 2004 r., któremu towarzyszyły odpowiednie wytyczne dotyczące transferu technologii, które wyraźnie obejmują patenty. W sprawie *Nungesser*[90] Europejski Trybunał Sprawiedliwości (ETS) stwierdził, że przepisy dotyczące wyłączności nie naruszają automatycznie *art. 101* TFUE. Transakcje obejmujące porozumienia w sprawie praw własności intelektualnej często prowadzą do nadużywania pozycji dominującej na podstawie *art. 102* TFUE. Jak ponownie wyjaśniono w sprawie *Microsoft*, zwykła własność praw własności intelektualnej nie stanowi odpowiedniego obiektywnego uzasadnienia odmowy udzielenia licencji, pod warunkiem że inne szczególne okoliczności wskazywałyby na konieczność udzielenia licencji przymusowej.

Aby zagwarantować właściwą równowagę w systemie PWI, polityka egzekwowania PWI powinna być wspierana przez (1) przepisy prawa materialnego chroniące uzasadnione interesy osób trzecich i ogółu społeczeństwa, przewidujące odpowiednie ograniczenia i wyjątki od praw przyznanych przez własność intelektualną oraz regulujące praktyki antykonkurencyjne; oraz (2) zasady proceduralne, które są sprawiedliwe i uczciwe dla wszystkich stron. Unijna[91] dyrektywa 2004/48/WE w sprawie egzekwowania praw własności intelektualnej ma zastosowanie do wszelkich naruszeń praw własności intelektualnej, które zostały zharmonizowane w Unii Europejskiej, w tym naruszeń nieobjętych Porozumieniem w sprawie handlowych aspektów praw własności intelektualnej (porozumienie TRIPS), takich jak prawa do wzorów użytkowych i prawa *sui generis* producenta bazy danych, oraz ustanawia kary i środki naprawcze, które muszą być dostępne na mocy prawa cywilnego. Niektóre z elementów "TRIPS plus" dyrektywy obejmują: (1) uprawnienie władz do zajmowania dokumentów dowodowych dotyczących domniemanego naruszenia oraz samych domniemanych towarów, (2) obowiązek dostarczania przez sądy informacji o źródle pochodzenia towarów stanowiących naruszenie, (3) tymczasowe (wstępne) nakazy sądowe, które mogą być wydawane przed podjęciem decyzji w sprawie merytorycznej, (4) zajęcie rachunków bankowych podmiotu naruszającego prawo oraz innych aktywów i zysków w celu zapewnienia wypłaty należnych odszkodowań, (5) wycofanie towarów naruszających prawo na własny koszt podmiotu naruszającego prawo oraz (6) wybór dla posiadacza praw albo odszkodowania ryczałtowego (do wysokości dwukrotności zwykłych opłat licencyjnych lub opłat licencyjnych), albo odszkodowania za utracone zyski.

Ponadto prawodawstwo UE musi być interpretowane w miarę możliwości w świetle zobowiązań międzynarodowych.[92] Unijni decydenci wzięli pod uwagę "(i) zbiorowe i indywidualne udzielanie licencji na krajowe tytuły praw autorskich, (ii) definicję i wdrożenie wyjątków od praw autorskich w środowisku cyfrowym oraz (iii) rodzaje środków egzekwowania prawa online, które państwa członkowskie muszą udostępnić posiadaczom praw autorskich w wyniku transpozycji unijnych dyrektyw dotyczących praw autorskich", aby[93] usprawnić tworzenie i rozwój unijnych kwestii

[89] Waldron, The Concept and the Rule of Law, 43 GA. L. REV. 1 (2008-2009). Jeremy Waldron, Is the Rule of Law an Essentially Contested Concept (in Florida)?, 21 LAW & PHIL. 137 (2002). Alison L. Young, The Rule of Law in the United Kingdom: Formal or Substantive, 6 Vienna Online J. Int'l Const. L. 259, 260-61 (2012) (omawiając dwie merytoryczne koncepcje rządów prawa, które obok wymogów formalnych i proceduralnych czynią z ochrony praw podstawowych i swobód obywatelskich wymóg praworządności). Brian Z. Tamanaha, On the rule of law: History, Politics, Theory 7 (2004).

[90] Nungesser przeciwko Komisji WE, 1 CMLR 278 (1983).

[91] Dolmans, M., O'Donoghue, R., & Loewenthal, P. J., "Czy art. 82 WE i własność intelektualna są interoperacyjne? The State of the Law Pending the Judgment in *Microsoft v. Commission*," *Competition Policy International*, Vol. 3, No. 1 (2007).

[92] Peek & Cloppenburg KG v. Cassina SpA, C-456/06, EU:C:2008:232, pkt 30-31; Titus Alexander Jochen Donner, C-5/11, EU:C:2012:370, pkt 23.

[93] Giuseppe Mazziotti, Copyright in the EU Digital Single Market Report of The Ceps Digital Forum czerwiec 2013, Centre for European Policy Studies Brussels Copyright 2013, Centre for European Policy Studies.

dotyczących praw autorskich. Istnieje potrzeba zachowania swobody kontraktowej zarówno właścicieli treści, jak i podmiotów wykorzystujących je do celów komercyjnych. Unijne środki legislacyjne nie mogą pozbawiać posiadaczy praw autorskich możliwości kierowania ich do konkretnego kręgu odbiorców i czynienia opłat licencyjnych za wykorzystanie online sprawiedliwymi w stosunku do faktycznej publiczności, do której docierają transmisje treści. W tym zakresie Giuseppe Mazziotti[94] twierdzi, że "wszyscy przedstawiciele właścicieli praw autorskich zdecydowanie odrzucają pomysł jakiejkolwiek reformy legislacyjnej na szczeblu UE, która mogłaby doprowadzić do bardziej otwartych, neutralnych technologicznie i skutecznie zharmonizowanych ram prawnych dotyczących wyjątków od praw autorskich".

Ustanowienie jednolitego rynku cyfrowego UE jest celem politycznym zakorzenionym w "Europejskiej agendzie cyfrowej".[95] Rynki treści cyfrowych są zdezintegrowane i wysoce zróżnicowane z powodów niezwiązanych z ograniczonym terytorialnie zakresem praw autorskich. W Europie szeroko rozpowszechniony jest nieuprawniony dostęp do treści online za pośrednictwem sieci peer-to-peer, ale w Stanach Zjednoczonych legalne usługi dostarczania treści online, takie jak Netflix, generują znacznie większy ruch niż w Unii Europejskiej.[96] Ujednolicenie unijnego prawa autorskiego miałoby natychmiastowy skutek w całej UE, prowadząc do powstania jednolitego rynku praw autorskich i praw pokrewnych poprzez wyeliminowanie terytorialności krajowych przepisów dotyczących praw autorskich, w szczególności gdyby system ten był interpretowany jako przeważający nad krajowymi tytułami prawnymi, co wiązałoby się z[97] reformą legislacyjną prawa UE. Istnieje *de facto* harmonizacja warunku oryginalności w odniesieniu do przedmiotów innych niż programy komputerowe, fotografie i bazy danych,[98] ale również utorowała drogę do zrozumienia unijnej architektury praw autorskich jako jednej z otwartych kategorii przedmiotów.[99] Warto wspomnieć, że rozbieżne standardy oryginalności w Unii Europejskiej rujnują funkcjonowanie rynku wewnętrznego. Warto wspomnieć,[100] że ochrona praw autorskich jest zarezerwowana dla "dzieł" w sensie berneńskim, *czyli* podmiotów będących intelektualną twórczością ich autorów.[101]

Ponadto Trybunał Sprawiedliwości Unii Europejskiej (TSUE) w sprawie *Football Dataco* przeciwko *Sportradar*[102] orzekł, że za czynność ponownego wykorzystania uznaje się miejsce, w którym komputer użytkownika otrzymuje treść w celu jej przechowywania i wyświetlania na ekranie. W sprawie *UsedSoft TSUE*[103] określił wyłączne prawo do dystrybucji właściciela programu komputerowego. W tym celu przepisy dyrektywy o społeczeństwie informacyjnym z 2001 r. definiują wyłączne prawa do rozpowszechniania i publicznego udostępniania treści z zamiarem zastosowania zasady wyczerpania prawa do trwałej sprzedaży niematerialnych kopii utworów chronionych prawem autorskim. Twierdzi się, że wyczerpanie prawa do rozpowszechniania ma zastosowanie do materialnej kopii utworu.[104] Trybunał stwierdził, że art. 4 ust. 2 dyrektywy informacyjnej należy interpretować w ten sposób, że zawarta w nim zasada wyczerpania nie ma zastosowania w okolicznościach, w których zwielokrotnienie chronionej twórczości zostało zastąpione nośnikiem i ponownie wprowadzone do obrotu w nowej formie. Czy prawo zezwala na wyczerpanie cyfrowe?

---

94 *Id.* na 3.

95 "Europejska agenda cyfrowa", http://ec.europa.eu/digital-agenda/digitalagenda-europe, COM(2010) 245 wersja ostateczna, 19 maja 2010 r.; komunikat Komisji w sprawie *treści na jednolitym rynku cyfrowym*, COM(2012) 789 wersja ostateczna, 18 grudnia 2012 r., *http://ec.europa.eu/internal_market/copyright/docs/copyrightinfso/121218_communicationonline-content_en.pdf.*

96 *Global Internet Phenomena Report (2H 2012).*

97 Artykuł 118 TFUE.

98 Harmonizacja kryteriów ochrony praw autorskich została uznana za niezbędną dla programów komputerowych, baz danych i fotografii. Dyrektywa Parlamentu Europejskiego i Rady 2009/24/WE z dnia 23 kwietnia 2009 r. w sprawie ochrony prawnej programów komputerowych (wersja ujednolicona), Dz.U. L 111 z 5 maja 2009 r.; dyrektywa 96/9/WE Parlamentu Europejskiego i Rady z dnia 11 marca 1996 r. w sprawie ochrony prawnej baz danych, Dz.

99 Infopaq International A/S przeciwko Danske Dagblades Forening, sprawa C-5/08 [2009] I-06569; Bezpečnostní softwarová asociace - Svaz softwarové ochrany przeciwko Ministerstvo kultury, sprawa C-393/09 [2010] I-13971; sprawy połączone Football Association Premier League Ltd i inni przeciwko QC Leisure i inni, sprawa C-403/08 oraz Karen Murphy przeciwko Media Protection Services Ltd, sprawa C-429/08 [2011] I-09083.

100 E Rosati, Originality in EU copyright, Full Harmonization through case law (Edward Elgar:2013).

101 *Infopaq, cit.*, [33]-[35].

102 *Football Dataco Ltd i inni przeciwko SportradarGmbH et Sportradar AG*, C-173/11, 18 października 2012 r., paras. 39-43.

103 UsedSoft GmbH przeciwko Oracle International Corp., C-128/11, 3 lipca 2012 r.

104 Wyrok w sprawie Art & Allposters International BV przeciwko Stichting Pictoright, C-419/13, EU:C:2015:27. TSUE stwierdził, że "wyczerpanie prawa do rozpowszechniania ma zastosowanie do przedmiotu materialnego, do którego włączono utwór chroniony lub jego kopię, jeżeli został on wprowadzony do obrotu za zgodą właściciela praw autorskich". Artykuł 4 ust. 2 dyrektywy 2001/29 (dyrektywa InfoSoc) stanowi, że dozwolona pierwsza sprzedaż utworu na terytorium Unii Europejskiej wyczerpuje prawo właściciela praw autorskich do kontrolowania każdego późniejszego rozpowszechniania danego utworu.

Podnosi się, że w przypadku cyfrowych kopii utworów nie ma wyczerpania,[105] a ebooki podlegają zasadzie wyczerpania.[106]

Ponadto art. 5 ust. 3 lit. k) dyrektywy 2001/29 (dyrektywa InfoSoc) zezwala państwom członkowskim na wprowadzenie do ich własnych przepisów prawa autorskiego wyjątku lub ograniczenia w odniesieniu do praw do zwielokrotniania, udostępniania i publicznego udostępniania i/lub rozpowszechniania w celu "karykatury, parodii lub pastiszu", ale brak jest definicji tych pojęć.[107] TSUE orzekł, że osoba, która jest właścicielem praw autorskich do utworu, ma uzasadniony interes w upewnieniu się, że nie ma to związku z przesłaniem przekazanym przez jego parodię, jeśli jest ono szkodliwe. Parodia przywołuje dzieło pod ręką, będąc jednocześnie wyraźnie od niego różną i stanowi wyraz humoru. AG[108] stwierdziła następnie, że pojęcie parodii należy uznać za autonomiczną koncepcję prawa UE, wymagającą jednolitego stosowania prawa UE. Ponadto jednym z celów dyrektywy InfoSoc jest harmonizacja szczególnych aspektów prawa autorskiego i praw pokrewnych. Poza harmonizacją, celem drugiej Dyrektywy InfoSoc było dostosowanie prawa autorskiego UE do i wdrożenie do porządku prawnego UE traktatów internetowych WIPO z 1996 roku. Gry wideo[109] nie są uważane jedynie za programy komputerowe, ale za złożone dzieła multimedialne wyrażające autonomiczne narracyjne i graficzne kreacje, takie gry są uważane za dzieła intelektualne chronione prawem autorskim na mocy Dyrektywy InfoSoc.[110] Państwa członkowskie muszą przyjąć bardzo podobny, jeśli nie identyczny stopień ochrony praw autorskich, nie uwzględniając przypadków, w których dyrektywa InfoSoc pozostawia im pewną swobodę, jak na przykład w przypadku nieobowiązkowego wykazu wyjątków i ograniczeń w art. 5. Argumentuje[111] się, że zakres ochrony praw autorskich nie powinien zależeć od prawdopodobnych różnic w stopniu swobody twórczej w produkcji różnych kategorii utworów, co oznacza, że dyrektywa InfoSoc przewiduje ochronę wszystkich wytworów intelektualnych przez to samo prawo do zwielokrotniania.[112]

Czy obecny system wyjątków od praw autorskich na szczeblu UE jest nadal odpowiedni? Dyrektywa InfoSoc nie zdołała skutecznie zharmonizować wyjątków od praw autorskich w stopniu przekraczającym określony zakres, ponieważ wśród unijnych prawodawców nie było zgody politycznej na działania i zastosowania, które powinny były zostać wyłączone z zakresu praw autorskich, przede wszystkim w środowisku cyfrowym. Dyrektywa z 2001 r. nie narzuciła państwom członkowskim wyczerpującej listy wyjątków i ograniczeń. Pojęcie godziwej rekompensaty, w rozumieniu art. 5 ust. 2 lit. b) dyrektywy InfoSoc, jest autonomicznym pojęciem prawa UE. W sprawie *Padawan* przeciwko *SGAE*[113] TSUE orzekł jedynie, że sprawiedliwa rekompensata powinna być opracowana na podstawie kryterium szkody wyrządzonej autorom utworów chronionych poprzez wprowadzenie wyjątku dotyczącego prywatnego kopiowania.

---

[105] Court of Appeal of Hamm, 22 U 60/13, w sprawie której *patrz* E Rosati, "No exhaustion beyond software: Katfriend tłumaczy niemiecką decyzję w sprawie audiobooków", *The IPKat* (1 lipca 2014), http://ipkitten.blogspot.co.uk/2014/07/no-exhaustion-beyond-software-katfriend.html.

[106] Sąd Rejonowy w Amsterdamie, Nederlands Uitgeversverbond i Groep Algemene Uitgevers przeciwko Tomowi Kabinetowi, C/13/567567/KG ZA 14-795 SP/MV, 21 lipca 2014 r., w sprawie której zob. M Olmedo Cuevas, "Holenderskie prawa autorskie ulegają starzeniu w miarę jak wyczerpują się e-booki", 10(1) *JIPLP* (2015), 8-10.

[107] Wyrok w sprawie Johan Deckmyn i Vrijheidsfonds VZW przeciwko Helenie Vandersteen i in., C-201/13, EU:C:2014:2132; dyrektywa 2001/29/WE Parlamentu Europejskiego i Rady z dnia 22 maja 2001 r. w sprawie harmonizacji niektórych aspektów praw autorskich i pokrewnych w społeczeństwie informacyjnym, Dz.U. 2001, L 167, s. 10-19. E. Rosati, Originality in EU Copyright. Pełna harmonizacja poprzez orzecznictwo (Edward Elgar, 2013). Infopaq International A/S przeciwko Danske Dagblades Forening, C-5/08, EU:C:2009:465, pkt 27; Padawan SL przeciwko Sociedad General de Autores y Editores de España (SGAE), C-467/08, EU:C:2010:620, pkt 32; DR i TV2 Danmark A/S przeciwko KBC-Nordisk Copyright Bureau, C-510/10, EU:C:2012:244, pkt 33; R. Jacob, "Parody and IP claims: a defence?" w: R. Cooper Dreyfuss - J.C. Ginsburg (Eds.), Intellectual Property at the Edge, The Contested Contours of IP (CUP, 2014), s. 427-440, w: 431, argumentując, że "jeśli chodzi o parodię, "gatunek" nie ma żadnych zasad, co czyni prawodawstwo niezwykle trudnym. Parodia rozciąga się od brutalnej ofensywy w dół, po pełne szacunku hommage".

[108] Opinia rzecznika generalnego Pedra Cruza Villalóna w sprawie Johan Deckmyn i Vrijheidsfonds VZW przeciwko Helenie Vandersteen i innym, C- 201/13, EU:C:2014:458.

[109] Nintendo Co Ltd i inni przeciwko PC Box Srl i 9Net Srl, sprawa C-355/12, 23 stycznia 2014 r. Opinia rzecznika generalnego Eleanor Sharpston w sprawie Nintendo Co Ltd i in. przeciwko PC Box Srl i 9Net Srl, sprawa C-355/12, 19 września 2013 r.

[110] Dyrektywa 2001/29/WE Parlamentu Europejskiego i Rady z dnia 22 maja 2001 r. w sprawie harmonizacji niektórych aspektów praw autorskich i pokrewnych w społeczeństwie informacyjnym, Dz.U. L 167 z 22 czerwca 2001 r.

[111] InfoSoc Directive Peter Pinckney v. KDG Mediatech AG, sprawa C-170/12, [jeszcze nieopublikowana], 3 października 2013 r.; Hi Hotel HCF SARL v. Uwe Spoering, sprawa C-387/12 [jeszcze nieopublikowana], 3 kwietnia 2014 r.

[112] Infopaq International A/S przeciwko Danske Dagblades Forening, sprawa C-5/08 [2009] I-06569; UK Copyright Designs and Patents Act 1988 (CDPA).

[113] Padawan SL przeciwko Sociedad General Autores y Editores de Espana (SGAE), C-467/08, 21 października 2010 r.

Hardware based levies are no longer desirable because new models of content distribution are developing rapidly and Cloud computing is revolutionizing consumers' copying habits.[114] Producenci sprzętu i urządzeń promowali realizację alternatywnych form sprawiedliwej rekompensaty, zapewniających posiadaczom praw autorskich dochody w dłuższej perspektywie i dobrze funkcjonujący ekosystem kreatywności. W tym zakresie rozwój i rozpowszechnianie usług szerokopasmowego dostępu do cyberprzestrzeni oraz platform opartych na chmurze obliczeniowej ułatwiły zarówno podmiotom naruszającym prawa autorskie na dużą skalę, jak i nieuprawnionym użytkownikom odzyskiwanie treści udostępnianych za pośrednictwem cyberprzestępczych szaf i innych platform internetowych. To nowe naruszenie praw autorskich zwiększyło jego negatywny wpływ na działalność przedsiębiorstw z branży twórczej w takich obszarach jak przemysł filmowy, na które "piractwo" nie miało znaczącego wpływu przed pojawieniem się cyberprzestrzeni szerokopasmowej i chmury obliczeniowej. W sprawie *L'Oréal* przeciwko *eBay,*[115] TSUE rzucił światło na zawiłe współdziałanie środków egzekwowania prawa w internecie i zwolnienia z odpowiedzialności, które prawo przyznaje dostawcom usług hostingowych. Operator internetowy skorzystał z przepisu dotyczącego "bezpiecznej przystani" w zakresie, w jakim ograniczył się do świadczenia tej usługi w sposób neutralny poprzez proste techniczne i automatyczne przetwarzanie treści dostarczanych przez jego klientów. W tym zakresie wyłączenie nie powinno mieć zastosowania, jeżeli pośrednik internetowy odgrywa *aktywną rolę*, która oznaczałaby wiedzę o takich treściach (lub kontrolę nad nimi).

Kto spodziewałby się instalacji systemów lub technologii filtrowania trwałego przez dostawców usług internetowych i operatorów sieci społecznościowych? Państwa członkowskie i sądy krajowe nie mogą nakładać na pośredników internetowych ogólnych obowiązków w zakresie monitorowania treści, które przechowują lub przekazują.[116] TSUE orzekł, że przy przyznawaniu środków egzekwowania prawa online ochrona własności intelektualnej powinna być rozsądna w stosunku do ochrony podstawowych praw osób i przedsiębiorstw, na którą niewątpliwie wpłynęłyby nieograniczone środki filtrowania.[117] Ponadto prawo UE zobowiązuje państwa członkowskie do udostępnienia, że dane osobowe mogą być gromadzone wyłącznie w sposób precyzyjny, jednoznaczny i zgodny z prawem, a każde przetwarzanie powinno być adekwatne i zrównoważone w stosunku do zamierzonego celu. Egzekwowanie praw autorskich jest uzasadnionym powodem uzasadniającym przetwarzanie danych osobowych.[118]

Europejski Trybunał Sprawiedliwości (ETS) zajął się kwestią rejestracji nietradycyjnych znaków towarowych i ustanowił procedury, które rozwiewają wiele obaw związanych z nietradycyjnymi znakami towarowymi w Stanach Zjednoczonych,[119] a ścisły wymóg Unii Europejskiej dotyczący graficznego przedstawienia znaku towarowego w przypadku rejestracji nietradycyjnych znaków towarowych zapewnia pewność prawną i dostępność. Dwie inicjatywy łączą się w celu stworzenia unijnego prawa znaków towarowych: (1) pierwsza dyrektywa Rady oraz (2) rozporządzenie w sprawie wspólnotowego znaku towarowego.[120] Graficzne przedstawienie gwarantuje, że zakres i charakter znaku towarowego są jasno określone i zrozumiałe, tak aby badacze sprawdzający rejestr mogli łatwo stwierdzić, co zostało zarejestrowane. ETS[121] wymaga graficznego przedstawienia za pomocą "obrazów, linii lub znaków, tak aby [znak] mógł być precyzyjnie zidentyfikowany". Prawo Unii Europejskiej w zakresie znaków towarowych uznaje, że choć konsumenci często rozpoznają tradycyjne znaki towarowe, takie jak słowa i logo, jako łatwo wskazujące na źródło pochodzenia, może to nie mieć miejsca w przypadku kolorów, dźwięków i zapachów.

---

[114] Stichting de Thuiskopie przeciwko Opus Supplies Deutschland Gmbh, C-462/09, 16 czerwca 2011 r.

[115] L'Oréal v. eBay International, C-324/09, 12 lipca 2011 r.

[116] Artykuł 15 dyrektywy o handlu elektronicznym.

[117] Promusicae przeciwko Telefonica, C-275/06, 29 stycznia 2008; Scarlet Extended przeciwko SABAM, C-70/10, 24 listopada 2011; SABAM przeciwko Netlog, C-360/10, 16 lutego 2012.

[118] Artykuł 6 dyrektywy 95/46/WE Parlamentu Europejskiego i Rady z dnia 24 października 1995 r. w sprawie ochrony osób fizycznych w zakresie przetwarzania danych osobowych i swobodnego przepływu tych danych, Productores de Música de España (Promusicae) przeciwko Telefónica de España SAU, Dz.U. L 281/31 C-275/06, 29 stycznia 2008 r.

[119] KWS Saat AG przeciwko OHIM, 2004 WL 59751 (21 października 2004 r.). Shield Mark BV przeciwko Joost Kist H.O.D.N., sprawa C- 283/01, 2004 E.T.M.R. 33; Sieckmann przeciwko Deutsches Patent- und Markenamt, sprawa C-273/00, 2003 E.T.M.R. 37.

[120] Pierwsza dyrektywa Rady 89/104/EWG z dnia 21 grudnia 1988 r. w sprawie zbliżenia ustawodawstw państw członkowskich odnoszących się do znaków towarowych, dekret 9, [1989] Dz.U. L 40/1. Rozporządzenie Rady (WE) nr 40/94 z dnia 20 grudnia 1993 r. w sprawie wspólnotowego znaku towarowego, [1994] Dz.U. L 11/1.

[121] Sieckmann przeciwko Deutsches Patent- und Markenamt, 2003 E.T.M.R. 37, z 46: "[Odwzorowanie graficzne] zapewnia możliwość ustalenia praw do naruszenia i zrozumienia przez osoby trzecie, na podstawie odwzorowania graficznego, charakteru znaku towarowego". Shield Mark BV v. Joost Kist H.O.D.N., sprawa C-283/01, 2004 E.T.M.R. 33, zz 34-41. Heidelberger Bauchemie GmbH, sprawa C-49/02, 2004 E.T.M.R. 99, zz 13.

Czy prawo dotyczące znaków towarowych i znaków towarowych jest terytorialne? Prawo znaków towarowych jest po części terytorialne, ponieważ pierwotne konwencje dotyczące własności intelektualnej z końca XIX wieku, Konwencja paryska i Konwencja berneńska o ochronie własności literackiej i artystycznej, opierały się na zasadzie traktowania narodowego[122].

Zgodnie z art. 6 dyrektywy UE, zakres prawa jest ograniczony, aby zachować jego podstawową funkcję znaku towarowego, polegającą na działaniu jako gwarancji pochodzenia[123]. Granice prawa o znakach towarowych zostały częściowo wytyczone przez odniesienie do geografii fizycznej[124], ale w cyberprzestrzeni pozorne granice przestrzenne są zawalone, ponieważ jako kwestia technologiczna może istnieć tylko jedna nazwa domeny diavlos.com i może ona wskazywać tylko na jedną firmę. Sąd w sprawie *Panavision Int'l przeciwko Toeppen rozszerzył*[125] zasięg geograficzny prawa znaków towarowych, przynajmniej w odniesieniu do nazw domen. Można powiedzieć, że zastosowanie prawa o znakach towarowych do nazw domen oznaczało, że prawo o znakach towarowych stało się niewprowadzone w geografię fizyczną i obecnie jest bardziej prawdopodobne, że będzie działać pozaterytorialnie. Strony powołujące się na prawo własności znaku towarowego mogą pozwać w innym kraju[126], a ze względu na różnice w prawie materialnym każda ze stron może wygrać, a więc wraz z rosnącym zakresem prawa o znakach towarowych w cyberprzestrzeni pojawia się problem jego egzekwowania. ACPA zapewnia jurysdykcję *in rem w* odniesieniu do samej nazwy domeny, niezależnie od miejsca jej rejestracji,[127] tworząc twierdzenia dotyczące jurysdykcji, a pytanie brzmi, czy są one zgodne z gwarancjami konstytucyjnego procesu sądowego. Można powiedzieć, że Kongres nie może uniknąć konstytucyjnych wymogów uczciwej konkurencji i znacznej sprawiedliwości jedynie poprzez wezwanie do podjęcia działań *in rem* i ograniczenie windykacji do samej res[128].

Jak opisano po raz pierwszy w sprawie *Polaroid Corporation przeciwko Polarad Electronics Corporation,*[129] siła znaku towarowego, stopień podobieństwa obu znaków, bliskość produktów, prawdopodobieństwo, że poprzedni właściciel wypełni lukę, rzeczywiste wprowadzenie w błąd oraz wzajemna dobra wiara pozwanego w przyjęcie własnego znaku towarowego, jakość produktu pozwanego oraz wyrafinowanie nabywców są czynnikami branymi pod uwagę w celu wprowadzenia w błąd. Ochrona słynnych znaków towarowych stanowi istotny cel w prawie własności intelektualnej, wynikający z szerszej perspektywy międzynarodowej, mającej na celu utrwalenie i ochronę znanych znaków towarowych[130]. Ochrona znanych znaków towarowych jest ważna, a jednocześnie zniechęca producentów do ingerowania w słynne znaki towarowe. Znane znaki towarowe często stają się markami domowymi i mogą być sprzedawane, licencjonowane lub przenoszone przez prawowitych

---

[122] Konwencja berneńska o ochronie dzieł literackich i artystycznych, 24 lipca 1971 r., 1161 U.N.T.S. 31. Konwencja paryska o ochronie własności przemysłowej, 14 lipca 1967 r., 21 U.S.T. 1583, 828 U.N.T.S. 305.

[123] Sprawa C-206/01, Arsenal Football Club plc przeciwko Matthew Reedowi [2002] IPLR 32 i sprawa T- 130/01, Sykes Enterprises Inc. przeciwko OHIM [2003] IPLR 1.

[124] United Drug Co. przeciwko Theodore Rectanus Co. 248 U.S. 90, 101 (1918): ""Ale w przypadku gdy dwie strony niezależnie stosują ten sam znak towarowy na towarach tej samej klasy, ale na odrębnych rynkach całkowicie oddalonych od drugiego, kwestia wcześniejszego zawłaszczenia jest prawnie nieistotna. . .".

[125] Panavision Int'l v Toeppen 141 F.3d 1316, 1326 (9. Cir. 1998) (cytując Panavision Int'l v Toeppen 945 F. Supp. 1296, 1304 (C.D. Cal. 1996)). Najpierw Kongres uchwalił Federalną Ustawę o Rozcieńczaniu Znaków Towarowych (Pub.L. nr 104-98, 109 Stat. 985 (skodyfikowaną w 15 U.S.C. 1125, 1127)), a następnie Ustawę o Ochronie Konsumentów przed Cybersquattingiem (ACPA Pub.L. nr 106-113 (1999); patrz H. R. Rep. nr 106-479 (18 listopada 1999 r.)), która przewiduje wyraźny federalny środek zaradczy w celu zwalczania tak zwanego "Cybersquatting".

[126] Mecklermedia Corp. przeciwko DC Congress GmbH [1998] 1 Wszystkie E.R. 148, 160 (dochodząc do innych wniosków co do własności znaku niż w innych krajach).

[127] Fleetboston Financial Corp. przeciwko Fleetbostonfinancial.com 138 F. Supp. 2d 121 (D.Mass. 27 marca 2001 r.) (stwierdzając, że postanowienia rzeczowe ACPA naruszają należyte procedury, gdy dokument rejestracyjny nazwy domeny jest następnie przekazywany do okręgu innego niż okręg, w którym znajduje się rejestrator); Heathmount A.E. Corp. przeciwko Technodome.Com 106 F. Supp. 2d 860, 865-66 (E.D. Va. 2000) (stwierdzając, że rejestracja nazwy domeny, bez więcej, nie może być wystarczającym minimum kontaktów dla
do celów jurysdykcji in personam); America Online, Inc. przeciwko Chih-Hsien Huang, 106 F. Supp. 2d 848, 855-60 (E.D. Va. 2000) (stwierdzając, że złożenie umowy o rejestrację nazwy domeny online w Network Solutions nie jest wystarczającym kontaktem z Virginią, aby uzasadnić jurysdykcję in personam); Caesars World, Inc. przeciwko Caesars-Palace.Com 112 F. Supp. 2d 502, 504 (E.D. Va. 2000) (uznając, że wystarczające kontakty dla celów jurysdykcji in rem); Lucent Technologies, Inc. przeciwko Lucentsucks.com 95 F. Supp. 2d 528, 535 n. 5 (E.D. Va. 2000) (Brinkema, J.) (uznając, że rejestracja jest wystarczającym minimum kontaktów dla celów jurysdykcji in personam).

[128] Caesars World, Inc. przeciwko Caesars-Palace.Com, 112 F. Supp. 2d 502, 504 (E.D. Va. 2000): ""w ramach Shaffer muszą istnieć minimalne kontakty w celu wspierania osobistej jurysdykcji jedynie w postępowaniach rzeczowych, w których podstawowa przyczyna roszczenia jest niezwiązana z majątkiem, który znajduje się w państwie sądu orzekającego"".

[129] 287 F.2d 492, 495 (2nd Cir. 1962). ETW Corp. przeciwko Jireh Publ'g, Inc. 332 F.3d 915, 939-40 (6 Cir. 2003).

[130] Konwencja paryska o ochronie własności przemysłowej, 14 lipca 1967 r., 21 U.S.T. 1583, TIAS 6923.

właścicieli za znaczną korzyścią finansową. W tym zakresie nazwy domen stały się bezcennymi niematerialnymi nieruchomościami w cyberprzestrzeni. Znak towarowy musi być używany w celu sprzedaży produktu lub usługi, a obecne ramy prawne tolerują reklamę porównawczą pozwalającą na margines porównania produktów, gdy celem jest poinformowanie użytkownika końcowego o różnicach między podobnymi produktami[131].

Tradycyjne prawo o znakach towarowych jest systemem zaprojektowanym w celu zminimalizowania kosztów poszukiwania konsumentów i argumentuje się, że podstawowa doktrynalna struktura prawa o znakach towarowych musi być zachowana w postaci osłabionych, opartych na percepcji praw. Prawo dotyczące tradycyjnych znaków towarowych - w przeciwieństwie do prawa dotyczącego rozcieńczania znaków towarowych - posiada "wbudowany kompas pierwszej poprawki", co czyni je "całkowicie zgodnym z teorią pierwszej poprawki, która nie chroni oszustw handlowych"[132]. Odmienność i dezorientacja to dwa pojęcia, wokół których sądy rozwinęły swoje poglądy na temat ochrony i używania znaków towarowych. Znaczenie ochrony konsumentów nie może być przeceniane, a standard przeciętnego konsumenta powinien pozostać centralnym punktem badania, nawet w przypadku sporów dotyczących nazw domen.

Zharmonizowane prawo UE dotyczące znaków towarowych absorbuje rolę tradycyjnie przypisywaną krajowym przepisom dotyczącym nieuczciwej konkurencji, proponując szerszą ochronę funkcji związanych z dobrą wolą i rosnącą kontrolę nad "referencyjnym" (nominatywnym) stosowaniem.[133] Istnieje potrzeba wprowadzenia szerokich praw do znaków towarowych w celu dodatkowego zharmonizowania prawa o znakach towarowych w Unii Europejskiej, w tym połączenia ogólnej klauzuli o uczciwym używaniu z kilkoma bardziej precyzyjnymi przepisami.[134] Parlament i Rada odrzuciły pierwotny wniosek Komisji, który miał na celu ograniczenie ochrony znaków towarowych do tradycyjnego rozumienia znaków towarowych jako odznaki pochodzenia w przypadkach, gdy oznaczenie identyczne ze znakiem towarowym jest używane dla tych samych towarów i usług.[135] Ochrona znaku towarowego nie ogranicza niepotrzebnie wolności słowa i konkurencji, a w zaleceniu wyjaśniono, że chodzi nie tylko o interesy właścicieli znaków towarowych i konsumentów, ale również o interesy konkurentów. Używanie znaku towarowego powinno być uznane za naruszenie tylko wtedy, gdy jest ono oczywiście nieuczciwe.[136] Ponieważ znaki towarowe służą do oznaczania ich handlowego pochodzenia w celu skierowania strumienia dochodów uzyskiwanych na rynku z powrotem do ich właściwego źródła handlowego, nie są one uznawane za zakłócające konkurencję na poziomie produkcji, co oznacza, że konkurenci mogą oferować dokładnie ten sam produkt, jeśli tylko używają innego znaku towarowego do oznaczania pochodzenia.[137] Znaków towarowych składających się z kształtów towarów nie należy traktować odmiennie niż innych znaków towarowych.[138] Kształty są jedyną formą oznaczeń, które podlegają bezwzględnemu i trwałemu wyłączeniu z ochrony w celu ochrony interesów konkurencji. Zgodnie z[139] art. 6 dyrektywy UE, zakres prawa jest ograniczony w taki sposób, aby zachować jego podstawową funkcję znaku towarowego, polegającą na działaniu jako gwarancji pochodzenia.[140]

---

[131] Ustawa o znakach towarowych R.S.C., rozdział T-13, 11.16(2)-(3) (1985).

[132] Mattel, Inc. przeciwko MCA Records, Inc. 296 F.3d 894, 905 (9. Cir. 2002). Playboy Enters przeciwko Netscape Commc'ns Corp. 354 F.3d 1020, 1034 (9. Cir. 2004) (uznając, że wyszukiwarka może być odpowiedzialna za początkowe zamieszanie wywołane przez baner reklamowy pojawiający się na stronie wyników wyszukiwania). Google Inc. przeciwko Am. Blind & Wallpaper Factory, Inc. 74 U.S.P.Q.2d 1385, 1393 (N.D. Cal. 2005) (zezwolenie na wszczęcie postępowania w sprawie naruszenia przepisów w odniesieniu do wyszukiwarki sprzedającej reklamy na stronach internetowych opatrzonych kluczem do znaków towarowych).

[133] CJEU, 18 czerwca 2009 r., sprawa C-487/07, L'Oréal/Bellure, pkt 58.

[134] AG Poiares Maduro, opinia z dnia 22 września 2009 r., sprawy C-236/08-238/08, Google France i Google/LouisVuitton et al., pkt. 102.

[135] Komisja Europejska, 27 marca 2013 r., COM(2013) 161 wersja ostateczna, 2013/0088 (COD).

[136] G.B. Dinwoodie, "Lewis & Clark Law School Ninth Distinguished IP Lecture: Developing Defenses in Trademark Law", "Lewis *and Clark Law Review* 13/1 (2009), s. 99 (152): "Jednakże, w miarę jak zakres ochrony znaków towarowych rozszerza się, a meteory i granice ochrony stają się coraz bardziej niepewne, nie możemy polegać wyłącznie na twórczej interpretacji prima facie przyczyn powództwa w celu ustalenia granic. Prawo o znakach towarowych musi bardziej świadomie rozwijać obronę, która odzwierciedlałaby konkurencyjne wartości, o które chodzi w sporach dotyczących znaków towarowych".

[137] Sprawa C-205/13 - *Hauck przeciwko Stokke*. Postanowienie Sądu w sprawie T-450/09 - Simba Toys przeciwko OHIM (dotyczące ochrony znaku towarowego dla trójwymiarowej układanki w kształcie sześcianu Rubika).

[138] CJEU Połączone sprawy C-53/01 i C-55/01-Linde, Winward i Rado v. DPMA (dotyczące kształtu wózka widłowego, latarki i zegarka na rękę).

[139] Sprawy połączone C-108/97 i C-109/97-Windsurfing Chiemsee przeciwko Huber i Attenberger, pkt 26.

[140] Arsenal Football Club plc przeciwko Matthew Reedowi, sprawa C-206/01, [2002] IPLR 32 i Sykes Enterprises Inc. przeciwko OHIM, sprawa T- 130/01, [2003] IPLR 1.

Warto wspomnieć, że w Anglii zasady materialne prawa patentowego zostały opracowane przede wszystkim przez sądy.[141] Angielskie prawo patentowe uległo znacznej zmianie w wyniku wprowadzenia ponadnarodowej konwencji o patencie europejskim (EPC),[142] która wprowadziła nowy korpus prawa patentowego oraz nowy organ - Europejski Urząd Patentowy (EPO)[143]- w celu jego interpretacji. Co więcej, podstawowe zasady prawa patentowego zostały ustalone w świecie, w którym wynalazki były mechaniczne i bardziej jednorodne niż obecnie. Autor ten uważa, że komercjalizacja wymusiła przyznawanie szerokich patentów i ich walidację przez sądy. Niemniej jednak, EPO wydaje się być bardziej restrykcyjny niż USPTO (United States Patent and Trademark Office) w dopuszczaniu wynalazków komputerowych. Ogólnie rzecz biorąc, termin technologia jest interpretowany w Europie wężej niż w Stanach Zjednoczonych. Stany Zjednoczone są znane z niezwykle ekspansywnego podejścia do przedmiotu objętego ochroną patentową. W porównaniu z Europą, na przykład, Stany Zjednoczone są znacznie bardziej skłonne do udzielania patentów na metody biznesowe, medyczne procesy diagnostyczne i ludzkie geny.

Ponadto w prawie angielskim, tak jak w konwencji o patencie europejskim, wynalazek musi być nowy, aby mógł zostać opatentowany.[144] Zgodnie z art. 2 ustawy o patentach z 1977 r., wprowadzającym w życie art. 54 konwencji o patencie europejskim, wynalazek jest nowy wtedy i tylko wtedy, gdy nie stanowi części stanu techniki w tym sensie, że nie został wcześniej udostępniony publicznie. Ujawnienie[145] wynalazku "wymaga przekazania informacji", a zastosowanie produktu nie spowoduje automatycznego przekazania jakiejkolwiek informacji, a zatem patent na metabolit wytworzony w wątrobie ludzkiej po spożyciu uprzednio opatentowanego produktu - terfenadyny - był nieważny, ponieważ metabolit ten został udostępniony publicznie na podstawie instrukcji dotyczących spożycia terfenadyny, zawartych w patencie na terfenadynę.[146]

Istnieją trzy źródła prawa, które regulują przyznawanie patentów w Europie: (1) porozumienia o europejskiej konwencji o patencie europejskim, dyrektywa 98/44/WE Parlamentu Europejskiego, (2) Rada Unii Europejskiej w sprawie ochrony prawnej wynalazków biotechnologicznych (dyrektywa biotechnologiczna) oraz (3) prawo krajowe poszczególnych państw europejskich.[147]

Celem europejskiej konwencji o patencie europejskim było zniesienie terytorialnych aspektów krajowych praw ochrony patentowej poprzez ustanowienie patentów wspólnotowych o jednolitym charakterze i stworzenie wspólnego systemu europejskiego prawa patentowego. Patenty wspólnotowe przyznane na mocy konwencji o patencie europejskim miałyby taki sam skutek na całym terytorium, do którego ma ona zastosowanie. Wydanie patentu europejskiego natychmiast tworzy zbiór patentów krajowych, których egzekwowalność jest regulowana przez niezależne prawa wielu umawiających się państw. Przedmiot patentowy został określony w art. 52 konwencji o patencie europejskim, który stanowi, że "patenty europejskie przyznaje się w odniesieniu do wszelkich wynalazków, które mogą być wykorzystane w przemyśle, które są nowe i posiadają poziom wynalazczy". Można powiedzieć, że wymogi te, określone w art. 57 (Zastosowanie przemysłowe), art. 54 (Nowość) i art. 56 (Krok inwencyjny) EPC, są analogiczne do czynników użyteczności, nowości i nieoczywistości wymaganych do uzyskania patentu w Stanach Zjednoczonych.[148]

---

[141] Oakley Inc. przeciwko Animal Ltd & Ors, [2005] EWHC 210 (Ch) [23]-[25] (Pan Prescott QC).
[142] Konwencja o udzielaniu patentów (Monachium, 5 października 1973 r.) 13 ILM 268 (z późniejszymi zmianami).
[143] Europejski Urząd Patentowy jest jednym z dwóch organów Europejskiej Organizacji Patentowej utworzonej na mocy konwencji o patencie europejskim i obejmuje izby odwoławcze oraz rozszerzoną izbę odwoławczą, które działają jako europejskie sądy patentowe o zasadniczej odpowiedzialności za interpretację i stosowanie konwencji o patencie europejskim.
[144] Ustawa o patentach z 1977 r. § 1 ust. 1.
[145] Merrell Dow Pharmaceuticals Inc. przeciwko HB Norton & Co Ltd, [1995] UKHL 14, [1996] RPC 76 (Merrell Dow).
[146] *Id.*; MOBIL/Dodatek redukujący tarcie, [1990] EPOR 73 (Mobil).
[147] Konwencja o udzielaniu patentów europejskich, 5 października 1973 r., 1065 U.N.T.S. 199, dyrektywa Rady 98/44/WE w sprawie ochrony prawnej wynalazków biotechnologicznych, Dz.U. 1998 r. (L 213) 13; Konwencja o patencie europejskim na wspólny rynek, Dz.U. 1976 r. (L 17), 15 I.L.M. 5 (1976).
[148] 35 U.S.C.A. §§ 101-103 (West 1984 & Supp. 2000). Sekcja 101 określa, które wynalazki mają zdolność patentową, sekcja 102 wymienia nowość jako warunek zdolności patentowej, a sekcja 103 wymaga, aby przedmiot patentu był "nieoczywisty". W art. 53 konwencji o patencie europejskim, zatytułowanym "Wyjątki od zdolności patentowej", stwierdza się, że patentów nie udziela się na: wynalazki, których publikacja lub wykorzystanie byłyby sprzeczne z porządkiem *publicznym* lub dobrymi obyczajami, z zastrzeżeniem, że wykorzystanie nie jest uważane za sprzeczne tylko dlatego, że jest zakazane na mocy ustawy lub rozporządzenia w niektórych lub wszystkich umawiających się państwach; odmiany roślin lub zwierząt lub czysto biologiczne sposoby produkcji roślin lub zwierząt; postanowienie to nie ma zastosowania do sposobów mikrobiologicznych lub ich produktów.

Oprogramowanie[149] jest napisane w formie zrozumiałej dla ludzi, ale komercyjnie rozpowszechniane publicznie w formie czytelnej tylko dla komputerów. Z drugiej strony, programy komputerowe "jako takie" są wyłączone z możliwości patentowania przez Państwa Członkowskie Europy i EPC, chociaż EPO i krajowe urzędy patentowe przyznały kilka patentów na wynalazki wdrażane komputerowo.[150] Oczekuje się, że wynalazki wdrażane komputerowo przez EPO będą wykazywać "wkład techniczny" kwalifikujący się do udzielenia patentu, ale testy stosowane w tych systemach prawnych zostały skrytykowane za niejednoznaczność.

Warto tu wspomnieć, że prawo patentowe Stanów Zjednoczonych odmawia praw własności w odniesieniu do odmian roślin i zwierząt oraz podstawowych procesów biologicznych[151], ale pojęcia *ordre public* i moralności określone w art. 53 EPC są dla niej charakterystyczne. Europejski Urząd Patentowy zinterpretował pojęcie "ordre public" jako obejmujące "ochronę bezpieczeństwa publicznego i fizycznej integralności jednostek jako części społeczeństwa", w tym ochronę środowiska naturalnego.[152] Niemniej jednak samo prawdopodobieństwo, że wynalazek biotechnologiczny mógłby zostać wykorzystany w nieprzyzwoity sposób, nie wyklucza zdolności patentowej tego wynalazku. Proces, który nie jest "zasadniczo biologiczny", wymaga jednego zasadniczego kroku, którego nie można przeprowadzić bez interwencji człowieka i który ma znaczący wpływ na ostateczną decyzję.[153]

Dyrektywa UE 98/44 w sprawie ochrony prawnej wynalazków biotechnologicznych (Dyrektywa Biotechniczna) ma na celu zapewnienie równowagi między ochroną godności i integralności człowieka.[154] Ponadto, Dyrektywa Biotechniczna uznaje potrzebę harmonizacji prawa patentowego wśród państw członkowskich w celu zabezpieczenia funduszy na badania i rozwój, rozszerzenia funkcjonowania wspólnego rynku oraz uproszczenia niepewności w europejskim prawie patentowym.[155] Parlament i Rada zgadzają się, że nie istnieje sam w *sobie* żaden zakaz patentowania materii biologicznej. Porządek[156] *publiczny* i moralność odpowiadają zasadom etycznym lub moralnym uznawanym w danym państwie członkowskim.

Produkty odizolowane od ciała ludzkiego w procesie technicznym podatnym na eksploatację przemysłową mogą zostać opatentowane,[157] jednakże prawo patentowe musi być stosowane w sposób chroniący godność i integralność osoby. Sekwencje genów mogą zostać opatentowane, jeśli przemysłowe zastosowanie sekwencji genów zostanie ujawnione w zgłoszeniu. Rośliny transgeniczne mogą zostać opatentowane na mocy dyrektywy biotechnologicznej, ale nie mogą zostać opatentowane na mocy EPC. Dyrektywa biotechnologiczna nie zastępuje EPC, ponieważ są to odrębne akty prawne, ale dyrektywa biotechnologiczna jest wiążąca dla państw członkowskich UE. Dyrektywa ta do pewnego stopnia harmonizuje europejskie prawo patentowe, starając się zapewnić odpowiednią ochronę prawną dla wynalazków biotechnologicznych. Moralność i porządek *publiczny* przepisów nowej dyrektywy, choć nieco mniej ograniczające dla wynalazców niż art. 53 konwencji o patencie europejskim, mogą stanowić przeszkodę dla rozwoju europejskiego przemysłu biotechnologicznego, jeśli ich interpretacja jest bardzo ścisła. Ponadto dyrektywa biotechnologiczna wyłącza ze zdolności patentowej chimery ludzkie/zwierzęce, ludzkie komórki zarodkowe, sposoby modyfikacji tożsamości genetycznej linii zarodkowej człowieka, sposoby klonowania człowieka oraz wykorzystywanie embrionów ludzkich do celów przemysłowych i handlowych.

---

[149] Zekos, G, "Business methods and software patenting," *Hertfordshire Law Journal*, 4 (2) (2006) 24-35. Zekos, G, "Software patenting", *The Journal of World Intellectual Property,* 9 (1) (2006) 426-444. Zekos, G., "Copyrights and Trade Marks in Cyberspace: A Legal And Economic Analysis," Vol. 15 Issue 1, *Chicago Kent Journal of Intellectual Property* 313, (2016).

[150] Dyrektywa Parlamentu Europejskiego i Rady w sprawie zdolności patentowej wynalazków realizowanych za pomocą komputera, 8 maja 2004 r., *http://www.patents4innovation.org/docs/ council_24_may.pdf.*

[151] Funk Bros. Seed Co. v. Kalo Inoculant Co., 333 U.S. 127, 130 (1948) (stwierdzając, że mieszanka bakterii nie została opatentowana, ponieważ ich właściwości były przejawami zjawisk naturalnych).

[152] Plant Genetic Systems/Glutamine Synthetase Inhibitory (sprzeciw Greenpeace), decyzja T356/93, 1995 E.O.P.R. 357, 366.

[153] Zakłady Lubrizol/Hybrydowe, decyzja T320/87, 1988 E.P.O.R. 173, 178. Howard Florey/Relaxin (sprzeciw Fraktion der Grunen Im Europaischen Parlament; Lannoye), 1995 E.P.O.R. 541, 543-46. Art. 53 ECP.

[154] Dyrektywa 98/44/WE Parlamentu Europejskiego i Rady z dnia 6 lipca 1998 r. w sprawie ochrony prawnej wynalazków biotechnologicznych Dz.U. L 213 (dyrektywa biotechnologiczna), motyw 16.

[155] Decyzja w sprawie wspólnego stanowiska przyjętego przez Radę w celu przyjęcia dyrektywy Parlamentu Europejskiego i Rady w sprawie ochrony prawnej wynalazków biotechnologicznych, 1998 Dz.U. (C 167) 26, 26-27.

[156] Artykuł 6 ust. 1 jest bardzo podobny do art. 53 lit. a) konwencji o patencie europejskim. Stanowi on, że [i]nwencje są uważane za nieposiadające zdolności patentowej, jeśli ich wykorzystanie handlowe byłoby sprzeczne z porządkiem *publicznym* lub dobrymi obyczajami; jednakże wykorzystanie nie może być uważane za sprzeczne tylko dlatego, że jest zakazane przez ustawę lub rozporządzenie.

[157] G. Zekos, "Odmowa patentowania teorii naukowych", *Journal of Intellectual Property Rights*, vol. 19, 337-346, wrzesień 2014 r.

Należy wziąć pod uwagę, że EPO postępuje zgodnie z unijną dyrektywą biotechnologiczną, która stanowi, że "materiał biologiczny, który jest wyizolowany ze swojego naturalnego środowiska" może być opatentowany "nawet jeśli wcześniej występował w naturze". W sprawie UE dotyczącej *spółki Monsanto Technology LLC* przeciwko [158]*Cefetra BV stwierdzono,* że interpretacja art. 9 dyrektywy ograniczająca ochronę nie wydaje się być sprzeczna z normalnym wykorzystaniem patentu i nie "w sposób nieuzasadniony narusza uzasadnionych interesów właściciela patentu, biorąc pod uwagę uzasadnione interesy stron trzecich w rozumieniu art. 30 porozumienia TRIPS". Istnieje porównywalna zbieżność norm dotyczących wyłączeń z przedmiotu objętego patentem oraz wyjątków i ograniczeń praw związanych z przedmiotem biotechnologii.[159] Europejski Urząd Patentowy interpretuje obecnie dyrektywę w taki sposób, że zezwala na udzielanie patentów na izolowane i oczyszczane geny i inne bio-chemikalia w oparciu o teorię, że izolacja i oczyszczanie stanowi istotny krok mentalny. Warto wspomnieć, że aby stanowić "embrion ludzki", a tym samym być nieopatentowanym na mocy unijnej dyrektywy biotechnologicznej, stymulowane jajo musi mieć "wrodzoną *zdolność* do rozwinięcia się w istotę ludzką", pozwalającą na zgłaszanie zastrzeżeń patentowych na pluripotencjalne partenoty, które nie zostały zmodyfikowane genetycznie, aby osiągnąć zdolności totipotencjalne.[160] Dlatego też w wyroku w sprawie *Bróstle,* w [161]której TSUE uznał, że partenoty objęte są terminem "embrion ludzki", ponieważ są *"zdolne do rozpoczęcia procesu rozwoju istoty ludzkiej", ustanowiono* centralne ograniczenie szerokiej interpretacji "embrionów ludzkich". "

Ponadto, dyrektywa biotechnologiczna potwierdza zdolność patentową wynalazków związanych z formami życia, z zastrzeżeniem pewnych istotnych wyjątków. Jak wspomniano wcześniej, prawodawca UE wyłączył ze zdolności patentowej niektóre kategorie wynalazków biotechnologicznych, których wykorzystanie byłoby sprzeczne z porządkiem *publicznym* i przyjętymi zasadami moralności. Artykuł 6 ust. 2 zawiera niewyczerpujący wykaz wynalazków biotechnologicznych, których nie można uznać za posiadające zdolność patentową ze względów moralnych, w tym wykorzystywania embrionów ludzkich do celów handlowych lub przemysłowych. W sprawie *Oliver Brüstle przeciwko Greenpeace* TSUE dokonał już wykładni embrionu ludzkiego na podstawie art. 6 ust. 2c dyrektywy biotechnologicznej i uznał za nieposiadające zdolności patentowej komórki macierzyste uzyskane poprzez zniszczenie embrionów ludzkich. W dniu 18 grudnia 2014 r. w sprawie *International Stem Cell Corporation przeciwko Comptroller General of Patents, Designs and Trade Marks (C-364/13) TSUE* dokonał ważnego rozróżnienia między technologiami wykorzystującymi embrionalne komórki macierzyste oparte na zapłodnionej ludzkiej komórce jajowej a technologiami wykorzystującymi niezapłodnioną ludzką komórkę jajową, stymulowaną przez partenogenezę. TSUE uznał, że jest to ludzka komórka jajowa: (i) niezapłodniona i (ii) której podział i dalszy rozwój zostały pobudzone w drodze partenogenezy, nie jest embrionem ludzkim w rozumieniu art. 6 ust. 2 © dyrektywy biotechnologicznej, jeśli nie posiada naturalnej zdolności do rozwoju w człowieka. Warto wspomnieć, że decyzja International Stem Cell Corporation, zaostrzająca zakres wyłączenia ze zdolności patentowej ze względów moralnych, odbudowała zaufanie do przemysłu, który bardzo ucierpiał w wyniku orzeczenia w *Brüstle*[162].

Wreszcie, krótka prezentacja zagadnień prawnych dotyczących praw własności intelektualnej pokazuje, że ciągłe zmiany i doskonalenie przepisów przyczyniają się do tworzenia naszych indeksów praw własności intelektualnej, które zostaną wykorzystane w naszej analizie wpływu praw własności intelektualnej na BIZ, handel i PKB.

---

[158] Monsanto Technology LLC przeciwko Cefetra BV, sprawa C-428/08, 6 lipca 2010 r., pkt 76.

[159] UNCTAD-ICTSD Resource Book on TRIPS and Development (Cambridge University Press, New York), 2005, s. 388.

[160] International Stem Cell Corporation v. Comptroller General of Patents(ISCC), C-364/13, 18 grudnia 2014, Totipotent stem cells are the most versatile of the stem cell types. Po czterech dniach podziału komórek embrionalnych, komórki zaczynają specjalizować się w pluripotencjalne komórki macierzyste.

[161] Bróstle przeciwko Greenpeace (szeroko interpretowane wyłączenie z patentu embrionów ludzkich przeznaczonych do wykorzystania w celach handlowych lub przemysłowych), sprawa C-34/10, Oliver Bróstle przeciwko Greenpeace eV, EU:C:2011:669.

[162] Państwa członkowskie UE mogą nadal wyłączać wynalazki oparte na technikach stronnicznych ze zdolności patentowej ze względów moralnych na mocy art. 6 akapit pierwszy dyrektywy biotechnologicznej, zgodnie z którym "[i]nwencje uważa się za nieposiadające zdolności patentowej, jeżeli ich handlowe wykorzystanie byłoby sprzeczne z porządkiem publicznym lub dobrymi obyczajami", Konwencji o patencie europejskim (art. 53 lit. a)) oraz Porozumienia WTO w sprawie handlowych aspektów praw własności intelektualnej (art. 27 ust. 2):

5. Państwo prawa i BIZ

Warto zauważyć, że "Prawo" jest tworzeniem podporządkowania ludzkich zachowań zarządzaniu zasadami. Oczywiście rządzenie może odbywać się bez prawa, co oznacza, że rządzony może być oddany władcy, a władca może osiągać swoje cele, nie stosując się do prawa[163].

W praktyce rządy prawa przybierają bardzo różne formy ze względu na fakt, że społeczeństwa znajdują swoje sposoby na zarządzanie i regulowanie interakcji politycznych, społecznych i gospodarczych. Należy wziąć pod uwagę, że praworządność istnieje tam, gdzie istnieje odpowiednie porozumienie między elitami i władzami zarządzającymi, a także większością społeczeństwa, w celu związania się zatwierdzonym zbiorem norm składających się na "prawo" do zarządzania interakcjami społecznymi, politycznymi i gospodarczymi w sposób nieagresywny; a także istnieje odpowiednia zdolność nadzorcza, rozstrzygania sporów, regulacyjna i przymusowa akceptowanej władzy publicznej do wdrażania tej struktury normatywnej za pomocą dozwolonych wzorców biurokratycznych, orzeczniczych, nadzorczych i wykonawczych, zgodnie ze społeczno-kulturowym, politycznym i instytucjonalnym kontekstem danej społeczności. W związku z tym wydaje się, że skala integracji, legitymizacji, partycypacji i porozumienia w tym zakresie jest wynikiem politycznym i będzie się różnić, zarówno pomiędzy państwami, jak i wewnątrz nich, co oznacza, że prawo nie tylko dotyczy formalnego prawa państwowego, ale obejmuje również inne "panujące" systemy norm, odzwierciedlając różne realia pluralizmu prawnego w wielu państwach.

Warto zauważyć, że praworządność jest jedną z wielu zasad, które razem uznawane są za zbyt mało znaczące dla polityki UE i wspólne dla państw członkowskich UE. Czy rządy prawa w UE zostały "zeuropeizowane"? Istnieje potrzeba zmierzenia, w jakim stopniu, jeśli w ogóle, praworządność UE zyskała "autonomiczne" znaczenie i czy posiada ona unikalne cechy dotyczące zakresu jej stosowania i wyniku normatywnego. Ponadto powszechnie wiadomo, że Trybunał Sprawiedliwości zawsze "europeizuje" zasady prawne mające zastosowanie do Unii, tzn. treść tych zasad jest opisana w świetle odrębnych cech i potrzeb porządku prawnego Unii. Czy rządy prawa są konstytucyjną zasadą UE? Warto zauważyć, że UE formalnie opiera się na umowach międzynarodowych, wspólnym aksjomatem wśród sędziów stało się postrzeganie traktatów założycielskich UE jako jej materialnej "konstytucji" oraz definiowanie podstawowych zasad prawnych tego "nowego porządku prawnego" jako mających charakter konstytucyjny[164]. Dlatego też rządy prawa są wyraźnie zasadą o fundamentalnym i niezaprzeczalnym charakterze, wynikającym ze wspólnego europejskiego dziedzictwa prawnego regulującego sprawowanie władzy publicznej.

Należy wziąć pod uwagę, że praworządność jest podstawową cechą charakterystyczną dla modernizacji gospodarczej, a rola prawa w postępie oraz zmiany polityczno-instytucjonalne i gospodarcze są niezbędne. Ponadto trwały wzrost gospodarczy nastąpił przy braku rządów prawa i stabilnych indywidualnych systemów praw własności, ale stało się to w rozumieniu prawa pisanego, ponieważ we wszystkich działaniach stosowano pewien rodzaj niepisanego prawa, w formie kanonu. Innymi słowy, pojawienie się i rozwój prawa oraz rządów prawa są konieczne dla osiągnięcia funkcjonalności i sprawiedliwości. Co więcej, należy wziąć pod uwagę, że samo państwo prawa może stać się narzędziem kontestacji i transformacji spraw państwowo-społecznych oraz szerszych struktur władzy. Co więcej, rządy prawa mogą być wykorzystywane do utrzymania status quo i ochrony dobrobytu elit rządzących lub do ich zmiany. Ważne jest, aby przede wszystkim zrozumieć znaczenie doceniania politycznej ekonomii państwa prawa. Badając rządy prawa, należy skoncentrować się na systemach prawnych, w których źródłem prawa jest państwo. Oczywiście, jeśli chodzi o rządy prawa, liczy się to, że prawo jest co najmniej wynikiem demokratycznej debaty lub kursu legislacyjnego, który nie jest tworzony w sposób autorytarny. W rzeczywistości, zarówno współczesne realia, jak i bardziej

---

[163] Jeremy Waldron, "Why Law. Skuteczność, wolność, czy wierność? (2004) 13 Prawo i filozofia 259. Edward L Rubin, "Law and Legislation in the Administrative State" (1989) 89 Columbia Law Review 369.

[164] Sprawy połączone C-402/05 P i C-415/05 P Kadi i Al Barakaat [2008] n.y.r., pkt 285: "[P]o zobowiązania nałożone przez umowę międzynarodową nie mogą naruszać zasad konstytucyjnych Traktatu WE, które obejmują zasadę, że wszystkie akty wspólnotowe muszą szanować prawa podstawowe...".

historyczne kierunki, za pomocą których legalne sposoby tworzenia norm są bardziej zróżnicowane i odzwierciedlają istniejące sposoby rządzenia na różnych szczeblach subnarodowych i krajowych, co oznacza, że pluralizm prawny wymaga również ucieleśnienia wieloaspektowej domeny globalnych trajektorii i sposobów tworzenia norm[165].

BIZ stanowią ważne źródło prywatnego finansowania zewnętrznego dla gospodarki kraju przyjmującego, przyczyniając się do tworzenia kapitału państwa w postaci dochodów z podatku dochodowego od osób prawnych. Ponadto, BIZ pozwalają na transfer technologii i innowacji, co pozwala gospodarce kraju przyjmującego na nadrobienie zaległości w zakresie rozwoju technologicznego i zarządzania, które powinny zostać dobrze wchłonięte przez resztę gospodarki, aby uzyskać maksymalny wpływ na produktywność. Ponadto, BIZ stwarzają również możliwości tworzenia miejsc pracy, a szczególne rodzaje BIZ - na przykład te w dziedzinie produkcji, rolnictwa i gospodarki morskiej - przyczyniają się do poważnego deficytu godnych miejsc pracy w tych sektorach, przede wszystkim wśród osób ubogich i mniej wykwalifikowanych. Podobnie, globalne spowolnienie w zakresie wydajności i ekspansji siły roboczej zniechęciło do tworzenia kapitału, a więc technologicznie napędzane spadki cen dóbr inwestycyjnych ograniczyły światowy popyt na finansowanie inwestycji[166].

W tym zakresie, konkurencja pomiędzy firmami zagranicznymi i lokalnymi oferuje możliwość zwiększenia wydajności i konkurencyjności, a zatem BIZ stymulują wiele przedsiębiorstw do ulepszania swoich produktów i usług, czy to poprzez konkurencję, czy też poprzez partnerstwo, takie jak wspólne przedsięwzięcia. W ostatnich latach UE stała się stopniowo znaczącym partnerem handlowym wielu państw, przede wszystkim dzięki zachętom handlowym w ramach unijnego ogólnego systemu preferencji (GSP+).

BIZ i giełdy muszą być "głuche" na różne formy politycznego hałasu, dlatego rządy prawa są istotnym czynnikiem, którego zagraniczni inwestorzy szukają przede wszystkim. Jeśli chodzi o rządy prawa, to można powiedzieć, że centralne pojęcie rządów prawa obejmuje zarządzanie prawem. Co więcej, rządy prawa są podstawą porządku prawnego, stwierdza się w nim, że wszyscy podlegamy prawu i rządzimy zgodnie z nim. Mówi się więc, że rządy prawa mają zasadnicze znaczenie dla zagwarantowania bezpiecznego, wolnego i sprawiedliwego społeczeństwa, co oznacza, że poszanowanie i przestrzeganie rządów prawa jest przesłanką, na której opierały się państwa i organizacje. Należy wziąć pod uwagę, że praworządność jest prawem pisanym na dużą skalę w całym społeczeństwie, a więc jakość prawa jest nieuchronnie jakością praworządności. Co więcej, należy wziąć pod uwagę, że ideał państwa prawa nie jest samowykonalny, a więc ulega wypłukaniu i operacjonalizacji na gruncie, co oznacza, że państwo prawa jest wykorzystywane jako narzędzie oceny[167].

Czy słabe rządy prawa mają bezpośredni wpływ na inwestycje, czy też pośrednio angażują firmy i inwestorów poprzez proste stowarzyszenie? Oczywiste jest, że rządy prawa wpływają na stosowanie prawa nie tylko ogólnie, ale również na regulację PWI poprzez mechanizmy egzekwowania prawa w każdym państwie.

Czy możemy zignorować stronę popytową przekupstwa? Należy wziąć pod uwagę, że korupcja stanowi przeszkodę dla długoterminowego rozwoju kraju. W tym zakresie, nawet jeśli korupcja

[165] Tamanaha, B. Z. (2013) "The Rule of Law and Legal Pluralism in Development," in Tamanaha et al. (2013) Tamanaha, B.Z., Sage, C. and Woolcock, M. (red) (2013) Legal Pluralism and Development: Stypendyści i praktycy w dialogu. Cambridge: Cambridge University Press

[166] Sajedi, Rana i Gregory Thwaites, "Dlaczego prawdziwe stopy procentowe są tak niskie? The Role of Relative Prices of Investment Goods", IMF Economic Review 64(4), Międzynarodowy Fundusz Walutowy, 2016.

[167] Youngstown Sheet & Tube Co. przeciwko Sawyer, 343 U.S. 579, 646 (1952) (Jackson, J., zgadza się) (łącząc Klauzulę Troski z aksjomatem, że "nasz jest rządem praw, a nie ludzi, i że poddajemy się władcom tylko wtedy, gdy zgodnie z zasadami"); id. 633 (Douglas, J., zgadza się) ("[T]moc wykonywania praw zaczyna się i kończy wraz z uchwaleniem praw przez Kongres"). Randy J. Kozel & Jeffrey A. Pojanowski, Zmiana Administracyjna, 59 UCLA L. REV. 112, 150 (2011) ("Rozumowanie kandydatów przez agencje promuje rządy prawa, pozwalając rządzonym "nadać sens" istniejącemu systemowi prawnemu i uczestniczyć w jego przyszłym rozwoju"). (cytując Jeremy'ego Waldrona, The Concept and the Rule of Law, 43 GA. L. REV. 1, 35 (2008)).

pogłębia nierówności i szkodzi wzrostowi PKB, podważa ona rządy prawa[168]. Co więcej, wydaje się, że korupcja pogłębia niezgodę społeczną urzędników państwowych, wyczerpując zaufanie ludzi, którzy stawiają aktywny opór przed opodatkowaniem przez skorumpowany rząd i w końcu, gdy korupcja ma miejsce, społeczeństwo ostatecznie cierpi[169]. Rzeczywiście, podczas gdy inwestorzy odnoszą korzyści, szacuje się, że państwa otrzymujące inwestycje zyskują również dzięki wzrostowi biznesu i kapitału[170]. Niemniej jednak trybunały inwestycyjne podważają związek między inwestycjami a wzrostem gospodarczym, gdy odmawiają sprawowania jurysdykcji z tego powodu, że destabilizuje to ochronę inwestorów, a tym samym rozwój poprzez bezpośrednie inwestycje zagraniczne. Ponadto bezpośrednie inwestycje zagraniczne umożliwiają wzrost gospodarczy, zapewniając inwestorów, że ich inwestycje kapitałowe nie zostaną skonfiskowane przez państwo przyjmujące w związku z[171] zastosowaniem zasady państwa prawa. Jednak krajom rozwijającym się, które najbardziej wymagały inwestycji, brakowało silnej "praworządności" i były tym samym najbardziej ryzykowne dla inwestorów. Ponadto racjonalni inwestorzy dążą do stabilności, która wiąże się z "rządami prawa", a te części świata, które są uwikłane w autokrację i represje - często także najbiedniejsze z krajów - powinny być unikane przez inwestorów zagranicznych za pomocą wszelkich chłodno racjonalnych kalkulacji. Ponadto dwustronne umowy inwestycyjne okazały się wzajemnie korzystną odpowiedzią dla krajów rozwijających się i rozwiniętych: inwestorzy otrzymali ochronę inwestycji, a państwa, które zobowiązały się do ustanowienia stabilnych ram prawnych, miałyby większe szanse na uzyskanie korzyści z inwestycji zagranicznych, co oznacza, że przestrzeganie zasad praworządności przynosi stabilność poprzez legalność i legitymację.

Warto zauważyć, że dwustronne umowy inwestycyjne ("BIT") oferują inwestorom zagranicznym szereg praw gospodarczych, obejmujących prawo do arbitrażu roszczeń, w nadziei na przyciągnięcie BIZ, które przyniosą krajowi projekty infrastrukturalne, finansowanie, know-how, nowe miejsca pracy i stabilność gospodarczą[172]. BIT okazały się niezwykle skuteczne w ułatwianiu inwestycji i wzrostu gospodarczego dzięki pozytywnemu powiązaniu umów inwestycyjnych z późniejszymi bezpośrednimi inwestycjami zagranicznymi[173]. Ponadto inwestorzy zagraniczni pragną spójności i przewidywalności otoczenia, w którym realizowane są ich inwestycje, zwłaszcza że inwestycje na dużą skalę stereotypowo obejmują wieloletnie zaangażowanie na terytorium kraju przyjmującego,[174] a zatem implikacje rządów prawa przekładają się na stabilność i legitymizację w środowisku gospodarczym.

Traktat inwestycyjny jest umową zawartą między dwoma lub więcej państwami-sygnatariuszami, która chroni inwestycje dokonywane na terytorium państw-sygnatariuszy. W ten sposób suwerennicy popierają te traktaty inwestycyjne jako środek służący wzmocnieniu ram prawnych, w których funkcjonują inwestycje zagraniczne. Ponadto traktaty inwestycyjne wskazują na otwartość na inwestycje zagraniczne i tym samym zwiększają wiarygodność danego kraju jako renomowanego podmiotu międzynarodowego. Jednakże prawa materialne i proceduralne przedstawione w traktatach inwestycyjnych mają istotny wpływ na decyzje dotyczące inwestycji zagranicznych i rządy prawa. Rządy nadal koncentrują się na zdolności mechanizmów rozstrzygania sporów do wpływania na zaufanie inwestorów, minimalizowania ryzyka inwestycyjnego i tworzenia zachęt do inwestowania za granicą.

---

168 Johann Graf Lambsdorff, Przyczyny i konsekwencje korupcji: What do we know from a Cross-Section of Countries?, in International Handbook on the Economics of Corruption 23- 25 (Susan Rose-Ackerman, red., 2006).

169 Combating Corruption, The World Bank, (4 października 2018 r.), http://www.worldbank.org/en/topic/governance/brief/anti-corruption ("Badania empiryczne wykazały, że biedni płacą najwyższy procent swoich dochodów w formie łapówek.").

170 Jeffrey Lang, Keynote Address: International Regulation of Foreign Direct Investment: Obstacles & Evolution, 31 Cornell Int'l L.J. 455, 457 (1998) ("Program BIT wspiera kluczowe cele polityki gospodarczej rządu Stanów Zjednoczonych, polegające na promowaniu amerykańskiego eksportu i zwiększaniu międzynarodowej konkurencyjności firm amerykańskich").

171 Helen V. Milner, The Global Economy, FDI, and the Regime for Investment, 66 World Politics 1, 4 (2014).

172 Susan D. Franck, The Legitimacy Crisis in Investment Arbitration: Privatizing Public International Law Through Inconsistent Decisions, 73 Fordham L. Rev. 1521, 1522-23 (2005). Susan D. Franck, The Nature and Enforcement of Investor Rights under Investment Treaties: Do Investment Treaties Have a Bright Future, 12 U.C. Davis J. Int'l L. & Pol'y 47 (2005). Susan D. Franck, Foreign Direct Investment, Investment Treaty Arbitration, and the Rule of Law, pod adresem: http://ssrn.com/abstract=882443.

173 Eric Neumayer & Laura Spess, Do Bilateral Investment Treaties Increase Foreign Direct Investment to Developing Countries?, 3 World Dev. 1, 31 (2005) (stwierdzając, że związek między liczbą BIT-ów w danym kraju a bezpośrednimi inwestycjami zagranicznymi tego kraju był dodatnio skorelowany i statystycznie istotny); Todd Allee & Clint Peinhardt, ContingentCredibility: The Impact of Investment Treaty Violations on Foreign Direct Investment, 65 Int'l Org. 401, 429 (2011). Peter H. Egger & Michael Pfaffermayr, The Impact of Bilateral Investment Treaties on Foreign Direct Investment, 32 J. Comp. J. Econ, The Impact of Bilateral Investment Treaties on Foreign Direct Investment, 32 J. Comp. 788, 788 (2005).

174 Jason Webb Yackee, Czy dwustronne umowy inwestycyjne promują bezpośrednie inwestycje zagraniczne? Some Hints from Alternative Evidence, 51 Va. J. Int'l L. 397, 434 (2011) (advocating for skory in evaluating the utility of BITs for promoting foreign direct investment).

Można powiedzieć, że rozbudowa sieci BIT i prawo do arbitrażu w ramach umowy o współpracy transgranicznej stanowiły zachętę dla inwestycji zagranicznych, a zatem istnienie umowy inwestycyjnej jest czynnikiem wpływającym na decyzje o inwestowaniu na szczeblu międzynarodowym wraz z potencjalnym ryzykiem finansowym i korzyściami dla inwestora, stabilnością otoczenia inwestycyjnego, dostępnością odpowiedniego kapitału ludzkiego i dostępem do operacyjnych procedur egzekwowania prawa.

UE stała się znaczącym partnerem handlowym Filipin, głównie dzięki zachętom handlowym w ramach ogólnego systemu preferencji taryfowych UE (GSP+), z którego państwo to korzysta od 2014 roku[175]. Niemniej jednak, ze względu na kwestie związane z łamaniem praw człowieka i rządów prawa, co jest warunkiem wstępnym międzynarodowej umowy handlowej, Unia Europejska rozpoczęła w 2017 roku przegląd dostępu Filipin do tych korzystnych zachęt handlowych,[176] co oznacza, że rządy prawa wpływają również na BIZ.

6. Globalizacja i BIZ

Przez BIZ rozumie się długoterminową inwestycję podmiotu znajdującego się w innym kraju niż ten, w którym ma miejsce inwestycja. Jeżeli chodzi o instrumenty finansowe, BIZ są uznawane za bardziej stabilne, mniej zmienne. BIZ są istotnym elementem globalnych powiązań gospodarczych i są wykorzystywane do analizowania globalizacji produkcji, atrakcyjności gospodarki, długoterminowych powiązań pomiędzy gospodarkami, transferu technologii i rzeczywistej aktywności gospodarczej, generowanej przez zagraniczne korporacje i inwestorów, a zatem z tymi powiązaniami gospodarczymi związany jest geograficzny podział BIZ na gospodarki będące ich odpowiednikami.

Czy państwo uzyskuje jakieś korzyści ekonomiczne w postaci napływu BIZ poprzez polityczne i społeczne zaangażowanie się w relacje z resztą świata? Państwo może angażować się odpowiednio w globalizację polityczną i społeczną, co oznacza, że globalne zaangażowanie polityczne państwa obejmuje członkostwo w organizacjach międzynarodowych, podpisywanie traktatów międzynarodowych itp. oraz globalizację społeczną państwa obejmującą migracje międzynarodowe, handel dobrami i usługami kulturalnymi oraz dostęp do cyberprzestrzeni. Co więcej, te dwie formy globalnego zaangażowania zmniejszają ryzyko inwestowania w państwo, a takie narody zachęcają do większych inwestycji zagranicznych, w przeciwieństwie do państw, które nie są wysoko postawione na poziomie globalizacji politycznej i społecznej. Nawiasem mówiąc, istotną siłą globalizacji jest rosnący poziom atrakcyjności różnych państw i lokalizacji geograficznych,[177] a najbardziej widoczną oznaką globalizacji gospodarki światowej jest wzrost napływu BIZ pomiędzy państwami[178].

Globalizacja, wywierając presję na wysokość marż w firmach, zmniejszyła bodźce zachęcające pracowników do dostosowywania obecnie niższych czynszów, a tym samym zwiększając konkurencję zarówno na rynku towarów, jak i na rynku pracy, doprowadziła do spadku prywatnych czynszów i zbliżyła światową gospodarkę do efektywnego poziomu. Zgodnie z tym, Boulhol et al[179] weryfikują znaczny spadek siły przetargowej pracowników i marż przedsiębiorstw w latach 1994-2003 w brytyjskim sektorze produkcyjnym. Co więcej, w ostatnich dekadach w USA Traina[180] wykazuje stałe lub nawet malejące marże, a analogiczny wniosek wyciągnął Deutsche Bundesbank w[181] odniesieniu

[175]Ronald U. Mendoza, Miann S. Banaag , Irwin Kendrick L. Uy, Unleashing the Country's Full Potential to Attract FDI, ASOG Working Paper 18-005.
[176] http://news.abs-cbn.com/news/01/16/17/eu-reviews-philippine-trade-perks-tied-to-humanrights
[177] Kalle Pajunen(2008). Instytucje i napływ bezpośrednich inwestycji zagranicznych: A FuzzySet Analysis, Journal of International Business Studies, 652-669.
[178] Niko Fanbasten i Alexandra Gostas Escobar (2016). Uwarunkowania bezpośrednich inwestycji zagranicznych: A panel data analysis of the MINT countries, Thesis, Uppsala University,1-56.
[179] Boulhol, Hervé, Sabien Dobbelaere i Sara Maioli, "Imports as Product and Labour Market Discipline", British Journal of Labour Relations 49(2), 2011, s.331-361.
[180] Traina, James, "Czy skumulowana siła rynkowa wzrasta? Production Trends Using Financial Statements", Stigler Center New Working Paper Series, No. 17, 2018.
[181] Deutsche Bundesbank, "Mark-ups on Firms in Selected European Countries", Raport miesięczny grudzień 2017, Frankfurt nad Menem, 2017.

do kilku gospodarek europejskich. Jean-Marc Natal i Nicolas Stoffels[182] twierdzą, że "globalizacja i związana z nią zmiana siły rynkowej na rynkach towarów i pracy może być znaczącą siłą napędową światowych realnych stóp procentowych. W naszych analizach i symulacjach znajdujemy potencjalnie znaczącą "premię globalizacyjną", która jest miarą pozytywnego wpływu globalizacji na poziom naturalnej stopy procentowej, która pojawiła się w latach 80-tych, w okresie nasilającej się integracji gospodarczej w Europie, Azji Wschodniej i Ameryce Północnej i która mogła wynosić nawet jeden punkt procentowy rocznie. Prosta analiza regresji sugeruje, że jeśli weźmie się pod uwagę globalizację, wzrost TFP nie odgrywa znaczącej roli w wyjaśnianiu świeckiego spadku stóp procentowych... "premia globalizacyjna" z lat 80. prawie zniknęła... ponieważ wzrost konkurencji uległ spowolnieniu, co stanowi częściowe wyjaśnienie utrzymującego się trendu spadkowego stóp realnych od połowy lat 80.

Warto zauważyć, że globalizacja oznacza status współzależności. Można powiedzieć, że globalizacja społeczna oznacza rozpowszechnianie idei i informacji, podczas gdy globalizacja polityczna przedstawia obieg polityki rządowej[183]. Co więcej, globalizacja społeczna pozwala na kontakty kulturalne, międzyludzkie i informacyjne między ludźmi i mieszkańcami różnych narodów, a więc państwo jest bardziej zglobalizowane społecznie, jeśli upoważnia i uczestniczy w wymianie między swoimi obywatelami i resztą świata. Ponadto, globalizacja polityczna wyraża się w formalnym uczestnictwie państwa w organizacjach międzynarodowych, w traktatach międzynarodowych i międzynarodowych umowach inwestycyjnych, w których rząd danego kraju prawnie angażuje się w sprawy z zakresu polityki uniwersalnej.

Dla porównania warto zauważyć, że globalizacja społeczna i polityczna jest oderwana od globalizacji gospodarczej, która odbija się echem w wymianie i przepływie towarów, kapitału i usług między narodami[184].

Globalizacja polityczna i społeczna oraz napływ BIZ są ze sobą powiązane, a zatem gracze udostępniają informacje o sobie poprzez sygnały, co oznacza, że przekazują pokojowe plany, oświecając wiarygodność swojego zobowiązania do współpracy[185]. W tym zakresie, w przypadku BIZ, globalizacja polityczna i społeczna zmniejsza domniemane ryzyko polityczne państwa, powodując, że naruszenie uznanych na świecie norm i standardów postępowania jest dla niego kosztowne.

W ramach BIZ wertykalnych firma nie lokuje całej swojej linii produkcyjnej i biznesowej w obcym państwie, a zatem BIZ nie uosabiają samodzielnej jednostki biznesowej, co oznacza, że BIZ wertykalne są mniej podatne na ryzyko wywłaszczenia w związku z tym, że wywłaszczający się rząd pozostałby z bezwartościowym udziałem[186].

Co więcej, inwestorzy są przytłoczeni działaniami politycznymi państwa, takimi jak udział w organizacjach międzynarodowych i traktatach inwestycyjnych, a nie goszczeniem międzynarodowych organizacji pozarządowych.

---

[182] Jean-Marc Natal i Nicolas Stoffels, Globalization, Market Power, and the Natural Interest Rate, IMF Working PaperWP/19/95 str. 16.

[183] GYGLI, S., F. HAELG i J. STURM (2018) The KOF Globalisation Index - Revisited. KOF Swiss Economic Institute, KOF Working Paper No. 439. https://doi.org/10.3929/ethz-b-000238666 CASELLI, M. (2013). Nation States, Cities, and People: Alternatywne sposoby pomiaru globalizacji. SAGE Open. https://journals.sagepub.com/doi/pdf/10.1177/2158244013508417

[184] CASELLI, M. (2013). Państwa narodowe, miasta i ludzie: Alternatywne sposoby pomiaru globalizacji. SAGE Open. https://journals.sagepub.com/doi/pdf/10.1177/2158244013508417

[185] Kertzer, J. D., B. Rathbun i N. S. Rathbun (2018) The Price of Peace: A Behavioral approach to Costly Signaling in International Relations. Dostępne na stronie: https://people.fas. harvard.edu/~jkertzer/Research_files/Price%20of%20Peace%20Web.pdf

[186] Büthe, T. And H. V. Milner (2008) The Politics of Foreign Direct Investment into Developing Countries: Zwiększanie bezpośrednich inwestycji zagranicznych poprzez międzynarodowe umowy handlowe. American Journal of Political Science, Vol. 52, s. 741-762.

Raju Parakkal[187]twierdzi, że "kraje rozwijające się i przechodzące transformację, które muszą zasygnalizować swoją zdolność do inwestowania, mogą czerpać korzyści ekonomiczne z politycznego i społecznego zaangażowania w świecie zewnętrznym. Dalszym wnioskiem jest to, że istnieją ekonomiczne zyski z politycznej i społecznej globalizacji zarówno poprzez strategiczną jak i niestrategiczną sygnalizację. Jest to nowe rozumienie, ponieważ w dyskusjach na temat globalizacji zyski ekonomiczne są na ogół związane z globalizacją gospodarczą, a nie z globalizacją polityczną czy społeczną".

7. PWN i BIZ

Przedsiębiorstwa wielonarodowe działające w wysoko zdigitalizowanych gałęziach przemysłu mają "lżejszy" wpływ na BIZ niż tradycyjne przedsiębiorstwa wielonarodowe, ponieważ koncentrują się w kilku wysoko rozwiniętych krajach, a ich struktury inwestycyjne są bardziej zróżnicowane pod względem podatkowym i finansowym niż tradycyjne przedsiębiorstwa wielonarodowe. Ponadto, w miarę jak technologie cyfrowe i modele biznesowe rozpowszechniają się w szeroko pojętej gospodarce, następuje nowa era produkcji międzynarodowej i kanałów internacjonalizacji MNE. Co więcej, gospodarka światowa zmienia się, napędzana przez rewolucje w zakresie produkcji i konsumpcji, zmiany technologiczne powodują zmianę sposobu produkcji towarów i usług, tworząc czwartą rewolucję przemysłową mającą wpływ na całe społeczeństwo[188].

Dlatego też, wraz z szybkim rozwojem gospodarki cyfrowej, znaczenie cyfrowych i technologicznych MNE w produkcji międzynarodowej znacznie wzrosło, a zatem szybki wzrost technologicznych MNE stanowi najbardziej godny uwagi trend w świecie światowych megakorporacji w ostatnich latach. W ten sposób przedsiębiorstwa wielonarodowe działające w dziedzinie technologii nie tylko osiągnęły znaczenie we wszechświecie największych światowych korporacji międzynarodowych, ale stanowią również przykład dla zdecydowanie najbardziej dynamicznych podmiotów. W związku z tym aktywa tych MNE są powiększone o 65%, a ich efektywne przychody i pracownicy o około 30%[189].

Należy uznać, że cyfryzacja zmienia strategie internacjonalizacji przedsiębiorstw wielonarodowych, a zatem cyfryzacja prowadzi do wycofania się z BIZ, umożliwiając przedsiębiorstwom wielonarodowym funkcjonowanie w skali globalnej i zaangażowanie się w rynki zagraniczne bez fizycznej obecności[190]. Warto zauważyć, że w miarę jak konwencjonalne motywacje dla BIZ w poszukiwaniu rynku i zasobów materialnych są podcinane przez cyfryzację, inne rodzaje BIZ stają się bardziej istotne, takie jak BIZ w poszukiwaniu wiedzy, a także do pewnego stopnia również finansowe i podatkowe, co oznacza, że te formy inwestycji wpływają na międzynarodowy ślad produkcyjny PWN, co ma krytyczny wpływ na rozwój w krajach przyjmujących.

W szczególności szacuje się, że przedsiębiorstwa wielonarodowe działające w sektorach wysoko zdigitalizowanych mają lżejszy zasięg międzynarodowy niż inne przedsiębiorstwa wielonarodowe, co powoduje duże ilości sprzedaży za granicą, inwestując raczej mniej w aktywa produkcyjne, oprócz tego, że utrzymują największe zainteresowanie w rozwiniętych krajach macierzystych. W tym zakresie, w ramach analitycznych UNCTAD, przedsiębiorstwa cyfrowe angażują podmioty czysto cyfrowe, takie jak platformy cyberprzestrzenne i dostawcy rozwiązań cyfrowych, które funkcjonują całkowicie w środowisku cyfrowym oraz podmioty "mieszane", łączące wybitny wymiar cyfrowy z fizycznym. Ponadto odpowiednie wzorce BIZ związane z cyfryzacją obejmują ponowne zrównoważenie produkcji

---

[187] Raju Parakkal, Powroty gospodarcze z globalizacji społecznej i politycznej: Czy sygnalizacja pomaga krajom rozwijającym się i przejściowym w przyciąganiu bezpośrednich inwestycji zagranicznych? dostępne na stronie: https://ssrn.com/abstract=3249332 str. 23.

[188] Schwab, K. (2016). Czwarta rewolucja przemysłowa. Genewa: Światowe Forum Ekonomiczne.

[189] World Investment Report 2017: Inwestycje a gospodarka cyfrowa. Nowy Jork i Genewa: Organizacja Narodów Zjednoczonych. UNCTAD (2017). World Investment Report, 2017 r., załącznik techniczny do rozdziału IV. http://unctad.org/en/PublicationChapters/wir2017ch4_Annex_en.pdf.

[190] McKinsey Global Institute (2016). Globalizacja cyfrowa: Nowa Era Globalnych Przepływów. Nowy Jork: MCKINSEY MGI.

międzynarodowej w stosunku do świata rozwiniętego (dedemokracja BIZ) oraz znaczenie motywów finansowych i fiskalnych w decyzjach inwestycyjnych przedsiębiorstw wielonarodowych (finansowanie BIZ).

Cyberprzestrzeń przekształca globalną działalność przedsiębiorstw wielonarodowych, sprawiając, że fizyczna obecność za granicą staje się mniej istotna, a tym samym zmniejszając ślad międzynarodowej produkcji przedsiębiorstw wielonarodowych[191]. Ponadto cyfryzacja zakłóca operacyjne powiązanie między sprzedażą zagraniczną a aktywami zagranicznymi, co oznacza, że nie tylko wysoce cyfrowe PWN gromadzą więcej sprzedaży zagranicznej przy mniejszej ilości aktywów zagranicznych, ale w rzeczywistości nie ma między nimi żadnego związku, co oznacza, że obecność handlowa na rynkach zagranicznych nie ma wyraźnego wpływu na wybory w zakresie inwestycji międzynarodowych.

Dezdemokratyzacja BIZ oznacza, że lekki międzynarodowy wpływ cyfrowych MNE, oprócz polowania na wiedzę i zasoby technologiczne, napędza odwrócenie trendu demokratyzacji BIZ. Większość cyfrowych MNE pochodzi z krajów rozwiniętych, w szczególności ze Stanów Zjednoczonych. Finansowanie BIZ oznacza, że lekki międzynarodowy ślad, przy zmniejszonych inwestycjach w aktywa materialne i dużych wolumenach sprzedaży międzynarodowej, dający cyfrowym MNE dużą płynność finansową i wysokie predyspozycje wydatkowe, stanowi produktywny grunt dla finansowych i podatkowych wzorców inwestowania. Innymi słowy, cechą charakterystyczną struktury aktywów cyfrowych i technicznych PWN jest ograniczony udział aktywów materialnych w połączeniu z wartościami niematerialnymi i prawnymi oraz duży udział środków pieniężnych i ich ekwiwalentów.

Warto zauważyć, że przedsiębiorstwa wielonarodowe często dokonują bezpośrednich inwestycji zagranicznych poprzez wielopłaszczyznowe łańcuchy własności, gospodarka będąca ich bezpośrednim odpowiednikiem nie jest gospodarką ostatecznego właściciela, który ponosi ostateczne ryzyko i korzyści, ani też ostatecznym miejscem przeznaczenia inwestycji. Ponadto, globalna geograficzna sieć BIZ jest bardzo zróżnicowana wraz z gospodarką bezpośredniego partnera powiązaną z gospodarką ostatecznego inwestora (UIE), a zatem centra finansowe, w których zazwyczaj mieszczą się podmioty specjalnego przeznaczenia (SPE), są znacznie mniej konieczne jako gospodarki ostateczne BIZ, co odzwierciedla przejściowy charakter inwestycji przepływających przez te centra[192]. Co więcej, BIZ mają zasadnicze znaczenie dla zrozumienia zarówno finansowych, jak i rzeczywistych powiązań gospodarczych między gospodarkami, jednak obecność centrów finansowych offshore i SPE obejmuje istotne powiązania dwustronne[193]. Nowa globalna sieć BIZ prezentuje kilka spostrzeżeń i szczegółów, które dają unikalny obraz długoterminowych relacji pomiędzy gospodarkami i ostatecznych form inwestycji w porównaniu do tradycyjnych danych dotyczących BIZ. W związku z tym, po usunięciu spółek celowych, łączna wartość wewnętrznych pozycji BIZ zmniejsza się o jedną trzecią w porównaniu do CDIS, co oznacza, że "tradycyjne" gospodarki kluczowe stają się bardziej aktywne w zróżnicowanej globalnej sieci BIZ, a zatem centra finansowe pozostają kluczowe dla BIZ nawet po usunięciu spółek celowych, co oznacza, że niektóre podmioty znajdujące się w centrach finansowych biorą energiczny udział w zarządzaniu BIZ, a nie tylko działają jako pasywne firmy holdingowe[194].

[191] Chen, W., i F. Kamal (2016). "The impact of information and communication technology adoption on multinational firm boundary decisions". Journal of International Business Studies, 47(5): 563-576.

[192] Lane, Philip i Gian-Maria Milesi-Ferretti (2017), "International Financial Integration in the Aftermath of the Global Financial Crisis", IMF Working Paper WP/17/115.

[193] Jannick Damgaard i Thomas Elkjaer, The Global FDI Network: Searching for Ultimate Investors, IMF Working Paper WP/17/258.

[194] Yingyao Hu i Jiaxiong Yao, Illuminating Economic Growth, IMF Working Paper WP/19/77.

8. Zmiany prawne dotyczące praw własności intelektualnej

8.1. Prawo autorskie

[195]Prawo autorskie odgrywa najbardziej kluczową rolę w branży twórczej, a przemiany cyfrowe zachodzące w społeczeństwie sieciowym niosą ze sobą dwa skutki: z jednej strony ogromny wzrost popytu na treści, a z drugiej strony coraz większe trudności w egzekwowaniu wyłącznych praw właścicieli praw autorskich w środowisku online. Ponadto w tzw. europejskiej agendzie cyfrowej wprowadzono cyberprzestrzeń jako główny wkład w zmiany strukturalne w gospodarce, w związku z czym Komisja UE przewidziała wzrost gospodarczy sprzyjający włączeniu społecznemu i wyższy standard życia swoich obywateli poprzez zwiększenie inwestycji i przezwyciężenie rozdrobnienia rynków[196]. Podczas gdy nowe internetowe modele biznesowe kwitły, rozważania na temat modernizacji inwestycji przeniosły się na prawa i obowiązki uczestników rynku cyfrowego. W związku z tym Komisja Europejska dołączyła do swojej agendy cyfrowej szczególne wytyczne związane z gospodarką opartą na współpracy oraz trwającą modyfikacją przepisów dotyczących praw autorskich[197]. Prawo autorskie Unii Europejskiej musi być interpretowane i stosowane w taki sposób, aby zapewnić ochronę podstawowych praw osób, na które mają wpływ jego przepisy. W ten sposób prawodawca Unii, Trybunał Sprawiedliwości i sądy krajowe zaczęły respektować skutki Karty praw podstawowych w tej dziedzinie[198].

Ogólnie rzecz biorąc, międzynarodowe i unijne ramy prawne ograniczają się[199] do zrozumienia perspektywy współautorstwa i pozostawiają ustawodawcom krajowym uregulowanie jego definicji i podstawowych cech, co oznacza, że ten brak jednolitych regulacji powoduje powstanie różnych kryteriów autorstwa, a tym samym sprawia, że dziedzina prawna jest zbyt delikatna, by można ją było zrestrukturyzować. Ponadto, wobec braku norm międzynarodowych i regionalnych, ustawodawcy krajowi dysponują zaawansowanymi rozwiązaniami regulacyjnymi, które nie są w pełni zbieżne. Prawodawstwo UE w zakresie praw autorskich składa się z ponad dziesięciu dyrektyw, dwóch głównych rozporządzeń i licznych komunikatów Komisji Europejskiej[200]. Giulia Priora[201] argumentuje, że "znaczna harmonizacja przepisów UE dotyczących współautorstwa, w zakresie, w jakim obejmuje ich definicję i opiera się na mechanizmach porozumienia między współautorami, byłaby w stanie zwiększyć ilość i jakość współtworzonej wiedzy naukowej, wspierając w ten sposób plan otwartej i opartej na współpracy europejskiej przestrzeni badawczej".

Warto zauważyć, że ustawa o prawie autorskim "Digital Millennium Copyright Act" z 1998 r. i jej art. 512 obejmowały środki, które miały na celu ochronę niektórych rodzajów pośredników przed naruszeniem praw autorskich przez osoby trzecie. Ponadto w sekcji 230 CDA[202]środki DMCA[203] potwierdzają i zmieniają zasady wynikające z zasad zawartych w amerykańskim prawie autorskim[204].

---

[195] Georgios I. Zekos, Prawa autorskie i znaki towarowe w cyberprzestrzeni: A Legal and Economic Analysis, 15 Chi. -Kent J. Intell. Prop. 313 (2016). https://scholarship.kentlaw.iit.edu/ckjip/vol15/iss1/10

[196] Komisja Europejska, "Europejska agenda cyfrowa" (komunikat) COM(2010) 245 wersja ostateczna/2 z dnia 26 sierpnia 2010 r.

[197] Komisja Europejska, "Europejski program na rzecz wspólnej gospodarki" (komunikat) COM(2016) 356 wersja ostateczna z dnia 2 czerwca 2016 r. oraz Komisja Europejska, "W kierunku nowoczesnych, bardziej europejskich ram prawnych w zakresie praw autorskich" (komunikat) COM(2015) 626 wersja ostateczna z dnia 9 grudnia 2015 r.

[198] P Oliver & C Stothers, Własność intelektualna zgodnie z Kartą: czy waga Trybunału jest właściwie skalibrowana?" (2017) Przegląd prawa wspólnego rynku 517.

[199] Dyrektywa 96/9/WE Parlamentu Europejskiego i Rady z dnia 11 marca 1996 r. w sprawie ochrony prawnej baz danych [1996] Dz.U. L 77/20 (dyrektywa 96/9/WE w sprawie bazy danych) art. 4 ust. 3. Dyrektywa Parlamentu Europejskiego i Rady 2009/24/WE z dnia 23 kwietnia 2009 r. w sprawie ochrony prawnej programów komputerowych [2009] Dz.U. L 111/16 (dyrektywa w sprawie programów komputerowych 2009/24), art. 2 ust. 2.

[200] Irini Stamatoudi i Paul Torremans, Prawo autorskie UE: A Commentary (Edward Elgar, Cheltenham 2014)

[201] Giulia Priora, Copyright law and the promotion of scientific networks: some reflections on the rules on co-autororship in the EU Queen Mary Journal of Intellectual Property 9(2), 2019 p 232.

[202] 47 U.S.C. §230 lit. e) pkt 2).

[203] 17 U.S.C. § 512.

[204] Charles Wright, "Actual Versus Legal Control. Reading Vicarious Liabilty for Copyright Infringement into the Digital Millennium Copyright Act of 1998" (2000) 75 Washington Law Review 1005; Jane Ginsburg, "The Court of Justice of the European Union Creates an EU Law of Liability for Facilitation of Copyright Infringement: Observations on Brein v. Filmspeler [C-527/15] (2017) and Brein v. Ziggo [C-610/15]" (2017) Columbia Law and Economics Working Paper No. 572.

Z drugiej strony, w dziedzinie prawa znaków towarowych zasady te zostały opracowane w oparciu o doktryny prawa deliktów[205]. Ponadto środki DMCA stały się wzorem dla innych krajów i regionów, takich jak Unia Europejska zatwierdziła swoją dyrektywę o handlu elektronicznym w 2000 r.[206], w znacznym stopniu uzależniając ją od analogicznego mechanizmu jak Stany Zjednoczone. Porównywalne Stany Zjednoczone, zdecydowały się wykorzystać te środki jako narzędzie regulacyjne, aby zagwarantować, że pośrednicy, w określonych podmiotach świadczących usługi hostingowe, nie są przeciążeni odpowiedzialnością w prawie krajowym, ale jednocześnie są wzywani do pilnego działania. W przeciwieństwie do prawa amerykańskiego, dyrektywa o handlu elektronicznym została przyjęta jako instrument horyzontalny mający zastosowanie we wszystkich innych dziedzinach[207].

Wydaje się, że we wczesnym okresie funkcjonowania cyberprzestrzeni przedsiębiorstwa działające w Europie odczuły skutki podejścia regulacyjnego zainicjowanego przez Stany Zjednoczone. Orzecznictwo Stanów Zjednoczonych nadal było nieodzownym źródłem motywacji do rozwiązywania konfliktów i intelektualizacji obowiązków w świetle nowych ram prawnych, a w międzyczasie Stany Zjednoczone wraz z UE[208] aktywnie eksportowały ten model w formie dwustronnych umów handlowych (BTA)[209]. W ten sam sposób Unia Europejska włączyła do swoich BTA środki (safe harbors) - ostatnio w BTA z Kanadą, Koreą Południową lub Singapurem. Mimo że USA i UE zaczęły od porównywalnej podstawy prawnej, dodatkowe warstwy zamówień prywatnych były motywowane przez rynki krajowe.

Niemniej jednak, europejska akceptacja modelu amerykańskiego trwała tylko przez pewien czas i tak na początku lat 2000. dyrektywa w sprawie społeczeństwa informacyjnego i dyrektywa w sprawie egzekwowania prawa przygotowały grunt dla środków, które można było zastosować w konkurencji do bezpiecznych portów - w przeciwieństwie do pierwotnego modelu DMCA. Ponadto, wraz z napływem wstrząsów politycznych i ulepszeń rynkowych w 2010 r., Europejczycy byli zmuszeni do uwolnienia się w pewnym momencie i pojawienia się w swoim własnym otoczeniu regulacyjnym, wychodząc z "cienia" modeli regulacyjnych USA[210].

W 2010 r. klimat zaczął się wyraźnie zmieniać w państwach członkowskich i na szczeblu UE, co oznacza, że punktem kulminacyjnym i potwierdzeniem bardziej niepewnego stosunku do platform cyfrowych było orzeczenie Trybunału Sprawiedliwości UE dotyczące prawa do bycia zapomnianym w 2014 r[211]. W związku z tym, że w 2010 r. klimat zaczął się wyraźnie zmieniać w państwach członkowskich i na szczeblu UE. Ponadto decyzja w sprawie Google Spain wywołała ogólnoświatową debatę na temat rozliczalności usług takich jak wyszukiwarki internetowe oraz roli, jaką powinny w niej odgrywać jednostki[212].

W szeregu spraw zwrócono się do TSUE o interpretację interfejsu między nakazami przeciwko pośrednikom z jednej strony, a "bezpiecznymi portami" z drugiej, i tak niezależnie od niepewności, TSUE wyjaśnił, że dyrektywa o handlu elektronicznym i "bezpieczne porty" nie ograniczają możliwości

---

[205] Elizabeth K. Levin, "A Safe Harbor for Trademark": Re-evaluating Secondary Trademark Liability after Tiffany v. eBay" (2009) 24 Berkeley Technology Law Journal 491. Rzecznik generalny Maduro w sprawie Google France (sprawy C-236/08 do C-238/08 Google France i Google [2009] ECLI:EU:C:2009:569, opinia AG Maduro, przypisy 19 i 63).

[206] Eric Goldman, "Dobre wieści! USMCA (a/k/a NAFTA 2.0) Embraces Section 230-Like Internet Immunity", Tech. & Mktg. L. Blog, 3 października 2018 r., https://blog.ericgoldman.org/archives/2018/10/good-news-usmca-a-k-a-nafta-2-0-_obejmuje sekcje-230-like-internet-immunity.htm Dyrektywa 2000/31/WE Parlamentu Europejskiego i Rady z dnia 8 czerwca 2000 r. w sprawie niektórych aspektów prawnych usług społeczeństwa informacyjnego, w szczególności handlu elektronicznego w ramach rynku wewnętrznego (2000), Dz.U. L 178, s. 1-16.

[207] Miquel Peguera, "The DMCA Safe Harbors and Their European Counterparts: A Comparative Analysis of Some Common Problems" (2009) 32 Columbia Journal of Law & the Arts 481.

[208] Sprawy C-236/08 do C-238/08 Google France i Google [2010] ECLI:EU:C:2010:159. Sprawa C-324/09 L'Oréal i inni [2011] ECLI:EU:C:2011:474. Sprawa C-324/09 L'Oréal i in. [2010] ECLI:EU:C:2010:757, opinia AG Jaaskinen, pkt 56-58, przypisy 25, 26, 32.

[209] Daniel Seng, "Stan Związku Sprzecznego": An Empirical Analysis of the State of DMCA Take-down Notices (2014) 18 Virginia Journal of Law and Technology 369, 373.

[210] COM(2009) 467 wersja ostateczna (poprawa egzekwowania praw własności intelektualnej na rynku wewnętrznym); COM(2011) 287 wersja ostateczna (jednolity rynek praw własności intelektualnej - pobudzanie kreatywności i innowacyjności w celu zapewnienia wzrostu gospodarczego, atrakcyjnych miejsc pracy oraz wysokiej jakości produktów i usług w Europie).

[211] Sprawa C-131/12, Google Spain SL przeciwko Agencia Española de Protección de Datos [2014] ECLI:EU:C:2014:317.

[212] Martin Husovec, "Odpowiedzialny, Nieodpowiedzialny. Injunctions Against Intermediaries" (2016) TILEC Discussion Paper No. 2016-012.

uzyskania nakazu, co oznacza, że z wyjątkiem ogólnego zakazu monitorowania i praw podstawowych, europejskie przepisy dotyczące nakazów przeciwko pośrednikom powinny zapobiegać przyszłym nadużyciom[213].

W sprawie Tommy'ego Hilfigera[214] sąd stwierdził, że art. 11 zdanie trzecie dyrektywy 2004/48, podobnie jak art. 8 ust. 3 dyrektywy 2001/29, do którego się odwołuje, zobowiązuje państwa członkowskie do zapewnienia, że pośrednik[215], z którego usług korzysta osoba trzecia w celu nieuwzględnienia prawa własności intelektualnej, może, pomimo wszelkiej własnej odpowiedzialności za omawiane okoliczności faktyczne, zostać zobowiązany do podjęcia środków mających na celu usunięcie tych naruszeń, potwierdzających środki zapobiegające dalszym naruszeniom[216217].Po wydaniu decyzji w sprawie Google France TSUE definitywnie ograniczył "bezpieczne przystanie" hostingowe, wprowadzając obowiązek biernego charakteru ich usług w sprawie L'Oréal przeciwko eBay[218]. Być może kryterium bierności mogło zostać wykorzystane przez TSUE jako test horyzontalny dla "informacji osób trzecich".[219]"

W międzyczasie podmioty praw autorskich prowadziły kampanię na rzecz rozwiązania typu "stay-down" po obu stronach Atlantyku i w ten sposób "taydown", które zasadniczo oznaczało stosowanie narzędzi filtrujących, zautomatyzowałoby egzekwowanie przepisów w cyberprzestrzeni, usuwając obciążenie i koszty egzekwowania przepisów dla dostawców. Ponadto Komisja Europejska wprowadziła szereg inicjatyw lub wniosków, które de facto podważają dyrektywę o handlu elektronicznym i jej reaktywną strukturę podziału obowiązków, a także w dziedzinie audiowizualnych usług medialnych, treści o charakterze terrorystycznym i ochrony danych[220]. Ponadto w prawie o ochronie danych TSUE na nowo zdefiniował związek między pośrednikami a ich otoczeniem regulacyjnym, w związku z czym TSUE wydał inne decyzje współprzypisujące stopniowo proaktywne role pośrednikom.[221]

Tak więc jedną ze zmian w europejskim systemie dotyczącym odpowiedzialności pośredników jest żądanie nakazów zaprzestania szkodliwych praktyk wobec pośredników, przezwyciężające brak harmonizacji w kwestii odpowiedzialności dodatkowej, która jest siłą napędową innego europejskiego rozwoju - pośredniego rozszerzenia komunikacji na prawo publiczne. Z uwagi na fakt, że harmonizacja praw autorskich ograniczała się do kwestii praw wyłącznych, a dyrektywa o handlu elektronicznym zajmowała się jedynie sprawami, w których nie można było wymusić odpowiedzialności[222], przestrzeń pomiędzy nimi pozostawała niezharmonizowana, w związku z czym Trybunał Sprawiedliwości Unii Europejskiej nie był w stanie nadzorować całego krajobrazu, a doktryny dotyczące odpowiedzialności wtórnej były w większości pozostawione w gestii prawa krajowego[223].

---

[213] Martin Husovec, "Holey Cap! CJEU Drills (Yet) Another Hole in the E-Commerce Directive's Safe Harbors" (2017) 12(2) Journal of Intellectual Property Law & Practice 115, 117 ff.

[214] Sprawa C-494/15 Tommy Hilfiger Licensing i inni [2016] ECLI:EU:C:2016:528, pkt 22.

[215] Martin Husovec i Ronald Leenes, "Study on the role of intermediaries - Summary of the public consultation" (2016, Komisja Europejska).

[216] Własności Literackiej i Artystycznej, "Mission to Link Directives 2000/31 and 2001/29 - Report and Proposals" (2016) 7(2) JIPITEC 88, dostępny na stronie internetowej . 32 Tamże, s. 90 ("warunek określony w motywie 42 jest konieczny, ale niewystarczający").

[217] Sprawy od C-236/08 do C-238/08 Google France i Google [2010] ECLI:EU:C:2010:159, ust. 1. 114.

[218]Wyrok Trybunału (wielka izba) z dnia 12 lipca 2011 r. L'Oréal SA i inni przeciwko eBay International AG i inni Sprawa C324/09 L'Oréal i inni [2010] ECLI:EU:C:2010:757, Opinia AG Jaaskinen, paras. 139-142, 146 (stwierdzając, że czytanie to poważnie zagraża celowi dyrektywy i jej ramom). Sprawa C-324/09 L'Oréeal i in. [2011] ECLI:EU:C:2011:474 para. 116 (dla potwierdzenia). W sprawie *L'Oréal przeciwko eBay* nawet Trybunał wyraźnie orzekł, że "w związku z tym w kontekście prawa krajowego należy dążyć do ustalenia warunków powstania takiej odpowiedzialności". (ust. 107).

[219] Eleonora Rosati, "Why a Reform of Hosting Providers' Safe Harbour is Unnecessary Under EU Copyright Law" (2016) CREATe Working Paper 2016/11 Martin Husovec, Injunctions Against Intermediaries in the European Union: Odpowiedzialny, ale nie podlegający odpowiedzialności? (CUP, 2017), s. 56.

[220] Giancarlo Frosio, "Why Keep a Dog and Bark Yourself? From Intermediary Liability to Responsibility" (2017) 26(1) Oxford International Journal of Law and Information Technology 1-33.

[221] Sprawa C-131/12, Google Spain SL przeciwko Agencia Española de Protección de Datos [2014] ECLI:EU:C:2014:317. Sprawa C-210/16, Wirtschaftsakademie Schleswig-Holstein [2018] EU:C:2018:388 (dotycząca fan page'u na Facebooku).

[222] Martin Husovec, Injunctions Against Intermediaries in the European Union: Odpowiedzialny, ale nieodpowiedzialny? (CUP, 2017), s. 64 i nast.

[223] Sprawa C-494/15 Tommy Hilfiger Licensing i inni [2016] ECLI:EU:C:2016:528, pkt 22. Martin Husovec, Injunctions Against Intermediaries in the European Union: Odpowiedzialny, ale nieodpowiedzialny? (CUP, 2017). Martin Husovec, "Holey Cap!

Warto zauważyć, że niektóre kraje europejskie dotowały egzekwowanie praw autorskich i stworzyły specjalne przepisy administracyjne dla tego obszaru prawa prywatnego, ponieważ takie mechanizmy egzekwowania praw pomagają właścicielom praw autorskich w skuteczniejszym ich egzekwowaniu. W ten sposób francuskie przepisy HADOPI stworzyły system dla dostawców dostępu przesyłających pisma do swoich klientów, którzy zostali przyłapani na naruszaniu praw autorskich w cyberprzestrzeni, a mechanizm ten obejmował stopniowany system reagowania, który umożliwiał ograniczenie dostępu do Internetu takim użytkownikom, którzy kontynuują swoją działalność pomimo zgłoszeń[224]. Ponadto we Włoszech blokowanie stron internetowych zostało powierzone AGICOM odpowiedzialnemu za wydawanie nakazów blokowania dostępu dostawcom usług internetowych w odniesieniu do docelowych stron internetowych[225]. Ponadto w Grecji rząd opracował ustawowy system powiadamiania i odwoływania[226].

Muzyka pozostaje jednym z najstarszych i najbardziej popularnych środków wyrazu artystycznego, jednak ochrona, jaką otrzymuje na mocy prawa autorskiego, pozostaje przedmiotem ciągłej debaty[227]. W sprawie Williams v. Gaye potwierdził, że "Blurred Lines[228]" w rzeczywistości naruszyło prawa autorskie Gayes'ów w "Got to Give it Up". "Nie dokonując[229]rozróżnienia między elementami muzycznymi podlegającymi i niepodlegającymi ochronie, sąd lekceważy liczne doktryny ograniczające prawa autorskie, które wyłączają poszczególne elementy z ochrony prawnej, narzucając alarmujący wpływ na kreatywność i innowacyjność muzyczną, pozostawiając otwartym drzwi dla przyszłych kompozytorów, którzy będą starali się o ochronę praw autorskich nad całymi stylami i rowkami[230]. Można powiedzieć, że prawo nie może ograniczać stosowania wspólnych elementów muzycznych, ponieważ przyszłość samej muzyki zależy od wykorzystania i rekombinacji wcześniejszych narzędzi i motywów w innowacyjnych ścieżkach[231].

W Zjednoczonym Królestwie Supreme Court in Cartier[232] orzekł, że w sprawach dotyczących blokowania stron internetowych wnioskodawcy powinni zwracać koszty zapewnienia zgodności z przepisami ponoszone przez dostawców dostępu, a zatem taki podział kosztów działa jako filtr nadrzędny dla nieskutecznych wniosków o blokadę, co oznacza, że blokada jest stosowana również w okolicznościach, w których korzyści nie równoważą kosztów. Z drugiej strony, proces administracyjny uwzględnia specyfikę kursu dotyczącego blokowania stron internetowych, który nie zawsze jest łatwy do dopasowania do postępowania konfrontacyjnego. Przede wszystkim decyzje blokujące wymuszają nadzór i monitorowanie również po ich przyznaniu, aby zapobiec nadmiernej blokadzie, a więc są skierowane do osób lub przedsiębiorstw, które nie są stronami postępowania[233].

CJEU Drills (Yet) Another Hole in the E-Commerce Directive's Safe Harbors" (2017) 12(2) Journal of Intellectual Property Law & Practice 115, 117 ff.

224 Ustawa nr 2009-669 z dnia 12 czerwca 2009 r. promująca upowszechnianie i ochronę twórczości w Internecie, dostępna pod adresem: https://www.legifrance.gouv.fr/.

225 World Intermediary Liability Map, dostępna pod adresem < https://wilmap.law.stanford.edu/news/italian-communication-authority-approves-administrative-enforcement-online-copyright>. <https://wilmap.law.stanford.edu/entries/regulatory-entity-second-section-copyright-commission>

226 Charis Tsigou, "Notice-and-Takedown Procedure under Greek Intellectual Property Law 4481/2017" (2018) 9(2) *JIPITEC* 201. Martin Husovec, *Injunctions Against Intermediaries in the European Union: Odpowiedzialny, ale nie podlegający odpowiedzialności?* (CUP, 2017); część IV; Martin Husovec, Asking Innocent Third Parties for a Remedy: Origins and Trends in Franz Hoffman and Franziska Kurz (Eds.) *Law of Remedies* (*Intersencia* 2019); Kacper Szkalej, "Blocking injunctions against ISPs in Sweden 2.0 beta - the rise of the interim injunction? (Część 2)" (2018) *Kluwer Copyright Blog*, <http://copyrightblog.kluweriplaw.com/2018/11/26/blocking-injunctions-against-isps-in-sweden-2-0-beta-the-rise-of-the-interim-injunction-part-2/>

227 Williams v. Bridgeport Music, No. LA CV13-06004 JAK (AGRx), 2015 WL 4479500 (C.D. Cal. 14 lipca 2015).

228 Jody Rosen, Robin Thicke on 'Blurred Lines' and Learning From His Mistakes, N.Y. TIMES (1 lipca 2015), https://www.nytimes.com/2015/07/05/arts/music/robin-thicke-onblurred-lines-and-learning-from-his-mistakes.html.

229 Williams v. Gaye, 885 F.3d 1150, 1160 (9. Cir. 2018).

230 Paymaneh Parhami Williams V. Gaye: Blurring The Lines of Copyright Infringement In Music https://ssrn.com/abstract=3377829

231 Black v. Gosdin, 740 F. Supp. 1288, 1293 (M.D. Tenn. 1990).

232 *Cartier International AG i inni (Respondenci) przeciwko British Telecommunications Plc i innym (Wnoszący odwołanie)* [2018] UKSC 28. Martin Husovec, "Why UK's Cartier Saga Matters?". (2018) Blog Kluwer Copyright, dostępny pod adresem <http://copyrightblog.kluweriplaw.com/2018/08/15/uks-cartier-saga-matters/>.

233 Martin Husovec, *Injunctions Against Intermediaries in the European Union: Odpowiedzialny, ale nieodpowiedzialny?* (CUP, 2017) s. 50 i nast. Ansgar Ohly, "The broad concept of "communication to the public" in recent CJEU judgments and the liability of intermediaries: primary, secondary or unitary liability? (2018) 8(1) *Journal of Intellectual Property Law & Practice, s.* 664-675 (opracowanie i wizualizacja tego obrazu).

Ponadto Trybunał uznał najpierw, że zwykłe hiperłącze może stanowić naruszenie art. 3 w kontekście dyrektywy InfoSoc, a orzecznictwo rozwija się w dwóch klastrach: (1) ponowne powiadomienie o autoryzowanym komunikacie[234] oraz (2) ponowne powiadomienie o nieautoryzowanym komunikacie[235]. W związku z tym tylko w tych ostatnich przypadkach TSUE stosuje szereg kwestii, które są istotne w sytuacjach odpowiedzialności wtórnej, co oznacza, że nie tylko te sprawy często pokrywają się z tym, co sądy krajowe wcześniej rozumiały jako sytuacje odpowiedzialności wtórnej, ale także a) stosują standardy wiedzy w celu ustalenia naruszenia[236], b) niższy próg wolicji ("zasadniczy"[237] kontra "niezbędny", "decydujący"[238]) oraz c) odmawiają stosowania wyjątków i ograniczeń[239]. Z uwagi na to, że standard wiedzy Ziggo/TPB nie jest całkowicie jasny[240], w serwisach YouTube i Elsevier Trybunał może mieć okazję do jego dalszego wyjaśnienia, a zatem konkretnie, standard wiedzy konstruktywnej, który został zastosowany w Ziggo/TPB, może wymagać uzupełnienia o pojęcie "sumiennego podmiotu gospodarczego" zawarte w dyrektywie o handlu elektronicznym[241]. Należy wziąć pod uwagę, że wraz z sukcesem ogólnego rozporządzenia o ochronie danych, UE zaczęła pozycjonować się jako źródło nowych modeli regulacyjnych dla cyberprzestrzeni, a zatem bezkonkurencyjna w stosunku do Stanów Zjednoczonych i zahamowania regulacyjnego w zakresie prawa autorskiego, rozpoczęła opracowywanie częściowych rozwiązań, które były u jej podstaw sprzeczne z pojęciami pierwotnego modelu "bezpiecznych portów". W ten sposób myśli zawarte w dyrektywie o handlu elektronicznym były stopniowo kwestionowane przez polityków, nie tylko w dziedzinie prawa własności intelektualnej.

W (C-201/13) w sprawie Deckmyn przeciwko Vandersteen postrzeganie "sprawiedliwej równowagi" pomiędzy konkurującymi ze sobą prawami umożliwiło postęp w zakresie wykonalnych przepisów w niekompletnym obszarze dorobku prawnego[242]. Chociaż art. 5 ust. 3 lit. k) dyrektywy o społeczeństwie informacyjnym ("dyrektywa") upoważnia państwa członkowskie do zastosowania wyjątku dotyczącego "karykatury, parodii lub pastiszu", nie oferuje on jednak granic dla odpowiedniego funkcjonowania tego wyjątku. Poprzez połączenie rozszerzającej się definicji parodii z obowiązkiem zapewnienia przez sądy państw członkowskich "właściwej równowagi" między konkurencyjnymi prawami zainteresowanych stron, Trybunał ilustruje ramy, w których można z

---

[234] Sprawa C-306/05, *SGAE* [2006] ECLI:EU:C:2006:764. Sprawa C-466/12, *Nils Svensson* [2014] ECLI:EU:C:2014:76; sprawa C-117/15, *Reha Training* [2016] ECLI:EU:C:2016:379. Sprawa C-265/16, *VCAST* [2017] ECLI:EU:C:2017:913. Sprawa C-161/17, *Renckhoff* [2018] ECLI:EU:C:2018:634.

[235] Sprawa C-160/15, *GS Media* [2016] ECLI:EU:C:2016:644. Sprawa C-527/15, *Filmspeller* [2017] ECLI:EU:C:2017:300. Sprawa C-610/15, *Ziggo/The Pirate Bay* [2017] ECLI:EU:C:2017:456.

[236] Sprawa C-160/15, *GS Media* [2016] ECLI:EU:C:2016:644, pkt 51 i następne. (wymyślanie stanu); *Filmspeller* (Sprawa C-527/15, Filmspeller [2017] ECLI:EU:C:2017:300, para 49-50 (omawianie domniemania z GS Media);. *Ziggo/The Pirate Bay* (Sprawa C-610/15, *Ziggo/The Pirate Bay* [2017] ECLI:EU:C:2017:456, pkt 45 (zachęcana i nie mogła być nieświadoma).

[237] W sprawie *GS Media* TSUE nadal odwołuje się do "niezbędnej roli" (sprawa C-160/15, *GS Media* [2016] ECLI:EU:C:2016:644- "Trybunał podkreślił przede wszystkim niezbędną rolę odgrywaną przez użytkownika i celowy charakter jego interwencji"). Termin "zasadnicza rola" pojawia się po raz pierwszy w kwietniu 2017 r. w sprawie *Filmspeller* (sprawa C-527/15, Filmspeller [2017] ECLI:EU:C:2017:300, pkt 31), a następnie jest w istotny sposób przywoływany w sprawie *Ziggo/The Pirate Bay* (sprawa C-610/15 *Ziggo/The Pirate Bay* [2017] ECLI:EU:C:2017:456, pkt 34 ["Można zatem uznać, że odgrywają one zasadniczą rolę w udostępnianiu przedmiotowych utworów"]). Wyrok Wielkiej Izby w sprawie *Reha Training odnosi* się również do "niezbędnej roli" (sprawa C-117/15, *Reha Training* [2016] EU:C:2016:379, pkt 46).

[238] Sprawa C-161/17, *Renckhoff* [2018] ECLI:EU:C:2018:634.

[239] Sprawa C-160/15, *GS Media* [2016] ECLI:EU:C:2016:644, pkt 53.

[240] Sprawa C-610/15 *Ziggo/The Pirate Bay* [2017] ECLI:EU:C:2017:99, Opinia AG Szpunar, para. 65 ["Jeżeli dany operator sam nie dokonuje czynności objętej prawami wyłącznymi autora (np. publicznego udostępniania), naruszenie ma charakter jedynie pośredni. Biorąc pod uwagę fakt, że odpowiedzialność za ten rodzaj naruszenia nie jest zharmonizowana na poziomie prawa UE, należy wyraźnie przewidzieć ją w prawie krajowym. Do sądów krajowych należy ustalenie, czy taka odpowiedzialność istnieje w ich prawie krajowym"]. Ansgar Ohly, "The broad concept of "communication to the public" in recent CJEU judgments and the liability of intermediaries: primary, secondary or unitary liability? (2018) 8(1) *Dziennik Prawa Własności Intelektualnej i Praktyki 664,* 670 (zwracając uwagę na otwartość w powoływaniu się na domniemanie). Eleonora Rosati, "The CJEU Pirate Bay Judgment and Its Impact on the Liability of Online Platforms" (2017) 39(12) *EIPR* 737, 744 (zastanawiając się, czy Trybunał mógł zastosować domniemanie w celu przyjęcia konstruktywnej wiedzy). Jane Ginsburg, "The Court of Justice of the European Union Creates an EU Law of Liability for Facilitation of Copyright Infringement: Observations on Brein v. Filmspeler [C-527/15] (2017) and Brein v. Ziggo [C-610/15]" (2017) *Columbia Law and Economics Working Paper No. 572,* s. 7 (argumentując, że TSUE zaakceptował ogólną wiedzę). Christina Angelopoulos i João Pedro Quintais, "Fixing Copyright Reform: How to Address Online Infringement and Bridge the "Value Gap" (w sprawie), s. 10 (zwracając uwagę na dwuznaczność dyskusji w Trybunale i konkluzji na korzyść wiedzy konstruktywnej; określa tę wiedzę ogólną).

[241] Sprawa C-324/09 *L'Oréal i inni* [2011] ECLI:EU:C:2011:474, ratio decidendi. Ansgar Ohly, "The broad concept of "communication to the public" in recent CJEU judgments and the liability of intermediaries: primary, secondary or unitary liability?". (2018) 8(1) *Journal of Intellectual Property Law & Practice 664,* 675 (autonomiczna odpowiedzialność jednostkowa). Jane Ginsburg, "The Court of Justice of the European Union Creates an EU Law of Liability for Facilitation of Copyright Infringement: Observations on Brein v. Filmspeler [C-527/15] (2017) and Brein v. Ziggo [C-610/15]" (2017) *Columbia Law and Economics Working Paper No. 572,* s. 1 ff. (dla odpowiedzialności wtórnej).

[242] (C-201/13) Deckmyn przeciwko Vandersteen EU:C:2014:2132.

czasem ustanowić kompleksowe podejście do parodii w zakresie korzystania z utworów chronionych prawem autorskim[243].

W październiku 2016 r. Trybunał Sprawiedliwości Unii Europejskiej (TSUE) wydał drugi z dwóch wyroków dokonujących wykładni przepisów dotyczących wyczerpania praw autorskich w ramach dorobku prawnego UE, a zatem w sprawie Ranks and Vasilevics Trybunał rozważył, czy uprawniony nabywca kopii programu komputerowego może liczyć na wyczerpanie praw autorskich w celu odsprzedania kopii zapasowej takiego programu komputerowego[244]. W związku z tym TSUE orzekł, że odsprzedaż kopii uzupełnionej o nieograniczoną licencję jest co do zasady dozwolona. Niemniej jednak kopia zapasowa kopii pierwotnie rozpowszechnionej na materialnym nośniku nie może być zaoferowana następnemu nabywcy bez zgody uprawnionego, co oznacza, że TSUE udowadnia, że prawo do rozpowszechniania jest wyczerpane zarówno w przypadku kopii utrwalonych na materialnym nośniku, jak i tych, które nie mają materialnego zabezpieczenia, jak to zostało określone w UsedSoft[245]. Ponadto w niniejszej sprawie TSUE zwraca uwagę, że to wyczerpanie "dotyczy samej kopii programu komputerowego i towarzyszącej jej licencji użytkownika, a nie nośnika materialnego", co oznacza, że kopię programu komputerowego w rozumieniu art. 4 ust. 2 dyrektywy uznaje się za oddzieloną od każdego materialnego nośnika, na którym może być umieszczona. Podobnie, wyczerpanie prawa do rozpowszechniania kopii wpływa również na towarzyszącą jej licencję użytkownika, która może być przeniesiona w przypadku braku zezwolenia posiadacza prawa przy pierwszym rozpowszechnianiu kopii programu komputerowego[246]. W związku z tym, zdaniem TSUE, legalny nabywca używanej licencji musi mieć możliwość pobrania jej ze strony internetowej sprzedawcy. Natomiast w przypadku Art & Allposters mówi się, że wyczerpanie sprawy dotyczy nośnika materialnego.[247]

W Europie ramy prawne UE w zakresie praw autorskich wydają się nie spełniać wymogów nowoczesnego społeczeństwa informacyjnego. Ponadto istnieje wąska przestrzeń, którą unijne prawo autorskie pozostawia tzw. wyjątkom i ograniczeniom (E&L) w odniesieniu do praw wyłącznych - mechanizmy niezbędne dla prawa autorskiego mają zapewnić odpowiednią przestrzeń dla przyszłej twórczości i wymiany kulturalnej. Unijna dyrektywa w sprawie praw autorskich z 2001 r. ogólnie opisuje prawa wyłączne, natomiast wyjątki dotyczące praw autorskich są wąskie, fakultatywne, wyczerpujące i podlegają następnie tzw. międzynarodowemu "testowi trzyetapowemu"[248]. W związku z tym wszelkie wyjątki od ogólnej zasady ochrony praw autorskich powinny być interpretowane ściśle, a zatem wyjątki mogą być dodatkowo ograniczone przez umowę lub stosowanie TPM[249].

Należy zauważyć, że Trybunał Sprawiedliwości przyjął bardziej liberalne stanowisko, opierając się na celowej interpretacji wyjątków w świetle praw podstawowych[250]. W związku z tym kolejną

[243] (C-275/06) Promusicae przeciwko Telefónica de España EU:C:2008:54. (C-70/10) Scarlet Extended przeciwko SABAM EU:C:2011:771. (C-314/12) UPC Telekabel przeciwko Constantin Film Verleih GmbH EU:C:2014:192. (C145/10) Eva-Maria Painer przeciwko StandardVerlags GmbH EU:C:2013:138. (C-510/10) DR, TV2 Danmark AS przeciwko KBC - Nordisk Copyright Bureau EU:C:2012:244. (C-160/15) GS Media BV przeciwko Sanoma Media Netherlands BV EU:C:2016:644; (C-149/17) Bastei Lubbe GmbH & Co KG przeciwko Strotzer EU:C:2018:841.

[244] CJEU, Aleksandrs Ranks, Jurijs Vasiļevičs v. Finanšu un ekonomisko noziegumu izmeklēšanas prokoratūra, Microsoft Corp. (2016) Sprawa C-166/15. 12 października 2016 r.

[245] CJEU, UsedSoft GmbH przeciwko Oracle International Corp. (2012) Sprawa C-128/11. 3 lipca 2012 r. para. 55.

[246] CJEU, Ranks, Vasiļevičs przeciwko Microsoft Corp. (2016) Sprawa C-166/15. pkt 34-36.

[247] CJEU. Art & Allposters International BV przeciwko Stichting Pictoright. (2015) Sprawa C-419/13. 22 stycznia 2015 r. para. 40.

[248] Dyrektywa 2001/29/WE Parlamentu Europejskiego i Rady z dnia 22 maja 2001 r. w sprawie harmonizacji niektórych aspektów praw autorskich i pokrewnych w społeczeństwie informacyjnym (InfoSoc), Dz.U. L 167 z 22 czerwca 2001 r., s. 10. Artykuł 9 ust. 2 Konwencji berneńskiej o ochronie dzieł literackich i artystycznych z dnia 9 września 1886 r. (w zakresie prawa do zwielokrotniania); art. 13 Porozumienia w sprawie handlowych aspektów praw własności intelektualnej (w zakresie wszystkich praw wyłącznych); art. 10 i 16 traktatów WIPO o prawie autorskim (WCT) oraz o prawie artystów wykonawców i producentów fonogramów (WPPT). W rozumieniu tego testu, C. Geiger, D.J. Gervais i M.R.F. Senftleben, "The Three-Step-Test Revisited: How to Use the Test's Flexibility in National Copyright Law", 29(3) American University International Law Review 581 (2014).

[249] ETS, Infopaq, C-5/08, wyrok z dnia 16 lipca 2009 r., EU:C:2009:465, para. 56. TSUE, ACI Adam i inni, C-435/12, wyrok z dnia 10 kwietnia 2014 r., ECLI:EU:C:2014:254, pkt 22. J. Griffiths, "Unsticking the Centre-Piece - The Liberation of European Copyright Law?", 1 JIPITEC 87 (2010), para. 2.

[250] CJEU, FAPL, C-403/08 i C-429/08 z dnia 4 października 2011 r., EU:C:2011:631, para. 163; TSUE, Painer, C-145/10, Wyrok z dnia 1 grudnia 2011 r., EU:C:2011:798, w pkt. 163. 132-133; TSUE, Deckmyn, C-201/13, Wyrok z dnia 3 września 2014 r., EU:C:2014:2132, pkt. 163; TSUE, Painer, C-145/10, Wyrok z dnia 1 grudnia 2011 r., EU:C:2011:798, pkt. 163; TSUE,

przeszkodą w unijnych ramach prawnych dotyczących praw autorskich jest brak elastyczności systemu praw autorskich.

W przeciwieństwie do braku elastyczności, brak pewności prawnej rzadko jest wymieniany jako cecha wyróżniająca cywilnoprawną tradycję praw autorskich i częściej jest związany ze światem prawa powszechnego. Niepewność prawna w dorobku prawnym UE w zakresie praw autorskich utrzymuje się ze względu na fakt, że tylko jeden wyjątek InfoSoc jest obowiązkowy dla wszystkich członków UE, którzy mają swobodę wyboru, które wyjątki zdecydują się transponować wewnętrznie[251]. Należy zauważyć, że sformułowania niektórych ograniczeń i wyjątków zawartych w InfoSoc mają z pewnością dalszą perspektywę elastycznej interpretacji, jak na przykład wyjątek dotyczący cytowania w artykule. Ponadto sposób, w jaki państwa członkowskie stosują nawet te same wyjątki, różni się znacznie w zależności od kraju[252]. Wreszcie, poddanie wykazu wyjątków InfoSoc trzystopniowemu testowi nie zwiększa pewności prawnej w odniesieniu do kwestii, które zastosowania są dozwolone, a które powinny być uznane za naruszające w całej UE.

Uczciwe użycie jest cechą charakterystyczną amerykańskiej tradycji prawnej, która w przeciwieństwie do krajów prawa cywilnego pozwala na znacznie większą elastyczność w podejściu do wyjątków i ograniczeń prawa autorskiego. Uczciwe użycie w USA[253] utrzymuje system otwarty i umożliwia, dzięki zastosowaniu opracowanych przez sąd czynników uczciwości, zakwalifikowanie dalszych zastosowań jako "uczciwe", a więc nienaruszające prawa, nawet jeśli zastosowania te nie są otwarcie określone w ustawie. Sprawiedliwe wykorzystanie jest zatem chwalone za zdolność do dostosowania się do nowych zjawisk społecznych, obejmujących zmiany technologiczne, których prawodawca nie może przewidzieć lub na które nie jest w stanie szybko zareagować[254].

[255]Niezależnie od jego zalet, UE sprzeciwiła się transpozycji amerykańskiej zasady sprawiedliwego użytkowania na gruncie europejskim. W swojej opinii w sprawie Spiegel Online rzecznik generalny TSUE uznał ponadto, że wprowadzenie do prawa UE czegoś w rodzaju klauzuli "sprawiedliwego użytkowania" "przekształciłoby wszelkie wysiłki harmonizacyjne w myślenie życzeniowe"[256]. Wreszcie, fakt, że sprawiedliwy użytek jest zawsze użyciem za darmo, można uznać za wadę tego rozwiązania, ze względu na fakt, że wynagrodzenia oparte na ograniczeniach zabezpieczają godne uwagi przychody dla wynalazców i mogą być liczone jako bezwzględne atrybuty salda praw autorskich w ramach prawnych zorientowanych na autora[257].

W 2016 r. Komisja Europejska zaproponowała nową dyrektywę w sprawie praw autorskich nakładającą obowiązek stosowania filtrów praw autorskich w odniesieniu do konkretnych rodzajów platform, w których treści generowane są przez użytkowników, a zatem to platformy, a nie posiadacze praw, powinny być odpowiedzialne za wykrywanie i ocenę treści generowanych przez użytkowników.

Painer, C-145/10, Wyrok z dnia 1 grudnia 2011 r., EU:C:2011:798, pkt. 163; TSUE, Deckmyn, C-201/13, Wyrok z dnia 3 września 2014 r., EU:C:2014:2132, pkt. 163. 19-23; TSUE, Ulmer, C-117/13, Wyrok z 11 września 2014 r., EU:C:2014:2196, ust. 132-133; TSUE, Deckmyn, C-201/13, Wyrok z 3 września 2014 r., EU:C:2014:2132, ust. 132-133; TSUE, Deckmyn, C-201/13, Wyrok z 3 września 2014 r., EU:C:2014:2132, ust. 132-133; TSUE, Ulmer, C-117/13, ust. 1. 27 i 31

[251] Artykuł 5 ust. 1 InfoSoc. P.B. Hugenholtz i M.R.F. Senftleben, "Fair Use in Europe. In Search of Flexibilities", Institute for Information Law Research Paper No. 2012-33 (Amsterdam, listopad 2011 r.),

[252] C. Geiger i F. Schönherr, Frequently Asked Questions (FAQ) of Consumers in relation to Copyright, Summary Report (EUIPO, 2017) (zauważając, że "prawo ochrony praw autorskich w całej UE nie daje konsumentom jednomyślnych odpowiedzi".

[253] US Copyright Act z 1976 r., 17 U.S.C. §§ 101-810.

[254] C.J. Craig, "Globalizacja praw użytkowników - rozmowa: On Copyright Limits and Risks Rhetorical Risks", 33(1) American University International Law Review 1 (2017), na 27.

[255] P.B. Hugenholtz, "Elastyczne prawa autorskie, czy prawo autorskie UE może być sprawiedliwe?", w: R. Okediji (red.), Copyright Law in an Age of Limitation and Exceptions (Cambridge: Cambridge University Press, 2016), str. 275, w: 276-277.

[256] Opinia rzecznika generalnego Szpunara w sprawie C-516/17, Spiegel Online, wydana w dniu 10 stycznia 2019 r., EU:C:2019:16, para. 63. T. Synodinou, "Lustro, lustro, powiedz mi, czy prawo autorskie jest sprawiedliwe i zrównoważone? Reflection on AG's Conclusions on the Spiegel Online Case" (Parts I and II) [Blog post], 15 and 21 February 2019, Blog Kluwer Copyright.

[257] J.C. Ginsburg, "Fair Use for Free, or Permitted-but-Paid?", 29 Berkeley Technology Law Journal 1383 (2014), w 1385 r. (stwierdzające, że "uczciwe użytkowanie jest włącznikiem/wyłącznikiem: kwestionowane użytkowanie jest naruszeniem praw autorskich lub jest uczciwym użytkowaniem, które w sekcji 107 stwierdza się, że "nie jest naruszeniem praw autorskich". W rezultacie, albo właściciel praw autorskich może zaprzestać korzystania z nich, albo użytkownik nie tylko jest zwolniony z obowiązku uzyskania zezwolenia, ale także nie jest winien żadnego odszkodowania za korzystanie z nich"). C. Geiger, "Statutory Licenses as Enabler of Creative Uses", in: K.-C. Liu i R.M. Hilty (red.), Remuneration of Copyright Owners, Regulatory Challenges of New Business Models (Berlin/Heidelberg: Springer, 2017), s. 305.

UE wymaga nowoczesnych przepisów dotyczących praw autorskich dostosowanych do ery cyfrowej, dlatego też dyrektywa w sprawie praw autorskich na jednolitym rynku cyfrowym oraz dyrektywa w sprawie programów telewizyjnych i radiowych zapewniają konsumentom i twórcom możliwość jak najlepszego wykorzystania świata cyfrowego[258].

Można powiedzieć, że cele dyrektyw UE w sprawie praw autorskich koncentrują się na większym transgranicznym dostępie do treści online; większym otwarciu na wykorzystanie materiałów chronionych prawami autorskimi w edukacji, badaniach i dziedzictwie kulturowym; oraz na lepszym funkcjonowaniu rynku praw autorskich. Ponadto dyrektywy umożliwiają rozkwit europejskiego przemysłu praw autorskich na jednolitym rynku cyfrowym, zapewniając odpowiednią równowagę między prawami autorskimi a odpowiednimi celami polityki publicznej, takimi jak edukacja, badania naukowe, innowacje i potrzeby osób niepełnosprawnych. Podobnie zatwierdzono dyrektywę i rozporządzenie w sprawie wdrożenia Traktatu z Marrakeszu do prawa UE, aby umożliwić osobom niepełnosprawnym w zakresie druku dostęp do większej liczby książek i innych materiałów drukowanych w dostępnych dla nich formatach[259]. W ostatecznej wersji tekstu, dostawca usług udostępniania treści online (OCSSP) jest "dostawcą usługi społeczeństwa informacyjnego, której głównym lub jednym z głównych celów jest przechowywanie i publiczne udostępnianie dużej ilości utworów chronionych prawem autorskim lub innych przedmiotów objętych ochroną, umieszczanych przez jego użytkowników, które organizuje i promuje w celach zarobkowych".

Warto zauważyć, że art. 10 (wolność słowa) EKPC ma zastosowanie do prawa UE ze względu na fakt, że po pierwsze, wszystkie państwa członkowskie UE są również stronami EKPC, po drugie, art. 6 ust. 3 Traktatu o Unii Europejskiej stanowi, że prawa podstawowe uznane przez EKPC stanowią zasady ogólne prawa UE, a po trzecie, art. 52 ust. 3 Karty praw podstawowych UE stanowi, że prawa zawarte w Karcie, które odpowiadają prawom gwarantowanym przez EKPC, mają mieć takie samo znaczenie i zakres jak prawa określone w EKPC. Ponadto art. 10 (wolność słowa) EKPC odpowiada art. 11 (wolność słowa i informacji) Karty praw podstawowych UE. Ponadto, artykuł 1 Protokołu nr 1 (ochrona własności) do europejskiej Konwencji o ochronie praw człowieka i podstawowych wolności odpowiada artykułowi 17 (prawo własności) Karty UE.

Tekst nowej dyrektywy w sprawie prawa autorskiego na jednolitym rynku cyfrowym nie obiecuje jednak rozwiązania zidentyfikowanych w ten sposób problemów[260]. Ponadto, jak podkreśliło Europejskie Stowarzyszenie Praw Autorskich, "pomimo ambitnego celu nadrzędnego i kluczowych celów, jak stwierdzono (między innymi) w preambule proponowanej dyrektywy DSM, pakiet reform Komisji nie wydaje się odzwierciedlać ogólnej wizji przyszłości unijnego prawa autorskiego i nie spełnia obietnicy przeprowadzenia reformy hurtowych praw autorskich. W pakiecie dotyczącym praw autorskich proponuje się jedynie fragmentaryczne rozwiązania, pozostawiając istniejący - już rozdrobniony i częściowo przestarzały - dorobek prawny w zakresie praw autorskich w nienaruszonym stanie[261]".

Jednym z przykładów negatywnego wpływu restrykcyjnej konstrukcji unijnych przepisów w zakresie kształcenia i szkolenia zawodowego jest ich wpływ na infrastrukturę operacyjną cyberprzestrzeni i wyszukiwarek internetowych. W USA użytkowanie zostało zakwalifikowane jako

---

[258] Dyrektywa Parlamentu Europejskiego i Rady (UE) 2019/790 z dnia 17 kwietnia 2019 r. w sprawie praw autorskich i pokrewnych na jednolitym rynku cyfrowym oraz zmieniająca dyrektywy 96/9/WE i 2001/29/WE L 130/92 Dziennik Urzędowy Unii Europejskiej 17.5.2019.

[259] Dyrektywa Parlamentu Europejskiego i Rady (UE) 2017/1564 z dnia 13 września 2017 r. w sprawie niektórych dozwolonych sposobów korzystania z niektórych utworów oraz innych przedmiotów objętych ochroną prawem autorskim i prawami pokrewnymi na rzecz osób niewidomych, niedowidzących lub z innych przyczyn niedowidzących oraz zmieniająca dyrektywę 2001/29/WE w sprawie harmonizacji niektórych aspektów praw autorskich i pokrewnych w społeczeństwie L 242/6 informacyjnym. 20.9.2017 Dziennik Urzędowy Unii Europejskiej. Rozporządzenie Parlamentu Europejskiego i Rady (UE) 2017/1563 z dnia 13 września 2017 r. w sprawie transgranicznej wymiany między Unią a państwami trzecimi dostępnych formatów kopii niektórych utworów i innych przedmiotów objętych ochroną prawem autorskim i prawami pokrewnymi na rzecz osób niewidomych, niedowidzących lub z innych względów niedowidzących L 242/1 Dziennik Urzędowy Unii Europejskiej 20.9.2017.

[260] Dyrektywa Parlamentu Europejskiego i Rady (UE) 2019/790 z dnia 17 kwietnia 2019 r. w sprawie prawa autorskiego i praw pokrewnych na jednolitym rynku cyfrowym oraz zmieniająca dyrektywy 96/9/WE i 2001/29/WE, Dz.U. L 130, s. 92 (zwana dalej "dyrektywą o prawach autorskich na jednolitym rynku cyfrowym").

[261] European Copyright Society, General Opinion on the EU Copyright Reform Package, 24 stycznia 2017 r., dostępna na stronie: https://europeancopyrightsocietydotorg.files.wordpress.com/2015/12/ecs-opinion-on-eu-copyright-reformdef.pdf.

uczciwe, a więc dozwolone przez ograniczenie uczciwego użytkowania, ponieważ uznano je za przekształcające i nie wpłynęło na przyszły rynek pracy[262]. W Europie niemiecki Federalny Sąd Najwyższy nie mógł zastosować miniatur w ramach żadnego z istniejących wyjątków krajowych i nie miał innego wyjścia, jak tylko poszerzyć pojęcie dorozumianej zgody, tak aby osiągnąć rezultat w interesie publicznym[263]. Wydaje się, że żadne naruszenie praw autorskich nie wynika z wykorzystania miniatur przez wyszukiwarki[264]. Ponadto Trybunał orzekł, że nie chroniąc technicznie treści swojej strony internetowej przed dostępem do niej przez wyszukiwarki, właściciel praw autorskich wyraził pośrednią zgodę na zwielokrotnianie jej utworów jako zapowiedzi w wyszukiwarkach obrazu. Podnosi się, że Trybunał ustanowił w doktrynie o wyrażaniu zgody ogólną klauzulę korekcyjną, "dodatkowe ograniczenie poza wyliczeniem dopuszczalnych ograniczeń na mocy art. 5 dyrektywy UE[265]".

Wydaje się, że system praw autorskich jest wystarczająco elastyczny, aby oferować zdroworozsądkowe rozwiązania bez naruszania innych pojęć prawnych[266]. Podczas gdy przekonanie o dorozumianej zgodzie daje dodatkową elastyczność, nie rozwiązuje ono problemu niewystarczającej elastyczności w ramach systemu wyjątków od praw autorskich w UE, co oznacza, że rozszerza ogólną doktrynę prawa prywatnego dotyczącą dorozumianej zgody na rozwiązanie konkretnego problemu związanego z prawami autorskimi, powodując nowe problemy prawne w innych dziedzinach prawa prywatnego, w których szerokie pojęcie dorozumianej zgody prowadzi do nieodpowiednich wyników[267]. W tym zakresie przypadek Google Image jest przykładem, że w przeciwieństwie do tego, co czasem twierdzono, wyczerpująca lista wyjątków nie może zapewnić odpowiedniej elastyczności poprzez regularne dostosowywanie[268].

Rzecznik generalny Szpunar, który wyraził już swoją opinię w sprawie Afghanistan Papers, wyraził pogląd, że choć zarówno ochrona praw autorskich, jak i ochrona bezpieczeństwa narodowego poprzez nieujawnianie poufnych informacji wojskowych stanowią uzasadnione ograniczenie zakresu wolności słowa, to jednak nie mogą być one wykorzystywane do zastępowania innych[269]. Zdaniem rzecznika generalnego, takie zastąpienie celu interesu publicznego celem ochrony praw autorskich państwa jest niedopuszczalne: "państwo członkowskie nie może powoływać się na swoje prawa autorskie zamiast na interes publiczny[270]".

Pomimo uznania, że obecny wykaz praw autorskich w UE "nie zawiera ogólnego wyjątku pozwalającego na wykorzystanie utworów innych osób do celów stworzenia nowego utworu",

---

[262] U.S. Court of Appeals for the Ninth Circuit, Perfect 10, Inc. v. Amazon.com, Inc., 16 maja 2007, 508 F.3d 1146.

[263] Niemiecki Federalny Trybunał Sprawiedliwości (Federalny Sąd Najwyższy), zdjęcia wstępne, nie. I ZR 69/08, 29 kwietnia 2010.

[264] Federalny Trybunał Sprawiedliwości, zdjęcia wstępne II, nie. I ZR 140/10, 19 października 2011 r.; oraz Federalny Sąd Najwyższy, zdjęcie wstępne III, nr. I ZR 11-16, 21 września 2017.

[265] G. Westkamp, "Emerging Escape Clauses? Online Exhaustion, Consent and European Copyright Law", w: J. Rosen (red.), IP Rights at the Crossroads of Trade (Cheltenham (UK)/Northampton, MA (USA), Edward Elgar, 2012), Według tego badacza, "rezonuje to z bardziej ekspansywnym podejściem równoważącym, takim jak zasada fair use na mocy amerykańskiego prawa autorskiego, która zawiera test interesu publicznego, ogólne uznanie wolności komunikacji jako bezpośrednio stosowanej obrony".

[266] M.R.F. Senftleben, "The Perfect Match - Civil Law Judges and Open-Ended Fair Use Provisions", 33(1) American University International Law Review 231 (2017), at 248-249.

[267] Zob. T. Rendas, "Destereotyping the Copyright Wars: The 'Fair Use vs. Closed List' Debate in the EU", (2015) dostępny na stronie SSRN: https://ssrn.com/abstract=2657482 lub http://dx.doi.org/10.2139/ssrn.2657482. (data uzyskania dostępu: styczeń 2018 r.), 16 grudnia 2010 r.: "[T]zamknął katalog [unijnych wyjątków od praw autorskich] stawia sędziów, którzy chcą ukryć nowe i nieszkodliwe dla technologii wykorzystanie utworów chronionych prawem autorskim, między lokalną społecznością a miejscem trudnym: albo arogancko nastawiają się na nielegalną władzę, angażując się w liczne interpretacje, gdy nie jest wcale jasne, że mogą to zrobić; albo oceniają to jako naruszenie, mając nadzieję, że ustawodawca uwzględni je w przyszłych przeglądach katalogu. [...] [C]nasi często podążają pierwszą drogą. Ale kiedy to robią, pojawia się kolejny problem [którym jest] [...] ryzyko ograniczenia zasady rozdziału władzy".

[268] A. Lucas, "For a Reasonable Interpretation of the Three-Step Test", 32(6) EIPR 277 (2010), 282.

[269] Opinia rzecznika generalnego Szpunaru w sprawie C-469/17, Funke Medien NRW GmbH przeciwko Republice Federalnej Niemiec, wydana w dniu 25 października 2018 r., EU:C:2018:870, w sprawie parasol. 45-49. B.J. Jütte, "Rzecznik generalny proponuje, aby Niemcy nie mogły powoływać się na prawa autorskie w celu ochrony informacji poufnych", 14(2) Journal of Intellectual Property Law & Practice 83 (2019).

[270] Opinia rzecznika generalnego Szpunaru w sprawie C-469/17, Funke Medien NRW GmbH przeciwko Republice Federalnej Niemiec, wydana w dniu 25 października 2018 r., EU:C:2018:870, pkt. 1. 49.

w[271]opinii nie uznaje się za dopuszczalną sądową konstrukcję takiego wyjątku. Ponadto w Stanach Zjednoczonych istnieje orzecznictwo, które zezwala użytkownikom amatorom, poprzez stosowanie doktryny sprawiedliwego wykorzystania, na promowanie rozwoju kulturalnego w oparciu o wcześniej istniejący materiał objęty prawem autorskim innych osób[272].

Jedną z najczęstszych krytyk doktryny sprawiedliwego stosowania jest jej niejasność i brak pewności prawnej[273]. Należy jednak uznać, że niejasne i otwarte pojęcia prawne wymagające dalszej wykładni sądowej istnieją w systemach prawa cywilnego, w tym w trzyetapowym teście, który sam w sobie jest otwartą normą o dość szerokich warunkach stosowania[274].

Tak więc, wyjątek cytatu z art. 10 Konwencji berneńskiej zawiera odniesienia do "uczciwych praktyk" i "celu[275]" cytatu. Również w prawie znaków towarowych można znaleźć otwarte wyjątki, takie jak obrona uzasadnionych przyczyn lub odniesienie do "uczciwych praktyk w sprawach przemysłowych lub handlowych", które służą jako dodatkowe ograniczenie stosowania ograniczeń dotyczących znaków towarowych[276]. Ponadto inne przepisy prawa o znakach towarowych mogą być przedmiotem interpretacji, np. podstawa odmowy rejestracji znaku towarowego oparta na porządku publicznym lub moralności, czy też przesłanka nieuczciwości w odniesieniu do używania znaków towarowych cieszących się renomą.

Warto zauważyć, że rzecznik generalny TSUE w sprawie Spiegel Online stwierdził, że każdy projekt klauzuli "fair use" byłby szkodliwy dla harmonizacji praw autorskich w UE[277], a sądy w UE, w tym Trybunał Sprawiedliwości, opierają się na otwartych pojęciach prawnych, potwierdzając ich przewidywalność i harmonijne stosowanie poprzez rozwój spójnego orzecznictwa dotyczącego tych pojęć[278]. Z drugiej strony, niespójność w interpretacji nawet "prostych" pojęć prawnych może destabilizować zarówno pewność prawną, jak i każdy projekt harmonizacji europejskiego prawa autorskiego, niemniej jednak jest to odrębny problem, który nie powinien być powiązany z projektem "fair use"[279].

Można by powiedzieć, że w Europie brakuje klauzuli porównywalnej pod względem otwartości i elastyczności z amerykańskim przepisem dotyczącym sprawiedliwego stosowania, a test FoE ma wszelkie możliwości wypełnienia tej luki, dzięki czemu możliwe jest oparcie się na istniejącym europejskim postrzeganiu "sprawiedliwego stosowania" wraz z przyjętymi i udoskonalonymi

---

[271] Opinia rzecznika generalnego Szpunara w sprawie C-476/17, Pelham i in., wydana w dniu 12 grudnia 2018 r., EU:C:2018:1002, w par. 94.

[272] Warner Bros. Entertainment, Inc. i J. K. Rowling v. RDR Books and Does 1-10, 575 F.Supp.2d 513 (SDNY 2008).

[273] D. Nimmer, "'Fairest of them All' and Other Fairy Tales of Fair Use', 66 Law and Contemporary Problems 263 (2003), na 282 ("[I]t is largely a fairy t bajka to conclude that the four factors determine resolution of concrete fair use cases."); G. Parchomovsky and P.J. Weiser, "Beyond Fair Use", 96 Cornell Law Review 91 (2010), na 93 (calling fair use a doctrine "impossible to predict").

[274] M.R.F. Senftleben, Prawa Autorskie, Ograniczenia i Test Trzyetapowy: An Analysis of the Three-Step Test in International and EC Copyright Law (Kluwer Law International, 2004). a C. Geiger, "The Role of the Three-Step Test in the Adaptation of Copyright Law to the Information Society", e-Copyright Bulletin styczeń-marzec 2007; t 17 stwierdzający, że "test trzyetapowy" jest instrumentem elastyczności podobnym do klauzuli "fair use" w USA.

[275] T. Aplin i L. Bently, "Obalając dominację testu trzyetapowego": The Role of Global, Mandatory Fair Use", w: W.L. Ng, H. Sun i S. Balganesh (red.), Comparative Aspects of Limitations and Exceptions in Copyright Law (Cambridge, Cambridge University Press, 2019).

[276] Artykuł 10 ust. 2 lit. c) dyrektywy Parlamentu Europejskiego i Rady (UE) 2015/2436 z dnia 16 grudnia 2015 r. mającej na celu zbliżenie ustawodawstw państw członkowskich odnoszących się do znaków towarowych (Tekst mający znaczenie dla EOG). Artykuł 14 ust. 2. Artykuł 4 ust. 1 lit. f). Artykuł 10 ust. 2 lit. c).

[277] Opinia rzecznika generalnego Szpunara w sprawie C-516/17, Spiegel Online, wydana w dniu 10 stycznia 2019 r., EU:C:2019:16, para. 63.

[278] C. Geiger, "Rola Trybunału Sprawiedliwości Unii Europejskiej: Harmonizacja, tworzenie i czasami zakłócanie prawa autorskiego w Unii Europejskiej", w: "The Role of the Court of Justice of the European Union: Harmonizing, Creating and Sometimes Disrupting Copyright Law in the European Union", w: "The Role of the Court of Justice of the European Union: The Harmonization, Creating and Sometimes Disrupting Copyright Law in the European Union": I. Stamatoudi (red.), New Developments in EU and International Copyright Law (Alphen aan den Rijn (NL), Kluwer Law International, 2016), s. 435.

[279] C. Geiger i E. Izyumenko, "The Role of Human Rights in Copyright Enforcement Online: Elaborating a Legal Framework for Website Blocking", 32(1) American University International Law Review 43 (2016). oraz C. Geiger i E. Izyumenko, "Blocking Orders: Assessing Tensions with Human Rights", w: G. Frosio (red.), The Oxford Handbook of Intermediary Liability Online (OUP, nadchodzący 2019).

metodologiami stosowania praw podstawowych, zamiast wprowadzania doktryny sprawiedliwego stosowania w stylu amerykańskim na szczeblu paneuropejskim.

Klauzula o "sprawiedliwym korzystaniu", oparta na europejskiej tradycji praw człowieka, ma ostatecznie ponadnarodowe znaczenie dla harmonizacji, a nawet ujednolicenia przepisów dotyczących praw[280]własności intelektualnej , oczywiście głównie w cyberprzestrzeni, co oznacza, że klauzula taka ustanawia europejskie ramy prawne w zakresie praw własności intelektualnej wraz ze zobowiązaniami wynikającymi z europejskiego prawa w zakresie praw człowieka[281]. Warto w tym miejscu wspomnieć, że TSUE odrzucił ostatni projekt umowy o przystąpieniu UE do EKPC,[282] odraczając przystąpienie, które pozostaje wiążące dla UE.

Warto zauważyć, że "reguła serwera" stanowi, iż wyświetlanie lub odtwarzanie w cyberprzestrzeni treści chronionych prawem autorskim poprzez hiperłącza "in-line" lub "framing" nie generuje wyłącznych praw do publicznego wyświetlania lub odtwarzania, chyba że link posiada również kopię utworu bazowego. W związku z tym przepis ten chroni szeroki wachlarz działań w cyberprzestrzeni przed wezwaniami do bezpośredniego naruszenia praw autorskich, faktycznie wyłączając te działania z zakresu stosowania ustawy o prawie autorskim. Chociaż od czasu przyjęcia w 2007 r. zasada dotycząca serwerów jest stale przestrzegana, niektóre sądy zaleciły niedawno odejście od tego precedensu, wskazując na leżące u jego podstaw niespójności doktrynalne i ustawowe.

Cyberprzestrzeń odtwarza masowe rozpowszechnianie dzieł autorskich, nie zawsze za zgodą ich twórców lub za wynagrodzeniem. W ten sposób jedna znana technika, "osadzanie" treści z jednej strony internetowej na drugiej, pozwala aktorowi online - czy to indywidualnemu blogerowi, stronie komercyjnej, czy też dominującej na rynku wyszukiwarce - na umieszczenie utworu zamieszczonego online, na przykład fotografii, na ekranie monitora użytkownika, bez technicznego kopiowania obrazu z jego źródła i powielania go na nowej stronie.

Ponadto, podczas gdy kopiowanie i wklejanie wiąże się z prawami autorskimi autora źródłowego, wiele sądów amerykańskich uznało, że osiągnięcie tego samego rezultatu za pomocą hiperłączy in-line nie wiąże się z żadnymi prawami właściciela praw autorskich.

Obecnie bezpośredni dostęp do publicznych przedstawień i wyświetlania treści przechowywanych w chmurze w dużej mierze wyparł nagromadzenie kopii papierowych lub plików do pobrania[283]. Niezależnie od wysiłków Kongresu zmierzających do tego, by prawa autorskie nadążały za nowymi sposobami wykorzystania, niektóre sądy okazały się niechętne do pełnego stosowania praw do publicznych wykonań i wyświetlania w rozwijającej się infrastrukturze cyberprzestrzeni[284]. W szczególności "reguła serwera", ogłoszona w decyzji Ninth Circuit z 2007 r. w sprawie Perfect 10 przeciwko Amazon[285], stanowi przykład "tylko internetowej" interpretacji praw do publicznego odtwarzania i wyświetlania, zaproponowanej w celu ograniczenia tych praw w przypadku, gdy ich stosowanie hamuje postęp technologiczny[286].

Należy wziąć pod uwagę, że "reguła serwera" zakłada, że wyświetlanie na jednej stronie internetowej przez osadzenie lub obramowanie treści chronionych prawem autorskim znajdujących

[280] Komunikat Komisji do Parlamentu Europejskiego, Rady, Europejskiego Komitetu Ekonomiczno-Społecznego i Komitetu Regionów, "Jednolity rynek w obszarze praw własności intelektualnej - Wspieranie kreatywności i innowacji celem zapewnienia wzrostu gospodarczego, atrakcyjnych miejsc pracy oraz wysokiej jakości produktów i usług w Europie", Bruksela, 24 maja 2011 r., COM(2011) 287.
[281] Artykuł 6 ustęp 2 TUE zmieniony artykułem 1 ustęp 8 Traktatu z Lizbony; oraz artykuł 59 ustęp 2 europejskiej Konwencji o ochronie praw człowieka i podstawowych wolności zmieniony artykułem 17 Protokołu nr 14 do tej Konwencji.
[282] Opinia 2/13 z dnia 18 grudnia 2014 r., EU:C:2014:2454.
[283] Jonathan Bailey, The Long, Slow Declining of BitTorrent, PLAGIARISM TODAY (1 czerwca 2017 r.), https://perma.cc/Y55G-SCTJ (zauważając, że pirackie usługi strumieniowe "oferują większą wygodę i bezpieczeństwo niż BitTorrent", niegdyś powszechny protokół wymiany plików peer-to-peer). Jane C. Ginsburg, From Having Copies to Experiencing Works: The Development of an Access Right in U.S. Copyright Law, 50 J. COPYRIGHT SOC'Y U.S.A. 113, 116 (2003).
[284] Jane C. Ginsburg, Copyright and Control over New Technologies of Dissemination, 101 COLUM. L. REV. 1613 (2001).
[285] Perfect 10 v. Amazon, 508 F.3d 1146, 1159 (9. Cir. 2007).
[286] Jane C. Ginsburg & Luke Ali Budiardjo, Odpowiedzialność za hiperłącza do treści naruszających prawo, 41 COLUM. J.L. & ART. 153, 181-83 (2018). WNET, Thirteen v. Aereo, Inc., 712 F.3d 676 (2d Cir. 2013), rev'd. 573 U.S. 431 (2014).

się na innej stronie internetowej nie jest aktem naruszającym prawo autorskie publicznego wykonania lub wyświetlania, z wyjątkiem tego, że treści te zostały również skopiowane na serwer osadzenia lub obramowania strony internetowej. Tak więc łącze "in-line" lub "osadzone" jest hiperłączem używanym jako część projektu strony internetowej, która ma wpływ na fragment treści, często obraz lub film, przechowywany na serwerze innym niż serwer, na którym znajduje się strona internetowa korzystająca z połączenia in-line, w celu pojawienia się na stronie internetowej wykorzystującej łącze in-line[287]. Ponadto, link "obramowujący" jest hiperłączem używanym jako komponent projektu strony internetowej, który generuje nawigowalne, przewijalne okno wyświetlające odrębną stronę internetową, w "ramce" strony internetowej, w której wykorzystuje się link obramowujący[288].

W związku z tym przepis ten wyłącza z zakresu wyłącznych praw autorskich niedozwolone wyświetlanie w Internecie treści uzyskanych poprzez kadrowanie lub umieszczanie hiperłączy. Warto zauważyć, że podczas gdy kilka sądów zatwierdziło regułę dotyczącą serwerów w latach 2007-2017, dwa niedawne orzeczenia sądów okręgowych zwróciły uwagę na błędy w jej logice i jej niespójność z tekstem ustawowym, a w konsekwencji odmówiły jej zastosowania[289].

W 2017 roku powód poszedł na wesele przyjaciela w Trump National Golf Club w New Jersey. Kiedy prezydent Trump rozbił wesele, powód zrobił zdjęcie i napisał do innego gościa weselnego. Następnego dnia rano, powód zobaczył, że zdjęcie stało się wirusowe, ponieważ było transmitowane na Instagram i wielu mediów obejmujących Esquire.com, który był kontrolowany przez pozwanego Hearst Communications. Powód pozwał, twierdząc, że jego prawa autorskie do obrazu zostały naruszone. W sprawie Otto przeciwko Hearst Commc'ns[290] sąd uwzględnił wniosek powoda o wydanie orzeczenia w sprawie odpowiedzialności pozwanego za naruszenie praw autorskich, stwierdzając, że pozwany był odpowiedzialny za naruszenie praw autorskich. Sąd zwrócił uwagę na fakt, że powód posiadał ważne prawa autorskie do zdjęcia, ponieważ dzień po jego pokazaniu w mediach zachował usługi adwokata, który zarejestrował swoje prawa autorskie do zdjęcia w U.S. Copyright Office. Ponadto pozwana naruszyła wyłączne prawo powoda do kontroli zwielokrotniania i rozpowszechniania jego zdjęcia, ponieważ pozwana rzeczywiście skopiowała zdjęcie powoda w celu wykorzystania go w artykule Esquire.

Ponadto, gdy sądy kierowały się zasadą serwera, firmy technologiczne stopniowo opierały się na tarczy ochronnej tej zasady przed bezpośrednią odpowiedzialnością z tytułu praw autorskich, aby stworzyć i dalej rozwijać udane modele dystrybucji treści i portali społecznościowych. Co więcej, publiczność zwróciła się do tych modeli, aby korespondować ze sobą i bawić się sobą i innymi. W tym zakresie, bez względu na to, jak niespójna jest zasada serwera z tekstem ustawowym i z doktryną prawa autorskiego jako całością, przewaga tej zasady promowała modele biznesowe i oczekiwania użytkowników, które są obecnie zbyt zakorzenione, by można je było odwrócić. W zgodzie i w obecnym środowisku cyberprzestrzennym, reguła serwera nakazuje ciągłe posłuszeństwo jako przykład niepisanej reguły praw autorskich "jeśli wszyscy to robią, nie może to być naruszenie".[291]"

---

[287] Perfect 10, 508 F.3d pod numerem 1159; U.S. Copyright Office, The Making Available Right in the United States 48 (2016), https://perma.cc/3JB9-AZYP (definiując "linkowanie inline" jako technikę, dzięki której "obraz, plik audio lub wideo wydaje się być częścią oglądanej strony internetowej, nawet jeśli faktycznie znajduje się na innym serwerze"). "Hotlinking" Zi Chu & Haining Wang, An Investigation of Hotlinking and Its Countermeasures, 34 Computer Comm. 577, 577 (2010), https://perma.cc/MU4U7LBY ("Hotlinking jest zachowaniem internetowym, które łączy zasoby internetowe na stronie hostingowej do strony należącej do innej strony.").

[288] Perfect 10, 508 F.3d w 1156 r. (definiując "kadrowanie" jako "proces, w którym informacje z jednego komputera pojawiają się w celu kadrowania i anotowania treści połączonych w linii z innego komputera"); Neil Smith, Internet Law And Practice § 13:3 (2018) ("Kadrowanie jest odmianą procesu łączenia, który pozwala na wyświetlanie strony internetowej w określonym oknie lub "ramce" strony internetowej hosta.").

[289] Goldman przeciwko Breitbart News Network, LLC 302 F. Supp. 3d 585, 596 (S.D.N.Y. 2018) (wyraźnie odmawiając stosowania się do Perfect 10 i argumentując, że "test serwera" nie jest "odpowiednio uzasadniony w tekście ustawy o prawach autorskich"). Leader's Institute, LLC v. Jackson, Civ. No. 3:14-CV-3572-B, 2017 WL 5629514, *10 (N.D. Tex. 22 listopada 2017 r.) (wyraźnie odmawiając stosowania się do Perfect 10 i twierdząc, że "poprzez wrabianie utworów objętych prawami autorskimi pozwanych, powodowie w sposób niedopuszczalny wystawiali je publicznie").

[290] Otto v. Hearst Commc'ns, 345 F. Supp. 3d 412 (S.D.N.Y. 2018).

[291] Jane C. Ginsburg, Autorzy i użytkownicy praw autorskich, 45 J. Copyright Soc'y U.S.A. 1, 18 (1997) (zauważając, że decyzja Sądu Najwyższego w sprawie Sony Corp. of Am. v. Universal City Studios, Inc., 464 U.S. 417 (1984), mogła być umotywowana niechęcią Sądu do "stwierdzenia, że miliony Amerykanów codziennie dopuszczają się naruszeń praw autorskich [:] Innymi słowy, jeśli wszyscy to robią, musi to być uczciwe użycie").

Ponadto, zgodnie z regułą serwera, link "embed" lub "in-line"[292], który wyodrębnia treści z autoryzowanego źródła - na przykład z bloga autorskiego lub publikacji prasowej, która licencjonowała zdjęcie do prezentacji w związku z artykułem - i pokazuje, że treści płynnie zawarte na nowej stronie nigdy nie mogą stanowić podstawy do bezpośredniego lub wtórnego roszczenia o naruszenie[293]. Poza tym link osadzony, który uzyskuje treści z nieautoryzowanego źródła, na przykład ze zdjęcia umieszczonego na Twitterze bez zgody pierwotnego autora (właściciela)[294], napotyka na odpowiedzialność z tytułu praw autorskich tylko poprzez doktrynę naruszenia prawa autorskiego, wymagającą od właściciela praw autorskich upewnienia się, że podmiot zamieszczający link miał rzeczywistą lub konstruktywną wiedzę, że źródło treści, która sama w sobie stanowi naruszenie[295].

Można by powiedzieć, że zasada dotycząca serwerów sprzyja technologicznej "fakturze" usuwającej zachęty do rozwoju rynków i kanałów mikropłatności: wyzyskiwacze nie muszą ubiegać się o licencje na dalsze rozpowszechnianie poprzez kadrowanie i osadzanie, jeśli oryginalne ujawnienie przez autorów w Internecie powoduje, że te akty kolejnych komunikatów są wolne od praw autorskich[296]. Taktyka "fakturowania" zmienia strukturę lub strukturę transakcji, tak aby zmienić wynik prawny, powodując, że niesformułowana podstawa między zgodnym z prawem unikaniem a nielegalnym uchylaniem się od zobowiązań[297].

Wreszcie, wkrótce po decyzji w Jackson[298], Southern District of New York w Goldman v. Breitbart News Network, LLC[299] wyraźnie odrzucił logikę reguły serwera i tak w tym przypadku, powód był właścicielem praw autorskich do zdjęcia, które zamieścił na Snapchat, ale zdjęcie "następnie poszedł "wirusowe", podróżując przez kilka poziomów platform mediów społecznościowych", a ostatecznie został ponownie załadowany do Twittera przez kilku użytkowników Twittera bez zgody powoda[300].

Należy wziąć pod uwagę, że Google nie jest jedynym dostawcą usług wyszukiwania, który wykorzystał regułę serwera do prezentacji produktów, które wyświetlają się poprzez hiperłącze bez autoryzacji[301].

---

292 Perfect 10 v. Amazon, 508 F.3d 1146, 1159 (9. Cir. 2007) (definiując link "in-line" lub "embed" jako "hiperłącze używane jako element projektowania stron internetowych, które powoduje, że kawałek treści, często obraz lub film, przechowywany na serwerze innym niż serwer, na którym znajduje się strona internetowa wykorzystująca link in-line, pojawia się na stronie internetowej wykorzystującej link in-line").

293 William F. Patry, Patry On Copyright § 15:7 (rev. ed. 2018) ("[T]tutaj nie może być naruszeniem bez bezpośredniego naruszenia, a więc w przypadku hiperłącza do autoryzowanej strony, nie ma bezpośredniego naruszenia").

294 Goldman v. Breitbart News Network, LLC, 302 F. Supp. 3d 585, 586-87 (S.D.N.Y. 2018) (w związku z roszczeniem o naruszenie praw autorskich wobec kilku serwisów informacyjnych, które umieściły na Twitterze Tweeta zawierającego obraz umieszczony bez zgody właściciela treści).

295 Pearson Educ., Inc. v. Ishayev, 9 F. Supp. 3d 328, 339 (S.D.N.Y. 2014) ("[S]zakończenie hiperłączy umożliwiających innym pobieranie materiałów chronionych byłoby równoznaczne z postępowaniem, które zachęca lub pomaga w naruszaniu praw autorskich"), ale patrz Flava Works, Inc. v. Gunter, 689 F.3.d 754, 757-60 (7 Cir. 2012) (brak skargi o naruszenie praw autorskich w stosunku do strony internetowej udostępniającej pliki wideo, ponieważ strona ta "nie zwiększa kwoty naruszenia").

296 Capitol Records, LLC v. ReDigi Inc., 910 F.3d 649 (2d Cir. 2018).

297 Rebecca Giblin, Code Wars 46-73 (2011) (opisując, w jaki sposób firmy technologiczne zareagowały na decyzję Ninth Circuit Napster poprzez szybkie kodowanie technologii w sposób, który wyeliminował tę przyciągającą odpowiedzialność kontrolę i jednocześnie umożliwił osiągnięcie dokładnie takiego samego rezultatu końcowego).

298 Leader's Inst., LLC v. Jackson, No. 3:14-CV-3572-B, 2017 WL 5629514 (N.D. Tex. Nov. 22, 2017).

299 Goldman v. Breitbart News Network, LLC, 302 F. Supp. 3d 585 (S.D.N.Y. 2018).

300 Corynne McSherry, Copyright and Online Journalism: Co się dzieje w Nowym Jorku?, ELEC. GRANICA ZNALEZIONA. BLOG (Mar. 28, 2018), https://perma.cc/QS63-ZW9R (zauważając, że gdyby decyzja w Goldman została "przyjęta przez inne sądy, [to] zagroziłoby to dziennikarzom internetowym wszystkich pasków, nie wspominając już o milionach zwykłych użytkowników Internetu, z odpowiedzialnością za naruszenie").

301 Getty Images (U.S.), Inc. przeciwko Microsoft Corp., 61 F. Supp. 3d 301 (S.D.N.Y. 16 stycznia 2015 r.) (No. 1:14-CV-07114-DLC) (argumentując, że "Bing Image Widget" Microsoftu, inne narzędzie wyświetlające obrazki podłączone na gorąco w odpowiedzi na wyniki wyszukiwania, stanowiło bezpośrednie naruszenie praw autorskich i twierdząc, że decyzja Sądu Najwyższego w Aereo pośrednio uchyliła regułę serwera). Jean G. Vidal Font, Sharing Media on Social Networks: Naruszenie przez Linking?, 3 U. P.R. BUS. L.J. 255, 267 (2012) ("Google 'obramowuje' stronę internetową osoby trzeciej w ramach własnej strony internetowej, tak że użytkownik widzi ramkę Google w górnej części przeglądarki, a strona osoby trzeciej znajduje się pod ramką. Mogłoby to sprawiać wrażenie, że użytkownik nadal nawiguje w wyszukiwarce Google, podczas gdy w rzeczywistości nie nawigował"). Restrict Embedding, GOOGLE: YOUTUBE HELP, https://perma.cc/L34Z-58VE (zauważając, że "[b]y domyślnie, użytkownicy mogą dodawać filmy wideo YouTube do swoich stron i aplikacji poprzez osadzenie ich", ale że "[użytkownik przesyłający] może ograniczyć możliwość osadzania swoich filmów wideo poprzez ustalenie zasad dotyczących filmów wideo, które są własnością użytkownika", albo blokując osadzanie na wszystkich lub niektórych domenach).

W szczególności twórcy popierają fakt, że zasada ta umożliwiła platformom i komercyjnym stronom internetowym swobodne korzystanie z cudzych kreacji bez konieczności płacenia za nie i szukania zgody na ich niewłaściwe wykorzystanie, co pozwoliło tym firmom na odsunięcie ruchu od stron źródłowych w celu przyciągnięcia i utrzymania użytkowników na stronach embedderów i tym samym uniemożliwiło twórcom czerpanie dochodów z reklam i innych zysków płynących z wizyt użytkowników na ich stronach, co oznacza, że wzbudziło to nadzieję, że treści dostępne w cyberprzestrzeni są lub powinny być bezpłatne. Podobnie, odwrócenie zasady dotyczącej serwerów zmusza firmy technologiczne oferujące usługi, które obecnie polegają głównie na bezpłatnym zawłaszczaniu treści chronionych prawem autorskim, do dostosowania swoich modeli biznesowych w celu uniknięcia odpowiedzialności lub do poważnego potraktowania potrzeb twórców i właścicieli treści, aby dzielić się wynagrodzeniem. W związku z tym wyszukiwarki i inne usługi indeksowania i agregacji stron internetowych nie będą już mogły spontanicznie wystawiać pełnowymiarowych obrazów z cyberprzestrzeni bez zgody właścicieli praw autorskich, co oznacza, że niektóre usługi internetowe muszą dokonywać zmian w swoich interfejsach użytkownika. Z drugiej strony, usługi wyszukiwania obrazów online będą wykorzystywać doktrynę sprawiedliwego wykorzystania do generowania, przechowywania i wystawiania miniatur obrazów, pomagając swoim użytkownikom w znalezieniu obrazów w taki sam sposób, jak obecnie. Główną różnicą jest jednak to, że wyszukiwarki te będą działać jako kanały do stron źródłowych, co oznacza, że po pokazaniu użytkownikowi pożądanej miniaturki, wyszukiwarka będzie musiała albo uzyskać licencje, albo wysłać użytkownika na stronę źródłową w celu pobrania pełnowymiarowego obrazu, zamiast oferować "galerie" pełnowymiarowych obrazów, które eliminują potrzebę odwiedzania strony źródłowej przez użytkowników.

Alternatywnie, przedsiębiorstwa technologiczne, które chcą nadal nieprzerwanie oferować swoje wcześniejsze usługi, zmuszone są do targowania się z właścicielami praw autorskich w celu ustrukturyzowania mechanizmów licencyjnych zapewniających podmiotom praw autorskich akceptowalną rekompensatę. Z drugiej strony, zgodnie z zasadą dotyczącą serwerów, przedsiębiorstwa technologiczne nie miały powodu, by przychodzić do stołu negocjacyjnego, ponieważ skuteczne wyłączenie wyświetlania w Internecie za pośrednictwem hiperłączy umożliwiło wielu przedsiębiorstwom technologicznym ignorowanie żądań posiadaczy praw autorskich, zatrzymując dla siebie zyski handlowe wynikające z zarządzania utworami chronionymi prawami autorskimi w cyberprzestrzeni.

Niezależnie od tego, że w ramach DMCA platformy będą miały zapewnioną bezpieczną przystań, w świecie, w którym obowiązują zasady post-sterwerowe, groźba odpowiedzialności lub koszty związane z przestrzeganiem powtarzających się powiadomień o wycofaniu utworów z eksploatacji będą skłaniać dostawców technologii do stosowania się do żądań właścicieli praw autorskich, którzy domagają się godziwego wynagrodzenia za korzystanie z ich utworów[302].

Co więcej, odwrócenie zasady dotyczącej serwerów upoważnia twórców i właścicieli treści do wykorzystywania cyberprzestrzeni do rozpowszechniania ich utworów bez wyczerpania ich praw do publicznego wyświetlania lub bez konieczności uciekania się do nierzetelnych środków technicznych w celu zniechęcenia osób nieuprawnionych do osadzania, co oznacza, że twórcy mogą całkowicie ograniczyć osadzanie. W przeciwnym razie twórcy mogliby korzystać z usług, które ograniczają wyświetlanie utworów przez osoby trzecie wyłącznie do zastosowań niekomercyjnych i które dodatkowo gwarantują, że takie wykazy przekazują informacje kredytowe i licencyjne pozwalające potencjalnym licencjobiorcom na znalezienie właścicieli praw autorskich i opłacenie licencji[303].

---

[302] 17 U.S.C. § 512(c)(1)(B). Zob. np. Taylor B. Bartholomew, The Death of Fair Use in Cyberspace: YouTube and the Problem with Content ID, 13 Duke L. & Tech. Rev. 66, 71-72 (2015) (zauważając, że YouTube starał się "zabezpieczyć się przed odpowiedzialnością przed właścicielami praw autorskich i zachować [] swoją bezpieczną przystań na mocy § 512 lit. c)" poprzez "wdrożenie Content ID").

[303] Komunikat prasowy: Getty Images prezentuje innowacyjną funkcję Embed Feature for Sharing of Tens of Millions of Images, CISION (5 marca 2014 r.), https://perma.cc/LKL2-82GD.

Ponadto, odwrócenie zasady dotyczącej serwerów eliminuje powszechne przekonanie, że cyberprzestrzeń jest dziedziną, w której nie mają zastosowania zasady własności intelektualnej świata offline.

Niemniej jednak, odwrócenie zasady dotyczącej serwerów stale wpływa na publiczne uznanie praw własności intelektualnej w cyberprzestrzeni. Innymi słowy, użytkownicy cyberprzestrzeni zrozumieją, że usługi internetowe, z których codziennie korzystają, zmienią sygnalizację, że duże przedsiębiorstwa technologiczne nie są zwolnione z przepisów regulujących rozpowszechnianie dzieł autorskich tylko dlatego, że prowadzą działalność w cyberprzestrzeni[304].

8.2. Prawo o znakach towarowych

Uzasadnienie prawa o znakach towarowych od dawna opiera się na realiach konsumenckich, począwszy od wykazania charakteru odróżniającego, a skończywszy na wykazaniu możliwości wprowadzenia w błąd, co pozwala stwierdzić istnienie i zakres praw, które są chronione przez prawo, a zatem miejsce, w którym zarejestrowany znak towarowy jest używany, odegrało istotną rolę w wiązaniu praw do tego znaku z rzeczywistym rynkiem, na którym rzeczywisti konsumenci konfrontują się i przypisują mu rzeczywiste znaczenie w swoich rzeczywistych procesach decyzyjnych, co oznacza, że zarówno co do zasady, jak i co do praktyki, bez jus zastosowania, znaki w rejestrze mogą być bardziej fikcyjne niż rzeczywiste, co poddaje w wątpliwość ważność systemu przyznawania wyłącznej kontroli nad takimi wskazaniami[305]. W Stanach Zjednoczonych "nie ma handlu, nie ma znaku towarowego" od dawna jest aksjomatem prawa o znakach towarowych, a zatem uprawnienie Kongresu do regulowania znaków towarowych wynika z "klauzuli handlowej" Konstytucji Stanów Zjednoczonych[306].

Znaki towarowe są w fazie przejściowej. Dzisiejsze znaki towarowe wyrażają globalne marki, podsumowują przesłania marketingowe międzynarodowych firm i uosabiają miliardy dolarów wartości handlowej "dobrej woli". Do tego stopnia ekspansja marki od dawna była celem każdej firmy, ale zarówno terytorialność prawa o znakach towarowych, jak i jego wewnętrzna logika działały na rzecz utrzymania właściciela znaku towarowego "uczciwego wobec jego handlu". Chroniony znak towarowy musiał przedstawiać "prawdziwą historię" dotyczącą źródła towarów lub usług, do których się odnosi, służącą do określenia pochodzenia handlowego na właściwym rynku. Można powiedzieć, że najcenniejsze marki są warte znacznie więcej niż najcenniejsze patenty lub dzieła chronione prawami autorskimi na świecie, podnoszące wartość materialnych aktywów przedsiębiorstwa[307].

Gospodarcza wartość znaku towarowego stopniowo przesłaniała jego społeczne konsekwencje i kontekst kulturowy, ponieważ ponadnarodowe przepływy towarów i kapitału generują krajową ochronę znaków towarowych nawet w przypadku braku lokalnego używania. Stopniowo właściciele znaków towarowych ogłaszają swoje prawa w regionach, w których nigdy nie prowadzili działalności gospodarczej; podmioty naruszające prawo są zobowiązane do zaprzestania używania mylących znaków towarowych w dziedzinach, w których faktyczni konsumenci nie są w stanie ich wprowadzić w błąd; a znaki towarowe są chronione prawem na rynkach, na których nigdy nie działały jako znaki towarowe w obrocie. Twierdzi się, że właściciele znaków towarowych domagają się środków prawnych, które są dalekie od realiów rynkowych, a zatem prawo o znakach towarowych umożliwia pewną formę zakłócenia rynku[308].

---

[304] Alexis C. Madrigal, Prepare for The New Paywall Era, Atlantic, Nov. 30, 2017, https:// perma.cc/WB3D-NNHA. PhotoDropper WordPress Plugin-Blog Photos Made Easy, https://perma.cc/Z2N5-4M6E.

[305] Geoffrey A. Mann & Joshua D. Wright, red., Competition Policy and Patent Law under Uncertainty: Regulating Innovation (Cambridge: Cambridge University Press, 2011).

[306] Willis Raymond Davis Jr., "Intent-to-Use Applications for Trademark Registration" (1989) 35:3 Wayne L. Rev. 1135 pod 1141, cytując między innymi United Drug Co. v. Theodore Rectanus Co., 248 U.S. 90 (1918). U.S. Const. art. I, §8 kl. 3.

[307] Rośnij, Zmień się, Rośnij: Best Global Brands 2017, online: Interbrand <http://interbrand.com/best-brands/best-global-brands/2017/>.

[308] Rebecca Tushnet, patrząc na ustawę Lanhama: Images in Trademark and Advertising Law, 48 Houston Law Review 862, 865 (2011): "W zakresie, w jakim prawo o znakach towarowych tworzy wartość, która istnieje tylko ze względu na ochronę

Prawo znaków towarowych jest uzasadnione jako środek ochrony zarówno przedsiębiorców, jak i społeczeństwa przed skutkami nieuczciwej konkurencji i wprowadzających w błąd praktyk handlowych. Sąd Najwyższy Kanady, w sprawie Ciba-Geigy Canada Ltd. przeciwko Apotex Inc[309]., stwierdził, że przyczyny powództwa o przeniesienie praw do znaku towarowego można wyjaśnić w odniesieniu do "osób, które wytwarzają lub wprowadzają do obrotu produkty ("producenci") z jednej strony, a z drugiej strony do tych, dla których produkty są przeznaczone, osób, które je kupują, używają lub konsumują ("konsumenci")".

Biorąc pod uwagę, że produkcja znaków towarowych jest kosztowna, ale tania i łatwa do powielenia, prawo dotyczące znaków towarowych stanowi zachętę dla przedsiębiorców do inwestowania w rozwój znaku towarowego, a tym samym do zachowania jakości towarów z nim związanych. W ten sposób konsument odnosi korzyści z tej inwestycji, oprócz zmniejszonych kosztów poszukiwania, które wynikają ze zdolności znaku towarowego do identyfikacji źródła handlu na rynku[310]. Wreszcie, w sprawie Masterpiece Inc. v. Alavida Lifestyles Inc[311] stwierdziła, że znaki handlowe w Kanadzie są koniecznym narzędziem pomagającym konsumentom i przedsiębiorstwom, a tym samym pozwalającym konsumentom dowiedzieć się, kiedy rozważają zakup, kto stoi za tymi towarami lub usługami.

W firmie Cooperstock[312] określono, że doktryny ograniczające zasięg prawa o znakach towarowych do komercyjnego używania znaków towarowych nie zawsze są wystarczająco silne lub respektowane, aby osiągnąć funkcję przypisaną im w określaniu roszczenia właściciela.

Mylenie znaków towarowych jest tym, co prawo o znakach towarowych w Stanach Zjednoczonych i zharmonizowane przepisy w Europie wskazują, że właścicielom znaków towarowych przyznaje się wyłączne prawo do zapobiegania "prawdopodobieństwu pomyłki"[313]. Najważniejszym kryzysem we współczesnym prawie dotyczącym znaków towarowych są cele ekonomiczne znaków towarowych i to, czy cele te pomagają konsumentom, czy właścicielom znaków towarowych. W przypadku właścicieli znaków towarowych nie ma jeszcze kryzysu w systemie znaków towarowych, jeżeli znaki towarowe są postrzegane w ścisłym tego słowa znaczeniu jako forma przekazu informacji o danym produkcie lub funkcjonują jako jego identyfikator[314].

Concerning anticompetitive harm caused by trademarks, the U.S. Supreme Court noted that though the NFL[315] joint ventures owned the right to the NFL trademark "[J]oint ventures have no immunity from antitrust laws". American Needle is a trademark and antitrust law case in the substance that the alleged damage concerned the licensing of the NFL logo that each team owned separately, but activises and licenses it through a joint venture but also cases linked to misuse, coexistence agreements and abuse of market power due to trademarks.

Jeżeli znak towarowy łączy z konsumentami informacje o pochodzeniu i jakości towarów lub usług określonego przedsiębiorcy, uważano, że jakakolwiek wymiana handlowa ze znakiem towarowym, jak na przykład przeniesienie znaku towarowego lub udzielenie licencji osobie trzeciej na używanie znaku towarowego, naruszyłaby źródło i cele gwarancji jakości znaku towarowego i teoretycznie wprowadzałaby konsumentów w błąd. W ten sposób znak towarowy objęty ochroną

---

prawną lub zachęca właścicieli znaków towarowych do wysuwania roszczeń prawnych, które nie odzwierciedlają rzeczywistości rynkowej, prawo o znakach towarowych raczej zakłóca rynki niż je ułatwia".

309 Ciba-Geigy Canada Ltd. v. Apotex Inc., [1992] 3 S.C.R. 120, 1992 CarswellOnt 1007, 44 C.P.R. (3d) 289, Gonthier J.

310 William M. Landes & Richard A. Posner, "Prawo o znakach towarowych. An Economic Perspective" (1987) 30:2 J. L. & Econ. 265.

311 Masterpiece Inc. v. Alavida Lifestyles Inc., 2011 SCC 27, [2011] 2 S.C.R. 387.

312 United Airlines, Inc. v. Cooperstock, 2017 FC 616, 147 C.P.R. (4) 251 (F.C.T.D.).

313 William Landes & Richard Posner, The Economics of Trademark Law, 78 Trade Mark Reporter 267 (1987), 274: "Oprócz możliwości tworzenia czynszów monopolistycznych, znaki towarowe mogą przekształcać czynsze w koszty [...] [...] konsumenci mogą płacić wyższe ceny [...]".

314 Uwaga, Towary Promocyjne i Doktryna Funkcjonalności: An Economic Model of Trademarks, 63 Texas Law Review 639 (1984).

315 American Needle, Inc., v. National Football League, 130 S. Ct. 2201 (2010).

prawną miałby stanowić potwierdzenie ograniczenia zdolności właściciela do zajmowania się znakiem. W związku z tym, prawo przyznaje zarejestrowanym znakom towarowym własność osobistą, która jest wykorzystywana z mniejszymi ograniczeniami niż w przeszłości, co wskazuje na zróżnicowanie praktyk biznesowych, ponieważ znaki towarowe same w sobie zostały uznane za wartościowe towary, a licencjonowanie znaków towarowych, merchandising i franchising stały się dużymi i opłacalnymi branżami. Poza tym nie ma zgody między pojęciem znaku towarowego jako "własności" a znakiem towarowym jako odznaką pochodzenia, dlatego też prawo zachowuje ograniczenia dotyczące transakcji związanych ze znakami towarowymi w przypadkach, gdy znaki towarowe były lub mogą być używane w rutynowym oszukiwaniu konsumentów. Należy wziąć pod uwagę, że ustalenie, kiedy odznaka pochodzenia została przeniesiona na niepowiązaną osobę trzecią, a jednocześnie nie należy do kategorii "transakcji wprowadzającej w błąd", pozostaje problematyczne. W tym zakresie ograniczenia dotyczące transakcji związanych ze znakami towarowymi idą w parze z zabezpieczeniem modelu rejestracji opartego na użyciu i naruszeniu, koniecznością udowodnienia użycia przy przedłużeniu okresu ważności oraz postrzeganiem bezsporności[316].

8.3. Algorytmy

Należy wziąć pod uwagę, że w prawie autorskim SI była traktowana w taki sam sposób, a pytanie, na które należy odpowiedzieć, brzmi: czy twórczość stworzona przez SI powinna być własnością samej SI, czy też jest to potencjalna bitwa o prawa autorskie pomiędzy ludzkim programistą, który stworzył SI, a użytkownikiem końcowym. How does the use of AI in the creative process influence the validity of ownership claims affirmed by any of these human players in computer-generated works?

Samantha Fink Hedrick[317] argumentuje, że "ludzie, którzy tworzą i wykorzystują SI, zachowują wystarczającą kontrolę nad "decyzjami" SI, że wykorzystanie SI nie stanowi bariery dla ludzkiej własności nadających się do wykorzystania utworów tworzonych komputerowo. The "original intellectual conceptions" represented in computer-generated works are still those of the humans creating and controlling the algorithms used in the creative process, not those of the AI itself. Jak kamera, SI funkcjonuje jedynie jako narzędzie tworzenia, a nie jako czujący "autor".

W jaki sposób rozwiązywane są roszczenia własnościowe, które wynikają z zastosowania algorytmów do tworzenia dzieł podlegających prawom autorskim? Należy wziąć pod uwagę, że w miarę jak SI pozornie staje się coraz bardziej "ludzka", trudno jest odróżnić dzieła wyprodukowane przez ludzi od tych stworzonych przez maszyny, co oznacza, że pytania o własność dzieł stworzonych przy użyciu technologii również stają się trudniejsze[318].

Należy wziąć pod uwagę, że jedną z największych trudności dla człowieka roszczącego sobie prawa autorskie do[319] wyników algorytmu jest pojęcie nieprzewidywalności, obejmujące zarówno losowość, jak i zdolność komputerów do przekraczania ludzkich możliwości[320]. W końcu, biorąc pod uwagę, że głębokie sieci neuronowe i inne złożone SI są zdolne do zadziwiająco wielowymiarowych obliczeń, a być może w niektórych sytuacjach nawet przewyższają zdolności ich ludzkich programistów, jeśli człowiek twierdzący autorstwo nie jest w stanie wykazać, że potrafi wizualizować i

---

[316] Rebecca L. Tushnet, Rejestrująca niezgodę: Rejestracja w Modern American Trademark Law, 130 Harv. L. Rev. 867 (2017); Jane C. Ginsburg, Euro-Yearnings? Moving Toward a "Substantive" Registration-Based Trademark Regime, 130 HARV. L. REV. F. 95 (2017). Rebecca Tushnet, Fixing Incontestability: The Next Frontier? 23 B.U. J. SCI. & TECH. L. 434 (2017). Kenneth L. Port, The Illegitimacy of Trademark Incontestability, 26 Ind. L. Rev. 519 (1993).

[317] Samantha Fink Hedrick, I "THEREFORE I CREATE": Claiming Copyright in the Outputs of Algorithms,: https://ssrn.com/abstract=3367169

[318] Tim Moynihan, How Google's AI Auto-Magically Ansers Your Emails, Wired (17 marca 2016 r.), https://www.wired.com/2016/03/google-inbox-auto-answers-emails/. Heather Kelly, Google's Plans to Use AI to Help the Blind, CNN (11 maja 2018), http://money.cnn.com/2018/05/11/technology/google-lookout-app/index.html. Torres v. North American Van Lines, 135 Ariz. 35 (1982).

[319] David Lehr i Paul Ohm, Grając z Danymi: What Legal Scholars should Learn About Machine Learning, 51 U.C. Davis L. Rev. 653 (Dec. 2017).

[320] AlphaGo, Deep Mind (ostatnio odwiedzony 16 maja 2018 r.), https://deepmind.com/research/alphago/; https://www.ibm.com/watson/;

kontrolować wyjście, trudno byłoby twierdzić, że naprawdę oznacza to jego "oryginalne intelektualne koncepcje".

Co więcej, zastrzeżony charakter algorytmów i ich tendencja do ochrony jako tajemnic handlowych dotyczy każdego, kto poza właścicielem algorytmu próbuje uchwycić i zakwestionować cokolwiek z powodu stronniczości i dyskryminacji w zatrudnieniu lub decyzji o skazaniu na naruszenie praw autorskich[321]. W tym zakresie ten brak przejrzystości utrudnia wyjaśnienie, które części decyzji pochodziły z algorytmu, które z danych, a które z wyborów programisty przy ustalaniu parametrów. Niemniej jednak, wybór dokonany przez programistę przy tworzeniu, konstruowaniu i szkoleniu algorytmu, który wygenerowałby te same historie, wykracza daleko poza proste zasady konkursu, co oznacza, że komputer nie ma wyboru, lecz musi stosować się do zasad podanych mu przez programistę i może uczyć się tylko na podstawie danych dostarczonych mu przez programistę lub użytkownika.

Argumentuje się, że unijne ramy prawne w zakresie praw autorskich stwarzają przeszkody w uczeniu się maszyn poprzez generowanie stronniczości w sposobie szkolenia maszyn.[322] Ponadto obowiązujące obecnie unijne przepisy dotyczące praw autorskich pozostawiają pytanie, czy dane objęte prawami autorskimi mogą być wykorzystywane do szkolenia sztucznej inteligencji w "prawnej próżni". Z drugiej strony, w nowej dyrektywie w sprawie praw autorskich na jednolitym rynku cyfrowym ogłoszono wyjątek dotyczący tekstu i eksploracji danych, który stanowi rozwiązanie tego problemu[323]. Nowy obowiązkowy wyjątek był skierowany przede wszystkim do instytucji badawczych i ograniczał się do racjonalizacji badań naukowych. Ostatecznie każde wykorzystanie przez przedsiębiorstwa informacji objętych prawami autorskimi, w tym przedsiębiorstwa rozpoczynające działalność, do generowania algorytmów, na podstawie których można szkolić sztuczną inteligencję, może zostać w niektórych państwach członkowskich uznane za naruszające prawo, jeżeli właściciele praw zastrzegą sobie wykorzystanie swoich utworów ze względu na eksplorację tekstu i danych, ewentualnie uchylając udzielone zezwolenie na wykorzystanie w dyrektywie[324]. Ponadto w Stanach Zjednoczonych takie wykorzystanie byłoby najprawdopodobniej uznane za uczciwe - w szczególności jako wykorzystanie przekształcające z innego powodu niż pierwotne, dążące do osiągnięcia celu cennego społecznie[325]. Warto zauważyć, że jednym z przykładów takiego sprawiedliwego wykorzystania są strony internetowe, które zwalczają fałszywe wiadomości na podstawie maszyn przeszkolonych w rozpoznawaniu fałszywych danych[326]. W związku z tym warunek, zgodnie z którym wykorzystanie nie powinno być zastrzeżone przez podmioty praw autorskich w celu skorzystania z wyjątku, pozostawia w UE niepewną praktykę komercyjnej eksploracji tekstów i danych do celów innych niż badawcze[327].

---

321 Amanda Levendowski, How Copyright Law Can Fix Artificial Intelligence's Implicit Bias Problem, 93 Wash. L. Rev. 579 (2018).

322 C. Geiger, G. Frosio i O. Bulayenko, "Crafting a Text and Data Mining Exception for Machine Learning and Big Data in the Digital Single Market", in: X. Seuba, C. Geiger i J. Pénin (red.), Intellectual Property and Digital Trade in the Age of Artificial Intelligence and Big Data (CEIPI/ ICTSD Series on "Global Perspectives and Challenges for the Intellectual Property System", tom 5, Genewa/ Strasburg, 2018), s. 95. C. Manara, starszy doradca ds. praw autorskich w Google, "Copyright and Big Data - A View from the Industry", przemówienie wygłoszone na konferencji CEIPI/BETA/I3PM, "Intellectual Property and Digitalization": Challenges for Intellectual Property Management, Strasburg, 4 maja 2017 r.

323 C. Geiger, G. Frosio i O. Bulayenko, "Text and Data Mining in the Proposed Copyright Reform: Making the EU Ready for an Age of Big Data?", 49(7) IIC 814 (2018).

324 Dyrektywa Parlamentu Europejskiego i Rady (UE) 2019/790 z dnia 17 kwietnia 2019 r. w sprawie prawa autorskiego i praw pokrewnych na jednolitym rynku cyfrowym oraz zmieniająca dyrektywy 96/9/WE i 2001/29/WE, Dz.U. L 130, s. 92 (zwana dalej "dyrektywą o prawach autorskich na jednolitym rynku cyfrowym").

325 R. Hilty, "Big Data": Ownership and Use in the Digital Age", oraz C. Geiger, G. Frosio i O. Bulayenko, "Crafting a Text and Data Mining Exception for Machine Learning and Big Data in the Digital Single Market", oba w: X. Seuba, C. Geiger i J. Pénin (red.), Intellectual Property and Digital Trade in the Age of Artificial Intelligence and Big Data (CEIPI-ICTSD publications series "Global Perspectives and Challenges for the Intellectual Property System", numer 5, czerwiec 2018).

326 M.M. Maack, "Whoops! EU's Copyright Reforms Might Suck for AI Startups" [Post na blogu], 21 marca 2017 r., dostępny na stronie: https://thenextweb.com/eu/2017/03/21/whoops-eus-copyright-reforms-mightsuck-for-ai-startups/#.tnw_rEMp0AMY.

327 C. Geiger, G. Frosio i O. Bulayenko, "The Exception for Text and Data Mining (TDM) in the Proposed Directive on Copyright in the Digital Single Market - Legal Aspects", Centre for International Intellectual Property Studies (CEIPI) Research Paper No. 2018-02; dostępny na stronie SSRN: https://ssrn.com/abstract=3160586.

8.4. Technologia łańcuchów blokowych

W związku z tym, że technologia łańcuchów blokowych staje się mainstreamem, firmy i przedsiębiorcy stosują agresywne strategie w celu zabezpieczenia praw własności intelektualnej technologii łańcuchów blokowych wspierających ich rozwój.

Platforma internetowa z łańcuchem blokowym, wspierająca technologię Bitcoin, jest unikalną technologią będącą kolejną przełomową technologią obejmującą szeroki zakres branż, a zatem technologia z łańcuchem blokowym stanowi alternatywny instrument dla tradycyjnych wieloosobowych modeli ekonomicznych do przeprowadzania transakcji bez konieczności polegania na osobach trzecich. Innymi słowy, technologia łańcuchów blokowych, powszechnie znana z zastosowania kryptokurandy, jest technologią, która pozwala niepowiązanym użytkownikom, którzy nigdy nie spotkali się i nigdy tego nie zrobią, na osiągnięcie konsensusu i przeprowadzenie transakcji przy użyciu nieśmiertelnie zapisanych, zaufanych danych, bez centralnego organu, który kontroluje, zatwierdza lub w inny sposób kontroluje istniejące transakcje[328].

Łańcuchy blokujące są przedstawione jako załączniki tylko do baz danych, a więc te rozproszone księgi rachunkowe są egzekwowane przez zasady funkcjonowania sieci[329]. Chociaż sama technologia jest wciąż bardzo nowa, rozwiązania oparte na łańcuchach blokowych obiecują bardzo wiele w takich aplikacjach jak bitcoins, Ethereum i wiele innych zdecentralizowanych aplikacji, które radykalnie zwiększają wydajność operacyjną w niektórych sektorach, jednocześnie całkowicie niepokojąc inne, a więc kryptokwoty i inteligentne umowy są przykładem tej perspektywy[330].

Niemniej jednak technologia łańcuchów blokowych jest wykorzystywana z wielu powodów, a nie tylko jako platforma walut cyfrowych, dlatego też łańcuchy blokowe mogą być wykorzystywane do transakcji sprzedaży dóbr materialnych i wartości niematerialnych i prawnych, na przykład utworów chronionych prawem autorskim[331]. Ponadto platformy typu "blockchain" umożliwiają korzystanie z umów cyfrowych: przez przedsiębiorstwa, osoby lub złożone systemy autonomiczne, na przykład systemy SI; umowy ubezpieczeniowe; umowy sprzedaży i inne.

Ze względu na unikalne cechy łańcucha blokowego, takie jak otwarta księga, szyfrowanie, decentralizacja i dostępność - technologia łańcucha blokowego ma charakterystyczną perspektywę zastąpienia systemów rejestracji zarówno rządowych, takich jak systemy rejestracji gruntów, praw autorskich, rejestracji znaków towarowych i patentów, lub innych systemów rejestracji[332]. Ponadto, platformy Blockchain są wykorzystywane przez społeczeństwo, na przykład w przypadku Bitcoin lub przez podmioty prywatne, takie jak banki, korporacje budowlane, supermarkety, dystrybutorzy itp[333].

---

328 David Schatsky et al., Blockchain and the five vectors of progress, DELOITTE (28 września 2018 r.), https://www2.deloitte.com/insights/us/en/focus/signals-for-strategists/value-of-blockchain-applicationsinteroperability.html.
329 Jean-Luc Verhelst, Bitcoin - The Blockchain and beyond, 2017.
330 Michèle Finck, Blockchain - Regulacje i zarządzanie w Europie, Cambridge University Press, 2019 r.
331 Bernard Marr, 30+ Real Examples of Blockchain Technology in Practice, FORBES (14 maja 2018, 01:38 AM), https://www.forbes.com/sites/bernardmarr/2018/05/14/30-real-examples-of-blockchain-technology-inpractice/#7d3e2ae3740d. Jessie Williams, Is Blockchain-Powered Copyright Protection Possible?, Bitcoin Magazine (Aug. 9, 2016, 12:00 PM EST), https://bitcoinmagazine.com/articles/is-blockchain-powered-copyright-protection-possible1470758430/ (Przykłady usług wykorzystujących technologię Blockchain do rejestracji i ochrony przed naruszeniem praw autorskich, takich jak, Blockai, Pixy, TinEye, Ascribe, Mediachain, i Proof of Existence. Publiczna księga zdecentralizowana, taka jak Blockchain, jest idealna do katalogowania i przechowywania oryginalnych dzieł sztuki, dokumentów, manuskryptów, fotografii i obrazów, z dala od władzy centralnej. Nawet jeśli serwis zajmujący się prawami autorskimi przestanie istnieć, w łańcuchu blokowym nadal będzie istniała weryfikowalna kopia oryginalnego dzieła").
332 Marie Huillet, KodakOne Blockchain Beta Test Sees Sees $1 Mln in Content Licensing Claims, COINTELEGRAPH.COM (Jan 08, 2019), https://cointelegraph.com/news/kodakoneblockchain-beta-test-sees-1-mln-in-content-licensing-claims (KodakONE Image Rights Management Platform to platforma ochrony praw autorskich do obrazów, monetyzacji i dystrybucji zabezpieczona za pomocą technologii łańcucha blokowego). Jaclyn Wishnia, Blockchain Technology: The Blueprint for Rebuilding the Music Industry?, 37 Cardozo Arts & Ent. L.J. 229, 246-248 (2019) (omawia przypadki wykorzystania technologii łańcuchów blokowych w przemyśle muzycznym).
333 What Is Smart Contracts Blockchain And Its Use Cases in Business, EXISTEK (23 maja 2018 r.), https://existek.com/blog/what-issmart-contracts-blockchain-and-smart-contracts-use-cases-in-business/ (Axa zapewnia pierwsze ubezpieczenie od opóźnień lotów przy użyciu inteligentnych umów. Ascribe wykorzystuje inteligentne umowy do zarządzania własnością intelektualną, umożliwiając bezpośrednią interakcję z podmiotami, które chcą korzystać z własności intelektualnej oraz dostosowanie warunków i zasad korzystania z pracy. Konsorcjum pomiędzy Walmartem, IBM i Tsinghua University rozwija technologię inteligentnych łańcuchów umów dla zarządzania łańcuchem dostaw, która śledzi zamówienia od dostawców do klientów).

Ponadto, Accenture buduje rozwiązania blockchainowe, które przekładają procesy ubezpieczeniowe na gotowe do wdrożenia procedury blockchainowe, które wprowadzają zaufanie do systemu, a RiskBlock zapewnia potwierdzenie informacji[334].

Blockchain jest dostępny dla każdego, kto ma połączenie internetowe na całym świecie, a waluty cyfrowe, które wykorzystują technologię Blockchain, mają globalny zasięg transakcyjny bez konieczności przechodzenia przez władze centralne. W ten sposób Blockchain tworzy zaufaną, bezpieczną księgę dzięki połączeniu technologii peer-to-peer, celów kryptograficznych, rozproszonej pamięci masowej i zdecentralizowanych mechanizmów porozumienia[335].

W każdym razie, patenty zostały już zatwierdzone dla technologii, które są rozwijane jako dodatki do podstawowych elementów składowych platformy Blockchain[336].

Warto zauważyć, że w ciągu ostatnich kilku lat wzrosła liczba zgłoszeń patentowych w ramach łańcucha blokowego[337] składanych w USPTO (United States Patent and Trademark Office). Zasadniczo Blockchain jest techniką przechowywania informacji[338]. Biorąc pod uwagę fakt, że podczas badania kwestii związanych z naruszeniem praw patentowych, zazwyczaj działania jednej strony są analizowane pod kątem zastrzeżeń patentowych w celu ustalenia, czy doszło do naruszenia, Blockchain obejmuje wiele stron, przy czym jedna strona nie realizuje wszystkich funkcji Blockchain, ale raczej wiele stron współpracuje ze sobą w sposób zdecentralizowany, co pozwala na przeprowadzenie procesów wzajemnej walidacji. Innymi słowy, takie unikalne atrybuty łańcucha blokowego mogą prowadzić do powstania podzielonych problemów związanych z naruszeniami, które dotyczą wielu stron.

Tak więc zastrzeżenia patentowe określają zakres przedmiotowy opatentowanego wynalazku[339]. Obwód federalny zauważył w NTP[340], że "zgodnie z sekcją 271 lit. a) pojęcie "wykorzystania" opatentowanej metody lub procesu różni się zasadniczo od wykorzystania opatentowanego systemu lub urządzenia".

Odpowiednio, w sieci Blockchain dochodzi do porozumienia między rówieśnikami sieci Blockchain poprzez stosowanie protokołu Blockchain (przy wykonywaniu kroków), ze wspólnego powodu do walidacji i przechowywania danych w księdze rozproszonej, przy czym rówieśnicy mają interes finansowy w tej funkcji, a rówieśnicy mają równe prawo do kontroli w przebiegu podejmowania decyzji w sieci Blockchain (peer consensus). W związku z tym strona może zostać uznana za

---

334 ETHEREUM, https://www.ethereum.org/ (Ethereum zapewnia "zdecentralizowaną platformę, która obsługuje inteligentne kontrakty", jak również zarządzanie własną kryptokurrency o nazwie Ether.). Anna Baydakova, A Top-5 US Hospital is Exploring Blockchain for Patient Data, COINDESK (5 grudnia 2018 r., godz. 10:00 UTC), https://www.coindesk.com/a-top-5-us-hospital-is-exploringblockchain-for-patient-data Bernard Marr, 35 Amazing Real World Examples of How Blockchain is Changing Our World, FORBES (22 stycznia 2018 r., godz. 12:28 AM), https://www.forbes.com/sites/bernardmarr/2018/01/22/35-amazing-real-world-examples-of-howblockchain-is-changing-our-world/#6cd9cd5243b5 (Przedstawia przykłady wykorzystania technologii Blockchain w Dubaju, Estonii i Korei Południowej, a także innych rządowych narzędzi Blockchain, na przykład Govcoin).

335 Wright, Aaron i De Filippi, Primavera, Decentralized Blockchain Technology and the Rise of Lex Cryptographia (10 marca 2015 r.). Dostępne na stronie SSRN: https://ssrn.com/abstract=2580664 Nolan Bauerle, What is the Difference between Public and Permissioned Blockchains?, COINDESK, https://www.coindesk.com/information/what-is-the-difference-between-open-and-permissioned-blockchains. Robert McDonald et al., How Blockchain Could Radically Alter Global Finance, KELLOGG INSIGHT (3 stycznia 2018 r.), https://insight.kellogg.northwestern.edu/article/how-blockchain-could-radically-alter-global-finance.

336 Barry R. Lewin, Blockchain i patenty, 2018 WL 2090215.

337 Gurneet Singh, Are Internet-Implemented Applications of Block-Chain Technology Patent-Eligible in the United States?, 17 CHI.-KENT J. INTELL. PROP. 356, 357 (2018). Antonio M. DiNizo Jr., Od Alice do Boba: The Patent Eligibility of Blockchain in A Post-Cls Bank World, 9 Case W. Reserve J.L. Tech. & Internet 1, 27-28 (2018) (Patent eligibility of improvements.).

338 SB-838, projekt ustawy Senatu nr 838 Akta korporacyjne: statut: Blockchain technology, California Legislative Information (Sept. 28, 2018), https://leginfo.legislature.ca.gov/faces/billTextClient.xhtml?bill_id=201720180SB838 Inayat Chuadhry, The Patentability of Blockchain Technology and the Future of Innovation, American Bar Association, LANDSLIDE MAGAZINE March/April 2018 issue, https://www.americanbar.org/groups/intellectual_property_law/publications/landslide/2017-18/marchapril/patentability-blockchain-technology-future-innovation/.

339 Jingyuan Luo, Lśniący Światłem Granicznym na Podzielone Naruszenie: Emerging Technologies and the Liability Loophole, 30 Berkeley Tech. L.J. 675 (2015) (Dokument przedstawia dobry historyczny przegląd historii rozwoju podzielonej analizy naruszeń aż do decyzji Akamai, ale nie jest to najbardziej aktualna analiza).

340 NTP, Inc. przeciwko Research in Motion, Ltd. 418 F.3d 1282, 1317 (Fed. Cir. 2005). Finjan v Sophos Inc., 244 F. Supp. 3d 1016, 1047-48 (ND Cal 2017), Limelight Networks, Inc. v. Akamai Techs., Inc., 134 S. Ct. 2111 (2014).

odpowiedzialną, jeżeli podejmie wszystkie kroki lub wykona kilka kroków i będzie kontrolowała wykonanie przez inną stronę pozostałych kroków w ramach patentu typu "blockchain"[341].

Jeśli chodzi o roszczenia systemowe dotyczące patentów typu "blockchain", podmiot uprawniony do patentu może podtrzymać roszczenia systemowe wobec tych, które zawierają element łańcucha blokowego. W odniesieniu do analizy naruszeń dotyczących roszczeń systemowych w NTP stwierdzono, że "zastosowanie zgłoszonego systemu zgodnie z sekcją 271 lit. a) jest miejscem, w którym system jest stosowany i korzystne wykorzystanie uzyskanego systemu". Ponadto, w miliardach euro, obwód[342]federalny zajął się naruszeniem roszczenia systemowego w przypadku, gdy elementy systemu były w posiadaniu więcej niż jednego podmiotu, co potwierdza[343], że analiza NTP ma zastosowanie nawet w przypadku, gdy różne strony angażują różne elementy systemu.

Podobnie w przypadku Intellectual Ventures wyróżniało się to, że strona musi czerpać korzyści z każdego elementu deklarowanego systemu, a nie ogólnie z systemu jako całości. Ponadto spółka NTP ustaliła znaczenie zastosowania jako wprowadzenia systemu do użytku w imieniu strony oraz znaczenie usługi wymagającej zarówno kontroli systemu, jak i otrzymywania korzyści poprzez kontrolę, co oznacza, że w sytuacjach, w których różne strony realizują różne moduły, analiza naruszeń w przypadku roszczeń systemowych opiera się na tym, czy każda ze stron sprawuje kontrolę nad systemem i czy każda ze stron uzyskuje korzyści z korzystania z systemu. Podobnie w przypadku technologii łańcuchów blokowych, gdy wiele stron uruchamia różne komponenty, strony otrzymują wynagrodzenie za korzystanie z systemu. Kontrola nad systemem należy również do kompetencji stron, a zatem technologia łańcuchów blokowych może być przedmiotem potencjalnego podziału spraw związanych z naruszeniem przepisów również w ramach roszczeń systemowych[344].

Należy wziąć pod uwagę, że po innowacjach technologicznych nastąpiła fala wojen patentowych, w wyniku których powstało wiele cennych sporów patentowych. Chociaż pionierzy Internetu nie zdecydowali się na opatentowanie podstawowych elementów składowych technologii internetowej, protokół TCP/IP, w następstwie innowacji powiązanych z przełomami technologicznymi w wielu aspektach Internetu, uzyskał ochronę patentową. Co więcej, przemysł półprzewodnikowy podążał tym samym tropem, a ostatnio przemysł smartfonów wygenerował wojnę patentową na całym świecie, w której podmioty z branży wydały miliardy dolarów na spór o swoje aktywa własności intelektualnej, takie jak niesławna sprawa Apple vs. Samsung[345]. W związku z tym, że technologia łańcuchów blokowych ma perspektywę zmiany wszystkich rodzajów przemysłu, podmioty z branży zapowiadają analogiczną blokową wojnę patentową, która zakończy się sukcesem i zaczęły podejmować aktywne działania w celu złagodzenia przyszłych konsekwencji.

W przeszłości, w celu ochrony firm przed zagrożeniami ze strony trolli patentowych, podmioty z branży zawiązały wzajemny sojusz obronny zwany Siecią LOT[346][347]. Ponadto, sieć LOT-u ustanawia swoistą ochronę prawną dla swoich członków, wymagając od nich wprowadzenia warunków, aby patenty te nie mogły być wykorzystane przeciwko innemu członkowi sieci, przede wszystkim w przypadku sprzedaży patentów na trolle patentowe. Z drugiej strony, w Open Invention Network (OIN) członkowie grup patentowych są chronieni przed pozwami patentowymi poprzez uzyskiwanie

---

[341] Akamai Techs, Inc. v. Limelight Networks, Inc., 797 F.3d 1020, 1022 (Fed. Cir. 2015) (en banc) ("Akamai V").

[342] Centillion Data Sys., LLC. V. Qwest Communications International Inc., 631 F.3d 1279, 1284 (Fed. Cir. 2011).

[343] Intellectual Ventures LLC przeciwko Motorola Mobility LLC, 870 F.3d 1320, 1329 (Fed. Cir. 2017). Nalco Co. v. Chem-Mod, LLC, 2018 WL 1055851 (27 lutego 2018) (cytując Travel Sentry, Inc. v. Troff, 877 F.3d 1370, 1381 (Fed.Circ. 2017)). Raptor LLC. V. Odebrecht Construction Inc., CA No. 17-21509, 2017 WL 3776914 (31 sierpnia 2017 r., S.D. Fla).

[344] Jason N. Mock, Federal Circuit Breathes More Life into Divided Infringement, Foley & Lardner LLP (16 stycznia 2018), https://www.foley.com/federal-circuit-breathes-more-life-into-divided-infringement-01-16- 2018/

[345] "Samsung wygrywa brytyjskie Apple Ruling Over 'Not As Cool' Galaxy Tab". Bloomberg.

[346] Jeff John Roberts, As Blockchain Grows, Companies Look to Avert a Patent War, FORTUNE.COM (19 czerwca 2018 r.), http://fortune.com/2018/06/19/blockchain-patent/.

[347] https://lotnet.com (w tym technologicznych gigantów takich jak Microsoft, Tencent, Facebook, Oracle, Tesla, Amazon i General Motors) Caroline Coker Coursey, Battling the Patent Troll: Tips for Defending Patent Infringement Claims by NonManufacturing Patentees, 33 AM. J. RZECZNIK PROCESU. 237, 237 (2009).

patentów i swobodne udzielanie licencji swoim członkom, którzy zgadzają się wnieść swoje patenty do grupy[348].

Własności Intelektualnej Blockchain (BIPC) w celu wspierania innowacji w dziedzinie Blockchain poprzez zajmowanie się kwestiami własności intelektualnej związanymi z technologią zwalczania trolli patentowych utrudniających innowacje, poprzez oferowanie informacji patentowych dotyczących Blockchain oraz badanie różnych środków ochrony własności intelektualnej[349]. Podczas gdy technologia Blockchain wzbudza większe zainteresowanie, przemysł prywatny podejmuje praktyczne działania w celu wprowadzenia środków ochrony patentowej specyficznych dla łańcucha Blockchain, takich jak utworzenie BIPC, oraz opracowanie standardów specyficznych dla łańcucha Blockchain[350].

Właśnie łańcuch blokowy jest kluczowym przełomem w technologii, który ma nieograniczone możliwości w wielu różnych branżach, wykazując cechy, które pozwalają na łączenie go z innymi ważnymi osiągnięciami technologicznymi, takimi jak Internet przedmiotów i sztuczna inteligencja (SI). Warto zauważyć, że w związku z tym, że przemysł koncentruje się na pozyskiwaniu praw własności intelektualnej w technologii łańcucha blokowego, istnieje wymóg, aby system zmniejszał potencjalne patentowe pole minowe, analogiczne do tego, z którym borykał się przemysł w przeszłości[351].

Można powiedzieć, że istnieje zbieżność AI i łańcuchów blokowych, na przykład inteligentne kontrakty na łańcuchy blokowe zasilane przez AI, łańcuchy blokowe zasilane przez AI w celu zmniejszenia zużycia energii itp[352].

8.5. Prawo patentowe

Patent genowy" obejmuje kilka rodzajów wynalazków, ale jest stosowany w odniesieniu do każdego patentu obejmującego zastrzeżenie dotyczące kwasów nukleinowych, w tym kwasu dezoksyrybonukleinowego (DNA) lub kwasu rybonukleinowego (RNA)[353]. W tym zakresie wiele produktów wykorzystuje sekwencje DNA, takie jak badania genetyczne, które są testami diagnostycznymi stosowanymi do kategoryzacji, jeżeli dana osoba ma odmianę genetyczną, która może wskazywać na konkretną chorobę lub większe ryzyko jej rozwoju[354]. Ponadto patenty na geny mają wpływ na cenę produktów zawierających izolowane geny, takich jak badania genetyczne, które mają potencjalny wpływ na dostęp do badań genetycznych, a zatem jeżeli posiadacz patentu odmawia udzielenia licencji na wynalazek lub udziela jej jedynie po wysokich kosztach, może to zmniejszyć konkurencję na danym obszarze, a w konsekwencji doprowadzić do wzrostu ceny wynalazku.

UE przyjęła dyrektywę biotechnologiczną z 1998 r., aby zająć się w szczególności zdolnością patentową wynalazków biotechnologicznych, w związku z czym dyrektywa ta została przyjęta jako dodatkowa interpretacja europejskiej konwencji o patencie europejskim, a przepisy wykonawcze do

[348] Open Invention Network (OIN), https://www.openinventionnetwork.com/(Utworzony w 2005 r., OIN stara się chronić swoich członków przed pozwami o używanie Linuksa, który jest systemem operacyjnym o otwartym kodzie źródłowym, poprzez nabywanie patentów i swobodne udzielanie licencji swoim członkom, którzy zgadzają się wnosić swoje patenty do puli).

[349] Izba Handlu Cyfrowego, Izba Handlu Cyfrowego tworzy Blockchain Intellectual Property Council, (16 marca 2016 r.), www.digitalchamber.org/chamber-digital-commerce-forms-blockchain-intellectualproperty-council/;

[350] Catherine Saez, Blockchain-Related Patents On Exponential Rise, Lawyer Says. Cele? Chiny, USA, Wielka Brytania, Intellectual Property Watch, Thomson Reuters (12 stycznia 2018), 2018 WL 386375.

[351] Francesco Corea, The convergence of AI and Blockchain: what's the deal?, MEDIUM.COM (1 grudnia 2017 r.), https://medium.com/@Francesco_AI/the-convergence-of-ai-blockchain-whats-the-deal-60c618e3accc

[352] Oscar W, AI on Blockchain - Jaki jest haczyk?, HACKERNOON.COM (14 października 2018), https://hackernoon.com/how-cortex-brings-ai-on-the-blockchain-86d08922bb2a.

[353] G Zekos, Nanotechnology and Biotechnology Patents International Journal of Law and Information Technology, Int J Law Info Tech 2006 14: 310-369 http://ijlit.oxfordjournals.org/cgi/content/full/14/3/310 G Zekos, Utility and Biotechnology Patenting, 2006 Web Journal of Current Legal Issues, http://webjcli.ncl.ac.uk/2006/issue5/zekos5.html. G Zekos, Czy patentowanie Biotechnologii/Nanotechnologii promuje naukę o zyskach? 2009 The ICFAI University Journal of Intellectual Property Rights 7 www.iupindia.org G Zekos, Odmowa patentowania teorii naukowych, 2014 Journal of Intellectual Property Rights vol.19 September 2014 pp337-346.

[354] Robert Cook Deegan i Christopher Heaney, "Patents in Genomics and Human Genetics" (2010) 11 Annu Rev Genomics Hum Genet 383. Nuffield Council, "The Ethics of Patenting DNA" (Londyn, 2002) w wieku 25 lat.

tej konwencji zostały zaktualizowane w celu uwzględnienia przepisów dyrektywy[355]. Ponadto dyrektywa miała na celu uproszczenie zdolności patentowej wynalazków biotechnologicznych[356].

W latach 2013 i 2015 Sąd Najwyższy Stanów Zjednoczonych[357] i Australian High Court[358], odpowiednio, odrzuciły możliwość opatentowania wyizolowanych genów, które są genami wyizolowanymi lub usuniętymi z ludzkiego ciała. Następnie Szpital Dziecięcy we Wschodnim Ontario zakwestionował patenty na geny związane z zespołem długiej QT i w związku z tym w ugodzie określono licencję dla CHEO na badania na ten zespół. Co więcej, kluczowym motorem sporu we wszystkich trzech jurysdykcjach były kwestie etyczne związane z takimi patentami, w tym ich potencjalne skutki dla zdrowia. Unia Europejska przyjęła w 1998 r. prawodawstwo dotyczące patentów biotechnologicznych, obejmujące patenty na geny, a zatem kluczowym punktem motywującym opracowanie dyrektywy były kwestie etyczne związane z patentami biotechnologicznymi[359]. Zresztą marginalizacja kwestii etycznych jest charakterystyczna dla ram interpretacyjnych prawa patentowego[360].

Ponadto kwestie etyczne związane z patentami genowymi i innymi biotechnologiami z punktu widzenia opieki zdrowotnej różnią się od debat dotyczących patentów i leków. Podczas gdy patenty mają wpływ na opiekę zdrowotną w obu kontekstach, obawy te nasilają się i mają inny porządek w sferze patentów genowych. W ramach patentowania genów, patent łączy się bezpośrednio z elementem, aczkolwiek wyizolowanym, z ludzkim ciałem. Dlatego też perspektywa wykorzystania takich patentów do ograniczenia badań genetycznych i izolacji genu ma również bezpośredni wpływ na to, jakie próbki można pobrać z organizmu i jakie badania można przeprowadzić na próbkach pobranych z organizmu ludzkiego. W związku z tym patenty na geny są wykorzystywane do ograniczania tego, co można zrobić z próbkami biologicznymi stanowiącymi szerszą ingerencję w ludzką autonomię lub integralność cielesną.

W kontekście europejskim art. 53 konwencji o patencie europejskim przewiduje wymienione wyjątki od zdolności patentowej, a Europejski Urząd Patentowy wyraził niechęć do angażowania się w kwestie etyczne lub odmowy udzielenia patentu na podstawie przepisów dotyczących dobrych obyczajów, chyba że takie wynalazki są uważane za odrażające[361].

Co więcej, dyrektywa została przyjęta dopiero po jej zmianie w celu uwzględnienia szczególnych przepisów dotyczących kwestii etycznych, a europejskie podejście podkreśla się poprzez położenie nacisku na rozwiązywanie kwestii etycznych, których dotyczą patenty biotechnologiczne. Niemniej jednak, w praktyce, przepisy w niej zawarte są interpretowane w sposób techniczny wynikający z kontekstu zdolności patentowej genów. Sąd Najwyższy Zjednoczonego Królestwa w sprawie Human Genome Sciences przeciwko Eli Lily i Co[362] uznał, że właściwe jest ujawnienie jedynie proponowanej funkcji, podczas gdy w niektórych przypadkach właściwe byłoby dokonanie świadomego przypuszczenia.

Warto zauważyć, że zgodnie z art. 53 lit. c) konwencji o patencie europejskim nie są dostępne patenty na metody leczenia ciała ludzkiego lub metody diagnostyczne, ale to wyłączenie w odniesieniu do metod leczenia zostało zinterpretowane jedynie w odniesieniu do metod stosowanych

---

[355] Zasada 28 została przyjęta w celu włączenia art. 6 dyrektywy dotyczącej biotechnologii do ram europejskiej konwencji o patencie europejskim.

[356] Sprawa C-377/98 Królestwo Niderlandów przeciwko Parlamentowi Europejskiemu i Radzie [2001] ECR I-07079. Gerard Porter, "The Drafting History of the European Biotechnology Directive" in Aurora Plomer and Paul Torremans, Embryonic Stem Cell Patents: Europejskie prawo patentowe i etyka (Oxford University Press, 2009)

[357] Association for Molecular Pathology v. Myriad Genetics Inc. (2013) 569 U.S. 576.

[358] D'Arcy przeciwko Myriad Genetics Inc. [2015] HCA 35.

[359] Dyrektywa 98/44EC.

[360] Aisling McMahon, Przepisy Moralności w Europejskim Systemie Patentowym: Egzamin instytucjonalny (praca doktorska, Uniwersytet w Edynburgu, 2016).

[361] Margo Bagley, "Najpierw patent, potem pytania": Moralność i Biotechnologia w prawie patentowym" (2004) 45(2) William and Mary Law Review 469.

[362] [2011] UKSC 51.

na lub w ciele ludzkim i nie wykluczałoby izolacji genu z ciała, z tego powodu, że leczenie płynów usuniętych z ciała nie jest wyłączone.

Ponadto wyłączenie metod diagnostycznych ma zastosowanie jedynie do metod stosowanych na lub w ciele ludzkim, a nie do metod stosowanych poza ciałem, takich jak analiza krwi lub materiału biologicznego, z którymi wiążą się badania genetyczne. Ponadto wyłączenie to zostało dodatkowo osłabione[363]przez przypadek metod diagnostycznych, w którym EPO stwierdził, że aby podlegać wyłączeniu, wynalazek musiałby obejmować wszystkie cztery etapy diagnozy, a mianowicie badanie, porównanie, identyfikację i etap diagnozy. Innymi słowy, patenty są wyłączone tylko w przypadku wynalazków, które "umożliwiają natychmiastowe podjęcie decyzji o konkretnym przebiegu leczenia".[364]"

Jak wspomniano wcześniej, chociaż cztery główne sprawy EPO dotyczyły patentów należących do Myriad on BRCA1 i BRCA2, każda z tych spraw, odpowiednio do kontekstu australijskiego i amerykańskiego, koncentrowała się na technicznych elementach prawa patentowego, a zatem patenty zostały zawężone ze względu na nowość lub inne problemy techniczne związane ze zdolnością patentową, ale nie z powodu szerszych względów etycznych[365]. W związku z tym, niezależnie od przepisów etycznych leżących u podstaw europejskiego prawa patentowego, w sprawach dotyczących zdolności patentowej genów w Europie zaangażowanie w kwestie etyczne związane z patentami na geny było ograniczone[366]. Ponadto system europejski stanowi, że patentów nie udziela się na wynalazki, których komercyjne wykorzystanie jest sprzeczne z dobrymi obyczajami lub zasadami porządku publicznego[367].

W Wielkiej Brytanii 60(5)(b) ustawy o patentach z 1977 r. (Patents Act 1977) zawiera zwolnienie z obowiązku eksperymentalnego wykorzystania, ale ma ono zastosowanie tylko wtedy, gdy celem badań było odkrycie czegoś nieznanego na temat danego wynalazku lub przetestowanie hipotezy o nim. Jeżeli badania są związane z przesłankami handlowymi, istnieje mniejsze prawdopodobieństwo, że zwolnienie będzie miało zastosowanie, co oznacza, że nawet badania mające na celu wygenerowanie ulepszeń w wynalazku ze względów handlowych nie zostałyby uwzględnione, jeżeli obejmowałyby wykorzystanie opatentowanego wynalazku[368].

Warto zauważyć, że w miarę rozwoju technologii i pojawiania się dziedzin leków spersonalizowanych i całego sekwencjonowania genomu, spodziewany jest wzrost przyszłych konsekwencji zdrowotnych patentów na biotechnologie, ale prawo patentowe wydaje się nie zajmować się takimi kwestiami.

Można powiedzieć, że posiadacze standardowych patentów podstawowych (SEP) i podmioty wdrażające technologię zobowiązują się do negocjowania umów licencyjnych na uczciwych, rozsądnych i niedyskryminujących warunkach (FRAND)[369]. W tym zakresie UE opowiada się za zasadami regulacyjnymi, które sugerują regulacje rządowe oparte na FRAND,[370] a zatem istnieje pilny

[363] Cygnus/Diagnostic methods, G 1/04 [2006] Dz.U. EPO 334 (EBA), 352. EPO Guidelines C-IV, 4.3" w Bently and Sherman, Intellectual Property Law (OUP, 2014), 450.
[364] Bently and Sherman, Prawo Własności Intelektualnej (OUP, 2014) na 449.
[365] EP0705902 "Gen podatności na raka piersi i jajnika 17q" (sprawa T 1213/05); EP0705903 "Mutacje w genach podatności na raka piersi i jajnika 17q" (sprawa T 0666/05); EP0699754 "Metoda diagnozowania predyspozycji do raka piersi i jajnika" (przypadek T 0080/05); EP0785216 "Chromosom 13-zależny gen podatności na raka piersi BRCA2".
[366] Jessica C. Lai, "Myriad Genetics and the BRCA Patents in Europe: The Implications of the U.S. Supreme Court Decision" (2015) 5 U.C. Irvine L. Rev. 1041. OECD, Research Use of Patented Knowledge: A Review (2006) STI Working Paper No 6, ch II http://www.oecd.org/science/sci-tech/36311146.pdf.
[367] Artykuł 53 lit. a) dyrektywy w sprawie europejskiej konwencji o patencie europejskim oraz art. 6 ust. 1 dyrektywy w sprawie biotechnologii.
[368] Naomi Hawkins, "The Impact of Human Gene Patents on Genetic Testing in the UK" (2011) 13(4) Genet Med. 320–324. Sarah Khan i Richard Gold, "Contracting to counter gene patents - a 21st Century solution to access and innovation" (Petrie Flom Blog, 22 maja 2017) http://blog.petrieflom.law.harvard.edu/2017/05/22/contracting-to-counter-gene-patents-a-21st-centurysolution-to-access-and-innovation/.
[369] Daniel F. Spulber, Licencjonowanie Standardowych Patentów Podstawowych: Co jest uczciwe, rozsądne i niedyskryminujące? 8 maja 2019 r. pod adresem: https://ssrn.com/abstract=3383745
[370] Komunikat Komisji do Parlamentu Europejskiego, Rady, Europejskiego Komitetu Ekonomiczno-Społecznego i Komitetu Regionów: Priorytety w zakresie normalizacji technologii informacyjno-komunikacyjnych na potrzeby jednolitego rynku

wymóg określenia istotnych wartości, które wspierają zrównoważone, sprawne i przewidywalne ramy dla SEP. Ponadto UE określa cztery doktryny dotyczące wyceny praw własności intelektualnej jako wytyczne dla wspólnych praktyk licencyjnych, takie jak uwzględnianie obecnej wartości dodanej opatentowanej technologii, stałe zachęcanie posiadaczy SEP do dostosowywania najlepszych dostępnych technologii do standardów oraz udoskonalanie centralnych elementów sprawiedliwej, skutecznej i egzekwowalnej metodyki licencjonowania opartej na zasadach FRAND[371].

Na koniec, warto zauważyć, że nowe prawa i podejścia orzecznicze dotyczące ochrony praw własności intelektualnej są brane pod uwagę przy aktualizacji naszych wskaźników, czego przykładem jest kolejny rozdział, co oznacza, że poziom ochrony praw własności intelektualnej indywidualnie w każdym kraju wpływa w konsekwencji na napływ BIZ w postaci odpływów, jak to pojawia się w kolejnych rozdziałach.

---

cyfrowego, Bruksela, 19.4.2016, COM(2016) 176 wersja ostateczna, pkt 14. http://ec.europa.eu/transparency/regdoc/rep/1/2016/EN/1-2016-176-EN-F1-1.PDF. Luke McDonagh i Enrico Bonadio, Standard Essential Patents and the Internet of Things, styczeń 2019 r., Unia Europejska, http://www.europarl.europa.eu/RegData/etudes/IDAN/2019/608854/IPOL_IDA(2019)608854_E N.pdf

[371] Jorge Contreras, TCL v. Ericsson: The First Major U.S. Top-Down FRAND Royalty Decision, 27 grudnia 2017, PatentlyO Blog, https://patentlyo.com/patent/2017/12/contrerasericsson-decision.html.

rozdział 2

Indeksy ZEKIPR i ZEKEUIPR

1. Wprowadzenie

W dzisiejszych czasach wzorzec i egzekwowanie praw własności intelektualnej stoi na czele głębokiej walki o władzę między przepisami prawnymi a zasadami sieciowymi zdefiniowanymi przez technologów. Należy wziąć pod uwagę, że o sile ochrony udzielanej przez państwa narodowe decyduje suma różnych aspektów ich praw własności intelektualnej, a nie cechy szczególne same w sobie; w przypadku niektórych aspektów, takich jak długość ochrony, może ona zastąpić inne, np. szerokość ochrony. Co więcej, wpływ innych form własności intelektualnej niż patenty, takich jak znaki towarowe i prawa autorskie, powinien być włączony do każdego indeksu, ponieważ jest on materializowany w konstrukcji naszych indeksów.

Skuteczne egzekwowanie prawa ma kluczowe znaczenie dla każdego systemu prawnego i regulacji oraz dla ingerencji państwa w rozwiązywanie nieprawidłowości w funkcjonowaniu rynku spowodowanych czynnikami zewnętrznymi i/lub problemami informacyjnymi. Skuteczna ochrona praw własności intelektualnej zależy zarówno od istnienia przepisów dotyczących ochrony własności intelektualnej, jak i od ich egzekwowania.

Wszystkie omówione powyżej analizy prawne zostały wzięte pod uwagę w naszych wysiłkach zmierzających do skonstruowania nowego indeksu dotyczącego praw własności intelektualnej. Tak więc, zmienność teorii prawnej i nowe prawa wchodzące w życie stale wpływają na wynik i w konsekwencji na nasz indeks. Ponadto, wszystkie krajowe przepisy prawne obowiązujące do końca 2010 roku z 79 badanych jurysdykcji zostały zbadane i wykorzystane w rankingu różnych czynników branych pod uwagę przy konstruowaniu naszego indeksu.

Istnieje rozbieżność między poziomami ochrony prawnej praw własności intelektualnej oferowanymi przez poszczególne kraje i prawo książkowe lub prawo de iure a zdolnością, entuzjazmem i kompetencjami krajów i ich instytucji do *faktycznego* egzekwowania praw własności intelektualnej. Wydaje się, że istniejące wskaźniki praw własności intelektualnej nie uwzględniają ani większej liczby rodzajów praw własności intelektualnej, ani w pewnym stopniu rzeczywistego poziomu egzekwowania praw własności intelektualnej przez systemy prawne. Aby wypełnić tę lukę, przygotowujemy nowy wskaźnik, opisany poniżej, który naszym zdaniem wyraża bardziej realistycznie rzeczywisty poziom ochrony PWI w badanych systemach prawnych. Ramy analityczne, na których opierają się nasze wskaźniki, ilustruje **Tabela I** i oczywiście filozofia całej formacji jest analizowana w mojej pracy doktorskiej[372].

---

[372] G Zekos, IPRs' impact on FDI, 2013 PhD Thesis Economics Department, University of Peloponnese Tripoli Hellas www.uop.gr. G Zekos, 'Constructing a New IPRs index' [2012] 4 Web JCLI http://webjcli.ncl.ac.uk/2012/issue4/zekos4.html G Zekos, IPRs protection and their impact on FDI, GDP Growth & Trade, 2013 www.scholars-press.com Niemcy.

Stolik I. Etapy budowy indeksów ZEKIPR

1. Członkostwo w traktatach międzynarodowych		
Członkostwo w traktatach międzynarodowych	Sygnatariusz	Nie jest sygnatariuszem
W - Konwencja WIPO	1/29	0
P - Konwencja paryska	1/29	0
B - Konwencja berneńska	1/29	0
PCT - Traktat o współpracy patentowej	1/29	0
PLT - Traktat o prawie patentowym	1/29	0
MI - Porozumienie madryckie (Wskazania źródła)	1/29	0
MM - Porozumienie madryckie (znaki towarowe)	1/29	0
MP - Protokół madrycki	1/29	0
H - Porozumienie haskie	1/29	0
GH - Akt genewski z Hagi	1/29	0
N - Umowa z Nicei	1/29	0
LI - umowa lizbońska	1/29	0
RO- Konwencja Rzymska	1/29	0
Umowa LO - Locarno	1/29	0
Porozumienie IPC - Strasburg	1/29	0
PH - Konwencja Fonograficzna	1/29	0
Porozumienie VC - Wiedeń	1/29	0
BP - Traktat budapeszteński	1/29	0
S - Konwencja Brukselska	1/29	0
NOS - Traktat z Nairobi	1/29	0
TLT - Traktat o prawie znaków towarowych	1/29	0
WCT - Traktat WIPO o prawie autorskim	1/29	0
WPPT - Traktat WIPO o artystycznych wykonaniach i fonogramach	1/29	0
Traktat SG - Singapur	1/29	0
1/29	1/29	0
TRIPS - Porozumienie TRIPS	1/29	0
CPB - Protokół kartageński o bezpieczeństwie biologicznym	1/29	0
CBD - Konwencja o różnorodności biologicznej	1/29	0
Pekin - Traktat pekiński o audiowizualnych przedstawieniach filmowych	1/29	0

Plus 2. INDEKS PRAW PATENTÓW oparty na przepisach ustawowych		
(1) Pokrycie	Dostępny pod adresem	Niedostępne
- Zdolność patentowa środków farmaceutycznych	1/6	0
- Zdolność patentowa chemikaliów	1/6	0
- Zdolność patentowa mechaników	1/6	0
- Zdolność patentowa Biotech-Nanotech	1/6	0
- Zdolność patentowa oprogramowania	1/6	0
- Zdolność patentowa metod prowadzenia działalności gospodarczej	1/6	0
(2) Ograniczenia w zakresie praw patentowych	Nie istnieje	Istnieje
- Wymagania dotyczące pracy	1/3	0
- Licencje przymusowe	1/3	0
- Wycofanie patentów	1/3	0
(3) Czas trwania ochrony	Pełna	Częściowo
Pełny czas trwania wynosi 20 lat od daty złożenia wniosku 1		
(4) Egzekwowanie przepisów	Dostępny pod adresem	niedostępny
- Spór sądowy	¼	0
- Arbitraż	¼	0
- Naruszenie - uszkodzenia	¼	0
- Nakazy	¼	0
Plus 3. INDEX PRAWA KOPERACYJNEGO na podstawie przepisów ustawowych:		
(1) Pokrycie	Dostępny pod adresem	Niedostępne
- Dzieła literackie	1/5	0
- Nagrania dźwiękowe	1/5	0
- Kino	1/5	0
- Nadawanie	1/5	0
- Cyberprzestrzeń	1/5	0
(2) Ograniczenia prawa autorskiego	Nie istnieje	Istnieje
-Systemy licencjonowania	¼	0
- Licencje przymusowe	¼	0
- Wykorzystanie przez rząd	¼	0
- Użytek prywatny	¼	0
(3) Czas trwania ochrony	Pełna	Częściowo
Pełny okres wynosi 70 lat od śmierci autora	1	
(4) Egzekwowanie przepisów	Dostępny pod adresem	niedostępny
- Spór sądowy	¼	0
- Arbitraż	¼	0
- Naruszenie - uszkodzenia	¼	0
- Nakazy	¼	0
Plus 4. INDEKS PRAW HANDLOWYCH, na podstawie przepisów ustawowych:		
(1) Pokrycie	Dostępny pod adresem	Niedostępne
- Znaki usługowe	¼	0
- Znaki certyfikacyjne	¼	0
- Znaki wspólne	¼	0
- Nazwy domen	¼	0

Plus 4. INDEKS PRAW HANDLOWYCH, na podstawie przepisów ustawowych:		
(2) Ograniczenia praw do znaków towarowych	Nie istnieje	Istnieje
- Dowód przedłużenia okresu użytkowania	¼	0
- Wymagania dotyczące "łączenia"	¼	0
- Ograniczone zezwolenia	¼	0
- Brak ochrony dla powszechnie znanych znaków towarowych z powodu ich nieużywania	¼	0

(3) Czas trwania ochrony	Pełna	Częściowo
Pełny okres 10 lat, norma międzynarodowa	1	
(4) Egzekwowanie przepisów	Dostępny pod adresem	niedostępny
-Litigation	¼	0
-Połączenia	¼	0
-Uszkodzenia spowodowane naruszeniem prawa	¼	0
-Arbitraż	¼	0

Plus 5.
Egzekwowanie prawa.
Egzekwowanie prawa (Prawna Tradycja(Praworządność)+ Wykształcenie prawnicze + Poziom ekonomiczny) według oceny Zekosu Albo Egzekwowanie prawa - ocena prawna (tradycja prawna (praworządność) + wykształcenie prawnicze + poziom ekonomiczny) zgodnie z oceną tego autora lub ocena egzekwowania prawa ((środowisko prawno-polityczne (LP) (niezależność sądownictwa + praworządność + stabilność polityczna + kontrola korupcji) (międzynarodowe prawa własności INDEX | RAPORT T 2012))). Or etc.

Nasz główny indeks praw własności intelektualnej jest tworzony przez połączenie następujących części:

ZekIPR = indeks członkostwa w traktatach międzynarodowych dotyczących praw własności intelektualnej + indeks praw patentowych + indeks praw autorskich + indeks praw do znaków towarowych + system prawny i ranking praw własności (Ranking) krajów.

Suma tych pięciu wartości daje ogólną wartość wskaźnika praw własności intelektualnej dla każdego kraju. Indeks przyjmuje wartości od zera do jednego dla każdej jego części i dlatego najlepszym wynikiem dla danego kraju może być pięć. Nasz indeks oparty jest na krajowych i międzynarodowych przepisach prawnych obowiązujących w badanych krajach do końca 2010 roku i dotyczących praw własności intelektualnej. Warto tu wspomnieć, że prawo amerykańskie było kluczowym systemem prawnym, który został wykorzystany jako świadectwo w naszej ocenie wszystkich pozostałych systemów prawnych. Prawo amerykańskie jest uważane za bardziej zaawansowane prawo dotyczące ochrony praw własności intelektualnej. Jak przedstawiono wcześniej, prawie wszystkie nowe zmiany w prawie dotyczącym praw własności intelektualnej mają miejsce najpierw w jurysdykcji USA.

Zmienność teorii prawnej i nowe prawa wchodzące w życie przez cały czas wpływają na wynik i w konsekwencji na nasz indeks. Sposób oceny *faktycznego* zastosowania praw własności intelektualnej w danej jurysdykcji pozwala na skonstruowanie indeksu zekipr1, zekipr1a, *zekipr3*, *zekipr4* i *zekipr5*. The Legal System & Property Rights Rating (Ranking) of countries (*Economic Freedom of the World: 2012 Annual Report,* Area Economic Freedom Ratings (Ranks), 2010) przedstawia ranking badanych krajów w 2010 roku i dlatego wszystkie dane brane pod uwagę przy konstruowaniu naszego indeksu odnoszą się do 2010 roku. W tym zakresie dysponujemy następującymi indeksami:

ZEKIPR= Członkostwo w traktatach międzynarodowych + indeks praw patentowych + indeks praw autorskich + indeks praw do znaków towarowych + LR1 Legal System & Property Rights Rating (Ranking) of countries (*Economic Freedom of the World: 2010 Annual Report, Area* Economic Freedom Ratings (Ranks), 2008)

ZEKIPR1= Indeks członkostwa w traktatach międzynarodowych dotyczących praw własności intelektualnej + indeks praw patentowych + indeks praw autorskich + indeks praw do znaków towarowych + lr2 Ranking systemu prawnego i praw własności (Ranking) krajów (*Wolność gospodarcza świata: raport roczny 2011* , Ranking swobód gospodarczych obszaru, 2009)

ZEKIPR1a= Członkostwo w traktatach międzynarodowych + INDEX PRAW PATENTA + INDEX PRAWA KOPERACYJNEGO + INDEX PRAW HANDLOWYCH + LR3 System prawny i ranking praw własności (Ranking) państw (Wolność gospodarcza świata: Raport roczny za 2012 r., Ranking Wolności Gospodarczej Obszaru (Ranking) za 2010 r.)

Warto tu wspomnieć, że element egzekwowania praw własności intelektualnej, wyrażony w pisemnych przepisach krajowych, jest już uwzględniony w trzech częściach naszego indeksu odnoszących się do krajowych przepisów dotyczących patentów, praw autorskich i znaków towarowych. W związku z tym, jak wspomniano wcześniej, możliwe jest, że żaden indeks nie odzwierciedla ogólnego charakteru ochrony praw własności intelektualnej w danym regionie; ale nasze indeksy, które składają się z różnych indeksów, takich jak członkostwo w międzynarodowych traktatach dotyczących praw własności intelektualnej, indeks patentów, indeks praw autorskich, indeks znaków towarowych oraz kombinacja indeksów dotyczących *faktycznego* środowiska stosowania w każdym kraju/państwie, dają znacznie lepszy obraz, ukazując przybliżony rzeczywisty poziom ochrony praw własności intelektualnej.

Nasz indeks jest również zreformowany w następujący sposób:

ZEKIPR3= Członkostwo w traktatach międzynarodowych + INDEX PRAWA PATENTA + INDEX PRAWA KOPERACYJNEGO + INDEX PRAWA HANDLOWEGO + *otoczenie aplikacji (*poziom korupcji + ranking demokracji)

ZEKIPR4= Członkostwo w traktatach międzynarodowych + INDEX PRAWA PATENTA + INDEX PRAWA KOPERACYJNEGO + INDEX PRAWA HANDLOWEGO + Wartość egzekucyjna (Korupcja + Ranking Demokracji + Rządy prawa)

ZEKIPR5= Członkostwo w traktatach międzynarodowych + INDEX PRAWA PATENTA + INDEX PRAWA KOPERACYJNEGO + INDEX PRAWA HANDLOWEGO + Środowisko egzekwowania prawa ((Ranking Korupcja + Demokracja) + Poziom sprawiedliwości (Edukacja prawna + Tradycja prawna + Warunki ekonomiczne))

2. Rewizja indeksu ZEKIPR1a

Jak wspomniano wcześniej, warta ochrony ochrona praw własności intelektualnej zależy zarówno od istnienia przepisów o ochronie własności intelektualnej, jak i od ich egzekwowania. Piąta część indeksu *ZEKIPR1a* dotyczy zasady prawa w praktyce, która wskazuje ranking systemów prawnych i otoczenia badanych jurysdykcji, które są brane pod uwagę przy konstruowaniu naszego indeksu. Sposób oceny *faktycznego* zastosowania przepisów prawa własności intelektualnej w danej jurysdykcji pozwala na skonstruowanie *indeksu zekipr6 i zekipr7.*

Wszystkie krajowe przepisy prawne obowiązujące do końca 2012 r. w 79 badanych jurysdykcjach zostały zbadane i wykorzystane w rankingu różnych czynników branych pod uwagę przy konstruowaniu naszego wskaźnika, jak przedstawiono powyżej. W związku z tym wszystkie przyszłe zmiany w przepisach dotyczących własności intelektualnej i ich egzekwowaniu będą nadal powodować zmiany w naszych indeksach, co oznacza potrzebę ciągłej aktualizacji indeksu praw własności intelektualnej.

Należy wziąć pod uwagę, że istnieje związek między ramami prawnymi a rozwojem rynków finansowych lub poziomem rynków i gospodarki. Rating prawny dotyczący egzekwowania praw własności intelektualnej jest wykorzystywany, ponieważ uważa się go za najlepszy sposób oceny rzeczywistego zastosowania egzekwowania praw własności intelektualnej w badanych krajach.

W związku z tym nasz indeks jest również reformowany w następujący sposób:

ZEKIPR1a= Członkostwo w traktatach międzynarodowych + INDEX PRAW PATENTA + INDEX PRAWA KOPIERACYJNEGO + INDEX PRAW HANDLOWYCH + LR3 System prawny i ranking praw własności (Ranking) krajów (Wolność gospodarcza świata: Raport roczny za 2012 r., Ranking Wolności Gospodarczej Obszaru (Ranking) za 2010 r.).

ZEKIPR1b= Członkostwo w traktatach międzynarodowych + INDEX PRAW PATENTA + INDEX PRAWA KOPERACYJNEGO + INDEX PRAW HANDLOWYCH + Ocena egzekwowania prawa

((Legal and Political Environment (LP) (Judicial Independence+ Rule of Law+ Political Stability+ Control of Corruption) (International Property Rights Index | 2010 Report)).

ZEKIPR6= Członkostwo w traktatach międzynarodowych + INDEX PRAWA PATENTA + INDEX PRAWA KOPERACYJNEGO + INDEX PRAWA HANDLOWEGO + Klasyfikacja prawna egzekwowania prawa (tradycja prawna (rządy prawa) + wykształcenie prawnicze + poziom ekonomiczny).
Egzekwowanie prawa (Prawna Tradycja (Rządy prawa) + Wykształcenie Prawne + Poziom Ekonomiczny) odbywa się zgodnie z oceną tego autora.

ZEKIPR6α= Członkostwo w traktatach międzynarodowych + INDEX PRAWA PATENTA + INDEX PRAWA KOPERACYJNEGO + INDEX PRAWA HANDLOWEGO

Zekpat6= INDEX PRAW PATENTA + Ocena zdolności prawnej (Prawna Tradycja (Państwo prawa) + Wykształcenie prawnicze + Poziom ekonomiczny).

Zekcopy6= INDEX OF COPYRIGHT+ Enforcement legal rating (Prawna Tradycja (Rządy prawa) + Wykształcenie prawnicze + Poziom ekonomiczny).

Zekmark6= INDEX PRAW HANDLOWYCH + Ocena zgodności z prawem (tradycja prawna (państwo prawa) + wykształcenie prawnicze + poziom ekonomiczny).

ZEKIPR7= Członkostwo w traktatach międzynarodowych + INDEX PRAWA PATENTA + INDEX PRAWA KOPIERACYJNEGO + INDEX PRAWA HANDLOWEGO + Ocena egzekwowania prawa ((Legal and Political Environment (LP) (Judicial Independence+ Rule of Law+ Political Stability+ Control of Corruption) (Międzynarodowy indeks praw własności | Sprawozdanie za 2012 r.)).

ZEKIPR8= Członkostwo w traktatach międzynarodowych + INDEX PRAWA PATENTA + INDEX PRAWA KOPIERACYJNEGO + INDEX PRAWA HANDLOWEGO + Ocena egzekwowania prawa ((środowisko prawno-polityczne (LP) (Niezależność sądownictwa + praworządność + stabilność polityczna + kontrola korupcji) (Międzynarodowy indeks praw własności | sprawozdanie za rok 2014)). Warto wspomnieć, że niektóre kraje nie są zawarte w 2014 r. w IPRI, a więc ich szeregi są zajęte od 2013 r. IPRI.

ZEKIPR9= Członkostwo w traktatach międzynarodowych + INDEX PRAW PATENTA + INDEX PRAWA KOPIERACYJNEGO + INDEX PRAW HANDLOWYCH + System prawny i ranking praw własności (Ranking) państw (Wolność gospodarcza świata: Raport roczny za 2014 r., Ranking Wolności Gospodarczej Obszaru (Ranking) za 2012 r.).

3. Indeks ZEKEUIPR

Duża próba 79 krajów została zebrana w celu przeprowadzenia przez Zekos badań[373] w zakresie tworzenia indeksów IPR. Wszystkie przepisy krajowe obowiązujące na koniec 2012 r. w 79 badanych jurysdykcjach zostały zbadane i wykorzystane do zestawienia różnych czynników branych pod uwagę przy konstruowaniu indeksu ZEKIPR6.[374]

Warto wspomnieć, że konstrukcja naszych wskaźników praw własności intelektualnej opiera się na nich: (a) członkostwo w międzynarodowych traktatach dotyczących praw własności intelektualnej, (b) prawa patentowe, (c) prawa autorskie, (d) prawa do znaków towarowych oraz (e) system prawny i ranking praw własności (ranking) krajów. W tym zakresie na podstawie przepisów krajowych obowiązujących na koniec 2012 r. z 28 badanych jurysdykcji UE zostały zbadane i wykorzystane w rankingu różnych czynników branych pod uwagę przy konstruowaniu indeksów zekeuipr1, zekeuipr2, zekeuipr4, zekeupat1, zekeucopy1, zekeumark1 dotyczących ochrony praw własności intelektualnej w Unii Europejskiej.

zekeuipr1 = Członkostwo w traktatach międzynarodowych + INDEX PRAWA PATENTA + INDEX PRAWA KOPERACYJNEGO + INDEX PRAWA HANDLOWEGO - PRAWA MARKU + Egzekwowanie oceny prawnej (tradycja prawna (rządy prawa) + wykształcenie prawnicze + poziom ekonomiczny).

Egzekwowanie prawa (Prawna Tradycja (Rządy prawa) + Wykształcenie Prawne + Poziom Ekonomiczny) odbywa się zgodnie z oceną tego autora.

zekeupat1 = INDEX PRAW PATENTA + Ocena prawna egzekwowania prawa (Prawna Tradycja (Rządy prawa) + Edukacja prawnicza + Poziom ekonomiczny).

zekeucopy1 = INDEX PRAWA KOPIERACYJNEGO+ Ocena zgodności z prawem (Prawna Tradycja (rządy prawa) + Wykształcenie prawnicze + Poziom ekonomiczny).

zekeumark1 = INDEX PRAW HANDLOWYCH + ocena prawna egzekwowania prawa (Prawna Tradycja (Państwo prawa) + Edukacja Prawna + Poziom Ekonomiczny).

Ponadto, w celu uzyskania nie tylko szacunków autora dotyczących egzekwowania praw *własności intelektualnej*, ale również dodatkowej oceny rzeczywistego egzekwowania ochrony praw własności intelektualnej, a więc całościowej *oceny de iure*, wykorzystujemy komponent Środowisko Prawne i Polityczne (LP) *Międzynarodowego Indeksu Praw Własności Intelektualnej (International Property Rights Index)* przygotowanego przez Property Rights Alliance (PRA). Niezależność sądownictwa, praworządność, stabilność polityczna i kontrola korupcji to elementy składowe tworzące środowisko prawno-polityczne (LP), które pokazuje środowisko, w którym obowiązują i są egzekwowalne krajowe przepisy dotyczące praw własności intelektualnej. W związku z tym nasz wskaźnik jest również reformowany w następujący sposób:

zekeuipr2 = Członkostwo w traktatach międzynarodowych + INDEX PRAWA PATENTA + INDEX PRAWA KOPERACYJNEGO + INDEX PRAWA HANDLOWEGO + Ocena egzekwowania prawa ((środowisko prawno-polityczne (LP) (Niezależność sądownictwa + praworządność + stabilność polityczna + kontrola korupcji) (Międzynarodowy indeks praw własności | sprawozdanie za 2012 r.)).

zekeuipr4 = Członkostwo w traktatach międzynarodowych + INDEX PRAW PATENTA + INDEX PRAWA KOPERACYJNEGO + INDEX PRAW HANDLOWYCH + Ranking systemu prawnego i praw własności (Ranking) państw (Wolność gospodarcza na świecie: Raport roczny za rok 2014, Ranking Wolności Gospodarczej Obszaru Gospodarczego (Ranking) za rok 2012).

Warto w tym miejscu wspomnieć, że zmiany w prawie krajowym dotyczącym praw własności intelektualnej badanych jurysdykcji oraz ocena badanych systemów prawnych przyniosą zmiany w indeksie (ZEKIPR- zekeuipr1, zekeuipr2, zekeuipr4), a więc możliwa jest regularna aktualizacja

---

[373] G. Zekos, "Constructing a New IPRs index", 4 Web JCLI (2012), http://webjcli.ncl.ac.uk/2012/issue4/zekos4.html; G. Zekos, "Law & Economics of IPRs", 2016 Nova *Science Publications,* New York, *www.novapublishers.com; G.* Zekos, "IPRs' impact on FDI", 2013 PhD Thesis, Economics Department, University of Peloponnese, Tripoli, Hellas www.uop.gr.
[374] G. Zekos, "IPRs Protection And Their Impact Upon FDI, GDP Growth & Trade", 2013 Scholar's Press, Www.Scholars-Press.Com, www.morebooks.de Niemcy.

indeksów ZEKIPR/ZEKEUIPR. Skuteczna ochrona praw własności intelektualnej zależy zarówno od istnienia przepisów o ochronie własności intelektualnej, jak i od ich egzekwowania. Zmienność teorii prawnej i wchodzące w życie nowe przepisy wpływają na wynik i w konsekwencji na nasze indeksy.

Nasz główny indeks praw własności intelektualnej jest tworzony przez połączenie następujących części: ZekIPR = Indeks członkostwa w traktatach międzynarodowych dotyczących praw własności intelektualnej + indeks praw patentowych + indeks praw autorskich + indeks praw do znaków towarowych + System prawny i ranking praw własności (ranking) krajów. Sposób konstruowania naszych indeksów pozwala nam na tworzenie indeksów cząstkowych poprzez usunięcie jedynie piątej części dotyczącej rankingu badanych systemów prawnych.

Piąta część indeksu zekipr1 dotyczy rządów prawa w praktyce. Ponadto, ostatni Ranking Systemów Prawnych i Praw Własności (Ranking) krajów[375] przedstawia rating badanych krajów w 2012 roku, a więc wszystkie dane wzięte pod uwagę przy konstruowaniu naszych indeksów odnoszących się do 2012 roku.

W związku z tym wszystkie przyszłe zmiany w przepisach dotyczących własności intelektualnej i ich egzekwowaniu będą nadal powodować zmiany w naszych wskaźnikach, co oznacza konieczność nieustannej aktualizacji wskaźników praw własności intelektualnej, a więc w oparciu o przepisy krajowe obowiązujące pod koniec 2014 r. z 28 badanych jurysdykcji UE zbudowanych w Zekeuipr3.

Zekeuipr3 = Członkostwo w traktatach międzynarodowych + INDEX PRAWA PATENTA + INDEX PRAWA KOPERACYJNEGO + INDEX PRAWA HANDLOWEGO + Ocena egzekwowania prawa ((środowisko prawno-polityczne (LP) (Niezależność sądownictwa + praworządność + stabilność polityczna + kontrola korupcji) (Międzynarodowy indeks praw własności| sprawozdanie za rok 2014)). Warto wspomnieć, że niektóre kraje nie są zawarte w 2014 r. w IPRI, a więc ich szeregi są zajęte od 2013 r. IPRI.

Skuteczna ochrona praw własności intelektualnej zależy zarówno od istnienia przepisów o ochronie własności intelektualnej, jak i od ich egzekwowania. Zmienność teorii prawnej i nowe prawa wchodzące w życie przez cały czas mają wpływ na wynik i w konsekwencji na nasz indeks.

Oczywiście,[376]wszystkie skonstruowane wskaźniki, takie jak *zekipr1, zekipr1a, zekipr2, zekipr3, zekipr4, zekipr5, zekipr6, zekipr6a, zekipr7, zekipr8 zekipr9,* zekeuipr1, zekeuipr2, zekeuipr3 i zekeuipr4 mogą być wykorzystane do ekonometrycznej analizy wpływu praw własności intelektualnej na BIZ, PKB, handel itp.

---

[375] Wolność gospodarcza na świecie: sprawozdanie roczne za rok 2014, Ratingi Wolności Gospodarczej w Obszarze Gospodarczym (Rankingi), 2014.

[376] G Zekos, IPRs protection and their impact on FDI, GDP Growth & Trade, 2013 www.scholars-press.com Niemcy.

Rozdział 3

Przegląd literatury

Literatura ekonomiczna dotycząca relacji między ochroną praw własności intelektualnej a rozwojem gospodarczym dzieli się na dwie szerokie kategorie - jedną teoretyczną i jedną empiryczną. Literatura teoretyczna skupia się na rozróżnieniu możliwych sposobów, w jaki zasada ochrony praw własności intelektualnej państwa rozwijającego się wpływa na dobrobyt gospodarczy[377], biorąc pod uwagę koszty i korzyści wynikające z wprowadzenia lub zwiększenia ochrony praw własności intelektualnej. Literatura empiryczna określa ilościowo konsekwencje ochrony praw własności intelektualnej dla szeregu miar wyników gospodarczych, takich jak wzrost PKB, całkowita produktywność czynników produkcji (TFP), bezpośrednie inwestycje zagraniczne, innowacje i handel międzynarodowy.[378] Dowody empiryczne wskazują, że eskalacja ochrony praw własności intelektualnej ma pozytywny wpływ na napływ BIZ.[379] Poniższa analiza ekonometryczna wskaże wpływ ochrony praw własności intelektualnej na napływ/odpływ BIZ.

Ferrantino[380] pokazuje, że przedsiębiorstwa wielonarodowe wolą zakładać produkcję tam, gdzie prawa własności intelektualnej mają ugruntowaną pozycję, a przedsiębiorstwa amerykańskie dokonują większego wywozu transferowego do swoich oddziałów w krajach, które nie chronią praw własności intelektualnej, prawdopodobnie starając się ukryć technologię produkcji. Glass i Saggi[381] założyły, że silniejsze prawa własności intelektualnej podniosłyby koszty naśladownictwa, osłabiając przepływy technologii i globalne innowacje.

Lai[382], oraz Yang i Maskus[383]wykorzystali endogeniczne modele wzrostu, aby pokazać, że ochrona praw własności intelektualnej przynosi korzyści Południu poprzez zwiększenie przepływu technologii na Południe. Porozumienie TRIPS rozwiązuje problem działań zbiorowych, wymagając od wszystkich państw członkowskich silnej ochrony praw własności intelektualnej. Południe jest zmuszone uznać porozumienie TRIPS jako część WTO ze względu na obietnicę liberalizacji w obszarze, w którym ochrona praw własności intelektualnej Północy pozostaje wysoka. Wreszcie, silniejsza ochrona praw własności intelektualnej na Południu, taka jak przyjęcie i wdrożenie porozumienia TRIPS, prowadzi do trwałego wzrostu tempa transferu technologii na Południe w ramach MNE oraz do stałego wzrostu adaptacyjnych wydatków na badania i rozwój na Południu przez MNE. Te dwa skutki są powiązane, ponieważ wzrost adaptacyjnych wydatków na badania i rozwój jest tym, co napędza wzrost wskaźnika transferu technologii w obrębie MNE. Silniejsza ochrona praw własności intelektualnej na południu prowadzi do przejściowego wzrostu wskaźnika innowacyjności na północy i trwałego zmniejszenia luki płacowej między północą a południem.

---

[377] Chin, Judith C. i Gene M. Grossman, "Intellectual Property Rights and North-South Trade", NBER Working Paper Series, No. 2769 (1988) (Cambridge: National Bureau of Economic Research, November) (literatura teoretyczna bierze pod uwagę globus o technologicznie rozwiniętej "Północy" i mniej technologicznie rozwiniętym "Południu" w oparciu o hipotezę, że Północ wprowadza innowacje, a Południe imituje technologie północne); Rapp, R. i R. Rozek, "Benefits and Costs of Intellectual Property Protection in Developing Countries", *Journal of World Trade* 24, 75-102 (1990).

[378] Park, Walter G. i Juan Carlos Ginarte, "Intellectual Property Rights and Economic Growth", *Contemporary Economic Policy* 15 (July), 3: 51-61 (1997) (wykorzystując swój indeks praw własności intelektualnej szacuje, że ochrona praw własności intelektualnej jest godnym uwagi wyznacznikiem).

[379] Nunnenkamp, Peter, Spatz, Julius, "Intellectual property rights and foreign direct investment: a disaggregated analysis", *Review of World Economics/ Weltwirtschaftliches Archiv* 140 (3), 393-414 (2004).

[380] Ferrantino, M. J. (1993). The effect of intellectual property rights on international trade and investment. Weltwirtschaftliches Archiv, 129, 300-331.

[381] Glass, Amy i Kamal Saggi., 2002, Prawa własności intelektualnej i bezpośrednie inwestycje zagraniczne,. Journal of International Economics, Vol. 56(2), 387-410.

[382] Lai, Edwin L.-C., 1998, International Intellectual Property Rights Protection and the Rate of Product Innovation, Journal of Development Economics 55, 133--153.

[383] Yang Guifang, Keith E. Maskus (1998), Prawa własności intelektualnej i licencjonowanie: An Econometric Investigation, Working Paper No. 98-34.

Znaczenie praw własności intelektualnej różni się w dużym stopniu w zależności od zmiennych, takich jak technologiczny charakter działalności i charakter gospodarki. Badania antymonopolowe dotyczą postępowania przedsiębiorstw w oparciu o istniejące prawa własności. Każde prawo własności, zakorzenione we własności rzeczywistej lub intelektualnej, może być nadużywane w prowadzeniu działalności gospodarczej, co prowadzi do[384]naruszenia prawa ochrony konkurencji. Bardzo trudno jest przewidzieć konflikt między udzieleniem patentu a przepisami antymonopolowymi w momencie udzielenia patentu ze względu na czas, jaki dzieli badanie patentowe od potencjalnego naruszenia przepisów antymonopolowych, oraz wiele innych czynników związanych ze sposobem, w jaki właściciel patentu rozwija produkty i osiąga pozycję rynkową. Przed udzieleniem patentu rzeczoznawcy patentowi nie zastanawiają się nad potencjalnym naruszeniem przepisów antymonopolowych. W związku z technologicznym charakterem działalności, rola patentów w stymulowaniu badań i rozwoju różni się w zależności od rodzaju działalności, a w produkcji, w której dość łatwo jest kompetentnej firmie skopiować patenty na nowe towary, są one niezbędne dla utrzymania ogromnych i ryzykownych nakładów na badania i rozwój, wymaganych dla innowacji produktów. Innowacyjność polega na przekształcaniu wiedzy w działalność gospodarczą. Konieczność korzystania z praw własności intelektualnej w celu wspierania innowacji lub transferu technologii nie może być jednakowa we wszystkich rodzajach działalności[385]. W związku z tym idealny system praw własności intelektualnej musi opierać się na strukturze działalności gospodarczej w każdym kraju. Kraje o nieznacznych inwestycjach produkcyjnych w działalność wrażliwą na prawa własności intelektualnej wymagają mniej rygorystycznej administracji niż kraje prowadzące taką działalność, przynajmniej ze względu na kwestie technologiczne. Wiele krajów rozwijających się, w zakresie, w jakim dysponują lokalnym przemysłem farmaceutycznym, ma wiele do zdobycia dzięki słabym prawom własności intelektualnej pozwalającym im na budowanie lokalnego potencjału. Dopiero gdy wejdą w fazę innowacji, wymagają silnych praw własności intelektualnej, nawet w przypadku działań o wysokim stopniu zaawansowania technologicznego.

Kluczowym celem prawa własności intelektualnej jest wspieranie nowych i ulepszonych dzieł - czy to technologicznych, czy ekspresyjnych. Inne przesłanki prawa własności intelektualnej dotyczą specyficznego problemu gospodarczego - zapewnienia integralności rynku. Co więcej, prawo własności intelektualnej ma na celu wspieranie innowacji i tworzenie produktywnej wiedzy. Wyjątkowość prawna wynikająca z praw własności intelektualnej obniża koszty transakcyjne, promuje rozpowszechnianie wiedzy i inspiruje do inwestowania w cenne idee zgodne z podstawowymi zasadami gospodarki rynkowej[386]. Mimo że możliwości technologiczne znacznie się zwiększyły w dziedzinach takich jak oprogramowanie i biotechnologia/nanotechnologia, prowadząc do większej liczby innowacji, a tym samym większej liczby patentów, to jednak ruch patentowy mógł również wzrosnąć niezależnie od podstawowego tempa innowacji[387].

Z jednej strony, wiele prac dotyczyło roli praw własności intelektualnej w napływie BIZ. W tym zakresie H. Tanaka, T. Iwaisako i K. Futagami argumentują[388], że uzyskanie wyższej ochrony patentowej na południu zwiększa BIZ. Lesser[389], Lee i Mansfield[390]oraz Smarzynska[391] znaleźli optymistyczny rezultat w postaci praw własności intelektualnej dla BIZ. Nunnenkamp i Spatz[392] zbadali powiązanie praw własności intelektualnej z BIZ przy użyciu danych zdezagregowanych

---

[384] United States v. Microsoft Corp., 253 F.3d 34, 63 (D.C. Cir. 2001) (twierdzenie pozwanego w postępowaniu antymonopolowym, zgodnie z którym miał on "bezwzględne i nieograniczone prawo do korzystania ze swojej własności intelektualnej zgodnie ze swoim życzeniem" zostało uznane za "nie bardziej prawidłowe niż twierdzenie, że korzystanie z własności osobistej, takiej jak kij baseballowy, nie może prowadzić do odpowiedzialności deliktowej").

[385] Mansfield, E. (1994) "Intellectual property protection, foreign direct investment and technology transfer", Washington DC: International Finance Corporation, Discussion Paper Number 19.

[386] Scotchmer, S., 2004. Ekonomia polityczna traktatów o własności intelektualnej. Journal of Law, Economics, and Organization 20, 415-437.

[387] Reitzig, M., Henkel, J. i Schneider, F. (2010), "Collateral damage for R&D manufacturers: how patent sharks operate in markets for technology", Industrial and Corporate Change, 19(3), strony 947-967.

[388] Hitoshi Tanaka, Tatsuro Iwaisako, Koichi Futagami, A Welfare Analysis of Global Patent Protection in a Model with Endogenous Innovation and Foreign Direct Investment, Discussion Paper 09-24Graduate School of Economics and Osaka School of International Public Policy (OSIPP).

[389] Lesser, W. (2002), "The Effects of intellectual property rights on foreign direct investment and imports in developing countries", *IP Strategy Today* No. 4, s. 1-16.

[390] Lee, J. Y. i E. Mansfield (1996), "Intellectual Property Protection and U.S. Foreign Direct Investment", *The Review of Economics and Statistics*, 78, s. 181-186.

[391] Smarzynska, B. J. (2004). "The composition of foreign direct investment and protection of intellectual property rights: evidence from transition economies", *European Economic Review*, 48, s. 39-62.

[392] Nunnenkamp Peter i Julius Spatz, Prawa własności intelektualnej i bezpośrednie inwestycje zagraniczne: A Disaggregated Analysis, 2004 *Weltwirtschaftliches Archiv* Vol. 140(3), 393-414.

sektorowo dla dużej próby krajów przyjmujących i stwierdzili, że silniejsza ochrona praw własności intelektualnej odegrała pozytywną rolę w przyciąganiu BIZ. Związek między prawami własności intelektualnej a inwestycjami zagranicznymi i wzmocnioną ochroną patentową był powszechny w tych krajach, w których systemy praw własności intelektualnej są najsłabsze, ale ogólnie rzecz biorąc silnie skorelowane[393]. W obecności BIZ Parello[394] pokazuje, że żaden z północnych producentów nie podejmie się BIZ, gdy poziom lokalnych umiejętności jest bardzo niski, a koszt kapitału ludzkiego bardzo wysoki, w związku z czym zwiększenie ochrony praw własności intelektualnej jest bezproduktywne w przyciąganiu zagranicznych technologii poprzez BIZ. Primo, Braga i Fink[395] wyjaśnili, że ochrona własności intelektualnej wpływa na inwestycje zagraniczne na dwa negatywne sposoby: Po pierwsze, silniejsza ochrona praw własności intelektualnej zapewnia właścicielom tytułów własności intelektualnej większą siłę rynkową i może, przynajmniej teoretycznie, spowodować, że przedsiębiorstwa faktycznie dokonają zbycia i ograniczą swoje usługi na rzecz innych krajów. Po drugie, wyższy poziom ochrony może spowodować, że [korporacje transnarodowe] przestawią preferowany przez siebie sposób dostawy z produkcji zagranicznej na licencjonowanie".

Z drugiej strony, nie ma wielu prac dotyczących roli praw własności intelektualnej w odpływie BIZ. Zewnętrzne BIZ pozwalają firmom wejść na nowe rynki, importować towary pośrednie z oddziałów zagranicznych po niższych cenach, produkować za granicą towary końcowe po niższych kosztach, a także uzyskać dostęp do zagranicznych technologii. Istnieje związek pomiędzy BIZ wewnętrznymi i zewnętrznymi, a połączenia pomiędzy BIZ wewnętrznymi i zewnętrznymi są nadal badane. Apergis nie[396] znalazł żadnych godnych uwagi długookresowych powiązań takich BIZ. Powiązania pomiędzy BIZ w kierunku do wewnątrz i na zewnątrz na poziomie przemysłu są najbardziej widoczne w sektorze usług, ponieważ wyjątkowość operacyjna tych przedsiębiorstw nie pozwala na wykorzystanie eksportu jako alternatywnego sposobu wejścia na rynek.

Dimitrios Kyrkilis i Pantelis Pantelidis[397] identyfikują kluczowe determinanty zewnętrznych BIZ, takie jak realny PNB, stopa procentowa, technologia i kapitał ludzki. Buckley *et al*[398] argumentują, że niedoskonałości rynku kapitałowego, szczególne korzyści własnościowe i czynniki instytucjonalne oznaczają wyjaśnienie geograficznych zewnętrznych BIZ. Dochód na mieszkańca, otwartość gospodarki na handel międzynarodowy, stopa procentowa, kapitał ludzki, możliwości technologiczne, kurs walutowy i zmienność kursów walutowych to specyficzne czynniki zewnętrznych bezpośrednich inwestycji zagranicznych[399]. Istnieje ujemna korelacja pomiędzy stopą procentową a odpływającymi BIZ, ponieważ relatywnie niskie stopy procentowe związane z zasobnością kapitałową kraju obniżają koszt alternatywny kapitału i poprawiają opłacalność inwestycji za granicą. Istnieje dodatnia korelacja[400] pomiędzy kursem walutowym kraju macierzystego i/lub zmiennością kursów walutowych a napływem bezpośrednich inwestycji zagranicznych. Kostevc i inni[401] wyjaśniają, że jakość instytucjonalna ma znaczący wpływ na poziom BIZ. Clarke[402] twierdzi, że jakość instytucjonalna ma pozytywną korelację z BIZ. Zewnętrzne BIZ mogą być preferowane zamiast eksportu, gdy koszty transakcji są wysokie na rynku zewnętrznym[403]. Eksport i bezpośrednie inwestycje zagraniczne są tradycyjnie charakteryzowane jako strategie alternatywne. Firmy mogą albo produkować w kraju i na eksport, albo produkować za granicą i zastępować lokalną sprzedaż oddziałów zagranicznych

---

393 World Investment Report 2014, UNCTAD www.unctad.org.

394 Parello, C.P. (2008), A North-South model of intellectual property rights protection and skill accumulation. *Journal of Development Economics* 85, 253-281.

395 CA Primo Braga i C Fink, "The Relationship between Intellectual Property Rights and Foreign Direct Investment" (1998) 9 *Duke J Comp & Int'l L 163,* 164.College, Oxford, UK.

396 Apergis, N. (2008). Foreign Direct Investment Inward and Foreign Direct Investment Outward: Evidence from Panel Unit Root and Co-integration Tests with a Certain Number of Structural Changes, *Global Economy Journal*, 8/1, 1-14.

397 Pantelidis, P. i Kyrkilis, D. (2005). A Cross Country Analysis of Outward Foreign Direct Investment Patterns, *International Journal of Social Economics*, 32/6, 510-519.

398 Buckley, P. J., .Clegg, L. J., Cross, A. R., Xin, L., Voss, H. i Ping, Z.(2007), "The Determinants of Chinese Outward Foreign Direct Investment", *Journal of International Business Studies,* 38, 4, 499-518.

399 Dr Paz Estrella Tolentino, makroekonomiczne uwarunkowania zewnętrznych bezpośrednich inwestycji zagranicznych w Chinach: Gdzie jest ojczyzna?, www.ssrn.com

400 Choi, J. J. and Jeon, B. N. (2007), "Financial Factors in Foreign Direct Investments: A Dynamic Analysis of International Data", *Research in International Business and Finance,* 21, 1, 1-18.

401 Kostevc, Č, Redek, T. i Sušjan, A. (2007). Foreign Direct Investment and Institutional Environment in Transition Economies. *Transition Studies Review*, 14 (1), 40-54.

402 Clarke, G.R.G. (2001). How the quality of institutions affects technological deepening in developing countries. *Policy Research Working Paper Series 2603*. Bank Światowy, Waszygnton, DC.

403 Moon, H. C. i T. W. Roehl 2007, "Outward foreign direct investment by enterprises from the Republic of Korea". In *Global players from emerging markets: strengthen enterprise competitiveness through outward investment.* Nowy Jork i Genewa: Organizacja Narodów Zjednoczonych 2007: 93-106.

eksportem. W dobie globalizacji BIZ są wykorzystywane albo do zabezpieczenia rynków, które wcześniej były tworzone przez eksport, albo też BIZ następują po eksporcie.

Ponadto, kraje rozwinięte zliberalizowały swój system zewnętrznych BIZ i dysponują politykami, instrumentami i instytucjami, które zajmują się zewnętrznymi BIZ, obejmującymi dostarczanie informacji, finansowanie, korzyści fiskalne i ubezpieczenie od ryzyka politycznego; międzynarodowe umowy inwestycyjne, które chronią ich inwestorów zewnętrznych; umowy o unikaniu podwójnego opodatkowania, które pomagają uniknąć podwójnego opodatkowania; oraz liczne wsparcie pośrednie, takie jak oficjalne wsparcie rozwoju powiązane ze wzmacnianiem projektów krajów-darczyńców w zakresie zewnętrznych BIZ, poza pomocą organizacji sektora prywatnego, takich jak dwustronne izby handlowe. Z drugiej strony, rynki wschodzące liberalizują swoje systemy polityki w zakresie zewnętrznych BIZ i posiadają bardzo niewiele, jeśli w ogóle, instrumentów i instytucji politycznych. Rządy rynków wschodzących muszą rozważyć opracowanie polityk, instrumentów i instytucji, które pomogą ich firmom inwestować za granicą, aby mogły czerpać korzyści z zewnętrznych BIZ dla swoich firm i gospodarek. Ponadto, zewnętrzne BIZ mogą wspierać eksport, oferując dostęp do wielu zasobów, obejmując technologie, marki i sieci dystrybucji, a także narażać swoje firmy na presję konkurencyjności na rynkach międzynarodowych.

Poniższe prace przedstawiają wpływ praw własności intelektualnej na BIZ. Stypendyści tacy jak Ferrantino[404], Maskus i Eby-Konan[405]oraz Lee i Mansfield[406] wykazali mieszane wyniki dotyczące związku pomiędzy ochroną praw własności intelektualnej a BIZ. Niejasne wyniki pojawiają się z kilku powodów, takich jak problemy z pomiarami związanymi z ochroną praw własności intelektualnej i wykorzystywanymi wskaźnikami. Maskus[407] twierdzi, że nieostre wyniki wcześniejszych badań opartych na nieostrych pomiarach ochrony praw własności intelektualnej są niejednoznaczne. Smarzyńska[408] argumentuje, że słaba ochrona praw własności intelektualnej odstrasza BIZ w klastrze branż intensywnie wykorzystujących technologie. Należy wziąć pod uwagę, że prawa własności intelektualnej zostały przekształcone w składnik infrastruktury pod inwestycje, które mają kluczowe znaczenie dla innowacji i nowego rozszerzenia wielonarodowego. Zdaniem Legera[409] przyznanie tymczasowych wyłącznych praw do wynalazków oznacza, że prawa własności intelektualnej upoważniają właściciela praw do oceny swoich produktów powyżej kosztów krańcowych, a tym samym do przeniesienia do domu początkowych kosztów inwestycji w badania. Ponadto Nicholson[410] stwierdził, że wzmocniona ochrona praw własności intelektualnej pozwala przedsiębiorstwom na podjęcie globalnej produkcji ze względu na rozszerzoną ochronę korzyści wynikających z ich własności. Warto wspomnieć, że BIZ odgrywają strategiczną rolę w procedurze rozwoju, co oznacza, że należy ocenić dokładne znaczenie praw własności intelektualnej dla przyciągania napływu BIZ[411]. BIZ stanowią istotny kanał transferu technologii z krajów rozwiniętych do krajów rozwijających się poprzez inspirowanie inwestycji krajowych. Silne prawa własności intelektualnej przekonują posiadaczy własności intelektualnej do inwestowania, gdyż odpowiednia ochrona praw własności intelektualnej gwarantuje inwestorom zagranicznym, że ich wiedza nie zostanie ujawniona konkurentom. W rezultacie, mniejsze ryzyko powielania pozwala na większe zapotrzebowanie na towary chronione[412]. Niemniej jednak państwa, w których ochrona PWI jest słaba, uzyskują

---

[404] Ferrantino, M. J. (1993), The Effect of Intellectual Property Rights on International Trade and Investment. *Review of World Economics/Weltwirtschafiliches Archiv* 129 (2): 300-331.

[405] Maskus, K. E. i D. R. Eby-Konan (1994), Trade-Related Intellectual Property Rights: Zagadnienia i wyniki badań. In A. V. Deardorff and R. M. Stern (eds.), *Analytical and Negotiating Issues in the Global Trading System. Ann* Arbor: University of Michigan Press.

[406] Lee, J.-Y. i E. W. Mansfield (1996), Intellectual Property Protection and US Foreign Direct Investment. *Review of Economics and Statistics* 78 (2): 181-186.

[407] Maskus, K. E. (1998). International Regulation of Intellectual Property. *Review of World Economics/Weltwirtschafiliches Archiv* 134 (2): 186-208.

[408] Smarzynska, B. K. (2004). The Composition of Foreign Direct Investment and Protection of Intellectual Property Rights: Dowody z Gospodarek Przejściowych (Transition Economies). *European Economic Review* 48 (1): 39-62.

[409] Leger, A. (2006). "Intellectual Property Rights and Innovation in developing countries. Evidence from Panel Data", Proceedings of the German Development Economics Conference, Berlin.

[410] Nicholson, M. W. (2002). Prawa własności intelektualnej i międzynarodowy transfer technologii. The impact of industry characteristics. Rękopis amerykańskiej Federalnej Komisji Handlu.

[411] Kalande, Christopher M. (2002). "Intellectual property, foreign direct investment and the least -developed countries", *Journal of World Intellectual Property*, 5, 1, s. 11-128.

[412] Mansfield, E. (1994). *Intellectual property protection, foreign direct investment, and Technology Transfer.* World Bank and International Finance Corporation, Washington, DC. Seyoum, B. (2006). "Ochrona patentowa i bezpośrednie inwestycje zagraniczne. *Thunderbird International Business Review*, 48(3), s. 389-404. Lippoldt, D. (2006). Intellectual property rights, pharmaceuticals and foreign direct investment. Group d'Economie Mondale de Sciences Po. Policy Brief 2006. Kondo, E. (1995). "The Effect of Patent Protection on foreign direct investment", *Journal of World Trade*, 29, 6, s. 97-122. Nicholson, M. W. (2007). "The impact of industry characteristics and IPR policy on foreign direct investment", *Review of World Economics*, 43(1),

natychmiastową korzyść w postaci tańszych towarów lub technologii. Ponadto państwa posiadające słabą ochronę praw własności intelektualnej muszą ocenić te korzyści wraz z utratą międzynarodowej skłonności do inwestowania kapitału lub rozwijania towarów, a także zmniejszeniem produkcji innowacyjnej w obrębie państwa.

Georgios I Zekos[413] sprecyzował, że im silniejszy reżim praw własności intelektualnej w danej gospodarce kraju przyjmującego (oznaczany czynnikiem *IPR - wskaźnik kraju*), tym więcej BIZ otrzymają wysokich technologii, a więc prawa własności intelektualnej są ważne w przyciąganiu napływu BIZ. Analiza empiryczna pokazuje, że istnieje związek pomiędzy prawami własności intelektualnej a konkurencyjnością w zakresie akumulacji BIZ. Ponadto, analiza empiryczna ujawnia potrzebę wysokiej ochrony praw własności intelektualnej w dziedzinach, w których przyznanie praw własności intelektualnej ma zasadnicze znaczenie dla istnienia danej dziedziny (sektor usług). Poza tym, Noon, Paul i De Vita, Glauco i Appleyard, Lindsey[414] twierdzą, że "istniejące prace empiryczne dotyczące związku między ochroną praw własności intelektualnej a BIZ, choć przechylone na korzyść pozytywnej relacji między ochroną praw własności intelektualnej a BIZ, są fragmentaryczne, niejednoznaczne i nie są w stanie ująć w ramy sprzecznych teoretycznych prognoz dotyczących tego, w jaki sposób siła praw własności intelektualnej może wpływać na decyzje o lokalizacji BIZ przedsiębiorstw wielonarodowych". W tym zakresie, poniższa analiza dowodzi wpływu i znaczenia praw własności intelektualnej na BIZ w UE.

---

s. 27-54. Seyoum, B. (1996). "The impact of intellectual property rights on foreign direct investment", *Columbia Journal of World Business*, 31, 1, s. 50-59.

[413] G. Zekos, "Wpływ praw własności intelektualnej na BIZ", 2013 PhD Thesis, Economics Department, University of Peloponnese, Tripoli, Hellas, www.uop.gr.

[414] Noon, Paul i De Vita, Glauco i Appleyard, Lindsey, What Do We Know about the Impact of Intellectual Property Rights on the Foreign Direct Investment Location (Country) Choice? A Review and Research Agenda (kwiecień 2019). Journal of Economic Surveys, Vol. 33, Issue 2, str. 665-688, 2019. Dostępny na stronie SSRN: https://ssrn.com/abstract=3349336.

Rozdział 4

Analiza ekonometryczna i wyniki

1. Metodologia

Analiza regresji umożliwia oddzielenie wkładu poszczególnych zmiennych dotyczących własności intelektualnej i/lub zestawu mieszanego tych zmiennych od innych istotnych czynników, które razem kształtują poziom BIZ.

Szacunki OLS są zazwyczaj wykorzystywane do badania zarówno danych doświadczalnych, jak i obserwacyjnych. Zwykłe najmniejsze kwadraty (OLS) są metodą szacowania niezidentyfikowanych parametrów w modelu regresji liniowej, minimalizującą ilość kwadratów odległości pionowych pomiędzy obserwowanymi odpowiedziami w zbiorze danych, a odpowiedziami przewidywanymi przez estymatę liniową. Najbardziej podstawowym estymatorem zbiorów danych panelowych jest zbiorczy OLS (Pooled OLS). Estymatory POLS traktują obserwacje jako szeregowo nieskorelowane dla danej osoby.

Model liniowy jest w formie

$$Y_i = \beta_0 + \sum_{j=1}^{p} \beta_j X_{i,j} + \varepsilon_i,$$

gdzie, dla *i-tego* przypadku, *Yi* jest zmienną odpowiedzi, $X_{i,1}, \ldots, X_{i,p}$ są *p* regresorami i ε_i jest średnim zerowym terminem błędu. Wielkości te $\beta_0, \ldots, \beta_p$ są nieznanymi współczynnikami, których wartości są określone za pomocą najmniejszych kwadratów.

Pierwszą rzeczą do zauważenia są dwie subskrypcje: i - oznaczające *i-ty* poszczególny kraj i t - oznaczające *t-ty* okres czasu. *BIZ reprezentują*: napływy BIZ, napływy BIZ BIZ w latach 20102012-= dolary amerykańskie w cenach bieżących i aktualne kursy wymiany w milionach 2012 UNCTADstat, BIZ Stocks, *b0* to przechwytywanie a *zekipr1, zekipr2, zekipr1a, zekipr3, zekipr4 & zekipr5, zekipr6, zekipr7, GCI, PKB, GDPGR, GDPPCGR, instytucje, handel, inflacja*, to zmienne objaśniające dane nie tylko do 2010 r., ale również dane do 2012 r., *u* jest terminem błędu. PKB GR 2012 = wzrost PKB (roczny %) Bank Światowy 2012, INF2012 = inflacja, ceny konsumpcyjne (roczny %), Bank Światowy 2012, TRADE2012 = handel (% PKB), Bank Światowy 2012, WKP 2012. Wykorzystanie Global Competitiveness Index 2011-2012 (GCI) jest zmienną objaśniającą. Co więcej, *R2* nigdy nie może się zmniejszyć po dodaniu kolejnej niezależnej zmiennej do regresji i zwykle będzie wzrastać. Większa wartość *s2* oznacza większą wariancję dla estymatorów OLS. OLS może być użyty dla zależności, które nie są ściśle liniowe w *x* i *y* poprzez użycie nieliniowych funkcji *x* i *y*. Okazjonalnie można zobaczyć odniesienie do "współczynnika standaryzowanego" lub "współczynnika beta", które zastępuje y i każdą zmienną x wersją standaryzowaną. Współczynnik odzwierciedla odchylenie standardowe y dla jednej zmiany odchylenia standardowego w x.

Poniżej przedstawiono szczegółowo modele ekonometryczne, które są wykorzystywane w naszym badaniu w celu określenia wpływu praw własności intelektualnej na przyciąganie bezpośrednich inwestycji zagranicznych, wzrost PKB i handel:

FDIit= b0 + b1 zekipr1ait + b2 PKBGRit+ b3 Tradeit+b4 Inflacja + b5$_{institut}$ + uit (1) FDIit= b0 + b1 zekipr1ait + b2 PKBGRit+ b3 Tradeit+b4 Inflacja + uit (1a) *FDIit= b0 + b1 zekipr1it + b2 PKBit+ b3 Tradeit+b4 Inflacja + uit* $_{(1b)}$
FDIit= b0 + b1 zekipr1ait + b2 PKBit+ b3 Tradeit+b4 Inflacja + b5instit + uit (2)
GDPGRit = b0 + b1 zekipr1ait + b2 Tradeit + b3 Inflacja +b4 FDIit + b5$_{institut}$ + uit (3)
PKB-grit = b0 + b1 zekipr1ait + b2 Tradeit + b3 Inflacja +b4 BIZ + uit (4)
FDIit= b0 + b1 zekipr3it + b2 Tradeit + b3 Inflacja +b4 GDPGRit + b5$_{institut}$ + uit (5) FDIit= b0 + b1 zekipr3it + b2 Tradeit + b3 Inflacja +b4 GDPGRit + uit (5a) *FDIit= b0 + b1 IPRit* +b2 *zekipr2it+ b3 PKBit+ b4 Tradeit+b5 Inflacja*$_{it}$*+ uit* $_{(5b)}$
FDIit= b0 + b1 zekipr4it + b2 Tradeit + b3 Inflacja +b4 GDPGRit + b5$_{institut}$ + uit (6) FDIit= b0 + b1 zekipr4it + b2 Tradeit + b3 Inflacja +b4 GDPGRit + uit (6a)
FDIit= b0 + b1 zekipr5it + b2 Tradeit + b3 Inflacja +b4 GDPGRit + b5$_{institut}$ + uit (7) FDIit= b0 + b1 zekipr5it + b2 Tradeit + b3 Inflacja +b4 GDPGRit + uit (7a)
FDIit= b0 + b1 zekipr6it + b2 Tradeit + b3 Inflacja +b4 GDPGRit + b5$_{institut}$ + uit (8)
FDIit= b0 + b1 zekipr6it + b2 Tradeit + b3 Inflacja +b4 PKBGRit + uit (8a)
FDIit= b0 + b1 zekipr6it + b2 Tradeit + b3 Inflacja +b4 PKB + b5$_{institut}$ + uit (9)
FDIit= b0 + b1 zekipr6it + b2 Tradeit + b3 Inflacja +b4 PKB + uit (10)
FDIit= b0 + b1 zekipr6it + b2 Tradeit + b3 Inflacja +b4 PKBPCGR$_{it}$ + b5$_{institut}$ + uit (11)
FDIit= b0 + b1 zekipr7it + b2 Tradeit + b3 Inflacja +b4 GDPGRit + b5$_{institut}$ + uit (12)
FDIit= b0 + b1 zekipr7it + b2 Tradeit + b3 Inflacja +b4 GDPGRit + uit (12a)
FDIit= b0 + b1 zekipr7it + b2 Tradeit + b3 Inflacja +b4 PKB + b5$_{institut}$ + uit (13)
FDIit= b0 + b1 zekipr7it + b2 Tradeit + b3 Inflacja +b4 PKB + uit (13a) *GDPGRit = b0 + b1 zekipr1ait + b2 Tradeit + b3 Inflacja* +b4 *FDIit + b5*$_{institut}$ *+ uit (13b)*
FDIit= b0 + b1 zekipr7it + b2 Tradeit + b3 Inflacja +b4 PKBPCGR$_{it}$ + b5$_{institut}$ + uit (14) *PKBGRit = b0 + b1 zekipr1ait + b2 Tradeit + b3 Inflacja* +b4 *BIZ + uit (14a)*
GDPGRit = b0 + b1 zekipr6it + b2 Tradeit + b3 Inflacja +b4 BIZ + b5$_{institut}$ + uit (15) *Tradeit = b0 + b1 zekipr1ait + b2 GDPGRit+ b3 Inflacja* +b4 *BIZ + b5*$_{institut}$ *+ uit (15a)*
FDIit= b0 + b1 GCI12it + b2 Tradeit + b3 Inflacja +b4 GDPGRit + uit (16)
FDIit= b0 + b1 GCI12it + b2 Tradeit + b3 Inflacja +b4 PKB + uit (17)
FDIit= b0 + b1 zekipr6ait + b2 GCI12$_{it}$ + b3Trade$_{it}$ +b4 Inflacja + b5 GDPGRit + uit (18)
FDIit= b0 + b1 zekipr6ait + b2 GCI12$_{it}$ + b3Trade$_{it}$ +b4 Inflacja + b5 PKB + uit (19)

Silna regresja dotyczy przypadków, które mają bardzo dużą siłę nacisku, oraz przypadków, które są odleglejsze. Regresja Robust jest zasadniczo kompromisem pomiędzy porzuceniem przypadków, które są umiarkowanie odstające, a poważnym naruszeniem założeń regresji OLS. Jest to forma regresji z najmniejszymi ważonymi kwadratami.

Śledziliśmy literaturę przedmiotu, aby wybrać potencjalne determinanty BIZ. Należy racjonalnie oczekiwać, że wszystkie te czynniki powinny wykazywać dodatnią lub mniej dodatnią korelację z wielkością napływu BIZ. Przeprowadziliśmy regresję poprzez oszacowanie macierzy za pomocą techniki OLS i zastosowanie korekty White'a do kontroli problemów z heteroskedastycznością. Współczynniki standaryzowane lub współczynniki beta są szacunkami wynikającymi z analizy przeprowadzonej na zmiennych, które zostały standaryzowane tak, aby ich wariancje wynosiły 1. W konsekwencji, współczynniki standaryzowane odnoszą się do tego, ile odchyleń standardowych zmienna zależna będzie zmieniać, na każde odchylenie standardowe zwiększa wartość zmiennej prognostycznej. Standaryzacja współczynnika jest zazwyczaj przeprowadzana w celu odpowiedzi na pytanie, które z niezależnych zmiennych mają większy wpływ na zmienną zależną w analizie regresji wielokrotnej, gdy zmienne są oceniane w różnych jednostkach miary.

Regresja przeprowadzona na oryginalnych (nieznormalizowanych) zmiennych generuje współczynniki nieznormalizowane. Regresja przeprowadzona na zmiennych znormalizowanych generuje współczynniki znormalizowane. Zarówno współczynniki standaryzowane, jak i niestandaryzowane mogą być również oceniane na podstawie oryginalnych zmiennych.

2. Dane Opis

Duża próba 79 krajów została zebrana do naszych badań. Próba krajów jest zróżnicowana, reprezentuje kilka grup dochodowych i środowisk instytucjonalnych.

2.1. Zmienne zależne

W naszym badaniu badamy wpływ praw własności intelektualnej wykorzystujących nasze wskaźniki praw własności intelektualnej, jak pokazano powyżej, na napływ BIZ. Jako zmienną zależną wykorzystujemy średnią z dziesięciu lat napływu BIZ, pięcioletnią oraz zmienną zależną napływu BIZ w latach 2010 i 2012, aby uzyskać wyraźniejszy obraz wpływu IPR wyrażonego przez nasz nowy indeks. zekipr1a, *zekipr3, zekipr4, zekipr5 zmienne* zależne wykorzystane w naszych badaniach dotyczących indeksów (zekipr1*)*. Używamy różnych średnich w celu sprawdzenia solidności naszego indeksu w odniesieniu do długoterminowych lub krótkoterminowych referencji danych, aby pokazać jego znaczenie z tendencją do 0. Indeksy (zekipr1, *zekipr1a, zekipr3, zekipr4, zekipr5*) mają 2010 r. jako punkt odniesienia, ale wszystkie prawa obowiązujące do 2010 r. zostały uwzględnione w ich konstrukcji. Wszystkie krajowe przepisy prawne obowiązujące do końca 2012 r. z 79 badanych jurysdykcji zostały zbadane i wykorzystane do zestawienia różnych czynników branych pod uwagę przy konstruowaniu wskaźnika ZEKIPR6[415]. Tak więc wskaźniki (*zekipr6 i zekipr7)* jako punkt odniesienia przyjęto rok 2012, ale wszystkie przepisy obowiązujące do 2012 r. zostały uwzględnione w ich konstrukcji. Zmienne takie jak wzrost PKB i handel są wykorzystywane jako zmienne zależne w niektórych modelach oraz jako zmienne objaśniające w innych. W związku z tym wszystkie przyszłe zmiany w przepisach dotyczących własności intelektualnej i ich egzekwowaniu będą nadal powodować zmiany w naszych wskaźnikach, co oznacza potrzebę ciągłej aktualizacji wskaźnika praw własności intelektualnej.

Zasób BIZ uosabia pozycję inwestycji bezpośrednich w oparciu o koszty historyczne, czyli wielkość inwestycji już dokonanych w kraju przyjmującym w przeciwieństwie do przepływu kapitału do kraju przyjmującego w danym roku. Zasoby BIZ odnoszą się do wartości inwestycji w określonym momencie czasowym (np. na koniec roku). Stany FDI są rejestrowane w wewnętrznej pozycji inwestycyjnej. Ponadto, badamy wpływ praw własności intelektualnej wykorzystujących nasze indeksy IPR, jak pokazano powyżej, na stany BIZ. Jako zmienną zależną wykorzystujemy dziesięcioletnią średnią zasobu BIZ, pięcioletnią oraz zasoby BIZ w latach 2010 i 2012.

[415] Georgios I Zekos, IPRS Protection and Their Impact Upon FDI, GDP Growth & Trade, 2013 Scholar's Press, www.Scholars-Press.com , www.morebooks.de Niemcy.

Handel polega na przeniesieniu prawa własności towarów z jednej osoby lub podmiotu na drugą poprzez uzyskanie czegoś w zamian od kupującego. W naszej analizie handel jest wyrażony jako % PKB.

Wzrost gospodarczy jest mierzony jako procentowa zmiana produktu krajowego brutto (PKB), a więc wzrost PKB jest wyrażony jako roczny wzrost w %. Niewielka różnica we wskaźnikach wzrostu gospodarczego między państwami skutkuje bardzo zróżnicowanym poziomem życia.

2.2. Zmienne objaśniające

Dane dla niezależnych zmiennych pobrano ze strony internetowej Banku Światowego "The World Bank Indicators for the period (2001-2010) & for the period (2003-2012)". Kluczową niezależną zmienną zainteresowania jest siła praw własności intelektualnej. Jak wspomniano wcześniej, istnieją również inne determinanty BIZ, takie jak handel, wzrost PKB/PKB, inflacja, realna stopa procentowa itp. Czynniki ekonomiczne, takie jak wielkość rynku kraju docelowego, stopa wymiany handlowej i inflacji, wpływają na napływ BIZ do kraju przyjmującego, podczas gdy inne są czynnikami społeczno-ekonomicznymi, a mianowicie stabilność polityczna i jakość infrastruktury[416]. W związku z tym Indie przeprowadziły różne reformy prawne mające pozytywny wpływ na poprawę warunków prowadzenia działalności gospodarczej i zwiększenie napływu BIZ do tego kraju[417]. Ponadto, Nunes et al.[418] przedstawiają zmienne takie jak wielkość rynku, stabilność makroekonomiczna (inflacja), otwartość gospodarki, infrastruktura, płace, kapitał ludzki i zasoby naturalne jako determinanty przepływu BIZ. W naszych badaniach wykorzystujemy następujące zmienne, które wraz z prawami własności intelektualnej uważamy za istotną kombinację determinant przyciągania BIZ:

1. Handel jest przeniesieniem prawa własności towarów i usług z jednej osoby lub podmiotu na drugą. Ponadto wymiana handlowa istnieje między regionami z tego powodu, że kilka regionów ma przewagę komparatywną w produkcji niektórych towarów lub z tego powodu, że wielkość poszczególnych regionów pozwala na czerpanie korzyści z produkcji masowej[419]. Handel po cenach rynkowych między lokalizacjami jest sam w sobie korzystny dla obu lokalizacji. Niektóre modele sugerują pozytywną relację, a niektóre negatywną[420]. *Handel* reprezentuje cały system gospodarki, który tworzy środowisko dla biznesu. Polityka handlowa angażuje kraje działające jako pośrednicy na rzecz firm krajowych konkurujących z firmami z innych krajów na rynku międzynarodowym. Orientacja handlowa danego kraju może również wpływać na jego skłonność do bycia innowacyjnym. Dlatego też handel wyrażony jako % PKB będzie wykorzystywany w naszych badaniach jako niezależna zmienna. Z jednej strony, wzrost wolumenu wymiany handlowej zbiegł się w czasie z szybkim napływem BIZ, jednak badania empiryczne, takie jak Fukasaku i in.[421] wykazały, że BIZ i wymiana handlowa mają charakter uzupełniający. Z drugiej strony, ostatnie prace empiryczne Beugelsdijk et al.[422] sugerują, że BIZ i wymiana handlowa są substytutami. Makki i Somwaru[423] dostrzegają silną i pozytywną interakcję między BIZ a handlem w przyspieszaniu wzrostu gospodarczego w 66 krajach rozwijających się. Handel jest uważany za istotny makroekonomiczny czynnik warunkujący BIZ. Torissi[424] uważa, że nadwyżka handlowa wskazuje na dynamiczną i zdrową gospodarkę z perspektywą eksportową i w ten sposób bardziej możliwą do przyciągnięcia BIZ.

2. Przewidywania dotyczące relacji pomiędzy BIZ a handlem są krytycznie uzależnione od tego, czy BIZ mają charakter pionowy czy poziomy: teorie dotyczące BIZ poziomych przewidują relację[425] negatywną, podczas gdy teorie dotyczące BIZ pionowych[426] przewidują relację pozytywną. Z drugiej strony, relacja pomiędzy handlem a BIZ nie jest prosta. Podczas gdy wymiana handlowa związana z transgraniczną integracją pionową może zwiększać odpływ

---

416 Thomas, L., Leape, J., Hanouch, M. i Rumney, R. (2005) Zagraniczne inwestycje bezpośrednie w Republice Południowej Afryki: wstępny wpływ umowy o handlu, rozwoju i współpracy między Republiką Południowej Afryki a Unią Europejską. CREFSA. London School of Economics.

417 Dr P. Govindan, A Study on Growth of Foreign Direct Investments (FDI) Inflows in India and Impacts of Make in India Campaign-An Overview, International Journal of Humanities & Social Science Volume- VII, Issue-IV April 2019 p147.

418 Nunes, C.L., Oscategui. J. i Peschiera. J. (2006) "Determinants of FDI in Latin America", Documento De Trabajo 252.

419 Markusen, J., 2001. Kontrakty, prawa własności intelektualnej oraz inwestycje wielonarodowe w krajach rozwijających się. Journal of International Economics 53, 189- 204.

420 Markusen, James R., Anthony J. Venables, Denise Eby Konan i Kevin H. Zhang (1996), "A unified treatment of horizontal direct investment, vertical direct investment, and the pattern of trade in goods and services", NBER 5696.

421 Fukasaku, F., Luiz, R., De Mello, J.R., 2000. Trade and foreign direct investment in Latin America and Southeast Asia: temporal causality analysis. Journal of International Development Vol.12 (7), 903-924.

422 Beugelsdijk, S., Smeets, R., Zwinkels, R., 2008. The impact of horizontal and vertical FDI on host's country economic growth. International Business Review 17, 452-472.

423 Makki, S. S., & Somwaru, A. (2004). Impact of FDI and trade on economic growth: Dowody pochodzące z krajów rozwijających się. American Journal of Agricultural Economics, 86(3), 795-801.

424 Torissi, C. R. (1985). The determinants of foreign direct investment in a small LDC. Journal of Economic Development, 10, 29-45.

425 Markusen, J. (1984). Multinationals, multi-plants economies, and the gains from trade, *Journal of International Economics*, Volume 16, Issues 3-4.

426 Helpman, E. (1984) "A Simple Theory of International Trade with Multinational Corporations", *Journal of Political Economy*, *92*(3), 451-471.

BIZ poprzez dostarczanie zachęt do redukcji kosztów, wymiana handlowa wewnątrz przemysłu może hamować BIZ, które dążą do osiągnięcia korzyści skali[427].

W klasycznej literaturze dotyczącej czynników "*push-pull*" *BIZ* wyróżnia się dwa rodzaje czynników wpływających na napływ BIZ: czynniki zewnętrzne lub "*push*" odzwierciedlające koszt alternatywny inwestycji w tych krajach oraz czynniki wewnętrzne lub "*pull*" dotyczące warunków makroekonomicznych i otoczenia instytucjonalnego w krajach przyjmujących[428]. Swoboda handlu jest zmienną wpływającą na BIZ. Niski poziom otwartości handlowej może stymulować horyzontalne BIZ, które mają na celu pokonanie barier handlowych i uzyskanie dostępu do rynku kraju przyjmującego. Niemniej jednak, wysoki poziom otwartości handlowej sprawia, że dany kraj staje się bardziej atrakcyjnym miejscem dla pionowych BIZ. Większość rzeczywistych BIZ stanowi mieszankę BIZ poziomych i pionowych. Większa otwartość handlowa w równowadze pobudza BIZ[429].

BIZ oznaczają istotne źródło finansowania zewnętrznego, które pomaga państwom wejść na nowe rynki (horyzontalne BIZ) lub zlecić na zewnątrz część ich łańcucha produkcji (pionowe BIZ). Ponadto BIZ umożliwiają konwergencję w kierunku wyższego PKB na mieszkańca i wspierają dyfuzję technologii, która wzmacnia wzrost wydajności i tworzenie miejsc pracy. Wpływ BIZ na rozwój, wzrost gospodarczy i zatrudnienie jest niezbędny, aby państwa mogły zrozumieć, które elementy skłaniają inwestorów do inwestowania w określonych miejscach, ale nie w innych. Ponadto, BIZ odgrywają zasadniczą rolę dla strefy euro. W rzeczywistości, w roku 2016 całkowity zasób BIZ w strefie euro wynosił około 47 procent PKB, w porównaniu do całkowitego zasobu BIZ w Stanach Zjednoczonych Ameryki Północnej wynoszącego 34 procent PKB i 3 procent w Japonii. W tym zakresie, David Sondermann i Isabel Vansteenkiste[430] wskazują, że "dla przepływów BIZ wewnątrz strefy euro, okazuje się, że po wprowadzeniu euro, czynniki takie jak relatywne jednostkowe koszty pracy i stałe koszty prowadzenia działalności gospodarczej (tj. instytucje i struktury gospodarcze) zyskały na znaczeniu, wskazując tym samym na wzrost znaczenia pionowych BIZ. Natomiast motywy horyzontalne lub rynkowe poszukujące BIZ stały się mniej istotne wśród krajów strefy euro. W przypadku inwestorów spoza unii walutowej, większe znaczenie zyskała bliskość dużych rynków strefy euro oraz specyficzne dla danego kraju koszty stałe (takie jak jakość instytucjonalna i koszty prowadzenia działalności gospodarczej). Wreszcie, pokazujemy w odniesieniu zarówno do napływu BIZ wewnątrz, jak i poza strefą euro, że w sumie wszelkie potencjalne negatywne skutki wprowadzenia wspólnej waluty dla BIZ są równoważone przez skutki pozytywne".

Można powiedzieć, że w związku z wprowadzeniem euro, czynniki takie jak jednostkowe koszty pracy i koszty stałe prowadzenia działalności gospodarczej zyskały na znaczeniu, wskazując w ten sposób na zwiększone znaczenie pionowych BIZ, a tym samym na pogorszenie się przyczyn poszukiwania rynku dla BIZ wewnątrz strefy euro. Ponadto, warto wspomnieć, że o wyborze lokalizacji BIZ dla inwestorów spoza unii walutowej nie decyduje wielkość rynku krajowego, lecz raczej bliskość dużych rynków strefy euro i koszty stałe państwa przyjmującego, spowodowane jakością instytucjonalną i kosztami prowadzenia działalności gospodarczej. W tym zakresie, zarówno w odniesieniu do przepływów wewnątrz- jak i pozainwestycyjnych, negatywny wpływ wprowadzenia wspólnej waluty na BIZ jest przyćmiony przez pozytywne wyniki, tak więc całościowy wpływ wprowadzenia euro na napływ BIZ był pozytywny.

Warto zauważyć, że wynagrodzenia różnią się znacznie w zależności od państwa, a więc najbardziej zyskały państwa z lepiej funkcjonującymi instytucjami, niższymi jednostkowymi kosztami pracy lub położeniem geograficznym bliżej największych rynków strefy euro. Z drugiej strony, w przypadku państw o skorumpowanych instytucjach lub wysokich jednostkowych kosztach pracy, wprowadzenie euro zmniejszyło napływ BIZ, podkreślając, że aby móc w pełni czerpać korzyści z

---

[427] Goldar, B. N &Banga, R. (2005). "Impact of trade liberalization on foreign direct investment in Indian industries", ARTNeT Working Paper Series, No. 36, June.

[428] Tak jakby, T., 2010. Increasing Private Capital Flows to Developing Countries: The Role of Physical And Financial Infrastructure In 58 Countries, 1970-2003. Applied Econometrics and International Development, Euro-American Association of Economic Development, 10(2).

[429] Jensen, Nathan M. 2003. "Democratic Governance and Multinational Corporations. Political Regimes and Inflows of Foreign Direct Investment." International Organization vol.57 no.3 (Summer 2003): 587-616.

[430] David Sondermann, Isabel Vansteenkiste Czy euro zmieniło charakter przepływów BIZ między państwami członkowskimi? No 2275 / kwiecień 2019 r. ECB Working Paper Series No 2275 / kwiecień 2019 r. s. 3.

euro w odniesieniu do napływu BIZ, państwa powinny zwracać uwagę na ewolucję swojej konkurencyjności kosztowej, a także na jakość swoich instytucji i struktur gospodarczych.

Należy wziąć pod uwagę, że wprowadzenie wspólnej waluty zmieniło realizm handlowy w strefie euro, obniżając koszty prowadzenia działalności gospodarczej, obniżając koszty transakcji i ułatwiając przepływ kapitału, ułatwiając przedsiębiorstwom mającym siedzibę w jednym państwie strefy euro konkurowanie w innych państwach strefy euro, co oznacza, że zmienia wagę przypisywaną różnym elementom determinującym decyzje przedsiębiorstw w sprawie BIZ[431]. W tym zakresie przyjęcie euro i integracja jednolitego rynku wpływają na przepływy BIZ poprzez obniżenie kosztów transakcyjnych i handlowych oraz ułatwienie przepływu kapitału. Twierdzi się, że liberalizacja rachunku kapitałowego wspomaga gospodarki rozwijające się, ponieważ po zniesieniu kontroli nad kapitałem kapitał emanuje z krajów bogatych w kapitał do krajów rozwijających się ubogich w kapitał,[432] a zatem kraje rozwijające się na całym świecie liberalizują swoje systemy handlowe i przesuwają się z systemów inwestycji w substytucje importu[433].

David Sondermann i Isabel Vansteenkiste[434] precyzują, że "Nasze wyniki pokazały, że wprowadzenie euro zwiększyło napływy do unii walutowej, zarówno wśród krajów unii walutowej, jak i od inwestorów spoza niej. Jednak wpływ ten był mniejszy na przepływy BIZ poza strefą euro. Nasze wyniki pokazują również, że wprowadzenie euro zmieniło siłę napędową i charakter przepływów BIZ. W szczególności, uważamy, że relatywne jednostkowe koszty pracy stały się ważniejszym czynnikiem napędzającym BIZ po wprowadzeniu euro. Stanowiłoby to poparcie dla wniosku płynącego z modelu teoretycznego, że wewnątrz strefy euro pionowe BIZ rosną po wprowadzeniu euro. Z drugiej strony, wielkość rynku traci na znaczeniu jako czynnik napędzający BIZ, co sugeruje, że horyzontalne lub rynkowe BIZ wewnątrz strefy euro stały się mniej istotne. Zamiast tego, wzrosły one z krajów inwestujących spoza unii walutowej. W szczególności, znajdujemy dowody na to, że w przypadku napływu BIZ pochodzących spoza strefy euro, motyw eksportowo-platformowy mógł zyskać na znaczeniu. Wreszcie wyższa jakość instytucjonalna i lepsze struktury są związane z większym napływem BIZ, w szczególności po wprowadzeniu euro".

Należy wziąć pod uwagę, że podczas gdy wprowadzenie euro zwiększa napływ bezpośrednich inwestycji zagranicznych do państw członkowskich, zakres, w jakim państwa faktycznie na tym zyskują, opiera się na kosztach produkcji oraz cechach strukturalnych i instytucjonalnych danego państwa[435]. W związku z tym państwa o wysokich kosztach produkcji i słabych strukturach instytucjonalnych odczuły negatywny wpływ wprowadzenia euro na napływ BIZ, co oznacza, że o ile utrzymanie pozycji konkurencyjnej jest niezbędne, o tyle dla państw członkowskich unii walutowej jest jeszcze bardziej istotne, a zatem nastąpi poprawa wertykalnego/łańcucha dostaw pomiędzy państwami unii walutowej.

Wiadomo, że inflacja (makrostabilność) jest negatywnie związana z BIZ w literaturze dotyczącej czynników *przyciągających*[436]. Inflacja niszczy wartość waluty, a jej wpływ na wzrost jest negatywny, a co za tym idzie, negatywny na BIZ[437]. Negatywna korelacja pomiędzy stopą procentową a

---

[431] Lane, P. i Milesi-Ferretti, J.-M. (2017). International Financial Integration in the Aftermath of the Global Financial Crisis. International Financial Integration in the Aftermath of the Global Financial Crisis. IMF Working Paper, WP/17/115:53. Dellis, K., Sondermann, D. i Vansteenkiste, I. (2017). Determinants of FDI Inflows in Advanced Economies: Czy jakość struktur gospodarczych ma znaczenie. ECB Working Paper, No. 2066.
[432] Manmohan Agarwal i Pragya Atri (2015). Bezpośrednie inwestycje zagraniczne i ograniczanie ubóstwa: India in Regional Context, Research and Information System for Developing Countries, Discussion Paper 200,1-35.
[433] Tshepo S. Masipa(2018). The relationship between foreign direct investment and economic growth in South Africa: Vector error correction analysis, Acta Commercii - Independent Research Journal in the Management Sciences, 1-8.
[434] David Sondermann, Isabel Vansteenkiste Czy euro zmieniło charakter przepływów BIZ między państwami członkowskimi? No 2275 / kwiecień 2019 r. ECB Working Paper Series No 2275 / kwiecień 2019 r. s. 29.
[435] Antonakakis, N. i Tondl, G. (2012). Czy determinanty BIZ w krajach rozwijających się różnią się w poszczególnych krajach OECD? Wgląd do danych z panelu Bayesian Data Approach. Projekt dokumentu roboczego Uniwersytetu Ekonomicznego i Biznesu w Wiedniu, 40:42. Alam, A. i Shah, S. (2013). Determinants of Foreign Direct Investment in OECD Member Countries. Journal of Economic Studies, 40(4):515-527.
[436] Lin, S., Ye, H., 2009. Czy celowanie w inflację ma znaczenie dla krajów rozwijających się? Journal of Development Economics, 89(1), 118-123.
[437] Lipsey, R.G. i Chrystal, K.A. (2006) Economics. 10. edycja. Great Clarendon Street: Oxford.

zewnętrznymi BIZ istnieje, ponieważ stosunkowo niskie stopy procentowe związane z obfitością kapitału w danym kraju zmniejszają koszt alternatywny kapitału i zwiększają opłacalność inwestycji za granicą. Inflacja to wzrost ogólnego poziomu cen towarów i usług w gospodarce na przestrzeni czasu. Gdy ogólny poziom cen wzrasta, każda jednostka waluty kupuje mniej towarów i usług. W rezultacie, inflacja ujawnia erozję siły nabywczej pieniądza - utratę realnej wartości w wewnętrznych środkach wymiany i jednostce rozliczeniowej w gospodarce. Podstawową miarą inflacji cen jest stopa inflacji, czyli zannualizowana zmiana procentowa ogólnego indeksu cen (zwyczajowo Consumer Price Index) w czasie. Konsekwencje inflacji dla gospodarki są liczne i mogą być jednocześnie pozytywne i negatywne. Negatywne konsekwencje inflacji wiążą się ze spadkiem realnej wartości pieniądza i innych dóbr pieniężnych w czasie, niejednoznaczność co do przyszłej inflacji może powstrzymać inwestycje i oszczędności, a wysoka inflacja może prowadzić do niedoborów dóbr, jeśli konsumenci uważają, że ceny wzrosną w przyszłości. Do pozytywnych efektów należy zaliczyć upewnienie się, że banki centralne mogą dostosować nominalne stopy procentowe (co ma złagodzić recesję) oraz przyspieszenie inwestycji w niepieniężny system kapitałowy. Niska inflacja wskazuje na wewnętrzną stabilność gospodarczą w kraju przyjmującym, natomiast wysoka inflacja wskazuje na niezdolność rządu do zrównoważenia budżetu i dlatego też może być wykorzystywana jako wskaźnik kondycji gospodarczej i politycznej kraju przyjmującego[438]. Tak więc inflacja wyrażona w procentach cen konsumpcyjnych w skali roku będzie niezależną zmienną w naszym modelu. Informatyka (ukierunkowanie na inflację) pomaga zakotwiczyć wiarygodną perspektywę inflacji i ustabilizować otoczenie makroekonomiczne[439]. Przyjęcie *IT* daje rynkom finansowym i sektorowi prywatnemu przejrzystą i przewidywalną podstawę do podejmowania przyszłych decyzji inwestycyjnych. Waga udziału *IT* w napływie BIZ jest dość znacząca, ponieważ *IT* zwiększa napływ BIZ[440]. Istnieje związek między stopą wzrostu inflacji a luką w zakresie stóp procentowych. Inflacja to trwały wzrost średniej ceny wszystkich dóbr i usług wytwarzanych w gospodarce. Rzeczywista stopa procentowa" to stopa procentowa, którą inwestor spodziewa się otrzymać po uwzględnieniu inflacji. Równanie Fishera stwierdza, że realna stopa procentowa jest w przybliżeniu nominalną stopą procentową pomniejszoną o stopę inflacji. Wahania inflacji stanowią ryzyko zarówno dla kredytodawcy, jak i kredytobiorcy. Różnica[441]pomiędzy realną i naturalną stopą procentową nie determinuje inflacji[442]. Wydaje się, że istnieje negatywna relacja rzeczywistych stóp ex ante zarówno z inflacją, jak i z nominalnymi stopami procentowymi.

Należy wziąć pod uwagę, że silne siły globalizacyjne były w ciągu ostatnich pięciu dekad istotnym czynnikiem wpływającym na światowe realne stopy procentowe, a więc stopę procentową zgodną z produkcją przy jej potencjalnej i stałej inflacji. Podobnie, globalna podaż bezpiecznych aktywów spadła w następstwie kryzysu finansowego, podczas gdy ich popyt, głównie ze strony gospodarek wschodzących, pozostawał silny, obniżając naturalną bezpieczną stopę procentową[443]. W przypadku wzrostu siły rynkowej przedsiębiorstw podkreśla się tempo spadku naturalnej stopy procentowej, a zatem podstawowy mechanizm łączący naturalne realne stopy procentowe ze zmianami w stopniu globalnej konkurencji lub siły rynkowej jest podobny do tego, który wiąże się ze wzrostem wydajności.

Jeżeli przewiduje się wzrost siły rynkowej, mniejsza konkurencja na rynkach pracy i towarów spowoduje spadek zdolności produkcyjnych gospodarki w przyszłości, co oznacza, że konsumpcja i wydatki inwestycyjne będą spowalniać, a tym samym obniżać stopy procentowe. W przeciwieństwie do tego, jeśli przewidywana jest większa konkurencja, realne stopy procentowe wzrosną w miarę jak przedsiębiorstwa będą mnożyć inwestycje, a gospodarstwa domowe będą obciążać konsumpcję w

---

438 Akinboade, O.A., Siebrits, F.K. and Roussot, E.N. (2006) Zagraniczne inwestycje bezpośrednie w Republice Południowej Afryki, w Ajayi (red.) Zagraniczne inwestycje bezpośrednie w Afryce Subsaharyjskiej - pochodzenie, cele, wpływ i potencjał. Nairobi: African Economic Research Consortium.

439 Bernanke, B.S., Laubach, T., Mishkin, F.S., Posen, A.S., 1999. Celowanie w inflację: Lekcje z międzynarodowego doświadczenia. Princeton University Press, Princeton.

440 Renı TAPSOBA, 2012, Czy inflacja ukierunkowana na przyciąganie bezpośrednich inwestycji zagranicznych do krajów rozwijających się ma znaczenie? CERDI, Etudes et Documents, E 2012. 03.

441 Hendry, D. F. (1999). Pieniądze określają inflację w Wielkiej Brytanii w długim okresie czasu? Nuffield.

442 Neiss, K. S. & Nelson, E. (2001). .The Real Interest Rate Gap as an Inflation Indicator., Bank of England WP 130.

443 Del Negro, Marco, Domenico Giannone, Marc P. Giannoni i Andrea Tambalotti, "Safety, Liquidity, and the Natural Rate of Interest," Brookings Papers on Economic Activity, Spring 2017, 235-294. Marks, Magali, Benoît Mojon i Francois R. Velde, "Why Have Interest Rates Fallen far Below the Return on Capital?", Banque de France Working Paper 630, May 2017.

pierwszej kolejności w ocenie wyższych dochodów. Niemniej jednak istnieje różnica w stosunku do oczekiwanego wzrostu wydajności. W tym zakresie wzrost konkurencji jest z natury rzeczy procesem ograniczonym, a więc ograniczenie stanowi konkurencja doskonała. W związku z tym, wraz z postępującą globalizacją i zbliżaniem się konkurencji do jej granicy, odbywa się to w coraz mniejszym tempie, co powoduje spadek stóp procentowych[444].

Długoterminowa inflacja pojawia się, gdy podaż pieniądza rośnie szybciej niż produkcja towarów i usług. Rządy państw domagają się, aby bank centralny utrzymywał niską, dodatnią stopę inflacji[445]. Niemniej jednak, gdy rzeczywista stopa inflacji różni się od przewidywanej, bogactwo jest dzielone między strony tylko ze względu na utrzymanie się inflacji.

Produkt krajowy brutto (PKB) odnosi się do wartości rynkowej wszystkich towarów i usług końcowych wytworzonych w danym kraju w danym okresie. Wielkość rynku jest bardzo istotną cechą lokalizacyjną dla zorientowanych rynkowo BIZ[446]. Wzrost gospodarczy to wzrost ilości dóbr i usług wytwarzanych przez daną gospodarkę w czasie. Sahoo[447] twierdzi, że wielkość rynku i otwartość handlowa są kluczowymi determinantami przepływów BIZ w krajach Azji Południowej. PKB per capita jest często uważany za wskaźnik poziomu życia danego kraju, chociaż może to być trudne, ponieważ PKB per capita nie jest miarą dochodu osobistego. Produkt krajowy brutto jest powiązany z rachunkami narodowymi, co jest tematem w makroekonomii. Wzrost gospodarczy jest oceniany jako roczna zmiana procentowa produktu krajowego brutto (PKB). Tak więc PKB wyrażony w stałych wartościach 2000 USD, 2005 USD i wzrost PKB jako roczny wzrost procentowy będzie stosowany w modelu jako niezależna zmienna. Globalne BIZ rosły szybciej niż światowy PKB, częściowo w wyniku zmian polityki w krajach otrzymujących pomoc. Większość krajów przyjęła aktywne strategie przyciągania BIZ poprzez mnożenie agencji promujących inwestycje zarówno na szczeblu krajowym, jak i regionalnym. Dodatkową zaletą inwestorów zagranicznych było wieloletnie doświadczenie w funkcjonowaniu rynku, doskonała wiedza biznesowa i technologia. Ponadto udoskonalenia technologiczne w zakresie komunikacji i transportu, zmiany geopolityczne, na przykład koniec zimnej wojny, wraz z włączeniem dużych rynków wschodzących, takich jak Chiny i Indie, do światowego systemu handlu oraz ustanowieniem ogromnych międzynarodowych łańcuchów dostaw doprowadziły do znacznego wzrostu przepływów handlowych.

1. Słaba jakość instytucjonalna może potęgować niejasności związane ze wszystkimi rodzajami inwestycji, w tym z BIZ, a niska jakość instytucjonalna może zwiększać niestabilność napływu BIZ, co może mieć niekorzystny wpływ na wzrost gospodarczy[448]. Instytucje są istotną kwestią dla prawa, formalnego mechanizmu tworzenia i egzekwowania prawa politycznego. Otoczenie instytucjonalne jest zatem zapewnione przez ramy prawne i administracyjne, w których osoby fizyczne, przedsiębiorstwa i rządy współdziałają w celu generowania dochodów i dobrobytu w gospodarce.

2. Gospodarka światowa wkracza w nowy Złoty Wiek, o czym świadczy spadek konkurencji i wzrost monopoli, które powodują niewłaściwą alokację zasobów, utratę dobrobytu i wzrost nierówności[449]. Argumentuje się, że na rynkach europejskich istnieją niższe środki koncentracji niż w Stanach Zjednoczonych, na podstawie differences w niezależności

[444] Międzynarodowy Fundusz Walutowy, "Chapter 3: Perspectives on Global Real Interest Rates", World Economic Outlook April 2014, Washington D.C., 2014. MFW, "Chapter 2: The Rise of Corporate Market Power and its Macroeconomics effects", World Economic Outlook April 2019, Washington D.C., 2019.

[445] Miller, R. L. & Benjamin, D. K. (2004). The Economics of Macro Issues; Boston, MA; Pearson - Addison Wesley, 2004.

[446] Narayanamurthy Vijayakumar, Perumal Sridharan i Kode Chandra Sekhara Rao, 2010 Uwarunkowania BIZ w krajach BRICS: A panel analysis, Int. Journal of Business Science and Applied Management, Volume 5, Issue 3.

[447] Sahoo, P. (2006) "Bezpośrednie inwestycje zagraniczne w Azji Południowej: Policy, Trends, Impact and Determinants", ADB Institute Discussion paper No. 56.

[448] Bonnie G. Buchanan, Quan V. Le, Meenakshi Rishi, (2012) Bezpośrednie inwestycje zagraniczne i jakość instytucjonalna: Some empirical evidence, International Review of Financial Analysis 21 81-89.

[449] Federico J. Díez, Jiayue Fan, i Carolina Villegas-Sánchez, Global Declining Competition, dokument roboczy MFW WP/19/82.

organów antymonopolowych[450]. Można zatem powiedzieć, że globalizacja i zmiany technologiczne przyczyniają się do wzrostu siły rynkowej,[451] co oznacza, że obserwuje się niedawną ewolucję siły rynkowej na poziomie globalnym, a zatem na całym świecie następuje spadek poziomu konkurencji. Ponadto badania prawne i gospodarcze pokazują, że prawo konkurencji i ochrona własności intelektualnej uzupełniają się. Bez ram wspierających, które zapewniłyby jego skuteczne egzekwowanie, samo prawodawstwo w zakresie konkurencji nie jest ani szkodliwe, ani użyteczne z punktu widzenia konkurencji rynkowej i wzrostu gospodarczego. Teoria ekonomiczna i rozwój metod ekonometrycznych pozwoliły, aby prawo antymonopolowe przynosiło lepsze wyniki. Niemniej jednak dokładny stopień ich uzupełniającej roli zależy nie tylko od poziomu konkurencji i praw własności intelektualnej, ale także od sposobu i dokładności oceny wskaźnika odnoszącego się do konkurencji lub praw własności intelektualnej. O sukcesie prawa konkurencji decyduje przede wszystkim zdolność rządu do egzekwowania tego prawa. Zdolność ta wyjaśnia, czy wdrażane są odpowiednie środki w celu zapewnienia, że prawo jest skuteczne, a jego egzekwowanie godne zaufania. Konkurencja jest bodźcem dla innowacji, ale należy ustalić optymalny stopień konkurencji wspierającej badania i rozwój. Analiza prawna wskazuje na konflikt między konkurencją a prawami własności intelektualnej, który wymaga delikatnego potraktowania ich uzupełniającej roli w gospodarce, co musi zostać potwierdzone w drodze badania gospodarczego. W rocznych sprawozdaniach Światowego Forum Ekonomicznego na temat konkurencyjności zbadano czynniki umożliwiające krajowym gospodarkom osiągnięcie trwałego wzrostu gospodarczego i długoterminowego dobrobytu. Global Competitiveness Index (GCI) jest dokładnym wskaźnikiem służącym do pomiaru krajowej konkurencyjności, który przedstawia mikroekonomiczne i makroekonomiczne podstawy krajowej konkurencyjności. GCI zawiera średnią ważoną kilku składników, z których każdy mierzy inny aspekt konkurencyjności, a składniki te, takie jak jakość instytucji, sprawna infrastruktura, innowacyjność i wielkość rynku, są pogrupowane w *12* filarów konkurencyjności gospodarczej. Instytucje/środowisko instytucjonalne są określone przez ramy prawne i administracyjne, w których osoby fizyczne, przedsiębiorstwa/przedsiębiorstwa i rządy współdziałają ze sobą w celu osiągnięcia dochodu i dobrobytu w gospodarce. Jakość instytucji ma silny wpływ na konkurencyjność i wpływa na decyzje inwestycyjne, dlatego też będzie ona wykorzystywana jako niezależna zmienna w naszym modelu w celu dokładniejszego wyrażenia środowiska, w którym odbywa się ochrona praw własności intelektualnej. Dlatego też GCI i instytucje będą również niezależnymi zmiennymi wykorzystywanymi w naszym modelu.

3. Oczywiście, zaprezentowane wcześniej nowe wskaźniki zostaną użyte jako niezależne zmienne w naszej regresji, aby pokazać ich wartość w obliczonym wpływie IPR na napływ BIZ.

4. Zmienne Dummy utworzone w celu podziału badanych krajów na krupy według wybranych kryteriów zostaną wykorzystane w modelu fikcyjnych zmiennych o najmniejszych kwadratach (LSDV) w celu wykazania wszelkich różnic w wpływie naszego indeksu na napływ BIZ według kryteriów stosowanych do podziału badanych jurysdykcji prawnych.

[450] Guti´errez, G. i Philippon, T. (2018). How EU Markets Became More Competitive Thanely Than US Markets: A Study of Institutional Drift. NBER Working Papers 24700, National Bureau of Economic Research, Inc.

[451] Van Reenen, J. (2018). Wzrost Differences Między firmami: Siła rynkowa a Makroekonomia. CEP Discussion Papers dp1576, Centre for Economic Performance, LSE.

3. Wyniki empiryczne dla Zekipr1 i Zekipr1a

3.1. Wyniki regresji liniowej

Biorąc pod uwagę korelację naszego wskaźnika *zekipr1a* ze zmiennymi wykorzystywanymi w naszych modelach, rozpoczynamy nasze badania.

W szczegółach mamy następujące etapy/ kroki analizy i wyniki:

1. ***Wpływy z BIZ: Zmienne znormalizowane OLS***

Regresja przeprowadzona na standaryzowanych zmiennych angażuje standaryzowane współczynniki. Badania rozpoczynamy od modelu 1[***BIZ = b0 + b1 zekipr1ait + b2 GDPGRit + b3 Tradeit* +b4 *Inflacja + b5*** $_{\textit{Instit}}$ ***+ uit*** *]* przy użyciu współczynników standaryzowanych OLS lub współczynników beta, a wyniki (Coef. 2,14***, 2,84***, 3,06***) dotyczące średniej z 10, 5 lat i referencyjne z 2010 roku pokazują, że IPR, wyrażone zekipr1a, są znaczące w napływie BIZ. Wzrost PKB jest drugą co do ważności zmienną po zekipr1a (Coef. -0,03, 0,18*, 0,20**). Warto tu wspomnieć, że niezależnie od *0,6113* korelacji pomiędzy zekipr1a a instytucjami, różne testy pokazują, że nie ma żadnej wady w naszych regresjach. Nie ma wieloliniowości. Co więcej, nasz model 11 jest poprawnie sprecyzowany, nie ma błędu w specyfikacji i nie potrzebujemy więcej zmiennych. Co więcej, kontynuujemy nasze badania z modelem 2 **[*FDIit = b0 + b1 zekipr1ait + b2 GDPit + b3 Tradeit* +b4 *Inflationit + b5instit + uit*** *]* przy użyciu standardowych współczynników OLS lub współczynników beta i wyników (Coef. 1.03***, 0.91**, 0,40) w odniesieniu do średniej z 10,5 roku i wartości referencyjnej z 2010 r. pokazują, że prawa własności intelektualnej, wyrażone zekipr1a, są istotne w napływie BIZ, a w szczególności druga co do ważności zmienna po PKB (Coef. 0,64***, 0,65***, 0,69***). Instytucje wydają się być istotne dla wartości referencyjnej dla 2010 r. (Coef. 0,18, 0,21, 0,37*).

2. ***Wpływy z BIZ: Zmienne znormalizowane OLS***

W naszym badaniu utrzymujemy model 5 [***BIZ = b0 + b1 zekipr3it + b2 Tradeit + b3 Inflacja* +b4 *GDPGRit + b5*** $_{\textit{Instit}}$ ***+ uit*** *]* przy użyciu standardowych współczynników OLS lub współczynników beta, a wyniki (Coef. 2,09**, 2,69***, 2,79***) dotyczące średniej z 10, 5 lat i referencyjne dane z 2010 r. pokazują, że prawa własności intelektualnej, wyrażone zekipr3, są znaczące w napływie BIZ. Wzrost PKB jest drugą co do ważności zmienną po zekipr3 (Coef. 0,02, 0,21*, 0,20**), która zyskuje na znaczeniu w krótkim okresie odniesienia. Ponadto, kontynuujemy badania z modelem 5a [***BIZ = b0 + b1 zekipr3it + b2 Tradeit + b3 Inflacja* +b4 *PKBGRit + uit*];** przy zastosowaniu współczynników standaryzowanych OLS lub współczynników beta, a wyniki (Coef. 2,32***, 2,86***, 3,37***) dotyczące średniej z 10, 5 lat i referencyjnej z 2010 roku pokazują, że prawa własności intelektualnej, wyrażone przez zekipr3, mają większe znaczenie w napływie BIZ niż w modelu16. Wzrost PKB jest drugą co do ważności zmienną po zekipr3 (Coef. 0,02, 0,21*, 0,21***), która nabiera większego znaczenia dla krótkookresowej wartości referencyjnej. Warto w tym miejscu wspomnieć, że niezależnie od 0,6210 korelacji między zekipr3 a instytucjami, różne testy pokazują, że w naszych regresjach nie ma żadnej wady. Nie ma wieloliniowości. Co więcej, nasz model 5 jest poprawnie sprecyzowany, nie ma błędu w specyfikacji i nie potrzebujemy więcej zmiennych.

Kontynuujemy nasze badania z modelem 6[***FDIit= b0 + b1 zekipr4it + b2 Tradeit + b3 Inflacja* +b4 *GDPGRit + b5*** $_{\textit{Instit}}$ ***+ uit*** *]* przy użyciu standardowych współczynników OLS lub współczynników beta, a wyniki (Coef. 2,04***, 2,71***, 2,97***) dotyczące średniej z 10, 5 lat i referencja z 2010 r. pokazują, że prawa własności intelektualnej, wyrażone przez zekipr4, są znaczące w napływie BIZ. Wzrost PKB jest drugą co do ważności zmienną po zekipr4 (Coef. -0,00, 0,20*, 0,21***), która zyskuje na znaczeniu w krótkim okresie odniesienia. Dodatkowo, kontynuujemy badania z modelem 6a [***BIZ = b0 + b1 zekipr4it + b2 Tradeit + b3 Inflacja +b4 GDPGRit + uit***] przy użyciu współczynników standaryzowanych OLS lub współczynników beta, a wyniki (Coef. 2,24***, 2,85***, 3,49***) dotyczące średniej z 10, 5 lat i referencja z 2010 roku pokazują, że prawa własności intelektualnej, wyrażone przez zekipr4, mają większe znaczenie w napływie BIZ niż w modelu17. Wzrost PKB jest drugą co do ważności zmienną po zekipr4 (Coef. -0,00, 0,21*, 0,23***), która nabiera większego znaczenia dla krótkookresowej wartości odniesienia. Niezależnie od *0,6219* korelacji pomiędzy zekipr4 a instytucjami, różne testy pokazują, że nie ma żadnej wady w naszych regresjach. Nie ma wieloliniowości. Co więcej, nasz model 6 jest poprawnie określony i nie ma błędu w specyfikacji i nie potrzebujemy więcej zmiennych.

Nasze badania prowadzimy przy użyciu modelu 7 [***BIZ*** $_t$ ***= b0 + b1 zekipr5it + b2 Tradeit + b3 Inflacja + b4 GDPGRit + b5*** $_{\textit{instituт}}$ ***+ uit***]przy użyciu standardowych współczynników OLS lub współczynników beta, a wyniki (Coef. 2,31***, 3,00***, 3,10***) dotyczące średniej z 10, 5 lat i odniesienia z 2010 r. pokazują, że prawa własności intelektualnej, wyrażone zekipr5, są znaczące w napływie BIZ. Wzrost PKB jest drugą co do ważności zmienną po zekipr5 (Coef. 0,03, 0,23**, 0,21***), która zyskuje na znaczeniu w krótkim okresie odniesienia. Ponadto, prowadzimy badania z modelem 7a [***BIZ = b0 + b1 zekipr5it + b2 Tradeit + b3 Inflacja +b4 GDPGRit + uit***] przy użyciu standaryzowanych współczynników OLS lub współczynników beta, a wyniki (Coef. 2,51***, 3,16***, 3,62***) dotyczące średniej z 10, 5 lat i referencyjnej z 2010 roku pokazują, że prawa własności intelektualnej, wyrażone zekipr5, są bardziej znaczące w napływie BIZ niż w modelu18. Wzrost PKB jest drugą co do ważności zmienną po zekipr5 (Coef. 0,03, 0,23**, 0,22***), która nabiera coraz większego znaczenia dla krótkookresowej wartości odniesienia. Niezależnie od *0,5988* korelacji pomiędzy zekipr5 a instytucjami, różne testy pokazują, że w naszych regresjach nie ma żadnej wady. Nie ma wieloliniowości. Co więcej, nasz model 7 jest poprawnie określony i nie ma błędu w specyfikacji i nie potrzebujemy więcej zmiennych.

W rzeczywistości wydaje się, że zekipr1 (Coef. 2.45***,3.13***,3.70***)[452], zekip1a (Coef. 2.14***,2.84***,3.06***), zekipr3 (Coef. 2.09**, 2.69***, 2.79***), zekipr4 (Coef. 2.04***, 2.71***, 2.97***) i zekipr5 (Coef. 2.31***, 3,00***, 3,10***) są istotne w odniesieniu do napływu BIZ oraz w odniesieniu do 10, 5 lat i 2010 r. w analogiczny sposób, gdy w naszych modelach wykorzystujemy jako zmienną wzrost PKB, a nie PKB.

3. Wpływy BIZ - zapasy/wydatki - zapasy: Zmienne znormalizowane OLS

Nasze badania prowadzimy przy użyciu modelu 1 [***BIZ = b0 + b1 zekipr1ait + b2 GDPGRit+ b3 Tradeit+b4 Inflacja + b5*** $_{\textit{instit}}$ ***+ uit]*** przy użyciu standardowych współczynników OLS lub współczynników beta, a wyniki (Coef. 3,36***, 5,91***) dotyczące referencji 2010 pokazują, że prawa własności intelektualnej, wyrażone zekipr1a, są znaczące w zasobach napływu i odpływu BIZ. Wzrost PKB jest ważną zmienną po zekipr1a (Coef. 0,12*, 0,17) tylko dla zasobu napływu BIZ, a instytucje są ważne tylko dla zasobu odpływu BIZ (Coef. 0,42, 0,85*).

W naszym badaniu utrzymujemy model 2 [***BIZ = b0 + b1 zekipr1ait + b2 GDPit+ b3 Tradeit+b4 Inflacja + b5instit + uit***] przy użyciu współczynników standaryzowanych OLS lub współczynników beta, a wyniki (Coef. 1.07**, 2.32**) dotyczące referencji 2010 pokazują, że prawa własności intelektualnej, wyrażone zekipr1a, są istotne w zasobach napływu i odpływu BIZ, ale mniej istotne niż w modelu 11. Wzrost PKB jest ważniejszą zmienną niż zekipr1a (Coef. 0,72***, 1,19***) dla zasobu napływu i odpływu BIZ, a instytucje są ważniejsze dla zasobu odpływu BIZ (Coef. 0,25*, 0,63**).

---

[452] G Zekos, The Impact of IPRs on FDI, 2013 PhD Thesis, Economics Department, University of Peloponnese Hellas www.uop.gr Zobacz GEORGIOS I ZEKOS, IPRS PROTECTION AND THEIR IMPACT UPON FDI, GDP GROWTH & TRADE, 2013 SCHOLAR'S PRESS, WWW.SCHOLARS-PRESS.COM , www.morebooks.de NIEMCY.

4. *Odpływy FDI: Zmienne znormalizowane OLS*

Regresja przeprowadzona na standaryzowanych zmiennych angażuje standaryzowane współczynniki. Badania rozpoczynamy modelem 1[***BIZ= b0 + b1 zekipr1ait + b2 GDPGRit+ b3 Tradeit+b4 Inflacja + b5 $_{instit}$ + uit***] przy użyciu współczynników standaryzowanych OLS lub współczynników beta, a wyniki (Coef. 4,02***, 2,99*,5,53**) dotyczące średniej z 10, 5 lat i referencyjne z 2010 roku pokazują, że prawa własności intelektualnej, wyrażone zekipr1a, są znaczące w odpływie BIZ. Ponadto, kontynuujemy nasze badania z modelem 2[***BIZ= b0 + b1 zekipr1ait + b2 GDPit+ b3 Tradeit+b4 Inflacja + b5instit + uit***] przy użyciu współczynników standaryzowanych OLS lub współczynników beta, a wyniki (Coef. 2,19***, 1,93**, 1,89*) dotyczące średniej z 10, 5 lat i referencja z 2010 roku pokazują, że prawa własności intelektualnej, wyrażone zekipr1a, są znaczące w odpływie BIZ, zwłaszcza w odniesieniu do referencji długoterminowej. PKB wydaje się być ważniejszą zmienną niż zekipr1a (Coef. 1,12***, 1,12***, 1,20***), natomiast instytucje wydają się mieć szczególne znaczenie (Coef. 0,56*, 0,60*, 0,67*).

5. *Wpływy z BIZ 3SLS*

Nadal prowadzimy badania w modelu 2 [***FDIit= b0 + b1 zekipr1ait + b2 GDPit+ b3 Tradeit+b4 Inflacja + b5instit + uit***] przy użyciu 3SLS dla napływu BIZ i wyników (Coef. 1,03***, 0,91**, 0.40) w odniesieniu do średniej z 10, 5 lat i referencyjnej z 2010 r. pokazują, że prawa własności intelektualnej, wyrażone zekipr1a, są istotne w napływie BIZ, a w szczególności druga co do ważności zmienna po PKB (Coef. 0,64***, 0,65***,0,69***). Instytucje wydają się być istotne dla wartości referencyjnej dla 2010 r. (Coef. 0,18, 0,21, 0,37*). Ponadto, kontynuujemy nasze badanie z modelem 1 [***BIZ= b0 + b1 zekipr1ait + b2 PKBGRit+ b3 Tradeit+b4 Inflacja + b5 $_{instytut}$ + uit***] przy użyciu 3SLS dla napływu BIZ, a wyniki (Coef. 2,14***, 2,84***, 3,06***) dotyczące średniej z 10, 5 lat i referencyjne dane za 2010 r. pokazują, że prawa własności intelektualnej, wyrażone przez zekipr1a, są znaczące w napływie BIZ. Wzrost PKB jest drugą co do ważności zmienną po zekipr1a (Coef. - 0,03, 0,18*, 0,20**).

6. *Wzrost PKB: Zmienne znormalizowane OLS*

Badanie rozpoczynamy od modelu 3 [*GDPGRit = b0 + b1 zekipr1ait + b2 Tradeit + b3 Inflacja* +b4 *BIZ + b5 $_{institut}$ + uit*] przy zastosowaniu standardowych współczynników OLS lub współczynników beta, a wyniki (Coef. - 2,12*,-5,67***,-7,75***) dotyczące średniej z 10, 5 lat i referencyjne dane z 2010 r. pokazują, że prawa własności intelektualnej, wyrażone zekipr1a, są istotne w sposób negatywny (odwrotny) na wzrost PKB (tabela 1). Ponadto bezpośrednie inwestycje zagraniczne wydają się istotne w odniesieniu do krótkoterminowej wartości odniesienia dotyczącej wzrostu PKB (Coef. -0,08, 0,39*, 0,79**). Ponadto, kontynuujemy nasze dochodzenie przy użyciu modelu 4 [*PKBGRit = b0 + b1 zekipr1ait + b2 Tradeit + b3 Inflacja* +b4 *FDIit + uit*] z zastosowaniem standardowych współczynników OLS lub współczynników beta, a wyniki pokazują, że prawa własności intelektualnej wyrażone przez zekipr1a (Coef. - 2,47* , -5,57***,- 7,62***), zekipr3 (Coef. - 3,69*** , -5,55***,- 7,01***), zekipr4 (Coef. - 3,01***, -5,31***,- 7,24***) , zekipr5 (Coef. - 3,59***, - 5,68***,- 7,29***) są istotne w podobny i negatywny (odwrotny) sposób na wzrost PKB.

Ponadto, BIZ wydają się być istotne dla krótkookresowej wartości odniesienia w zakresie wzrostu PKB (zekipr1a-Coef. -0,10, 0,39*, 0,81***), (zekipr3-Coef. 0,05, 0,40*, 0,80***), (zekipr4-Coef. -0,01, 0,42*, 0,86***), (zekipr5-Coef. 0,06, 0,46**, 0,87***).

Tabela 1. Wzrost PKB: model 3 znormalizowane zmienne OLS

	(1)	(2)	(3)
VARIABLES	dziadek 10yav	dziadek 5yav	GRUPA2010
zekipr1a	-2.12*	-5.67***	-7.75***
	(1.037)	(0.940)	(1.477)
handlowiec10yav	0.01		
	(0.004)		
inf10yav	0.03		
	(0.068)		
logfdiin10yav	-0.08		
	(0.189)		
instancja	-0.34	0.11	0.15
	(0.376)	(0.332)	(0.483)
handlowiec5yav		0.00	
		(0.004)	
inf5yav		0.09	
		(0.085)	
logfrodynian5yav		0.39*	
		(0.170)	
handel2010			0.00
			(0.006)
inf2010			0.04
			(0.120)
logfdiina2010			0.79**
			(0.234)
Stały	13.65***	21.07***	26.93***
	(3.485)	(3.476)	(5.506)
Obserwacje	78	75	67
R-squared	0.24	0.47	0.42
Adiutant. R-squared	0.19	0.43	0.37

Standardowe błędy w nawiasach.
*** $p < 0,001$, ** $p < 0,01$, * $p < 0,05$.

7 Wzrost PKB: Zmienne znormalizowane OLS

Badanie rozpoczynamy od modelu 13b [*GDPGRit = b0 + b1 zekipr1ait + b2 Tradeit + b3 Inflacja* +b4 *FDIit + b5* $_{instit}$ *+ uit]* przy użyciu standardowych współczynników OLS lub współczynników beta i wyników (Coef. -2,12*,-5,67***,-7,75***) w odniesieniu do średniej z 10, 5 lat i odniesienie z 2010 r. pokazują, że prawa własności intelektualnej, wyrażone w zekipr1a, są znaczące w sposób negatywny (odwrotny) na wzrost PKB (tabela 1a). Ponadto, bezpośrednie inwestycje zagraniczne wydają się istotne dla krótkoterminowej wartości odniesienia dotyczącej wzrostu PKB (Coef. -0,08, 0,39*, 0,79**). Ponadto, kontynuujemy nasze badanie przy użyciu modelu 14a [*PKBGRit = b0 + b1 zekipr1ait + b2 Tradeit + b3 Inflacja* +b4 *FDIit + uit]* z zastosowaniem standardowych współczynników OLS lub współczynników beta, a wyniki pokazują, że prawa własności intelektualnej wyrażone przez zekipr1a (Coef. -2,47* , -5,57***,-7,62***), zekipr3 (Coef. -3,69*** , -5,55***,-7,01***), zekipr4 (Coef. -3,01***, -5,31***,-7,24***), zekipr5 (Coef. -3,59***, -5,68***,-7,29***) są istotne w podobny i negatywny (odwrotny) sposób na wzrost PKB.

Ponadto, BIZ wydają się być istotne dla krótkookresowej wartości odniesienia w zakresie wzrostu PKB (zekipr1a-Coef. -0,10, 0,39*, 0,81***), (zekipr3-Coef. 0,05, 0,40*, 0,80***), (zekipr4-Coef. -0,01, 0,42*, 0,86***), (zekipr5-Coef. 0,06, 0,46**, 0,87***).

Tabela 1a: Wzrost PKB: zmienne znormalizowane OLS model 13b

VARIABLES	(1) dziadek 10yav	(2) dziadek 5yav	(3) GRUPA2010
zekipr1a	-2.12*	-5.67***	-7.75***
	(1.037)	(0.940)	(1.477)
handlowiec10yav	0.01		
	(0.004)		
inf10yav	0.03		
	(0.068)		
logfdiin10yav	-0.08		
	(0.189)		
instancja	-0.34	0.11	0.15
	(0.376)	(0.332)	(0.483)
handlowiec5yav		0.00	
		(0.004)	
inf5yav		0.09	
		(0.085)	
logfrodynian5yav		0.39*	
		(0.170)	
handel2010			0.00
			(0.006)
inf2010			0.04
			(0.120)
logfdiina2010			0.79**
			(0.234)
Stały	13.65***	21.07***	26.93***
	(3.485)	(3.476)	(5.506)
Obserwacje	78	75	67
R-squared	0.24	0.47	0.42
Adiutant. R-squared	0.19	0.43	0.37

Standardowe błędy w nawiasach
*** p<0.001, ** p<0.01, * p<0.05

8 Handel: Zmienne znormalizowane OLS

Kontynuujemy nasze dochodzenie, stosując model **15a** [*Tradeit = b0 + b1 zekipr1ait + b2 GDPGRit+ b3 Inflacja* +b4 *BIZ + b5* $_{institut}$ + *uit*] przy użyciu standardowych współczynników OLS lub współczynników beta, a wyniki (Coef. 33.09, 23.60, 5.49) dotyczące średniej z 10, 5 lat i referencyjne dane z 2010 r. pokazują, że prawa własności intelektualnej, wyrażone przez zekipr1a, nie są istotne w odniesieniu do handlu (tabela 1b). *Variance Inflation Factor (VIF) pokazuje,* że wariancja oszacowania współczynnika nie jest zawyżona przez wieloliniowość.

Tabela 1b: Handel: model 15a Zmienne znormalizowane OLS

VARIABLES	(1) handlowiec10yav	(2) handlowiec5yav	(3) handel2010
zekipr1a	33.09	23.60	5.49
	(28.131)	(36.264)	(38.889)
dziadek 10yav	3.88		
	(3.106)		
inf10yav	1.29		
	(1.797)		
logfdiin10yav	-6.06		
	(4.999)		
instancja	-0.84	-3.05	-3.39
	(10.080)	(10.383)	(10.553)
dziadek 5yav		1.55	
		(3.764)	
inf5yav		0.78	
		(2.685)	
logfrodynian5yav		-6.37	
		(5.463)	
GRUPA2010			0.48
			(2.799)
inf2010			-0.49
			(2.618)
logfdiina2010			-7.62
			(5.483)
Stały	-5.94	59.27	148.37
	(102.231)	(134.528)	(140.739)
Obserwacje	78	75	67
R-squared	0.06	0.03	0.05
Adiutant. R-squared	0.00	-0.04	-0.03

Standardowe błędy w nawiasach
*** p<0.001, ** p<0.01, * p<0.05

3.2. Efekty nieliniowe Wyniki

Konieczne jest głębsze zbadanie wpływu *zekipr1a* na napływ BIZ i wzrost PKB. Badane kraje dzielimy na grupy według poziomu ochrony praw własności intelektualnej wyrażonego wskaźnikiem zekipr1a. Tak więc badane jurysdykcje są podzielone na grupy według 25%, 50% i 75% percentyli w celu oceny wpływu niskiego poziomu ochrony praw własności intelektualnej - średniego i wysokiego. W związku z tym generowane są nowe zmienne wyrażające ranking zekipr1a oparty na 25 %, 50 % i 75 % percentylach. Powstają grupy krajów według 25 %, 50 % i 75 % percentyliów wartości *zekipr1a*.

W szczegółach, mamy następujące wyniki:

1. **Wpływy z BIZ: Zmienne znormalizowane OLS**

Kontynuujemy nasze badania z modelem 1a [***BIZ = b0 + b1 zekipr1ait + b2 GDPGRit+ b3 Tradeit+b4 Inflacja + uit***] i niezależnymi zmiennymi zekipr1a/ 25% przy użyciu standardowych współczynników OLS lub współczynników beta dotyczących napływu BIZ i wyników (Coef. 1,78, 2.31*, 4,11, 3,16**, 5,34, 3,16**) dotyczące średniej z 10 i 5 lat oraz referencyjne dane z 2010 r. wskazują, że zekipr1a *nie jest* istotny dla niskiego poziomu ochrony zekipr1a < 25% dotyczący napływu BIZ, a znaczenie wzrasta wraz ze wzrostem poziomu ochrony praw własności intelektualnej. (Tabele 2-3).

Tabela 2. Napływy BIZ: zmienne znormalizowane OLS model 1a

	(1)	(2)	(3)	(4)
VARIABLES	logfdiin10yav	logfdiin10yav	logfrodynian5yav	logfrodynian5yav
zekipr1a	1.78	2.31*	4.11	3.16**
	(3.893)	(0.917)	(4.668)	(1.043)
handlowiec10yav	-0.00	-0.00		
	(0.011)	(0.003)		
inf10yav	-0.04	-0.03		
	(0.076)	(0.048)		
dziadek 10yav	0.28	-0.09		
	(0.245)	(0.082)		
handlowiec5yav			0.00	-0.00
			(0.012)	(0.003)
inf5yav			-0.06	-0.09
			(0.125)	(0.061)
dziadek 5yav			0.21	0.18
			(0.230)	(0.094)
Stały	0.21	-0.00	-7.62	-3.61
	(13.537)	(3.859)	(16.275)	(4.457)
Obserwacje	18	60	17	58
R-squared	0.21	0.24	0.19	0.26
Adiutant. R-squared	-0.03	0.19	-0.08	0.20

Standardowe błędy w nawiasach.
*** p < 0,001, ** p < 0,01, * p < 0,05.

Tabela 3. Napływy BIZ: zmienne znormalizowane OLS model 1a

	(1)	(2)	(3)	(4)
VARIABLES	logfrodynian5yav	logfrodynian5yav	logfdiina2010	logfdiina2010
zekipr1a	4.11	3.16**	5.34	3.16**
	(4.668)	(1.043)	(3.641)	(1.133)
handlowiec5yav	0.00	-0.00		
	(0.012)	(0.003)		
inf5yav	-0.06	-0.09		
	(0.125)	(0.061)		
dziadek 5yav	0.21	0.18		
	(0.230)	(0.094)		
handel2010			0.01	-0.01
			(0.010)	(0.003)
inf2010			0.21*	-0.07
			(0.083)	(0.079)
GRUPA2010			0.13	0.26***
			(0.140)	(0.066)
Stały	-7.62	-3.61	-14.41	-4.26
	(16.275)	(4.457)	(13.020)	(4.781)
Obserwacje	17	58	15	52
R-squared	0.19	0.26	0.51	0.34
Adiutant. R-squared	-0.08	0.20	0.31	0.28

Standardowe błędy w nawiasach.
*** p < 0,001, ** p < 0,01, * p < 0,05.

Tabela 4. Napływy BIZ: zmienne znormalizowane OLS model 1a

	(1)	(2)	(3)	(4)
VARIABLES	logfdiin10yav	logfdiin10yav	logfrodynian5yav	logfrodynian5yav
zekipr1a	2.55***	4.67	3.15***	5.02
	(0.710)	(2.667)	(0.811)	(2.791)
handlowiec10yav	-0.00	-0.01		
	(0.003)	(0.008)		
inf10yav	-0.03	-0.49		
	(0.040)	(0.401)		
dziadek 10yav	-0.04	0.01		
	(0.082)	(0.405)		
handlowiec5yav			-0.00	-0.01
			(0.003)	(0.008)
inf5yav			-0.08	-0.41
			(0.057)	(0.295)
	(1)	(2)	(3)	(4)
dziadek 5yav			0.17	0.32
			(0.086)	(0.344)
Stały	-0.96	-9.18	-3.48	-10.87
	(2.822)	(11.645)	(3.355)	(12.206)
Obserwacje	59	19	56	19
R-squared	0.26	0.39	0.31	0.34
Adiutant. R-squared	0.21	0.21	0.26	0.16

Standardowe błędy w nawiasach.
*** p < 0,001, ** p < 0,01, * p < 0,05.

Tabela 5. Napływy BIZ: zmienne znormalizowane OLS model 1a

	(1)	(2)	(3)	(4)
VARIABLES	logfrodynian5yav	logfrodynian5yav	logfdiina2010	logfdiina2010
zekipr1a	3.15***	5.02	3.74***	9.78*
	(0.811)	(2.791)	(0.924)	(3.804)
handlowiec5yav	-0.00	-0.01		
	(0.003)	(0.008)		
inf5yav	-0.08	-0.41		
	(0.057)	(0.295)		
dziadek 5yav	0.17	0.32		
	(0.086)	(0.344)		
handel2010			-0.01	0.00
			(0.003)	(0.009)
inf2010			0.03	0.67
			(0.062)	(0.508)
GRUPA2010			0.21**	0.17
			(0.065)	(0.218)
Stały	-3.48	-10.87	-6.80	-34.60
	(3.355)	(12.206)	(3.796)	(16.421)
Obserwacje	56	19	53	14
R-squared	0.31	0.34	0.33	0.51
Adiutant. R-squared	0.26	0.16	0.27	0.29

Standardowe błędy w nawiasach.
*** p < 0,001, ** p < 0,01, * p < 0,05.

Nasze badania prowadzimy z modelem 1a [***BIZ = b0 + b1 zekipr1ait + b2 GDPGRit+ b3 Tradeit + b4 Inflacja + uit***] oraz niezależnymi zmiennymi zekipr1a/50% przy użyciu standardowych współczynników OLS lub współczynników beta dotyczących napływu BIZ i wyników (Coef. 2,76*, 2,48, 3,10*, 3,78*, 5,08**, 4,18) dotyczące 10 i 5 lat średniej referencyjnej i 2010 wykazują znaczenie zekipr1a *dla* wartości <50% i nieistotne dla wartości >50%. Wzrost PKB jest znaczący dla roku referencyjnego 2010 (Coef. 0,27**, 0,21*). Ponadto, zachowujemy analizę z modelem 11a [***BIZ = b0 + b1 zekipr1ait + b2 PKBGRit+ b3 Tradeit+b4 Inflacja + uit***]i niezależnymi zmiennymi zekipr1a/75% przy zastosowaniu standardowych współczynników OLS lub współczynników beta dotyczących napływu BIZ i wyników (Coef. 2,55***, 4,67, 3.15***, 5,02, 3,74***, 9,78*) dotyczące średniej z 10 i 5 lat oraz referencji z 2010 r. wykazują znaczenie dla wysokiej wartości IPR <75%, która jest mniejsza, gdy wartość ta staje się jeszcze wyższa >75%, ale zekipr1a jest nadal istotny dla ceny >75% dotyczącej referencji z 2010 r. (tabele 4-5).

2. Wzrost PKB: Zmienne znormalizowane OLS

Kontynuujemy nasze badania z modelem 14a [*GDPGRit = b0 + b1 zekipr1ait + b2 Tradeit + b3 Inflacja* +b4 *BIZ + uit*] i niezależnymi zmiennymi zekipr1a/ 75% przy użyciu standaryzowanych współczynników OLS lub współczynników beta dotyczących wzrostu PKB i wyników (Coef. --0,87, -0,69, -5,25***, -1,71, -7,95***, -0.23) w odniesieniu do średniej z 10 i 5 lat oraz wartości referencyjnej z 2010 r. wykazują, że zekipr1α *jest* istotny dla niskiego poziomu ochrony zekipr1a < 75% w odniesieniu do PKB Wzrost w odniesieniu do krótkoterminowej wartości referencyjnej oraz że znaczenie to zmniejsza się, dopóki rośnie poziom ochrony praw własności intelektualnej i w odniesieniu do krótkoterminowej wartości referencyjnej. BIZ wydają się istotne w odniesieniu do krótkoterminowej wartości odniesienia dotyczącej wzrostu PKB i ceny zekipr1a<75% niż zekipr1a>75% (Coef. -0,11, 0,00, 0,41, 0,18, 0,86**, 0,37). Co więcej, inflacja jest znacząca w długim 10-letnim okresie odniesienia i wynosi >75% (Coef. 0,03, 0,72**) (tabela 5a).

Tabela 5a: Wzrost PKB: model 14a Zmienne znormalizowane OLS

VARIABLES	(1) dziadek 10yav	(2) dziadek 10yav	(3) dziadek 5yav	(4) dziadek 5yav	(5) GRUPA2010	(6) GRUPA2010
zekipr1a	-0.87	-0.69	-5.25***	-1.71	-7.95***	-0.23
	(1.300)	(1.932)	(1.251)	(2.287)	(1.839)	(7.433)
handlowiec10yav	0.00	0.01*				
	(0.005)	(0.004)				
inf10yav	0.03	0.72**				
	(0.067)	(0.200)				
logfdiin10yav						
	(0.224)	(0.176)				
handlowiec5yav			0.00	0.01		
			(0.005)	(0.005)		
inf5yav			0.07	0.11		
			(0.090)	(0.235)		
logfrodynian5yav			0.41	0.18		
			(0.213)	(0.195)		
handel2010					0.00	0.01
					(0.007)	(0.013)
inf2010					0.03	-0.56
					(0.126)	(0.802)
logfdiina2010					0.86**	0.37
					(0.265)	(0.479)
Stały	8.13	2.32	20.11***	5.75	27.79***	-0.32
	(4.532)	(7.821)	(4.524)	(9.326)	(6.851)	(29.775)
Obserwacje	59	19	56	19	53	14
R-squared	0.05	0.59	0.29	0.18	0.36	0.19
Adiutant. R-squared	-0.02	0.47	0.24	-0.05	0.31	-0.17

Standardowe błędy w nawiasach

*** p<0.001, ** p<0.01, * p<0.05

3.3 Wyniki liniowe dla ZEKIPR1

Biorąc pod uwagę korelację naszego wskaźnika *zekipr1a* ze zmiennymi wykorzystywanymi w naszych modelach, rozpoczynamy nasze badania.

W szczegółach mamy następujące etapy/ kroki analizy i wyniki:

1. **Wpływy z BIZ na towary i usługi/ sektor usługowy, sektor wtórny/ sektor usługowy: Zmienne znormalizowane przez OLS**

Kontynuujemy model 1b [*FDIit= b0 + b1 zekipr1it + b2 GDPit+ b3 Tradeit+b4 Inflacja + uit*] dotyczący napływu BIZ na towary i usługi, a wyniki (tabela 16) pokazują, że nasz wskaźnik zekipr1 *jest* znaczący pod względem wpływu naszego wskaźnika na napływ BIZ na towary i usługi, ponieważ towary i usługi są dziedziną, która przyciągnęła zdecydowaną większość nagrodzonych praw własności intelektualnej. Ponadto, kontynuujemy model 1 dotyczący napływu BIZ do sektora usług, a wyniki (tabela 5b) pokazują, że nasz wskaźnik *zekipr1* jest bardzo znaczący pod względem wpływu naszego wskaźnika na napływ BIZ do sektora usług, ponieważ sektor usług jest dziedziną, która przyciągnęła zdecydowaną większość przyznanych praw własności intelektualnej. Wydaje się więc, że nasz wskaźnik jest bardzo istotny w odniesieniu do wpływu praw własności intelektualnej na napływ BIZ.

Tabela 5b. BIZ towary i usługi/ sektor usługowy OLS Współczynniki beta modelu 1b.

VARIABLES	(1) dziennikarze10yav	(2) dziennikarze5yav	(3) logfrodyter10yav	(4) logfrodyter5yav
zekipr1	1.54***	1.45***	2.21***	2.01***
	(0.290)	(0.375)	(0.437)	(0.453)
pniak 10yav	0.64***		0.56***	
	(0.046)		(0.066)	
handlowiec10yav	0.00		-0.00	
	(0.001)		(0.003)	
inf10yav	0.01		-0.01	
	(0.020)		(0.030)	
loggdp5yav		0.59***		0.57***
		(0.057)		(0.065)
handlowiec5yav		0.00		0.00
		(0.002)		(0.003)
inf5yav		-0.04		-0.01
		(0.029)		(0.036)
Stały	-13.92***	-11.82***	-14.79***	-14.22***
	(1.402)	(1.868)	(2.171)	(2.234)
Obserwacje	78	76	67	64
R-squared	0.83	0.76	0.74	0.75
Adiutant. R-squared	0.82	0.75	0.72	0.74

Standardowe błędy w nawiasach
*** p<0.001, ** p<0.01, * p<0.05

2. Wpływy z BIZ: Zmienne znormalizowane OLS

Podtrzymujemy nasze badanie z modelem 5b [*FDIit= b0 + b1 IPRit* +b2 *zekipr2it+ b3 GDPit+ b4 Tradeit+b5 Inflacja* $_{it+}$ *uit]*. Znormalizowane współczynniki OLS lub współczynniki beta dotyczące towarów i usług z zakresu BIZ /sektora usługowego oraz wyniki (tabela 5c) pokazują znaczenie naszego indeksu zekipr2 *i* wydaje się on być lepszy niż IPR. *Zekipr2* jest drugą co do znaczenia zmienną po *PKB*.

Tabela 5c. Towary i usługi związane z bezpośrednimi inwestycjami zagranicznymi / sektor usługowy OLS Współczynniki beta modelu 5b

VARIABLES	(1) dziennikarze10yav	(2) dziennikarze5yav	(3) logfrodyter10yav	(4) logfrodyter5yav
zekipr2	1.29**	1.27**	1.91**	1.77**
	(0.386)	(0.475)	(0.599)	(0.608)
ipr	0.16*	0.10	0.20*	0.15
	(0.065)	(0.080)	(0.098)	(0.097)
pniak 10yav	0.60***		0.51***	
	(0.054)		(0.077)	
handlowiec10yav	0.00		-0.00	
	(0.001)		(0.003)	
inf10yav	0.01		-0.02	
	(0.021)		(0.032)	
loggdp5yav		0.56***		0.53***
		(0.065)		(0.076)
handlowiec5yav		0.00		0.00
		(0.002)		(0.003)
inf5yav		-0.05		-0.03
		(0.031)		(0.037)
Stały	-12.03***	-10.31***	-12.20***	-12.05***
	(1.575)	(2.002)	(2.506)	(2.554)
Obserwacje	78	76	67	64
R-squared	0.82	0.75	0.73	0.74
Adiutant. R-squared	0.81	0.73	0.71	0.72

Standardowe błędy w nawiasach
*** p<0.001, ** p<0.01, * p<0.05

3. Wpływy z BIZ na towary i usługi/ sektor usługowy: Zmienne znormalizowane przez OLS

Kontynuujemy model 9a [*FDIit= b0 + b1 zekipr1it + b2 PKBit+ b3 Tradeit+b4 Inflacja* +b5 *instit+b5 freetrade1it+uit*]. Znormalizowane współczynniki OLS lub współczynniki beta dotyczące napływu BIZ na towary i usługi / sektor usługowy oraz wyniki (tabela 5d) pokazują duże znaczenie zekipr1 dotyczące napływu BIZ na towary i usługi / sektor usługowy. Istotną zmienną dotyczącą napływu BIZ na towary i usługi/usługi/sektor usługowy wydaje się być swoboda handlu, wyrażona w postaci wolnych zawodów1 .

Tabela 5d. Towary i usługi z zakresu BIZ OLS Współczynniki beta modelu 9a

VARIABLES	(1) dziennikarze10yav	(2) dziennikarze5yav	(3) logfrodyter10yav	(4) logfrodyter5yav
zekipr1	1.20***	1.22**	2.04***	1.90***
	(0.311)	(0.381)	(0.474)	(0.472)
pniak 10yav	0.66***		0.59***	
	(0.046)		(0.067)	
handlowiec10yav	0.00		-0.00	
	(0.001)		(0.003)	
inf10yav	0.05*		0.02	
	(0.023)		(0.035)	
instancja	0.17	0.12	-0.03	0.01
	(0.117)	(0.138)	(0.172)	(0.160)
freetrada1	0.25*	0.43**	0.36*	0.48**
	(0.113)	(0.146)	(0.162)	(0.163)
loggdp5yav		0.63***		0.62***
		(0.056)		(0.064)
handlowiec5yav		0.00		-0.00
		(0.002)		(0.002)
inf5yav		0.03		0.06
		(0.035)		(0.041)
Stały	-15.83***	-15.80***	-17.62***	-18.81***
	(1.593)	(2.214)	(2.477)	(2.628)
Obserwacje	78	76	67	64
R-squared	0.85	0.79	0.76	0.79
Adiutant. R-squared	0.83	0.77	0.74	0.76

Standardowe błędy w nawiasach
*** p<0.001, ** p<0.01, * p<0.05

4. Wpływy z BIZ na towary i usługi/ sektor usługowy: Zmienne znormalizowane przez OLS

Naszą ocenę kontynuujemy z modelem 3a [*FDIit= b0* +b1 *enflrit* + *b2GDPit+ b3 Tradeit+b4 Inflationit+b5freetrade1it+uit].* Znormalizowane współczynniki OLS lub współczynniki beta dotyczące BIZ na towary i usługi/ sektor usługowy oraz wyniki (tabela 5e) pokazują, że egzekwowanie prawa (enflr*) jest* bardzo istotne w długim okresie w odniesieniu do napływu BIZ na towary i usługi/ sektor usługowy i ma większe znaczenie od swobody handlu.

Enflr= enf (egzekwowanie patentów, praw autorskich i znaków towarowych w prawie krajowym) + LR2= System prawny i prawa własności, *Wolność gospodarcza na świecie: sprawozdanie roczne za 2011 r.* , Ratingi Wolności Gospodarczej w Obszarze, 2009 r.[453]

[453] G. Zekos, "IPRs' impact on FDI", 2013 PhD Thesis, Economics Department, University of Peloponnese, Tripoli, Hellas www.uop.gr.

Tabela 5e. BIZ na towary i usługi/ sektor usługowy OLS Współczynniki beta modelu 3a

VARIABLES	(1) dziennikarze10yav	(2) dziennikarze5yav	(3) logfrodyter10yav	(4) logfrodyter5yav
enflr	0.58***	0.51**	0.77**	0.68**
	(0.154)	(0.185)	(0.228)	(0.217)
pniak 10yav	0.70***		0.63***	
	(0.047)		(0.069)	
handlowiec10yav	0.00		-0.00	
	(0.001)		(0.003)	
inf10yav	0.05*		0.03	
	(0.024)		(0.037)	
freetrada1	0.28*	0.43**	0.38*	0.48**
	(0.120)	(0.152)	(0.171)	(0.173)
loggdp5yav		0.66***		0.65***
		(0.057)		(0.067)
handlowiec5yav		0.00		-0.00
		(0.002)		(0.003)
inf5yav		0.02		0.04
		(0.036)		(0.044)
Stały	-13.51***	-13.03***	-13.47***	-14.33***
	(1.579)	(2.095)	(2.385)	(2.471)
Obserwacje	78	76	67	64
R-squared	0.83	0.77	0.73	0.76
Adiutant. R-squared	0.81	0.75	0.70	0.73

Standardowe błędy w nawiasach
*** p<0.001, ** p<0.01, * p<0.05

5. Wpływy z BIZ na towary i usługi/ sektor usługowy: Zmienne znormalizowane przez OLS

Podtrzymujemy nasze badania z modelem 7b [*BIZ= b0 + b1 GClit* +b2 *zekipr2it+ b3 GDPit+ b4 Tradeit+b5 Inflacja + uit]*przy użyciu standardowych współczynników OLS lub współczynników beta dotyczących napływu BIZ na towary i usługi/ sektor usług, a wyniki (tabela 5f) pokazują, że zekipr2 *ma* większe znaczenie niż GCI w zakresie napływu BIZ na towary i usługi/ sektor usług. Znaczenie *zekipr2* w stosunku do *WKP jest większe w* przypadku BIZ w sektorze usług, gdzie prawa własności intelektualnej są istotnym czynnikiem.

Tabela 5f. BIZ na towary i usługi/ sektor usługowy OLS Współczynniki beta modelu 7b

VARIABLES	(1) dziennikarze10yav	(2) dziennikarze5yav	(3) logfrodyter10yav	(4) logfrodyter5yav
zekipr2	1.17**	1.22*	2.09***	1.82**
	(0.374)	(0.469)	(0.589)	(0.586)
gci	0.77**	0.53	0.55	0.65
	(0.226)	(0.286)	(0.342)	(0.327)
pniak 10yav	0.56***		0.51***	
	(0.054)		(0.083)	
handlowiec10yav	0.00		-0.00	
	(0.001)		(0.003)	
inf10yav	0.03		-0.01	
	(0.023)		(0.037)	
loggdp5yav		0.53***		0.50***
		(0.069)		(0.079)
handlowiec5yav		0.00		-0.00
		(0.002)		(0.003)
inf5yav		-0.03		-0.00
		(0.035)		(0.041)
Stały	-13.25***	-11.22***	-14.17***	-13.61***
	(1.426)	(1.918)	(2.348)	(2.368)
Obserwacje	78	76	67	64
R-squared	0.83	0.75	0.72	0.74
Adiutant. R-squared	0.82	0.74	0.70	0.72

Standardowe błędy w nawiasach
*** p<0.001, ** p<0.01, * p<0.05

4. Wyniki empiryczne dla Zekipr6

4.1. Wyniki regresji liniowej

Biorąc pod uwagę korelację naszego wskaźnika *zekipr6* ze zmiennymi wykorzystywanymi w naszych modelach, kontynuujemy nasze badania.

1. Wpływy z BIZ: Zmienne znormalizowane OLS

Regresja przeprowadzona na standaryzowanych zmiennych angażuje standaryzowane współczynniki. Badania rozpoczynamy od modelu 8 [***FDIit = b0 + b1 zekipr6it + b2 Tradeit + b3 Inflacja* +b4 *GDPGRit + b5*** $_{Instit}$ ***+ uit*** *]* przy użyciu współczynników standaryzowanych OLS lub współczynników beta i wyników (Coef. 2,68***,3.43***,1,81) w odniesieniu do 10, 5 lat średniej i odniesienia 2012 r. pokazują, że prawa własności intelektualnej, wyrażone zekipr6 , są istotne w napływach BIZ w odniesieniu do 10 i 5 lat odniesienia i nie są istotne dla odniesienia 2012 r. (tabela 6). Wzrost PKB jest drugą co do znaczenia zmienną po zekipr6 (Coef. 0,13, 0,27***, 0,06). W szczególności beta w regresji modelu 19 dla zekipr6 wynosi (,5945113, .7676707, .4180403), a dla wzrostu PKB (,2060216, .5006027, .1211654), a więc wzrost PKB jest drugą co do znaczenia zmienną dotyczącą napływu BIZ. Warto w tym miejscu wspomnieć, że niezależnie od *0,5762* korelacji pomiędzy zekipr6 a instytucjami, różne testy pokazują, że w naszych regresjach nie ma żadnej wady. Nie ma tu żadnej wieloliniowości. Co więcej, nasz model 8 jest poprawnie sprecyzowany, nie ma błędu w specyfikacji i nie potrzebujemy więcej zmiennych.

Ponadto, kontynuujemy nasze badania z modelem 8a [***BIZ = b0 + b1 zekipr6it + b2 Tradeit + b3 Inflacja + b4 GDPGRit + uit*** *]*przy użyciu standaryzowanych współczynników OLS lub współczynników beta, a wyniki (Coef. 3,14***,3,59***,2,55**) dotyczące średniej z 10, 5 lat i odniesienia z 2012 roku pokazują, że prawa własności intelektualnej, wyrażone zekipr6, są bardziej znaczące w napływie BIZ niż w modelu 8 (tabela 6a). Warto zwrócić uwagę, że zekipr6 beta dla napływu BIZ wynosi odpowiednio (.5898402,.8030179, .6964313).

Tabela 6. Napływy BIZ: model 8 znormalizowanych zmiennych OLS

	(1)	(2)	(3)
VARIABLES	logfdiin10y	logfdiin5y	logfdiina2012
zekipr6	2.68***	3.43***	1.81
	(0.593)	(0.753)	(0.911)
handel10y	-0.00		
	(0.003)		
instancja12	0.33	0.13	0.52
	(0.208)	(0.230)	(0.307)
inf10y	-0.00		
	(0.000)		
gdpgr10y	0.13		
	(0.073)		
handel5y		-0.00	
		(0.003)	
inf5y		-0.00	
		(0.050)	
dziadek (gdpgr5y)		0.27***	
		(0.073)	
handel2012			-0.00
			(0.003)
inf2012			0.04
			(0.064)
GRUPA2012			0.06
			(0.078)
Stały	-3.57	-5.86	-0.97
	(2.237)	(3.005)	(3.435)
Obserwacje	79	76	52
R-squared	0.43	0.37	0.27
Adiutant. R-squared	0.39	0.32	0.19

Standardowe błędy w nawiasach.

*** $p < 0,001$, ** $p < 0,01$, * $p < 0,05$.

Tabela 6a. Napływy BIZ: model 8a Zmienne znormalizowane OLS

	(2)	(3)	(4)
VARIABLES	logfdiin10y	logfdiin5y	logfdiina2012
zekipr6	3.14***	3.59***	2.55**
	(0.524)	(0.693)	(0.811)
handel10y	-0.00		
	(0.003)		
inf10y	-0.00		
	(0.000)		
gdpgr10y	0.13		
	(0.074)		
handel5y		-0.00	
		(0.003)	
inf5y		-0.01	
		(0.048)	
dziadek (gdpgr5y)		0.28***	
		(0.071)	
handel2012			0.00
			(0.003)
inf2012			0.03
			(0.065)
GRUPA2012			0.10
			(0.076)
Stały	-4.09	-5.96*	-2.03
	(2.237)	(2.985)	(3.441)
Obserwacje	79	76	52
R-squared	0.41	0.36	0.22
Adiutant. R-squared	0.37	0.33	0.16

Standardowe błędy w nawiasach.
*** p < 0,001, ** p < 0,01, * p < 0,05.

Kontynuujemy nasze badania z modelem 9[***BIZ = b0 + b1 zekipr6it + b2 Tradeit + b3 Inflacja* +b4 *PKBit + b5*** $_{Instit}$ ***+ uit]*** przy użyciu standardowych współczynników OLS lub współczynników beta, a wyniki (Coef. 0,33, 0,03, -0,28) dotyczące średniej z 10, 5 lat i odniesienia 2012 roku pokazują, że prawa własności intelektualnej, wyrażone zekipr6, nie są istotne w napływie BIZ dotyczących 10 i 5 lat i odniesienia 2012 roku (tabela 7). Istotną zmienną jest PKB (Coef. 0,73***, 0,76***, 0,75***), a istotną zmienną staje się równieŢ handel (Coef. 0.01**, 0.01**, 0.01**).

Badanie kontynuujemy z modelem 10 [***BIZ = b0 + b1 zekipr6it + b2 Tradeit + b3 Inflacja*** +b4 ***PKBit + uit]*** przy użyciu standardowych współczynników OLS lub współczynników beta, a wyniki (Coef. 0,42, 0,08, -0,13) dotyczące średniej z 10, 5 lat i odniesienia 2012 pokazują, że prawa własności intelektualnej, wyrażone zekipr6, nie są istotne w napływie BIZ dotyczących 10 i 5 lat i odniesienia 2012. Ważną zmienną jest PKB (Coef. 0,74***, 0,76***, 0,77***), a znaczącą zmienną staje się również handel (Coef. 0,01***, 0,01***, 0,01***).

Kontynuujemy nasze badania z modelem 11 [***BIZ = b0 + b1 zekipr6it + b2 Tradeit + b3 Inflacja* +b4 GDPPCGR** $_{it}$ ***+ b5*** $_{Instit}$ ***+ uit]*** przy użyciu standardowych współczynników OLS lub współczynników beta, a wyniki (Coef. 2,25***, 2,63***, 1,56) dotyczące 10, 5 lat średniej i odniesienia 2012 pokazują, że prawa własności intelektualnej, wyrażone zekipr6, są w napływach BIZ dotyczących 10 i 5 lat odniesienia i nie są istotne w 2012 roku.

Tabela 7. Napływy BIZ: model 9 znormalizowanych zmiennych OLS

	(1)	(2)	(3)
VARIABLES	logfdiin10y	logfdiin5y	logfdiina2012
zekipr6	0.33	0.03	-0.28
	(0.294)	(0.389)	(0.490)
handel10y	0.01**		
	(0.002)		
instancja12	0.08	0.08	0.22
	(0.111)	(0.142)	(0.187)
inf10y	-0.00		
	(0.000)		
pniak 10yav	0.73***		
	(0.052)		
handel5y		0.01**	
		(0.002)	
inf5y		0.02	
		(0.032)	
loggdp5yav		0.76***	
		(0.064)	
handel2012			0.01**
			(0.002)
inf2012			-0.01
			(0.040)
	(1)	(2)	(3)
loggdp2012			0.75***
			(0.086)
Stały	-12.34***	-12.00***	-10.98***
	(1.188)	(1.850)	(2.174)
Obserwacje	79	76	52
R-squared	0.84	0.75	0.72
Adiutant. R-squared	0.83	0.73	0.69

Standardowe błędy w nawiasach.
*** p < 0,001, ** p < 0,01, * p < 0,05.

2. Odpływy FDI: Zmienne znormalizowane OLS

Kontynuujemy nasze badania z modelem 11 [***BIZ = b0 + b1 zekipr6it + b2 Tradeit + b3 Inflacja* +b4 PKBPCGR** *it* + ***b5*** *instit* + ***uit]*** przy użyciu standardowych współczynników OLS lub współczynników beta, a wyniki (Coef. 4,17***, 4,28***, 3,83) dotyczące 10, 5 lat średniej i odniesienia 2012 pokazują, że prawa własności intelektualnej, wyrażone zekipr6, dotyczą odpływów BIZ dotyczących 10 i 5 lat odniesienia i nie są istotne w 2012 roku. Instytucje stają się również znaczącą zmienną (Coef. 0,84*, 1,03**, 0,70).

Kontynuujemy nasze badania z modelem 8[***BIZ = b0 + b1 zekipr6it + b2 Tradeit + b3 Inflacja*** **+b4** ***GDPGRit + b5*** *instit* ***+ uit]*** przy użyciu standardowych współczynników OLS lub współczynników beta, a wyniki (Coef. 4,77***, 5,13***, 4,32) dotyczące 10, 5 lat średniej i odniesienia 2012 pokazują, że prawa własności intelektualnej, wyrażone zekipr6, dotyczą odpływów BIZ dotyczących 10 i 5 lat odniesienia i nie są istotne w 2012 roku.

3. Wpływy BIZ - zapasy/wydatki - zapasy: Zmienne znormalizowane OLS

Nasze badania prowadzimy przy użyciu modelu 8 [***FDIit = b0 + b1 zekipr6it + b2 Tradeit + b3 Inflacja*** **+b4** ***GDPGRit + b5*** *instit* ***+ uit]*** przy użyciu standardowych współczynników OLS lub współczynników beta oraz wyników (Coef. 2,72***, 3.35***, 2,64**)/ (Coef. 2,53, 1,51, 1,09) w odniesieniu do średniej z 10, 5 lat i referencyjnej z 2012 r. pokazują, że prawa własności intelektualnej, wyrażone zekipr6 , są istotne w zasobach napływu BIZ i nie są istotne dla zasobów odpływu BIZ. Instytucje są ważne tylko dla zasóbów odpływu BIZ (Coef. 0,95*, 1,05*, 0,96). Ponadto, kontynuujemy badania w modelu 8a [***FDIit = b0 + b1 zekipr6it + b2 Tradeit + b3 Inflacja*** +b4 ***GDPGRit + uit]*** z zastosowaniem współczynników standaryzowanych OLS lub współczynników beta oraz wyników (Coef. 3,30***, 3.78***, 3,37***)/(Coef. 3,87**, 2,84, 2,67) w odniesieniu do średniej z 10,5 roku i referencyjnej z 2012 r. pokazują, że prawa własności intelektualnej, wyrażone zekipr6 , są znaczące w zasobach napływu BIZ i nie są tak znaczące dla zasobów odpływu BIZ.

W naszych badaniach utrzymujemy model 9 [***FDIit = b0 + b1 zekipr6it + b2 Tradeit + b3 Inflacja*** +b4 ***GDPit + b5*** $_{\textit{instit}}$ ***+ uit]*** z zastosowaniem współczynników standaryzowanych OLS lub współczynników beta oraz wyników (Coef. 0.56*, 0,62*, 0,47)/ (Coef. 0,42, 0,30, 0,35) w odniesieniu do średniej z 10, 5 lat i odniesienia z 2012 r., że prawa własności intelektualnej, wyrażone zekipr6 , są istotne tylko dla zasobów napływu BIZ, ale mniej istotne niż w modelu 19. PKB jest ważniejszą zmienną niż zekipr6 (Coef. 0,81***, 0,80***,0,86***)/(Coef. 0,93***, 0,86***, 1,15***) dla zasobu napływu BIZ i odpływu BIZ. Handel wydaje się być znaczącą zmienną (Coef. 0,01***, 0,01***, 0,01***) dla zasobu napływu BIZ.

4. Wzrost PKB: Zmienne znormalizowane OLS

Regresja przeprowadzona na standaryzowanych zmiennych angażuje standaryzowane współczynniki. Badania rozpoczynamy modelem 15 [***PKBGRit = b0 + b1 zekipr6it + b2 Tradeit + b3 Inflacja*** +b4 ***BIZ + b5*** $_{\textit{institut}}$ ***+ uit]*** przy zastosowaniu współczynników standaryzowanych OLS lub współczynników beta, a wyniki (Coef. -5,01***,-7,59***,-7,40***) dotyczące średniej z 10, 5 lat i referencyjne z 2012 r. pokazują, że prawa własności intelektualnej, wyrażone zekipr6, są istotne w sposób negatywny (odwrotny) na wzrost PKB (tabela 8).

Tabela 8. Wzrost PKB: model 15 Zmienne znormalizowane OLS

	(1)	(2)	(3)
VARIABLES	GRUPA2012	dziadek (gdpgr5y)	gdpgr10y
zekipr6	-7.40***	-7.59***	-5.01***
	(1.417)	(0.907)	(0.869)
inf2012	-0.05		
	(0.121)		
logfdiina2012	0.20		
	(0.276)		
handel2012	-0.00		
	(0.006)		
instancja12	1.06	0.53	-0.14
	(0.576)	(0.339)	(0.330)
inf5y		-0.01	
		(0.075)	
logfdiin5y		0.61***	
		(0.163)	
handel5y		-0.00	
		(0.004)	
inf10y			-0.00***
	(1)	(2)	(3)
			(0.000)
logfdiin10y			0.32
			(0.179)
handel10y			0.00
			(0.004)
Stały	26.01***	24.77***	21.14***
	(5.220)	(3.542)	(2.558)
Obserwacje	52	76	79
R-squared	0.42	0.58	0.45
Adiutant. R-squared	0.36	0.55	0.41

Standardowe błędy w nawiasach.
*** p < 0,001, ** p < 0,01, * p < 0,05.

5. Wpływy z BIZ 3SLS

Nadal prowadzimy badania w modelu 8 [***BIZ= b0 + b1 zekipr6it + b2 Tradeit + b3 Inflacja*** **+b4** ***PKBGRit + b5*** $_{\textit{Instytut}}$ ***+ uit*** *]* przy użyciu 3SLS dla napływu BIZ, a wyniki (Coef. 2,68***, 3,43***, 1,81*) dotyczące średniej z 10, 5 lat i referencyjne dane za 2012 rok pokazują, że prawa własności intelektualnej, wyrażone zekipr6, są znaczące nawet w referencyjnym danych za 2012 rok dotyczących napływu BIZ (tabela 9).

Kontynuujemy nasze badania z modelem 9 [***BIZ= b0 + b1 zekipr6it + b2 Tradeit + b3 Inflacja*** **+b4** ***PKB + b5*** $_{\textit{Instytut}}$ ***+ uit*** *]* przy użyciu 3SLS dla napływu BIZ, a wyniki (Coef. 0,33, 0,03, -0,28) dotyczące średniej z 10, 5 lat i referencja 2012 pokazują, że prawa własności intelektualnej, wyrażone zekipr6, nie są istotne w napływie BIZ. Ważną zmienną jest PKB (Coef. 0,73***, 0,76***, 0,75***), a znaczącą zmienną staje się również handel (Coef. 0,01***, 0,01***, 0,01**).

Tabela 9. Napływy BIZ model 8 3SLS

	(1)	(2)	(3)
VARIABLES	logfdiin10y	logfdiin5y	logfdiina2012
zekipr6	2.68***	3.43***	1.81*
	(0.570)	(0.723)	(0.857)
handel10y	-0.00		
	(0.003)		
	(1)	(2)	(3)
inf10y	-0.00		
	(0.000)		
gdpgr10y	0.13		
	(0.070)		
instancja12	0.33	0.13	0.52
	(0.200)	(0.221)	(0.289)
handel5y		-0.00	
		(0.003)	
inf5y		-0.00	
		(0.048)	
dziadek (gdpgr5y)		0.27***	
		(0.070)	
handel2012			-0.00
			(0.003)
inf2012			0.04
			(0.060)
GRUPA2012			0.06
			(0.073)
Stały	-3.57	-5.86*	-0.97
	(2.151)	(2.884)	(3.231)
Obserwacje	79	76	52
R-squared	0.43	0.37	0.27
Adiutant. R-squared	.	.	.

Standardowe błędy w nawiasach.
*** p < 0,001, ** p < 0,01, * p < 0,05.

6. Wpływy z BIZ: Solidna analiza OLS (regresja liniowa)

Nasze badania prowadzimy przy użyciu modelu 8[***FDIit= b0 + b1 zekipr6it + b2 Tradeit + b3 Inflacja*** **+b4** ***GDPGRit + b5*** $_{\textit{Institut}}$ ***+ uit]***, wykorzystując solidną analizę OLS dla napływu BIZ, a wyniki (Coef. 2,68***, 3,43***, 1,81) dotyczące średniej z 10, 5 lat i odniesienia 2012 pokazują, że prawa własności intelektualnej wyrażone zekipr6 są znaczące w napływie BIZ podobnie jak w przypadku standardowych zmiennych OLS.

7. Wpływy z BIZ: Regresja zmiennych instrumentalnych (2SLS)

Nasze badanie kontynuujemy z modelem 8 [***BIZ = b0 + b1 zekipr6it + b2 Tradeit + b3 Inflacja*** **+b4** ***GDPGRit + b5*** $_{\textit{Institut}}$ ***+ uit]*** przy użyciu solidnej analizy OLS dla napływu BIZ, a wyniki (Coef. 2,68***, 3,43***, 1,81) dotyczące średniej z 10, 5 lat i odniesienia 2012 pokazują, że prawa własności intelektualnej, wyrażone zekipr6, są znaczące w napływie BIZ podobnie jak w przypadku standardowych zmiennych OLS i solidnej analizy OLS.

8. **Wpływy z BIZ: Silna regresja**

Kontynuujemy nasze dochodzenie przy pomocy modelu 8 [***BIZ = b0 + b1 zekipr6it + b2 Tradeit + b3 Inflacja*** **+b4** ***GDPGRit + b5*** $_{institut}$ ***+ uit***] z wykorzystaniem solidnej analizy OLS dla napływu BIZ i wyników (Coef. 2,86***, 3,52***, 1.91) w odniesieniu do średniej z 10, 5 lat i odniesienia z 2012 r. pokazują, że prawa własności intelektualnej, wyrażone zekipr6 , są istotne w napływie BIZ podobnie jak w przypadku standardowych zmiennych OLS, analizy OLS robust analysis & instrumental variables (2SLS) regresji. Zatem *zekipr6* jest znaczącą zmienną dotyczącą BIZ zgodnie z różnymi metodami regresji ekonometrycznej.

4.2. Efekty nieliniowe Wyniki

Konieczne jest głębsze zbadanie wpływu *zekipr6* na napływ BIZ i wzrost PKB. Badane kraje dzielimy na grupy według poziomu ochrony praw własności intelektualnej wyrażonego wskaźnikiem zekipr1a. Tak więc badane jurysdykcje dzielimy na grupy według 25%, 50% i 75% percentyli w celu oceny wpływu niskiego poziomu ochrony praw własności intelektualnej - średniego i wysokiego.

W szczegółach, mamy następujące wyniki:

1. **Wpływy z BIZ Zmienne znormalizowane OLS**

Kontynuujemy nasze badania z modelem 8 [***BIZ = b0 + b1 zekipr6it + b2 Tradeit + b3 Inflacja + b4 GDPGRit + b5*** $_{instit}$ ***+ uit***] i niezależnymi zmiennymi zekipr6/25% przy użyciu standardowych współczynników OLS lub współczynników beta dotyczących napływu BIZ i wyników (Coef. 1.71, 3,67***, -0,74, 4,46***, 2,09, 2,31) w odniesieniu do średniej z 10 i 5 lat oraz referencyjnej z 2012 roku wskazują, że zekipr6 *nie jest* istotny dla niskiego poziomu ochrony zekipr1a <25% w odniesieniu do napływu BIZ, a znaczenie wzrasta wraz ze wzrostem poziomu ochrony praw własności intelektualnej.

Tabela 10. Napływy BIZ model 8 znormalizowanych zmiennych OLS

	(1)	(2)	(3)	(4)
VARIABLES	logfdiin10y	logfdiin10y	logfdiin5y	logfdiin5y
zekipr6	2.05**	1.79	2.63**	1.28
	(0.685)	(3.222)	(0.925)	(3.083)
handel10y	-0.00	-0.00		
	(0.003)	(0.005)		
instancja12	0.47	-0.45	0.33	-1.12
	(0.253)	(0.723)	(0.278)	(0.567)
inf10y	-0.00	-0.00		
	(0.000)	(0.363)		
gdpgr10y	0.14	-0.02		
	(0.075)	(0.529)		
handel5y			-0.00	0.00
			(0.003)	(0.005)
inf5y			-0.00	-0.26
			(0.052)	(0.229)
dziadek (gdpgr5y)			0.23**	0.80*
			(0.075)	(0.329)
Stały	-1.90	4.65	-3.59	10.02
	(2.607)	(14.695)	(3.759)	(14.066)
Obserwacje	60	19	57	19
R-squared	0.30	0.15	0.27	0.40
Adiutant. R-squared	0.24	-0.18	0.19	0.16

Standardowe błędy w nawiasach.
*** p < 0,001, ** p < 0,01, * p < 0,05.

Nasze badania prowadzimy z modelem 8 [***BIZ= b0 + b1 zekipr6it + b2 Tradeit + b3 Inflacja*** **+b4** ***GDPGRit + b5*** $_{\textit{Instit}}$ ***+ uit*** *]* oraz niezależnymi zmiennymi zekipr6/50% przy użyciu standardowych współczynników OLS lub współczynników beta dotyczących napływu BIZ i wyników (Coef. 1,56, 4,25**, 1,50, 3,98*, 1,59, 3,20) w odniesieniu do 10 i 5 lat średniej referencyjnej i 2012 r. wykazują znaczenie zekipr6 *dla* wartości >50% i nieistotne dla wartości <50% w odniesieniu do 10 i 5 lat referencyjnych, które zanikają w odniesieniu do 2012 r. Wzrost PKB jest znaczny w przypadku wartości referencyjnej z 2010 r. (Coef. 0,27**, 0,21*).

Tabela 11. Napływy BIZ model 8 znormalizowanych zmiennych OLS

	(1)	(2)	(3)	(4)
VARIABLES	logfdiin5y	logfdiin5y	logfdiina2012	logfdiina2012
zekipr6	2.63**	1.28	1.34	-3.00
	(0.925)	(3.083)	(1.238)	(7.809)
handel5y	-0.00	0.00		
	(0.003)	(0.005)		
instancja12	0.33	-1.12	0.78	-0.18
	(0.278)	(0.567)	(0.411)	(1.198)
inf5y	-0.00	-0.26		
	(0.052)	(0.229)		
dziadek (gdpgr5y)	0.23**	0.80*		
	(0.075)	(0.329)		
handel2012			0.00	-0.00
			(0.005)	(0.010)
inf2012			0.05	-0.11
			(0.068)	(0.752)
GRUPA2012			0.04	-0.06
			(0.085)	(0.423)
Stały	-3.59	10.02	-0.31	24.29
	(3.759)	(14.066)	(4.859)	(31.891)
Obserwacje	57	19	39	13
R-squared	0.27	0.40	0.21	0.12
Adiutant. R-squared	0.19	0.16	0.08	-0.51

Standardowe błędy w nawiasach.
*** p < 0,001, ** p < 0,01, * p < 0,05.

Zachowujemy naszą analizę z modelem 8 [***FDIit= b0 + b1 zekipr6it + b2 Tradeit + b3 Inflacja* +b4 *GDPGRit + b5*** $_{\textit{instit}}$ ***+ uit*** *]* i niezależnymi zmiennymi zekipr6/75% przy użyciu standardowych współczynników OLS lub współczynników beta dotyczących napływu BIZ i wyników (Coef. 2,05**, 1,79, 2,63**, 1,28, 1,34, -3,00) dotyczące średniej z 10 i 5 lat oraz odniesienia z 2012 r. wykazują znaczenie dla wysokiej wartości IPR <75%, która jest mniejsza, gdy wartość ta staje się jeszcze wyższa >75% (tabele 10-11).

2. Wzrost PKB: Zmienne znormalizowane OLS

Kontynuujemy nasze badania z modelem 15 [***GDPGRit = b0 + b1 zekipr6it + b2 Tradeit + b3 Inflacja* +b4 *FDIit + b5*** $_{\textit{instit}}$ ***+ uit*** *]* i niezależnymi zmiennymi zekipr6 / 25% przy użyciu standaryzowanych współczynników OLS lub współczynników beta dotyczących wzrostu PKB i wyników (Coef. 0,00, -7,37***, -2.25, -8,99***, -0,32, -8,45***) dotyczące średniej z 10 i 5 lat oraz odniesienia z 2012 r. pokazują, że zekipr6 *nie jest* istotny dla niskiego poziomu ochrony zekipr6 < 25% w odniesieniu do wzrostu PKB, a znaczenie wzrasta tak długo, jak rośnie poziom ochrony praw własności intelektualnej oraz dla odniesienia krótkoterminowego. Ponadto bezpośrednie inwestycje zagraniczne wydają się istotne w przypadku 5-letniego okresu odniesienia w odniesieniu do wzrostu PKB i ceny zekipr6 > 25 % (Coef. 0,41, 0,28, 0,13, 0,72***, 0,55, 0,11).

Tabela 12. Wzrost PKB: model 15 Zmienne znormalizowane OLS

	(1)	(2)	(3)	(4)
VARIABLES	GRUPA2012	GRUPA2012	dziadek (gdpgr5y)	dziadek (gdpgr5y)
zekipr6	-8.78***	-15.23**	-8.23***	-1.50
	(2.077)	(4.061)	(1.263)	(2.128)
inf2012	-0.09	0.91		
	(0.139)	(0.577)		
logfdiina2012	0.15	-0.05		
	(0.355)	(0.337)		
handel2012	-0.00	-0.02		
	(0.009)	(0.007)		
instancja12	0.96	1.72	0.39	0.83
	(0.870)	(0.853)	(0.480)	(0.389)
inf5y			-0.03	0.27
			(0.089)	(0.151)
logfdiin5y			0.69**	0.39*
			(0.220)	(0.160)
handel5y			-0.00	-0.00
			(0.006)	(0.003)
Stały	31.76***	58.29*	27.02***	-1.44
	(8.264)	(19.802)	(5.298)	(10.012)
Obserwacje	39	13	57	19
R-squared	0.39	0.73	0.53	0.46
Adiutant. R-squared	0.30	0.54	0.48	0.25

Standardowe błędy w nawiasach.
*** p < 0,001, ** p < 0,01, * p < 0,05.

Tabela 13. Wzrost PKB: model 15 Zmienne znormalizowane OLS

	(1)	(2)	(3)	(4)
VARIABLES	dziadek (gdpgr5y)	dziadek (gdpgr5y)	gdpgr10y	gdpgr10y
zekipr6	-8.23***	-1.50	-4.68***	-1.03
	(1.263)	(2.128)	(1.130)	(1.685)
inf5y	-0.03	0.27		
	(0.089)	(0.151)		
logfdiin5y	0.69**	0.39*		
	(0.220)	(0.160)		
handel5y	-0.00	-0.00		
	(0.006)	(0.003)		
instancja12	0.39	0.83	-0.05	0.75*
	(0.480)	(0.389)	(0.458)	(0.324)
inf10y			-0.00**	0.54***
			(0.000)	(0.117)
logfdiin10y			0.43	-0.00
			(0.232)	(0.145)
handel10y			-0.00	-0.00
			(0.006)	(0.003)
Stały	27.02***	-1.44	18.86***	1.11
	(5.298)	(10.012)	(3.815)	(7.727)
Obserwacje	57	19	60	19
R-squared	0.53	0.46	0.33	0.70
Adiutant. R-squared	0.48	0.25	0.27	0.58

Standardowe błędy w nawiasach.
*** $p < 0,001$, ** $p < 0,01$, * $p < 0,05$.

Nasze badania prowadzimy przy użyciu modelu 15 [***GDPGRit = b0 + b1 zekipr6it + b2 Tradeit + b3 Inflacja +b4 BIZ + b5 $_{Instit}$ + uit***] oraz niezależnych zmiennych zekipr6 / 50% przy użyciu standaryzowanych współczynników OLS lub współczynników beta dotyczących wzrostu PKB i wyników (Coef. --0,52, -3,81*, -4.51, -3,98*, -1,46, -3,31) dotyczące średniej z 10 i 5 lat oraz odniesienia 2012 pokazują, że zekipr6 *jest* nieistotny dla niskiego poziomu ochrony zekipr6 < 50% w odniesieniu do wzrostu PKB, a znaczenie wzrasta tak długo, jak rośnie poziom ochrony praw własności intelektualnej oraz dla odniesienia długoterminowego. Ponadto bezpośrednie inwestycje zagraniczne wydają się istotne w przypadku 5-letniego okresu odniesienia w odniesieniu do wzrostu PKB i ceny zekipr6 > 50 % (Coef. 0,29, 0,22, 0,56, 0,59**, 0,30, 0,33).

W naszym badaniu kontynuujemy model 15 [***GDPGRit = b0 + b1 zekipr6it + b2 Tradeit + b3 Inflacja +b4 BIZ + b5 $_{Institut}$ + uit***] oraz niezależne zmienne zekipr6/75 % przy użyciu standaryzowanych współczynników OLS lub współczynników beta dotyczących wzrostu PKB i wyników (Coef. ---4,68***, -1,03, -8,23***, -1,50, -8.78***, -15,23**) w odniesieniu do średniej z 10 i 5 lat oraz 2010 r. wykazują, że zekipr6 *jest* istotny dla niskiego poziomu ochrony zekipr6 < 75% w odniesieniu do wzrostu PKB w odniesieniu do 10 i 5 lat oraz że znaczenie spada dla ceny zekipr6 > 75% w odniesieniu do 2012 r. (tabele 12-13).

3. Handel: Zmienne znormalizowane OLS

Nasze badanie rozpoczynamy od modelu 15b [***Tradeit = b0 + b1 zekipr7it + b2 GDPGRit+ b3 Inflacja +b4 BIZ + b5 $_{Instit}$ + uit***] przy użyciu standardowych współczynników OLS lub współczynników beta, a wyniki (Coef. 11,37, 3,44, -37,18) dotyczące średniej z 10, 5 lat i odniesienia z 2012 r. pokazują, że prawa własności intelektualnej, wyrażone przez zekipr7, nie są istotne w sposób negatywny (odwrotny) w handlu. Ponadto, instytucje są znaczącą zmienną (Coef. 24,87**, 20,77*, 42,78**) w odniesieniu do handlu.

Prowadzimy nasze dochodzenie z empirycznymi wynikami *zekipr7* dotyczącymi BIZ, aby porównać je z wynikami *zekipr6.*
W szczegółach, mamy następujący wynik:

1. Napływy i odpływy BIZ: Zmienne znormalizowane OLS

Regresja przeprowadzona na standaryzowanych zmiennych angażuje standaryzowane współczynniki. Badania rozpoczynamy od modelu 12 [***BIZ = b0 + b1 zekipr7it + b2 Tradeit + b3 Inflacja +b4 GDPGRit + b5 $_{Instit}$ + uit***] przy użyciu współczynników standaryzowanych OLS lub współczynników beta, a wyniki (Coef. 2,28**, 2,70**,1,11) dotyczące 10, 5 lat średniej i odniesienia 2012 roku pokazują, że IPR, wyrażone zekipr7, są istotne w napływie BIZ dotyczących 10 i 5 lat odniesienia i nie są istotne dla odniesienia 2012 roku. W porównaniu, zekipr6 (Coef. 2,68***, 3,43***, 1,81) wydaje się być bardziej znaczący/cenny niż zekipr7 oparty na podobnym modelu (model23-model19) dotyczącym napływu BIZ. Ponadto, kontynuujemy nasze badania z modelem 12a [***BIZ = b0 + b1 zekipr7it + b2 Tradeit + b3 Inflacja +b4 GDPGRit + uit***] przy użyciu współczynników standaryzowanych OLS lub współczynników beta, a wyniki (Coef. 2,83***, 2,90***,2,11*) dotyczące średniej z 10, 5 lat i odniesienia 2012 roku pokazują, że prawa własności intelektualnej, wyrażone zekipr7, są znaczące w napływie BIZ nawet dla odniesienia 2012 roku. Ponadto nasze badanie z modelem 8a [***FDIit= b0 + b1 zekipr6it + b2 Tradeit + b3 Inflacja +b4 GDPGRit + uit***] *jest* identyczne z modelem 12a [***FDIit= b0 + b1 zekipr7it + b2 Tradeit + b3 Inflacja +b4 GDPGRit + uit***] przy zastosowaniu standardowych współczynników OLS lub współczynników beta wyników (Coef. 3,30***, 3,78***, 3,37***) wykazują większe znaczenie *zekipr6* niż *zekipr7* w zakresie napływu BIZ.

Nasze badania prowadzimy przy użyciu modelu 13a [***BIZ = b0 + b1 zekipr7it + b2 Tradeit + b3 Inflacja +b4 PKBit + uit]*** przy użyciu znormalizowanych współczynników OLS lub współczynników beta, a wyniki (Coef. 0,42, 0,08, -0,06) dotyczące średniej z 10, 5 lat i odniesienia z 2012 roku pokazują, że prawa własności intelektualnej, wyrażone zekipr7, nie są istotne w napływie BIZ. Z pominiętego testu zmienności wynika, że nie potrzebujemy więcej zmiennych i jest on poprawnie określony. Ponadto, brak jest wieloliniowości. Poza tym, PKB wydaje się być ważną zmienną (Coef. 0,75***, 0,77***, 0,76***), a handel jest również istotny (Coef. 0,01***, 0,01***, 0,01***) w zakresie napływu BIZ.

Kontynuujemy nasze badania z modelem 14 [***BIZ = b0 + b1 zekipr7it + b2 Tradeit + b3 Inflacja + b4* **PKBPCGR** $_{it}$ *+ b5* $_{Instit}$ *+ uit]***przy użyciu współczynników standaryzowanych OLS lub współczynników beta, a wyniki (Coef. 1,94**, 1,98*, 0,98) dotyczące 10, 5 lat średniej i odniesienia 2012 pokazują, że prawa własności intelektualnej, wyrażone przez zekipr7, są istotne dla 10 i 5 lat odniesienia w napływie BIZ.

Kontynuujemy nasze badania z modelem 12 [***FDIit= b0 + b1 zekipr7it + b2 Tradeit + b3 Inflacja*** **+b4** ***GDPGRit + b5*** $_{Instit}$ ***+ uit]*** przy użyciu standardowych współczynników OLS lub współczynników beta, a wyniki (Coef. 3,81**, 4,00**, 1,34) dotyczące 10, 5 lat średniej i odniesienia 2012 pokazują, że prawa własności intelektualnej, wyrażone przez zekipr7, są istotne dla 10 i 5 lat odniesienia w odpływie BIZ. Dodatkowo znaczącą zmienną wydają się być również instytucje (Coef. 0,90*, 0,87*, 0,96).

2. **Wpływy BIZ - zapasy/wydatki - zapasy: Zmienne znormalizowane OLS**

Nasze badania prowadzimy w modelu 12 [***BIZ = b0 + b1 zekipr7it + b2 Tradeit + b3 Inflacja + b4 GDPGRit + b5*** $_{Instit}$ ***+ uit]*** przy użyciu współczynników standaryzowanych OLS lub współczynników beta, a wyniki (Coef. 2.01*, 2.41) dotyczące referencji 2012 pokazują, że prawa własności intelektualnej, wyrażone zekipr7, są istotne tylko w zasobach napływu BIZ, a nie w zasobach odpływu BIZ. Instytucje są ważne tylko dla zasobów odpływu BIZ (Coef. 0,47, 1,22*).

Kontynuujemy nasze badanie z modelem 13 [***FDIit= b0 + b1 zekipr7it + b2 Tradeit + b3 Inflacja*** **+b4** ***PKB + b5*** $_{Instit}$ ***+ uit]*** przy użyciu współczynników standaryzowanych OLS lub współczynników beta, a wyniki (Coef. 0,55, 0,88) dotyczące referencji 2012 pokazują, że prawa własności intelektualnej, wyrażone zekipr7, nie są istotne dla zapasów odpływu BIZ i napływu BIZ. Wymiana handlowa wydaje się być znaczącą zmienną (Coef. 0,01***, 0,01***) dla zasobu napływu BIZ i odpływu BIZ, a PKB jest istotny również dla zasobu odpływu BIZ i odpływu BIZ (Coef. 0,87***, 1,42***). Warto w tym miejscu wspomnieć, że niezależnie od *0,6566* korelacji między zekipr7 a instytucjami, różne testy pokazują, że w naszych regresjach nie ma winy. Nie ma wieloliniowości. Co więcej, nasz model 13 jest poprawnie sprecyzowany, nie ma błędu w specyfikacji i nie potrzebujemy więcej zmiennych.

Przedłużamy nasze dochodzenie, badając korelację między zmiennymi konkurencji a wskaźnikami praw własności intelektualnej. Istnieje współliniowość (0,7347) między *zekipr6* a *GCI12, a* więc nie jest możliwe posiadanie obu zmiennych w naszym modelu bazowym w celu ich porównania. Poza tym, brak jest współliniowości pomiędzy *zekipr6a* (0,4908) a *GCI12,* co pozwala na ich łączenie w naszym modelu i tym samym zbadanie ich znaczenia w zakresie napływu BIZ. W szczegółach, mamy następujące wyniki:

1. **Wpływy z BIZ: Zmienne znormalizowane OLS**

Badanie rozpoczynamy od modelu 16 [***FDIit= b0 + b1 GCI12it + b2 Tradeit + b3 Inflacja +b4 GDPGRit + uit]*** przy użyciu standardowych współczynników OLS lub współczynników beta, a wyniki pokazują, że *GCI12* jest znaczący (Coef. 1,87***, 1,82***, 2,06***) w odniesieniu do 10, 5 lat średniej i odniesienia 2012 dotyczącego napływu BIZ w ramach standardowych zmiennych (tabela 14). Warto zwrócić uwagę, że beta gci dotycząca napływu BIZ wynosi odpowiednio (.7735433, .721484, .723533).

Tabela 14. Napływy BIZ OLS Model 8a/ Współczynniki beta Model 16

	(1)	(2)	(3)	(4)	(5)	(6)
VARIABLES	logfdiina2012	logfdiin5y	logfdiin10y	logfdiina2012	logfdiin5y	logfdiin10y
zekipr6	2.55**	3.59***	3.14***			
	(0.811)	(0.693)	(0.524)			
GRUPA2012	0.10			-0.02		
	(0.076)			(0.054)		
handel2012	0.00			-0.00		
	(0.003)			(0.003)		
inf2012	0.03			0.07		
	(0.065)			(0.055)		
dziadek (gdpgr5y)		0.28***			0.09	
		(0.071)			(0.055)	
handel5y		-0.00			-0.00	
		(0.003)			(0.003)	
inf5y		-0.01			0.03	
		(0.048)			(0.050)	
gdpgr10y			0.13			0.04
			(0.074)			(0.058)
handel10y			-0.00			-0.01*
			(0.003)			(0.002)
inf10y			-0.00			-0.00
			(0.000)			(0.000)
gci12				2.06***	1.82***	1.87***
				(0.379)	(0.328)	(0.244)
Stały	-2.03	-5.96*	-4.09	-0.54	0.45	0.53
	(3.441)	(2.985)	(2.237)	(1.747)	(1.648)	(1.173)
Obserwacje	52	76	79	52	76	79
R-squared	0.22	0.36	0.41	0.42	0.39	0.51
Adiutant. R-squared	0.16	0.33	0.37	0.37	0.36	0.48

Poniższe wykresy (wykresy z dodatkową zmienną, czyli regresja częściowa) ilustrują wyniki ekonometryczne:

reg logfdiin2012 zekipr6 gdpgr2012 trade2012 inf2012, beta

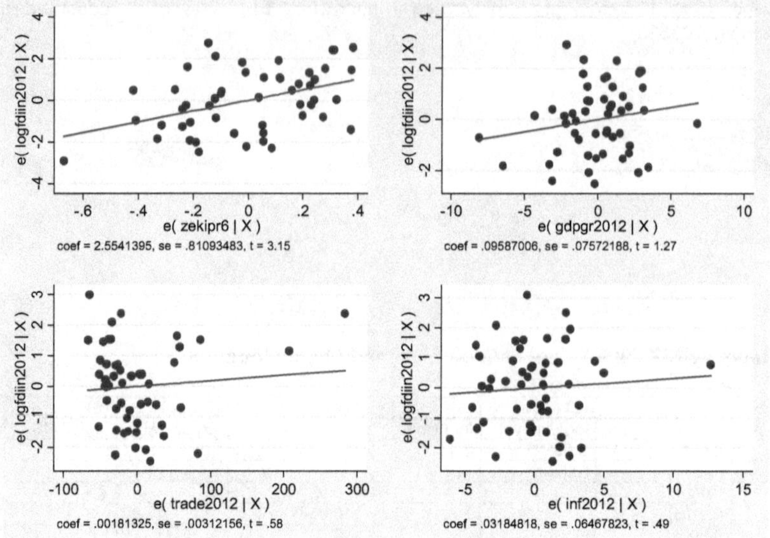

reg logfdiin2012 gci12 gdpgr2012 trade2012 inf2012, beta

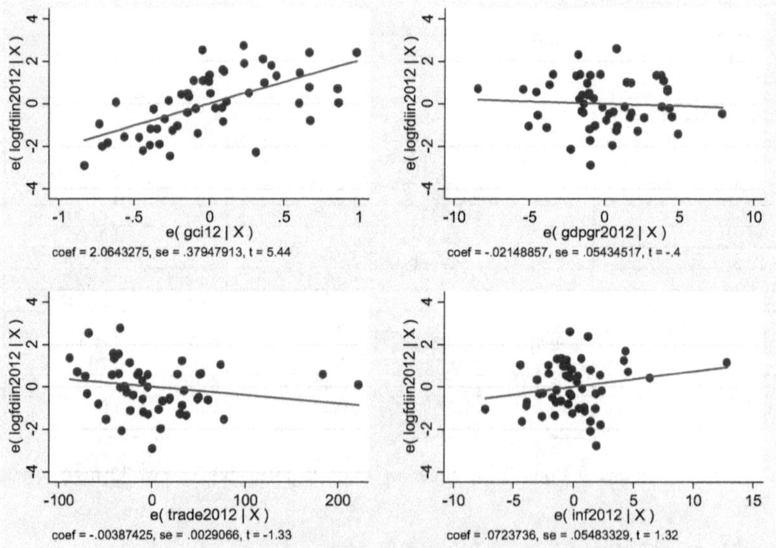

Kontynuujemy badania z modelem 17 [***BIZ = b0 + b1 GCI12it + b2 Tradeit + b3 Inflacja*** **+b4** ***PKBit + uit]*** przy użyciu standaryzowanych współczynników OLS lub współczynników beta, a wyniki pokazują, że *GCI12 nie* jest znaczący (Coef. 0,14, -0,09, 0,20) w odniesieniu do 10, 5 lat średniej i odniesienia na 2012 rok dotyczącego napływu BIZ w ramach zmiennych standaryzowanych (Tabela 15). Ponadto, PKB jest znaczącą zmienną (Coef. 0,75***, 0,79***, 0,72***) wraz z handlem (Coef. 0,01**, 0,01**, 0,01*).

Ponadto, utrzymujemy nasze badania z modelem 18 [***FDIit = b0 + b1 zekipr6ait + b2 GCI12*** $_{it}$ ***+ b3Trade*** $_{it}$ **+b4** ***Inflationit + b5 GDPGRit + uit]*** przy użyciu standardowych współczynników OLS lub współczynników beta dotyczących napływu BIZ, a wyniki pokazują, że *GCI12* jest bardziej znaczący (Coef. 1,69***, 1,69***, 2,05***) w odniesieniu do 10, 5 lat średniej i 2012 r. niż zekipr6a *(Coef.* 1,34, 1,97*, 0,12).

W tym zakresie kontynuujemy nasze badania z modelem 19 [***FDIit = b0 + b1 zekipr6ait + b2 GCI12*** $_{it}$ ***+ b3Trade*** $_{it}$ **+b4** ***Inflacja + b5 GDPit + uit]*** przy użyciu standardowych współczynników OLS lub współczynników beta dotyczących napływu BIZ, a wyniki pokazują, że ani *GCI12, ani GCI12* (Coef. 0,08, -0,09, 0,21) ani zekipr6a (Coef. 0,44, 0,05, -0,52) nie są istotne w odniesieniu do 10, 5 lat średniej i odniesienia 2012. Z drugiej strony, PKB wydaje się być znaczącą zmienną (Coef. 0,74***, 0,78***, 0,74***) wraz z handlem (Coef. 0,01**, 0,01**, 0,01*).

Tabela 15. Napływy BIZ: zmienne znormalizowane OLS model 17

	(1)	(2)	(3)
VARIABLES	logfdiin10y	logfdiin5y	logfdiina2012
gci12	0.14	-0.09	0.20
	(0.188)	(0.277)	(0.383)
handel10y	0.01**		
	(0.002)		
inf10y	-0.00		
	(0.000)		
pniak 10yav	0.75***		
	(0.062)		
handel5y		0.01**	
		(0.002)	
inf5y		0.00	
		(0.031)	
loggdp5yav		0.79***	
		(0.076)	
handel2012			0.01*
			(0.003)
inf2012			-0.00
			(0.039)
loggdp2012			0.72***
			(0.105)
Stały	-11.88***	-11.81***	-11.43***
	(1.202)	(1.607)	(2.001)
Obserwacje	79	76	52
R-squared	0.83	0.75	0.71
Adiutant. R-squared	0.82	0.73	0.69

Standardowe błędy w nawiasach.
*** p < 0,001, ** p < 0,01, * p < 0,05.

5. Wnioski

Społeczność światowa musi mieć pewność, że patenty biotechnologiczne, geoinżynieryjne, dotyczące oprogramowania, metod prowadzenia działalności gospodarczej, bioprodukcji i opatentowania każdej nowej dziedziny nie powstrzymają innowacji ani nie uniemożliwią wdrożenia tych technologii. Ponadto nieuchronne jest zaprzeczenie możliwości opatentowania teorii naukowej[454] lub szerokich patentów w nowych dziedzinach techniki.

W oparciu o analizę regresji liniowej, ogólne wyniki pokazują znaczenie naszych *indeksów zekipr1a, zekipr3, zekipr4 i zekipr5* dla BIZ. Znaczenie zekipr1a i pozostałych indeksów jest większe w przypadku modeli ekonometrycznych, gdzie jako zmienną objaśniającą stosuje się wzrost PKB zamiast PKB. Z drugiej strony, znaczenie zekipr1a i pozostałych indeksów jest odwrotnie (negatywne) ważne w odniesieniu do wzrostu PKB.

Znaczenie *zekipr1a wzrasta tak* długo, jak poziom ochrony praw własności intelektualnej wzrasta > 25%. Zilustrowano znaczenie *zekipr1a* dla wartości < 50% i nieistotne dla wartości > 50%. Cena *zekipr1a* < 75% oznacza większy wpływ na BIZ. W oparciu o analizę regresji liniowej, ogólne wyniki pokazują znaczenie naszych *indeksów zekipr6 i zekipr7 dla BIZ*. Ponadto, indeksy zekipr6 i zekipr7 są istotne w odniesieniu do BIZ w modelach, w których wzrost PKB jest wykorzystywany jako zmienna objaśniająca, a nie PKB. W tym zakresie, zekipr6 *i zekipr7 są istotne w* odwrotnej kolejności w odniesieniu do wzrostu PKB. Znaczenie *zekipr6* wzrasta tak długo, jak poziom ochrony praw własności intelektualnej wzrasta >25%. Wartość *zekipr6* > 50 % oznacza znaczenie wskaźnika, a wartość zekipr6 < 50 % oznacza mniejsze znaczenie. Cena *zekipr6* <75% oznacza większy wpływ na BIZ.

Konkurencja jest istotnym czynnikiem w odniesieniu do wartości dodanej przemysłu w roku referencyjnym 2010, a prawa własności intelektualnej mają zasadnicze znaczenie dla długoterminowego punktu odniesienia. Podczas gdy konkurencja jest istotnym czynnikiem w odniesieniu do roku referencyjnego 2010, ochrona praw własności intelektualnej ma większe znaczenie w odwrotny sposób nie tylko w odniesieniu do roku referencyjnego 2010, ale także w odniesieniu do okresu 5 i 10 lat. Ponadto wszystkie wskaźniki wydają się być bardzo ważne w odwrotny sposób w odniesieniu do wzrostu PKB. Prawo wyrażone w nowo opracowanych wskaźnikach ma pozytywny wpływ na gospodarkę poprzez analogiczne przyciąganie napływu bezpośrednich inwestycji zagranicznych, na co wskazują przedstawione powyżej regresje, mające wpływ na wzrost PKB, a w konsekwencji na wartość dodaną dla przemysłu. Tak więc, indeksy zekipr1a/zekipr3/zekipr4/zekipr5 w badaniu modelowania liniowego[455] dają pozytywny wynik w zakresie wpływu praw własności intelektualnej na napływ BIZ, co oznacza, że nasze indeksy (zekipr1a/zekipr3/zekipr4/zekipr5 tworzone różnymi sposobami ilościowego wyrażania prawa własności intelektualnej) są użytecznymi instrumentami do wykorzystania w analizie ekonomicznej i ekonometrycznej.

Powyższa zwięzła analiza praw własności intelektualnej pozwala nam zrozumieć ocenę ilościową praw własności intelektualnej wykorzystanych do opracowania własnych indeksów praw własności intelektualnej[456]. Ponadto, cała analiza podstaw prawnych dotyczących patentów, praw autorskich i znaków towarowych wskazuje na stały rozwój regulacji prawnych i egzekwowania praw własności intelektualnej, co oznacza ciągłą zmianę indeksu w zakresie ochrony praw własności intelektualnej. Krótka analiza ekonometryczna wskazuje na znaczenie zekipr6 i konkurencyjności w przyciąganiu napływu BIZ.

---

[454] G Zekos, Odmowa patentowania teorii naukowych, 2014 Journal of Intellectual Property Rights vol.19 September 2014 pp337-346 www.niscair.res.in.

[455] Georgios I Zekos, IPRs protection and their impact on FDI, GDP growth & trade, 2013 Scholar's Press, www.scholars-press.com Niemcy, www.newbooks.de.

[456] Georgios I Zekos, IPRS Protection And Their Impact Upon FDI, GDP Growth & Trade, 2013 SCHOLAR'S Press, WWW.SCHOLARS-PRESS.COM , www.morebooks.de Niemcy.

Rozdział 5

WYNIKI EMPIRYCZNE DLA ZEKIPR6

Duża próba 79 krajów została zebrana do naszych badań. Próba krajów jest zróżnicowana, reprezentując kilka grup dochodów i środowisk instytucjonalnych. Dane dla niezależnych zmiennych, takich jak *wzrost PKB (wzrost PKB (roczny %)), handel (% PKB), inflacja (inflacja, ceny konsumpcyjne (roczny %)), praca (siła robocza, ogółem) oraz wartość dodana w przemyśle (przemysł, wartość dodana (roczny % wzrostu))* są pobierane ze wskaźników Banku Światowego (1990-2010). Kluczowymi niezależnymi zmiennymi zainteresowania są siła praw własności intelektualnej wyrażona przez zekipr1a, zekipr2, zekipr3, zekipr4, zekipr5[457] i GCI (Global Competitiveness Index 2010-2011). Ponadto wszystkie krajowe przepisy obowiązujące do końca 2012 r. w 79 badanych jurysdykcjach zostały zbadane i wykorzystane do zestawienia różnych czynników branych pod uwagę przy konstruowaniu wskaźnika ZEKIPR6[458].

Zaczynamy od korelacji zmiennych wykorzystywanych w naszych modelach ekonometrycznych w celu uniknięcia wieloliniowości:

```
. corr  inf2012 trade2012 zekipr6 gci12 gdpgr2012
(obs=55)
```

	inf2012	tra~2012	zekipr6	gci12	gdpgr2~2
inf2012	1.0000				
trade2012	-0.2268	1.0000			
zekipr6	-0.5712	0.1704	1.0000		
gci12	-0.5375	0.4371	0.6926	1.0000	
gdpgr2012	0.2879	-0.0850	-0.6158	-0.2474	1.0000

```
. corr  zekipr4 zekipr5 zekipr3 zekipr1a indvg2010 lab2010 trade2010 inf2010 gdpgr2010 gci
(obs=65)
```

	zekipr4	zekipr5	zekipr3	zekipr1a	ind~2010	lab2010	tra~2010	inf2010	gdpgr2~0	gci
zekipr4	1.0000									
zekipr5	0.9854	1.0000								
zekipr3	0.9808	0.9956	1.0000							
zekipr1a	0.9841	0.9716	0.9627	1.0000						
indvg2010	-0.0073	-0.0194	-0.0221	0.0141	1.0000					
lab2010	-0.1008	-0.1159	-0.1426	-0.0782	0.2426	1.0000				
trade2010	-0.1614	-0.1843	-0.1778	-0.1386	0.1031	-0.0822	1.0000			
inf2010	-0.5810	-0.5673	-0.5740	-0.5898	-0.0698	0.0880	-0.0354	1.0000		
gdpgr2010	-0.4431	-0.4427	-0.4386	-0.4262	0.6730	0.3214	0.0511	0.0919	1.0000	
gci	0.7614	0.7608	0.7609	0.7500	0.2647	0.0979	-0.0546	-0.5701	-0.1167	1.0000

W rezultacie unikamy stosowania zmiennych o wysokiej współliniowości, aby uniknąć wysokiego współczynnika inflacji wariancyjnej dla niezależnych zmiennych w modelu liniowym.

---

[457] Georgios I Zekos, IPRs protection and their impact on FDI, GDP growth & trade, 2013 Scholar's Press, www.scholars-press.com Niemcy, www.newbooks.de . G Zekos, "Constructing a New IPRs index" [2012] 4 Web JCLI http://webjcli.ncl.ac.uk/2012/issue4/zekos4.html . G Zekos, Impact of IPRs on FDI and Trade, 2013, The IUP Journal of Management Research, Vol. XII, No. 4. www.iupindia.jn , G Zekos, Interrelation of Intellectual Property Rights and Competitiveness: FDI inwards i FDI outwards, 2013 Journal of Intellectual Property Rights, Vol. 18 July 2013 s. 338-350 www.niscair.res.in . G Zekos, The Value of IPRs and Competitiveness Regarding FDI: Linear and Non-Linear Analysis 2013 Journal of Computational Optimization in Economics and Finance Volume 5 Issue 2, www.novapublishers.com.

[458] Georgios I Zekos, IPRs Protection and their Impact Upon FDI, GDP Growth & Trade, 2013 Scholar's Press, www.scholars-press.com , www.morebooks.de NIEMCY.

Poniżej przedstawiono szczegółowo modele ekonometryczne wykorzystywane w naszym badaniu w celu określenia wpływu praw własności intelektualnej i WKP na napływ BIZ, odpływy BIZ, pracę, wzrost PKB i wartość dodaną w przemyśle:

FDIit = b0 + b1 zekipr1a $_{it}$ + b2 Laborit +b3 Tradeit + b4 Inflacja +b5 Industryvgit + uit (1)

BIZ = b0 + b1 zekipr1a $_{it}$ + b2 Laborit +b3 GDPGRit+ b4 Tradeit+b5 Inflacja + uit (2)

BIZ = b0 + b1 GCIit + b2 zekipr2 $_{it}$ +b3 GDPGRit+ b4 Tradeit+b5 Inflacja + b6 Laborit + uit (3)

FDIit = b0 + b1 GCIit + b2 zekipr2 $_{it}$ +b3 GDPGRit+ b4 Tradeit+b5 Laborit + uit (3a)

FDIit = b0 + b1 GCIit + b2 zekipr2 $_{it}$ +b3 Laborit + b4 Tradeit+b5 Industryvgit + uit (4)

FDIit = b0 + b1 GCIit + b2 zekipr2 $_{it}$ +b3 Laborit + b4 Tradeit+b5 Inflacja + b6 Industryvgit + uit (4a)

Laborit = b0 + b1 BIZ + b2 zekipr1a it/ $_{zekipr3\ it/\ zekipr4\ it/zekipr5\ it}$ +b3 PKBGRit+ b4 Tradeit+b5 Inflacja + uit (5)

Laborit = b0 + b1 BIZ + b2 zekipr1a it/ $_{zekipr3\ it/\ zekipr4\ it/zekipr5\ it}$ +b3 Tradeit + b4 Inflacja +b5 Industryvgit + uit (6)

Przemysłvgit = b0 + b1 BIZ + b2 zekipr1a $_{it}$ +b3 Handel + b4 Inflacja +b5 Laborit + b6 GDPGRit + uit (7)

Industryvgit = b0 + b1 GCIit + b2 zekipr2 $_{it}$ +b3 FDIit + b4 Tradeit+b5 + b6 GDPGRit +b7 Laborit + uit (8)

GDPGRit = b0 + b1 GCIit + b2 zekipr2 $_{it}$ +b3 FDIit + b4 Tradeit+b5 + b6 Industryvgit +b6 Laborit + b7 Inflacja + uit (10)

GDPGRit = b0 + b1 GCIit + b2 zekipr2 $_{it}$ +b3 FDIit + b4 Tradeit+b5 Inflacja + b6 Industryvgit + uit (11)

GDPGRit = b0 + b1 BIZ + b2 zekipr1a $_{it}$ +b3 Laborit + b4 Tradeit+b5 Inflacja + b6 Industryvgit + uit (12)

BIZ = b0 + b1 Zekipr6it + b2 PKB + b3 Tradeit+b4 Inflacja + uit (13)

BIZ = b0 + b1 GCIit + b2 PKBit+ b3Tradeit+b4 Inflacja + uit (14)

FDIit= b0 + b1 Zekpat6it + *b2 PKBit+ b3 Tradeit+b4 Inflacja + uit* (15)

W przypadku modeli 13 i 14 pierwszą rzeczą, którą należy zwrócić uwagę, są dwa indekseksy: i - oznaczający i-ty poszczególny kraj i t - oznaczający t-ty okres czasu. Analiza koncentruje się na odpływie BIZ. FDI outflows FDIin2012-= odpływy BIZ FDI w latach 2012-2012 w dolarach amerykańskich w cenach bieżących i po bieżących kursach wymiany w milionach UNCTADstat, *b0* to wartość przechwytująca, a (PKB GR 2012 = wzrost PKB (w % rocznie) Bank Światowy 2012, INF2012 = inflacja, ceny konsumpcyjne (w % rocznie), Bank Światowy 2012, TRADE2012 = handel (w % PKB), Bank Światowy 2012, GCI. Wykorzystanie Global Competitiveness Index 2011-2012 (GCI) jest zmienną objaśniającą.

Analiza danych z wykorzystaniem naszych modeli ekonometrycznych daje następujące wyniki:

1. Wyniki liniowe dotyczące napływu BIZ

Nasze badania rozpoczynamy od modelu 4a ***[FDIit= b0 + b1 GCIit + b2 zekipr2*** $_{it}$ ***+b3 Laborit + b4 Tradeit+b5 Inflacja + b6 Industryvgit + uit]*** przy użyciu współczynników standaryzowanych OLS lub współczynników beta i wyników (Coef. 2,12***, 1,53***, 1,46*** - *** p < 0,001, ** p < 0,01, * p < 0,05) w odniesieniu do 2010 r., średnia referencyjna z 5 i 10 lat wykazuje, że WKP jest znaczącą zmienną dotyczącą napływu BIZ. Z drugiej strony, wyniki (Coef. 0,26, 1,17*, 1,35**) dotyczące roku 2010, średniej referencyjnej dla 5 i 10 lat pokazują, że zekipr2 nie jest znaczącą zmienną dla roku 2010, lecz staje się cenną zmienną dla krótko- i długoterminowej referencji dotyczącej napływu BIZ. Ponadto, praca ma istotne znaczenie w przyciąganiu napływu BIZ (Coef. 0,47***, 0,49***, 0,50***), a inflacja jest istotna tylko dla referencyjnego poziomu odniesienia na rok 2010 (Coef. 0,10*). Tak więc, WKP, praca i inflacja są istotnymi zmiennymi w przyciąganiu BIZ przy najkrótszym/ prostym odniesieniu czasu, a nie ochronie praw własności intelektualnej. Test vif pokazuje, że nie ma wieloliniowości. Wartość (p & beta) dla WKP wynosi (0,000/,7165536, 0,000/,5847424, 0,000/,5461823) w odniesieniu do roku 2010, średnio 5 & 10 lat. Wartość (p & beta) dla zekipr2 wynosi (0,643/.0364769, 0,014/.1763538, 0,002/.1996067) dla 2010 r., średnio 5 & 10 lat. Tak więc beta GCI jest znacznie wyższa niż zekipr2, co wskazuje na większe znaczenie konkurencji w zakresie praw własności intelektualnej.

Kontynuujemy badania z modelem 4 ***[FDIit= b0 + b1 GCIit + b2 zekipr2 it +b3 Laborit + b4 Tradeit+b5 Industryvgit + uit]*** przy użyciu standardowych współczynników OLS lub współczynników beta, a wyniki (Coef. 1,76***, 1,44***, 1,43***) dotyczące roku 2010, 5 i 10 lat średniej referencyjnej pokazują, że GCI jest znaczącą zmienną dotyczącą napływu BIZ. Z drugiej strony, wyniki (Coef. 0,11, 1,16*, 1,35**) dotyczące roku 2010, 5 i 10-letniej średniej referencyjnej pokazują, że zekipr2 nie jest znaczącą zmienną dla roku 2010, ale staje się cenną zmienną dla krótko- i długoterminowej referencji w zakresie napływu BIZ. Ponadto, praca ma istotne znaczenie w przyciąganiu napływu BIZ (Coef. 0,53***, 0,50***, 0,50***). Tak więc, zarówno WKP, jak i praca są istotnymi zmiennymi w przyciąganiu BIZ przy najkrótszym/bezpośrednim odniesieniu czasu, a nie ochronie praw własności intelektualnej. Test vif pokazuje, że nie ma wieloliniowości. Z jednej strony, wartość (p & beta) dla GCI wynosi (0,000/,5950219, 0,000/,5488271, 0,000/ .5340937) w odniesieniu do roku 2010, średnio 5 & 10 lat. Natomiast wartość (p & beta) dla zekipr2 wynosi (0,845/.0157555, 0,014/.1747808, 0,002/.1993874) dla 2010 r., średnio 5 i 10 lat.

Nasze badania prowadzimy przy użyciu modelu 3 ***[FDIit= b0 + b1 GCIit + b2 zekipr2 it +b3 GDPGRit+ b4 Tradeit+b5 Inflacja + b6 Laborit + uit]*** przy użyciu standardowych współczynników OLS lub współczynników beta, a wyniki (Coef. 2,01***, 1,58***, 1,47***) dotyczące roku 2010, średniej referencyjnej z 5 i 10 lat pokazują, że GCI jest znaczącą zmienną dotyczącą napływu BIZ. Z drugiej strony, wyniki (Coef. 0,73, 1,33**, 1,30**) dotyczące roku 2010, średniej 5 i 10-letniej referencji pokazują, że zekipr2 nie jest znaczącą zmienną dla roku 2010, ale staje się znaczącą zmienną dla krótko- i długoterminowej referencji dotyczącej napływu BIZ. Ponadto, praca ma istotne znaczenie w przyciąganiu napływu BIZ (Coef. 0,46***, 0,47***, 0,50***). Tak więc, zarówno WKP, jak i praca są istotnymi zmiennymi w przyciąganiu BIZ przy najkrótszym/ prostym odniesieniu czasowym, a nie ochronie praw własności intelektualnej. Test vif pokazuje, że nie ma wieloliniowości. Z jednej strony, wartość (p & beta) dla gci wynosi (0,000/,6865234, 0,000/,6044862, 0,000/,5529909) w odniesieniu do roku 2010, średnio 5 & 10 lat. Natomiast wartość (p & beta) dla zekipr2 wynosi (0,263/.1001943, 0,010/.2011416, 0,003/.1922479) dla 2010 r. średnio 5 i 10 lat.

Ponadto, kontynuujemy nasze badania z modelem 3a ***[FDIit= b0 + b1 GCIit + b2 zekipr2 it + b3 GDPGRit + b4 Tradeit+b5 Laborit + uit]*** przy użyciu standardowych współczynników OLS lub współczynników beta, a wyniki (Coef. 1,73***, 1,49***, 1,45***) dotyczące roku 2010, średniej referencyjnej z 5 i 10 lat pokazują, że GCI jest znaczącą zmienną dotyczącą napływu BIZ. Z drugiej strony, wyniki (Coef. 0,54, 1,32**, 1,30**) dotyczące roku 2010, 5 i 10-letniej średniej referencyjnej pokazują, że zekipr2 nie jest znaczącą zmienną dla roku 2010, ale staje się cenną zmienną dla krótko- i długoterminowej referencji w zakresie napływu BIZ. Ponadto, praca ma istotne znaczenie w przyciąganiu napływu BIZ (Coef. 0,51***, 0,48***, 0,51***). Tak więc, zarówno WKP, jak i praca są istotnymi zmiennymi w przyciąganiu BIZ przy najkrótszym/bezpośrednim odniesieniu czasu, a nie ochronie praw własności intelektualnej. Test vif pokazuje, że nie ma wieloliniowości. Wartość (p & beta) dla gci wynosi (0,000/,5901611, 0,000/,5718161, 0,000/,5446045) w odniesieniu do roku 2010, średnio 5 & 10 lat. Wartość (p & beta) dla zekipr2 wynosi (0,408/.0750223, 0,010/.2000161, 0,003/.192047) dla 2010 r., średnio 5 & 10 lat.

Ponadto, prowadzimy badania z modelem 2 ***[BIZ = b0 + b1 zekipr1a it + b2 Laborit +b3 GDPGRit+ b4 Tradeit+b5 Inflacja + uit]*** przy użyciu standardowych współczynników OLS lub współczynników beta, a wyniki (Coef. 3,05***, 2,53***, 2,35***) dotyczące roku 2010, 5 i 10 lat średniej referencyjnej wskazują, że zekipr1a jest znaczącą zmienną dotyczącą napływu BIZ. Ponadto, praca ma istotne znaczenie w przyciąganiu napływu BIZ (Coef. 0,56***, 0,58***, 0,61***). Ponadto, inflacja jest znacząca w odwrotnym kierunku niż inflacja w przyciąganiu napływu BIZ (Coef. -0,09*, -

0,06*) w odniesieniu do 5 i 10 lat odniesienia. Ponadto PKB jest znaczącą zmienną tylko w odniesieniu do roku referencyjnego 2010 (Coef. 0,11*).

Kontynuujemy nasze badania z modelem 1 *[**FDIit = b0 + b1 zekipr1a** $_{it\,/\,zekipr3\,it}$ **+ b2 Laborit +b3 Tradeit + b4 Inflationit +b5 Industryvgit + uit**]* przy użyciu standardowych współczynników OLS lub współczynników beta i wyników (Coef. 2,34***, 2,31***, 2,44***/ Coef. 2,35***, 2,22***, 2,35***) w odniesieniu do 2010 r., 5 i 10 lat średniej referencyjnej wskazują, że zekipr1a/zekipr3 są istotnymi zmiennymi w zakresie napływu BIZ. Ponadto, praca ma istotne znaczenie w przyciąganiu BIZ (Coef. 0,59***, 0,60***, 0,61***/Coef. 0,60***, 0,61***, 0,63***/). Ponadto, inflacja jest znacząca w sposób odwrotny (Coef. -0,01, -0,08*, -0,06*) w odniesieniu do średniej 5 i 10 lat dla zekipr3 , a nie dla zekipr1a. Ponadto, wartość dodana przemysłu jest znacząca w przyciąganiu napływu BIZ (Coef. 0,06*, -0,08*/ 0,07*, -0,04) w odniesieniu do 2010 r., która staje się znacząca w odwrotny sposób przez 10 lat odniesienia dla zekipr1a, a nie dla zekipr3.

Ponadto prowadzimy badania w modelu 1 *[**FDIit = b0 + b1** $_{zekipr3\,it}$ **+ b2 Laborit +b3 Tradeit + b4 Inflationit +b5 Industryvgit + uit**]* przy użyciu współczynników standaryzowanych OLS lub współczynników beta, trzystopniowej regresji najmniej kwadratowej oraz solidnych błędów standardowych i wyników (Coef. 2,35***, 2,22***, 2,35***// Coef. 2,35***, 2,22***, 2,35***/Coef. 2,35***,2,22***,2,35***) wykazują podobne znaczenie dotyczące zekipr3 w przyciąganiu BIZ, wskazując na brak błędów statystycznych/ekonometrycznych.

2. Wyniki liniowe dotyczące pracy

Nasze badania prowadzimy w oparciu o model 5 *[**Laborit = b0 + b1 FDIit + b2 zekipr1a** $_{it/zekipr3\ it/zekipr4\ it/zekipr5\ it}$ **+b3 GDPGRit+ b4 Tradeit+b5 Inflacja + uit**]* przy użyciu standardowych współczynników OLS lub współczynników beta i wyników (Coef. -1,30, -2,04**, -2,34*** Coef.-1,77*, -2,16**, -2,45***/Coef. -1,45, -2,06**, -2,28***/Coef. -1,52*, -2,09**, -2,40***) w odniesieniu do 2010 r., 5 i 10 lat średniej referencyjnej pokazują, że zekipr1a jest w sposób odwrotny znaczącą zmienną dotyczącą pracy dla krótko- i długoterminowej referencji, zekipr3/zekipr4/zekipr5 są w sposób odwrotny znaczące w odniesieniu do pracy. Co więcej, BIZ mają istotne znaczenie dla przyciągania siły roboczej (Coef. 0.65***, 0.95***, 0.98***/0.69***, 0.95***, 0.99***/0.68***, 0.96***, 0.99***/ 0.68***, 0.97***, 1.01***). Ponadto inflacja ma istotne znaczenie dla przyciągania siły roboczej (Coef. 0,10*, 0,07*/0,07*/0,07*/0,08*) w odniesieniu do średniej 5 i 10 lat dla zekipr1a oraz istotne w perspektywie długoterminowej 10 lat dla zekipr3/zekipr4/zekipr5. Ponadto wzrost PKB staje się znaczącą zmienną w odniesieniu do długoterminowego 10-letniego okresu odniesienia (Coef. 0,12*)

Nasze badania kontynuujemy z modelem 6 *[**Laborit = b0 + b1 FDIit + b2 zekipr1a** $_{it/zekipr3\ it/zekipr4\ it/zekipr5\ it}$ **+b3 Tradeit + b4 Inflationit +b5 Industryvgit + uit**]* przy użyciu standardowych współczynników OLS lub współczynników beta i wyników (Coef. -1,60*, -2,26***, -2,54***/Coef. -1,74**, -2,25***, -2,52***/Coef. -1.48*, -2.15***, -2.40***/Coef. -1,59*, -2,20***, -2,50***) w odniesieniu do 2010 r., 5 i 10 lat średniej referencyjnej pokazują, że zekipr1a jest w sposób odwrotny znaczącą zmienną dotyczącą pracy w odniesieniu do krótko- i długookresowej referencji, zekipr3/zekipr4/zekipr5 są w sposób odwrotny znaczące w odniesieniu do pracy. Co więcej, BIZ mają istotne znaczenie dla przyciągania siły roboczej (Coef. 0.69***, 0.97***, 1.00***/0.72***, 0.96***, 1.00***/0.70***, 0.98***, 1.01***/0.72***, 0.98***, 1.02***). Ponadto, wartość dodana przemysłu ma istotne znaczenie w przyciąganiu siły roboczej (Coef. 0,09*/) przy średniej z 10 lat dla zekipr1a. Ponadto, inflacja staje się znaczącą zmienną dotyczącą długookresowej referencyjnej wartości 10 lat (Coef. 0,07*) dla zekipr5.

3. Wyniki liniowe dotyczące wartości dodanej w przemyśle

Nasze badania prowadzimy z modelem 7 [**Industryvgit = b0 + b1 FDIit + b2 zekipr1a** $_{it/zekipr3\ it/zekipr4\ it/zekipr5\ it}$ **+b3 Tradeit + b4 Inflacja +b5 Laborit + b6 GDPGRit + uit**] przy użyciu standardowych współczynników OLS lub współczynników beta i wyników (Coef. 7,53**, 2,08, 1,93*/Coef. 6,18**, 1,31, 1,84*/Coef. 6,62**, 1,42, 1,70*/Coef. 6,37**, 1,19, 1,74*) w odniesieniu do

2010 r., średnia referencyjna z 5 i 10 lat wykazuje, że zekipr1a/zekipr3/zekipr4/zekipr5 są istotne w odniesieniu do wartości dodanej przemysłu za 2010 r., która staje się nieistotna przez 5 lat, stając się ponownie istotna przez 10 lat. Ponadto wzrost PKB jest znaczny w odniesieniu do wartości dodanej przemysłu (Coef. 1,27***, 1,25***,1,38***/ 1,21***, 1,22***, 1,42***/1,27***, 1,23***, 1,40***/1,23***, 1,22***, 1,41***) dla zekipr1a/zekipr3/zekipr4/zekipr5. Wartość (p & beta) dla zekipr1a/zekipr3/zekipr4/zekipr5 wynosi (0,002/,4618186, 0,010/,4193699, 0,004/,4573577, 0,009/,429246) za rok 2010.

Kontynuujemy nasze dochodzenie przy użyciu modelu 8 *[Industryvgit = b0 + b1 GClit + b2 zekipr2 it +b3 FDIit + b4 Tradeit+b5 + b6 GDPGRit +b7 Laborit + uit]* przy użyciu standardowych współczynników OLS lub współczynników beta, a wyniki (Coef. 3,04*, 0,22, -0,06) dotyczące roku 2010, średniej referencyjnej z 5 i 10 lat pokazują, że GCI jest znaczącą zmienną dotyczącą wartości dodanej przemysłu tylko w odniesieniu do roku referencyjnego 2010. Z drugiej strony, wyniki (Coef. 4,12, 2,43, 1,92*) dotyczące średniej referencyjnej z 2010 r., 5 i 10 lat pokazują, że zekipr2 nie jest znaczącą zmienną dla 2010 r., ale staje się znaczącą zmienną dla długoterminowej wartości dodanej w przemyśle. Ponadto wzrost PKB jest znaczącą wartością dodaną dla przemysłu (Coef. 1,18***, 1,26***,1,38***). Test vif pokazuje, że nie ma wieloliniowości.

4. Wyniki liniowe dotyczące wzrostu PKB

Nasze badania prowadzimy przy użyciu modelu 10 *[GDPGRit = b0 + b1 GClit + b2 zekipr2 it + b3 FDIit + b4 Tradeit+b5 + b6 Industryvgit +b6 Laborit + b7 Inflacja + uit]* przy użyciu standardowych współczynników OLS lub współczynników beta, a wyniki (Coef. -1,87*, -0,64, -0,19) dotyczące roku 2010, średnia referencyjna z 5 i 10 lat pokazują, że GCI jest znaczącą zmienną dotyczącą wzrostu PKB tylko w odniesieniu do roku 2010. Z drugiej strony, wyniki pokazują (Coef. -6,11***, -3,14***, -1,28*), że zekipr2 jest w odwrotnej kolejności znaczącą zmienną w odniesieniu do 2010 r., 5 i 10 lat średniej referencyjnej dotyczącej wzrostu PKB. Ponadto, wartość dodana przemysłu jest znaczącą zmienną (Coef. 0,41***, 0,48***, 0,59***). Z testu vif wynika, że nie ma wieloliniowości.

Kontynuujemy nasze badania z modelem 11 *[GDPGRit = b0 + b1 GClit + b2 zekipr2 it +b3 FDIit + b4 Tradeit+b5 Inflacja + b6 Industryvgit + uit]* przy użyciu standaryzowanych współczynników OLS lub współczynników beta, a wyniki (Coef. -1,75*, -0,84, -0,27) dotyczące roku 2010, średniej referencyjnej z 5 i 10 lat pokazują, że GCI jest znaczącą zmienną dotyczącą wzrostu PKB tylko w odniesieniu do roku 2010. Z drugiej strony, wyniki pokazują (Coef. -6,07***, --3,14***, -1,24*), że zekipr2 jest w odwrotnej kolejności znaczącą zmienną w odniesieniu do 2010 r., 5 i 10 lat średniej referencyjnej w odniesieniu do wzrostu PKB. Co więcej, wartość dodana przemysłu jest znaczącą zmienną (Coef. 0,41***, 0,48***, 0,59***). Test vif pokazuje, że nie ma wieloliniowości.

Kontynuujemy nasze badania z modelem 12 *[GDPGRit = b0 + b1 FDIit + b2 zekipr1a it +b3 Laborit + b4 Tradeit+b5 Inflacja + b6 Industryvgit + uit]* przy użyciu standardowych współczynników OLS lub współczynników beta i wyników (Coef. -6,69***, -3,03***, -1,30**/ Coef. -6,08***, -2,99***, -1,59***/Coef. -6.13***, -2.84***, -1.33**/ Coef. -6,33***, -3,00***, -1,49**) w odniesieniu do 2010 r., średnia referencyjna z 5 i 10 lat wskazuje, że zekipr1a/zekipr3/zekipr4/zekipr5 są w odwrotnej kolejności istotne dla wzrostu PKB. Co więcej, wartość dodana przemysłu jest znaczna (Coef. 0,40***, 0,47***,0,60***/ 0,39***, 0,45***, 0,57***/0,39***, 0,45***, 0,59***/0,39***, 0,44***, 0,58***) dla zekipr1a/zekipr3/zekipr4/zekipr5.

5. Odpływy BIZ OLS Model 13/ Współczynniki beta modelu 14

Tabela 1. Odpływy BIZ OLS Model 13/ Współczynniki beta modelu 14

	(1)	(2)	(3)	(4)	(5)	(6)
VARIABLES	wylogowanie2012	wylogowanie5yav	wylogowanie10yav	wylogowanie2012	wylogowanie5yav	wylogowanie10yav
zekipr6	5.28**	6.18***	5.95***			
	(1.936)	(1.163)	(0.926)			
GRUPA2012	0.14			-0.05		
	(0.200)			(0.126)		
handel2012	0.01			-0.01		
	(0.006)			(0.006)		
inf2012	-0.00			0.09		
	(0.138)			(0.113)		
dziadek (gdpgr5y)		0.32**			-0.05	
		(0.121)			(0.080)	
handel5y		-0.00			-0.01*	
		(0.004)			(0.004)	
inf5y		-0.03			0.12	
		(0.080)			(0.071)	
gdpgr10y			0.13			-0.02
			(0.129)			(0.093)
handel10y			-0.00			-0.01**
			(0.004)			(0.004)
inf10y			-0.00			-0.00
			(0.000)			(0.000)
gci12				4.16***	4.07***	3.82***
				(0.784)	(0.476)	(0.403)
Stały	-14.35	-17.09**	-16.24***	-11.16**	-10.60***	-8.85***
	(8.369)	(5.005)	(3.956)	(3.775)	(2.385)	(1.936)
Obserwacje	45	71	76	45	71	76
R-squared	0.29	0.42	0.45	0.51	0.61	0.62
Adiutant. R-squared	0.22	0.39	0.42	0.46	0.58	0.60

Standardowe błędy w nawiasach.
*** p < 0,001, ** p < 0,01, * p < 0,05.

Nasze badania rozpoczynamy od modelu 13 ***[BIZ = b0 + b1 Zekipr6it + b2 GDPit+ b3 Tradeit+b4 Inflacja + uit]*** przy użyciu standardowych współczynników OLS lub współczynników beta, a wyniki (Coef. 5,28**, 6,18***, 5,95***) pokazują znaczenie zekipr6 dla roku 2012, pięciu i dziesięciu lat odniesienia w odniesieniu do bezpośrednich inwestycji zagranicznych, wypływów netto w dolarach amerykańskich w cenach bieżących oraz bieżących kursów walut w milionach 2012 UNCTADstat (tabela 1). Warto tu wspomnieć, że beta zekkopy6 dotycząca odpływów BIZ wynosi odpowiednio (.59242, .7894868, .7175243).

Ponadto, kontynuujemy nasze badania w modelu 14 ***[BIZ = b0 + b1 GCIit + b2 GDPit+ b3Tradeit+b4 Inflacja + uit]*** z zastosowaniem standardowych współczynników OLS lub współczynników beta, a wyniki (Coef. 4,16***, 4,07***, 3,82***) pokazują znaczenie gci dla referencyjnego poziomu bezpośrednich inwestycji zagranicznych w 2012 r., pięciu i dziesięciu lat, wypływy netto w dolarach amerykańskich w cenach bieżących oraz bieżące kursy walutowe w milionach 2012 r. UNCTADstat (tabela 1). Warto tu wspomnieć, że beta gci dotycząca odpływów BIZ wynosi odpowiednio (.792171, .9021555, .7948605).

6. FDI napływa OLS Model 13/ Model 15 Współczynniki beta

Nasze badania rozpoczynamy od modelu 13 13 ***[BIZ = b0 + b1 Zekipr6it + b2 GDPit+ b3 Tradeit+b4 Inflacja + uit]*** przy użyciu standardowych współczynników OLS lub współczynników beta, a wyniki (Coef. 2,55**, 3,59***, 3,14***) pokazują znaczenie zekipr6 dla roku 2012, pięciu i dziesięciu lat odniesienia w odniesieniu do bezpośrednich inwestycji zagranicznych, napływów netto w dolarach amerykańskich w cenach bieżących oraz bieżących kursów walut w milionach 2012 UNCTADstat (tabela 2). Warto tu wspomnieć, że zekipr6 beta dla napływu BIZ wynosi odpowiednio (.5898402, .8030179, .6964313).

Kontynuujemy badania w modelu 15 ***[FDIit= b0 + b1 Zekpat6it + b2 GDPit+ b3 Tradeit+b4 Inflacja + uit]*** z wykorzystaniem standardowych współczynników OLS lub współczynników beta, a wyniki (Coef. 5,60***, 6,01***, 6,46***) pokazują znaczenie zekpat6 dla roku 2012, pięciu i dziesięciu lat odniesienia w zakresie bezpośrednich inwestycji zagranicznych, napływów netto w dolarach amerykańskich w cenach bieżących oraz bieżących kursów walut w milionach 2012 UNCTADstat (tabela 2). Warto tu wspomnieć, że beta zekpat6 dotycząca napływu BIZ wynosi odpowiednio (.6998542, .7687529, .7975532).

Tabela 2. Napływy BIZ OLS Model 1/ Współczynniki beta modelu 3

	(1)	(2)	(3)	(4)	(5)	(6)
VARIABLES	logfdiina2012	logfdiin5y	logfdiin10y	logfdiina2012	logfdiin5y	logfdiin10y
zekipr6	2.55**	3.59***	3.14***			
	(0.811)	(0.693)	(0.524)			
GRUPA2012	0.10			0.09		
	(0.076)			(0.063)		
handel2012	0.00			0.00		
	(0.003)			(0.003)		
inf2012	0.03			0.02		
	(0.065)			(0.054)		
dziadek (gdpgr5y)		0.28***			0.22***	
		(0.071)			(0.062)	
handel5y		-0.00			-0.00	
		(0.003)			(0.003)	
inf5y		-0.01			0.00	
		(0.048)			(0.047)	
gdpgr10y			0.13			0.19*
			(0.074)			(0.071)
handel10y			-0.00			-0.00
			(0.003)			(0.002)
inf10y			-0.00			-0.00
			(0.000)			(0.000)
zekpat6				5.60***	6.01***	6.46***
				(1.179)	(1.078)	(0.900)
Stały	-2.03	-5.96*	-4.09	-0.20	-0.90	-1.70
	(3.441)	(2.985)	(2.237)	(1.922)	(1.879)	(1.548)
Obserwacje	52	76	79	52	76	79
R-squared	0.22	0.36	0.41	0.36	0.39	0.48
Adiutant. R-squared	0.16	0.33	0.37	0.31	0.36	0.45

Standardowe błędy w nawiasach
*** p<0.001, ** p<0.01, * p<0.05.

Poniższe wykresy (wykresy z dodatkową zmienną, czyli regresja częściowa) ilustrują wyniki ekonometryczne:

reg logfdiin2012 zekipr6 gdpgr2012 trade2012 inf2012,beta

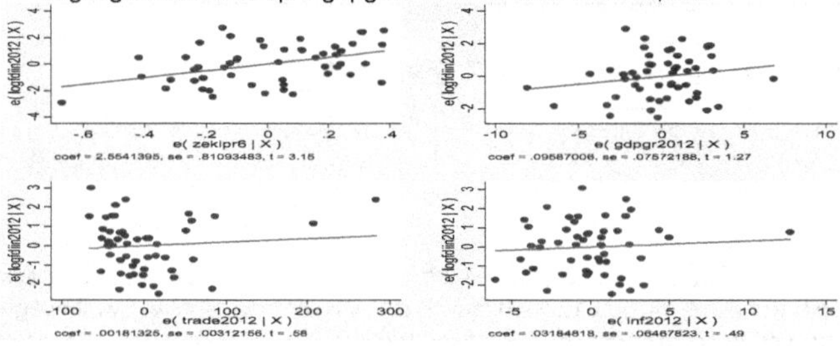

reg logfdiin2012 zekpat6 gdpgr2012 trade2012 inf2012,beta

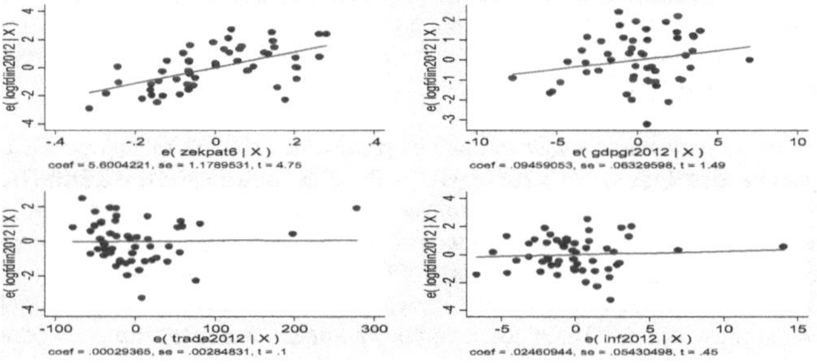

ROZDZIAŁ 6

WYNIKI EMPIRYCZNE DLA ZEKIPR7, ZEKIPR8, ZEKIPR9

1. Wprowadzenie

Próba krajów jest zróżnicowana i reprezentuje kilka grup dochodowych i środowisk instytucjonalnych. Analiza opiera się na danych pochodzących ze wskaźników Banku Światowego (2002-2012), PKB (stały 2005 USD), *handlu (% PKB) i inflacji* (deflator PKB (% rocznie)), napływu bezpośrednich inwestycji zagranicznych w dolarach amerykańskich w cenach bieżących i aktualnych kursach wymiany w milionach USD w 2012 r. UNCTADstat. Ponadto analizy oparte na danych dla niezależnych zmiennych, takich jak *PKB, handel i inflacja*, są pobierane ze wskaźników Banku Światowego (2009-2013 - dane z bazy danych): Ostatnio zaktualizowane wskaźniki rozwoju światowego: 04/14/2015- dotycząca analizy ZEKIPR8).

Kluczowymi niezależnymi zmiennymi zainteresowania są siła praw własności intelektualnej i GCI. Przy pomocy Global Competitiveness Index 2013-2014 (GCI), ZEKIPR1a, ZEKIPR1b, ZEKIPR7, ZEKIPR9 i ZEKIPR8 badamy liniowy i nieliniowy wpływ praw własności intelektualnej i konkurencyjności na przyciąganie BIZ. Analiza koncentruje się na napływie BIZ, odpływie BIZ. Istnieje również orientacyjna analiza wpływu ZEKIPR-u na handel i PKB. Istotą pomysłu badawczego i zakresem badania jest udowodnienie w kategoriach ekonomicznych roli praw własności intelektualnej i konkurencyjności oddzielnie dla przyciągania BIZ w gospodarce. Ta analiza ekonomiczna udowodni lub nie udowodni istoty/rdzenia teorii prawnej dotyczącej praw własności intelektualnej i prawa konkurencji w gospodarce. Innymi słowy, konieczność i skuteczność obecnego prawa własności intelektualnej i konkurencji zostanie zweryfikowana / udowodniona poprzez analizę ilościową. Warto w tym miejscu wspomnieć, że zmiany w prawie krajowym dotyczącym praw własności intelektualnej badanych jurysdykcji i oceny badanych systemów prawnych przyniosą zmiany w indeksie (ZEKIPR)[459], a więc możliwe jest posiadanie w każdej chwili zaktualizowanego indeksu ZEKIPR.

Poniżej przedstawiono szczegółowo modele ekonometryczne, które są wykorzystywane w naszym badaniu w celu określenia wpływu praw własności intelektualnej i WKP na przyciąganie napływu i odpływu BIZ, wymianę handlową i PKB:

FDIit = b0 + b1 GCIit + b2 PKBit/(PKBcit) + b3 Tradeit+b4 Inflacja + uit (1)

BIZ = b0 + b1 zekipr8it + b2 GDPit+ b3 Tradeit+b4 Inflacja+ uit (2)

FDIit = b0 + b1 zekipr8it / zekipr7it + b2 Tradeit + b3 Inflacja+ uit (2a)

BIZ = b0 + b1 zekipr1ait + b2 PKBit+ b3 Tradeit+b4 Inflacja+ uit (3)

BIZ = b0 + b1 zekipr1bit + b2 PKBit+ b3 Tradeit+b4 Inflacja+ uit (4)

BIZ = b0 + b1 zekipr7it + b2 PKBit+ b3 Tradeit+b4 Inflacja + uit (5)

BIZ = b0 + b1 zekipr9it + b2 PKBit+ b3 Tradeit+b4 Inflacja + uit (6)

FDIit = b0 + d0 clasfsd /region/devel + b1 zekip8it + b2 GDPit+ b3 Tradeit+b4Inflacja +uit (7)

PKBit / (PKBcit) = b0 + b1 zekipr8it/ (zekipr7it) + b2 $Trade_{it}$ + b3Inflacja +b4FDIit + uit (8)

Pierwszą rzeczą do zauważenia są dwie subskrypcje: i - oznaczające *i-ty* poszczególny kraj i t - oznaczające *t-ty* okres czasu. *BIZ reprezentują*: napływy BIZ (wpływy netto (% PKB)), (wpływy netto (bilans płatniczy, bieżący USD)) i odpływy BIZ (odpływy netto (% PKB)) - wskaźniki Banku

[459] Zekos, G. 'Constructing a New IPRs index' [2012] 4 Web JCLI http://webjcli.ncl.ac.uk/2012/issue4/zekos4.html G Zekos, The Impact of IPRs on FDI, 2012 PhD Thesis, Economics Department, University of Peloponnese Hellas www.uop.gr

Światowego (2009-2013 - dane z bazy danych): Ostatnio zaktualizowane wskaźniki rozwoju światowego: odpowiednio 04/14/2015. *b0* to zmienne przechwytujące, a ZEKIPR1a, ZEKIPR1b, ZEKIPR7, ZEKIPR9 i ZEKIPR8, *GCI, PKB (wzrost per capita (roczny %)-GDP per capita (stały 2005 USD)-GDP (roczny %)-GDP (stały 2005 USD)), handel (% PKB) i inflacja* (deflator PKB (roczny %)) to zmienne objaśniające.

Zaczynamy od korelacji zmiennych wykorzystywanych w naszych modelach ekonometrycznych:

```
. corr  c2014 gdp2013  inf2013  gdpc2013 zekipr8 zekipr7 tr2013 gdpl2013  gdpl2013
(obs=71)
```

	c2014	gdp2013	inf2013	gdpc2013	zekipr8	zekipr7	tr2013	gdpl2013	gdpl2013
c2014	1.0000								
gdp2013	-0.3817	1.0000							
inf2013	-0.4548	0.3489	1.0000						
gdpc2013	-0.3345	0.9386	0.2540	1.0000					
zekipr8	0.7449	-0.6775	-0.4297	-0.5445	1.0000				
zekipr7	0.7311	-0.6806	-0.4321	-0.5454	0.9951	1.0000			
tr2013	0.2692	-0.1530	-0.2574	-0.1457	0.2753	0.2868	1.0000		
gdpl2013	0.3762	-0.0520	-0.1415	-0.0122	0.2452	0.2172	-0.2305	1.0000	
gdpl2013	0.3762	-0.0520	-0.1415	-0.0122	0.2452	0.2172	-0.2305	1.0000	1.0000

2. Wyniki liniowe

Analiza poprzez liniowe badanie danych z wykorzystaniem naszych modeli ekonometrycznych daje następujące wyniki:

1. Napływy BIZ OLS Model 2/model 5 współczynniki beta

Nasze badania rozpoczynamy od modeli 2/5 [**FDIit= b0 + b1 zekipr8it + b2 GDPit+ b3 Tradeit+b4 Inflacja+ uit / FDIit= b0 + b1 zekipr7it + b2 GDPit+ b3 Tradeit+b4 Inflacja + uit**] przy użyciu standardowych współczynników OLS lub współczynników beta i wyników (Coef. -2,03, 3,74,/ -2,16, 3,00) pokazują znaczenie zekipr8 i zekipr7 dla roku 2013 i pięcioletniego okresu odniesienia w zakresie bezpośrednich inwestycji zagranicznych, napływów netto (% PKB) (tabela 1). Warto tu wspomnieć, że zekipr8/zekipr7 beta dla napływu BIZ to (-.0870585, .1003693/, -.0934695, .0809227), a dla handlu beta to (.600577, .6177675/,.602581, .6176097).

Kontynuujemy nasze badania przy użyciu modeli 2 [***FDIit= b0 + b1 zekipr8it + b2 GDPit+ b3 Tradeit+b4 Inflationit+ uit***] przy użyciu standardowych współczynników OLS lub współczynników beta wykorzystujących zmienne Zagraniczne inwestycje bezpośrednie, wpływy netto (% PKB), Zagraniczne inwestycje bezpośrednie, wpływy netto (BOP, bieżący USD) i PKB per capita (stały 2005 USD) oraz wyniki (Coef). -2,03, 3,74,/ 2,27**, 3,76***/-0,55, -0,36) pokazują znaczenie zekipr8 dla roku 2013 i pięcioletniego okresu odniesienia w zakresie bezpośrednich inwestycji zagranicznych, napływów netto (% PKB), bezpośrednich inwestycji zagranicznych, napływów netto (BoP, USD bieżący) (tabela 1ab). Warto tu wspomnieć, że zekipr8 beta dla napływu BIZ wynosi (-.0870585, .1003693/ .4664607, .7581907/ -.1140405, -.0720574).

Tabela 1. Napływy BIZ OLS Model 2/model 5 współczynniki beta

VARIABLES	(1) fdiin2013	(2) fdiin5y	(3) fdiin2013	(4) fdiin5y
zekipr8	-2.03	3.74		
	(3.332)	(5.603)		
gdp2013	0.49		0.48	
	(0.391)		(0.393)	
tr2013	0.08***		0.08***	
	(0.014)		(0.014)	
inf2013	0.11		0.11	
	(0.269)		(0.268)	
gdp5y		0.50		0.47
		(0.551)		(0.556)
tr5		0.14***		0.14***
		(0.022)		(0.023)
inf5y		0.33		0.31
		(0.300)		(0.297)
zekipr7			-2.16	3.00
			(3.321)	(5.566)
Stały	3.02	-24.99	3.50	-21.87
	(13.704)	(23.051)	(13.589)	(22.768)
Obserwacje	72	78	72	78
R-squared	0.35	0.37	0.35	0.37
Adiutant. R-squared	0.31	0.34	0.31	0.33

Standardowe błędy w nawiasach.
*** p < 0,001, ** p < 0,01, * p < 0,05.

Tabela 1ab. Napływy BIZ OLS Współczynniki beta modelu 2

VARIABLES	(1) fdiina2013	(2) fdiin5y	(3) logfdiif2013	(4) logfidifik5y	(5) logfdiif2013	(6) logfidifik5y
zekipr8	-2.03	3.74	2.27**	3.76***	-0.55	-0.36
	(3.332)	(5.603)	(0.839)	(0.814)	(0.430)	(0.480)
gdp2013	0.49		0.06			
	(0.391)		(0.096)			
tr2013	0.08***		-0.00		0.01***	
	(0.014)		(0.003)		(0.002)	
inf2013	0.11		0.03		0.05	
	(0.269)		(0.064)		(0.036)	
gdp5y		0.50		0.27**		
		(0.551)		(0.080)		
tr5		0.14***		-0.00		0.01***
		(0.022)		(0.003)		(0.002)
inf5y		0.33		0.04		0.02
		(0.300)		(0.043)		(0.027)
loggdpl2013					0.85***	
					(0.075)	
loggdpl5y						0.86***
						(0.074)
Stały	3.02	-24.99	13.64***	7.19*	1.86	0.71
	(13.704)	(23.051)	(3.421)	(3.345)	(1.869)	(2.045)
Obserwacje	72	78	64	76	64	76
R-squared	0.35	0.37	0.14	0.26	0.73	0.71
Adiutant. R-squared	0.31	0.34	0.08	0.21	0.71	0.69

Kontynuujemy nasze badania przy użyciu modeli 2/5 **[FDIit= b0 + b1 zekipr8it + b2 GDPit+ b3 Tradeit+b4 Inflacja+ uit / FDIit= b0 + b1 zekipr7it + b2 GDPit+ b3 Tradeit+b4 Inflacja + uit]** przy użyciu współczynników standaryzowanych OLS lub współczynników beta oraz wyników (Coef. -0,13, 0,05, 0,38/, -0,06, 0,08, 0,42) pokazują znaczenie zekipr8 odpowiednio dla roku 2012, pięciu i dziesięciu lat odniesienia dotyczącego napływu BIZ (tabela 2). Ten sam wynik uzyskaliśmy stosując regresję ivreg (zmienne instrumentalne (2SLS)). Warto zwrócić uwagę, że zekipr8/zekipr7 beta dla napływu BIZ to (-.0308859, .0105147, .0844033/, -.0140968, .0180796, .0928742). Ponadto, nasze badania z modelami 6/4 wykorzystującymi współczynniki standaryzowane OLS lub współczynniki beta oraz wyniki (Coef. -0,18, 0,03, 0,41, -0,20, -0,04, 0,34) pokazują znaczenie zekipr9/zekipr1b odpowiednio dla roku 2012, pięciu i dziesięciu lat odniesienia w zakresie napływu BIZ.

Tabela 2. Napływy BIZ OLS Współczynniki beta modelu 2.

VARIABLES	(1) logfdiin2012	(2) logfdiin5y	(3) logfdiin10y
zekipr8	-0.13	0.05	0.38
	(0.461)	(0.382)	(0.257)
loggdp2012	0.77***		
	(0.082)		
handel2012	0.01***		
	(0.002)		
inf2012	-0.02		
	(0.039)		
loggdp5yav		0.77***	
		(0.061)	
handel5y		0.01***	
		(0.002)	
inf5y		0.01	
		(0.031)	
pniak 10yav			0.75***
			(0.050)
handel10y			0.01***
			(0.001)
inf10y			-0.00
			(0.000)
Stały	-11.32***	-11.93***	-12.58***
	(2.172)	(1.906)	(1.153)
Obserwacje	52	76	79
R-squared	0.71	0.75	0.84
Adiutant. R-squared	0.68	0.73	0.83

2. Napływy BIZ reg3 model 2/model 5

Nasze dochodzenie otwieramy modelami 2/5 **[FDIit = b0 + b1 zekipr8it + b2 GDPit+ b3 Tradeit+b4 Inflacja+ uit / FDIit= b0 + b1 zekipr7it + b2 GDPit+ b3 Tradeit+b4 Inflacja + uit]** przy użyciu reg3 (trzyetapowa regresja najmniejszych kwadratów) wyników (Coef. -2,03, 3,74,/-2,16, 3,00) pokazują znaczenie zekipr8 i zekipr7 dla roku 2013 i pięcioletniego okresu odniesienia w odniesieniu do bezpośrednich inwestycji zagranicznych, napływów netto (% PKB).

3. BIZ Napływy qreg /reg3 model 2

Nasze badania rozpoczynamy od modelu 2 ***[BIZ = b0 + b1 zekipr8it + b2 GDPit+ b3 Tradeit+b4 Inflacja+ uit]*** stosując regresję qreg (kwantylową (w tym medianową) - regresję medianową) i reg3 (trzyetapową regresję najmniej kwadratową) wyników (Coef. -1,17, 0,30 / -2,03, 3,74,) pokazują znaczenie zekipr8 dla roku 2013 i pięciu lat odniesienia w odniesieniu do bezpośrednich inwestycji zagranicznych, napływów netto (% PKB).

4. Wpływy z BIZ ivreg / sureg model 2

Nasze dochodzenie rozpoczynamy od modelu 2 [***BIZ = b0 + b1 zekipr8it + b2 PKBit+ b3 Tradeit+b4 Inflacja+ uit***] przy zastosowaniu regresji ivreg (zmienne instrumentalne (2SLS)) i sureg (regresja pozornie niezwiązana) wyniki (Coef. -2,03, 3,74 / -2,03, 3,74,) pokazują znaczenie zekipr8 dla roku 2013 i pięcioletniej wartości odniesienia dotyczącej bezpośrednich inwestycji zagranicznych, napływów netto (% PKB).

5. Napływy BIZ reg - solidny / rreg model 2

Nasze dochodzenie rozpoczynamy od modelu 2 [***BIZ= b0 + b1 zekipr8it + b2 GDPit+ b3 Tradeit+b4 Inflationit+ uit***] przy użyciu reg (zwykła regresja najmniejszych kwadratów (solidne błędy standardowe)) i rreg (solidna regresja (NIE solidne błędy standardowe)) wyniki (Coef. -2,03, 3,74 /-1,60, 0,25,) pokazują znaczenie zekipr8 dla roku 2013 i pięcioletniej wartości odniesienia dotyczącej bezpośrednich inwestycji zagranicznych, wpływów netto (% PKB).

6. BIZ Napływy OLS Współczynniki OLS Model 2α beta

Nasze badania rozpoczynamy od modelu 2a [***FDIit= b0 + b1 zekipr8it / zekipr7it + b2 Tradeit + b3 Inflationit + uit***] przy użyciu standardowych współczynników OLS lub współczynników beta i wyników (Coef. -4,67, 0,85,/ 1.92**,2,25**) pokazują znaczenie zekipr8 dla roku 2013 i pięciu lat odniesienia w odniesieniu do bezpośrednich inwestycji zagranicznych, napływów netto (% PKB)/ bezpośrednich inwestycji zagranicznych, napływów netto (BOP, obecny USD) (tabela 2b). Warto tu wspomnieć, że zekipr8 beta dla napływu BIZ wynosi odpowiednio (-.2008198, .0229153/, .3953503, .4541163).

Tabela 2b. Napływy BIZ OLS Współczynniki beta modelu 2a

	(1)	(2)	(3)	(4)
VARIABLES	fdiina2013	fdiin5y	logfdiif2013	logfidifik5y
zekipr8	-4.67	0.85	1.92**	2.25**
	(2.597)	(4.617)	(0.651)	(0.723)
tr2013	0.08***		-0.00	
	(0.014)		(0.003)	
inf2013	0.12		0.03	
	(0.270)		(0.064)	
tr5		0.14***		-0.00
		(0.022)		(0.003)
inf5y		0.33		0.04
		(0.300)		(0.046)
Stały	14.47	-12.86	15.13***	13.53***
	(10.298)	(18.810)	(2.554)	(2.942)
Obserwacje	72	78	64	76
R-squared	0.33	0.36	0.13	0.14
Adiutant. R-squared	0.31	0.34	0.09	0.10

Standardowe błędy w nawiasach
*** $p<0.001$, ** $p<0.01$, * $p<0.05$

Nasze badanie rozpoczynamy od modeli 2α [***FDIit= b0 + b1 zekipr8it / zekipr7it + b2 Tradeit + b3 Inflationit+ uit***] przy użyciu standardowych współczynników OLS lub współczynników beta, a wyniki (Coef. 1,92**, 2,25**/1,91**,2,16**) pokazują znaczenie zekipr8 i zekipr7 dla roku 2013 i pięcioletniego okresu odniesienia w zakresie bezpośrednich inwestycji zagranicznych, wpływów netto (BoP, obecny USD) (Tabela 2α). Warto tu wspomnieć, że zekipr8/zekipr7 beta dla napływu BIZ to (.3953503, .4541163/ .3949803, .4384649).

7. Wpływy BIZ OLS model 4/model 6 współczynniki beta

Kontynuujemy nasze badania z modelem 6/model 4 **[FDIit= b0 + b1 zekipr9it + b2 GDPit+ b3 Tradeit+b4 Inflacja + uit / FDIit= b0 + b1 zekipr1bit + b2 GDPit+ b3 Tradeit+b4 Inflacja+ uit]** przy użyciu współczynników standaryzowanych OLS lub współczynników beta oraz wyników (Coef. -4,07, 1,78, -2,42, 1,49) pokazują znaczenie zekipr9/zekipr1b dla roku 2013 i pięcioletniego okresu odniesienia w zakresie bezpośrednich inwestycji zagranicznych, wpływów netto (% PKB).

8. Odpływy BIZ OLS model 2/model 5 współczynniki beta

Nasze badanie rozpoczynamy od modeli 2/5 **[FDIit= b0 + b1 zekipr8it + b2 GDPit+ b3 Tradeit+b4 Inflacja+ uit / FDIit= b0 + b1 zekipr7it + b2 GDPit+ b3 Tradeit+b4 Inflacja + uit]** przy użyciu standardowych współczynników OLS lub współczynników beta i wyników (Coef. 9,90, 25,24,/ 5,41, 20,38) pokazują znaczenie zekipr8 i zekipr7 dla roku 2013 i pięciu lat odniesienia w odniesieniu do bezpośrednich inwestycji zagranicznych, wypływów netto (% PKB) (tabela 3). Warto tu wspomnieć, że zekipr8/zekipr7 beta w odniesieniu do odpływu BIZ to (.0443928, .138886/, .0245142, .1122263).

Tabela 2α. Napływy BIZ OLS Współczynniki beta modelu 2α.

VARIABLES	(1) logfdiif2013	(2) logfdiif5y	(3) logfdiif2013	(4) logfdiif5y
zekipr8	1.92**	2.25**		
	(0.651)	(0.723)		
tr2013	-0.00		-0.00	
	(0.003)		(0.003)	
inf2013	0.03		0.03	
	(0.064)		(0.064)	
tr5		-0.00		-0.00
		(0.003)		(0.004)
inf5y		0.04		0.04
		(0.046)		(0.046)
zekipr7			1.91**	2.16**
			(0.645)	(0.716)
Stały	15.13***	13.53***	15.25***	13.95***
	(2.554)	(2.942)	(2.516)	(2.893)
Obserwacje	64	76	64	76
R-squared	0.13	0.14	0.13	0.13
Adiutant. R-squared	0.09	0.10	0.09	0.10

Tabela 3. Odpływy BIZ OLS Model 2/model 5 współczynniki beta

VARIABLES	(1) fdio2013	(2) fdio5y	(3) fdio2013	(4) fdio5y
zekipr8	9.90	25.24		
	(33.712)	(29.191)		
gdp2013	1.30		0.99	
	(3.753)		(3.770)	
tr2013	0.70***		0.70***	
	(0.133)		(0.134)	
inf2013	1.99		1.90	
	(2.597)		(2.601)	
gdp5y		0.34		0.10
		(2.870)		(2.888)
tr5		0.59***		0.59***
		(0.116)		(0.116)
inf5y		2.37		2.21
		(1.587)		(1.568)
zekipr7			5.41	20.38
			(33.699)	(29.053)
Stały	-103.18	-154.62	-84.69	-134.18
	(139.156)	(120.471)	(138.354)	(119.149)
Obserwacje	65	75	65	75
R-squared	0.33	0.29	0.33	0.28
Adiutant. R-squared	0.28	0.25	0.28	0.24

8a. Napływy BIZ OLS Współczynniki beta modelu 2

Kontynuujemy nasze badania w modelu 2 [**FDIit= b0 + b1 zekipr8it + b2 GDPit+ b3 Tradeit+b4 Inflationit+ uit**] przy użyciu standardowych współczynników OLS lub współczynników beta wykorzystujących zmienne Zagraniczne inwestycje bezpośrednie, wpływy netto (% PKB), bezpośrednie inwestycje zagraniczne, wpływy netto (bilans płatniczy, bieżący USD), *wzrost PKB (roczny %)* i PKB per capita (stały 2005 USD) oraz wyniki (Coef). -4,09, 0,71,/ 2,27**, 3,76***) pokazują znaczenie zekipr8 dla roku 2013 i pięcioletniego okresu odniesienia w zakresie bezpośrednich inwestycji zagranicznych, napływów netto (% PKB), bezpośrednich inwestycji zagranicznych, napływów netto (BOP, obecny USD) (tabela 3a). Warto tu wspomnieć, że zekipr8 beta dla napływu BIZ wynosi (-.175868, .0190578/ .4664607, .7581907/).

Tabela 3a. Napływy BIZ OLS Współczynniki beta modelu 2

	(1)	(2)	(3)	(4)
VARIABLES	fdiina2013	fdiin5y	logfdiif2013	logfidifik5y
zekipr8	-4.09	0.71	2.27**	3.76***
	(3.016)	(5.238)	(0.839)	(0.814)
loggdpl2013	-0.21			
	(0.553)			
tr2013	0.08***		-0.00	
	(0.016)		(0.003)	
inf2013	0.12		0.03	
	(0.272)		(0.064)	
loggdpl5y		0.05		
		(0.813)		
tr5		0.14***		-0.00
		(0.024)		(0.003)
inf5y		0.33		0.04
		(0.303)		(0.043)
gdp2013			0.06	
			(0.096)	
gdp5y				0.27**
				(0.080)
Stały	17.95	-13.59	13.64***	7.19*
	(13.748)	(22.555)	(3.421)	(3.345)
Obserwacje	72	78	64	76
R-squared	0.34	0.36	0.14	0.26
Adiutant. R-squared	0.30	0.33	0.08	0.21

Standardowe błędy w nawiasach
*** p<0.001, ** p<0.01, * p<0.05

9. PKB OLS model 8 współczynników beta

Do naszego badania przystępujemy z modelem 8 [***GDPit/(GDPcit) = b0 + b1 zekipr8it/ (zekipr7it) + b2 Handluj*** $_{nim}$ ***+ b3Inflacja + b4FDIit + uit***] przy użyciu standardowych współczynników OLS lub współczynników beta i wyników (Coef. -5,15***, -5,76***/-5,16***,-5,75***) pokazują znaczenie zekipr8/zekipr7 dla roku 2013 i pięcioletniego okresu odniesienia w odniesieniu do wzrostu PKB (rocznie %). Warto tu wspomnieć, że bety zekipr8/zekipr7 dotyczące PKB wynoszą (-.6490891, -.6808588/, -.6556552, -.6843435). Z drugiej strony, nasze badania z modelem 8 wykorzystującym standardowe współczynniki OLS lub współczynniki beta oraz wyniki (Coef. -3,55***, -4,35***/-3,54***,-4,35***) pokazują znaczenie zekipr8/zekipr7 dla roku 2013 i pięcioletniej wartości referencyjnej dotyczącej wzrostu PKB per capita (rocznie %).

Rozszerzamy nasze badania o model 8 [***PKBit / (GDPcit) = b0 + b1 zekipr8it/ (zekipr7it) + b2 Trade*** $_{it}$ ***+ b3Inflationit +b4FDIit + uit***] przy użyciu standardowych współczynników OLS lub współczynników beta i wyników (Coef. 2,68***, 2,97***/3,24***, 3,20***) pokazują znaczenie zekipr8 dla roku 2013 i pięcioletniego okresu odniesienia w odniesieniu do PKB (stały 2005 USD)/ PKB per capita (stały 2005 USD) (tabela 4). Warto tu wspomnieć, że zekipr8 betas w odniesieniu do PKB wynoszą (.5228057, .5705957/.7868676, .7912697).

Tabela 4. PKB OLS Współczynniki beta modelu 8

VARIABLES	(1) loggdpl2013	(2) loggdpl5y	(3) loggdpcl2013	(4) loggdpcl5y
zekipr8	2.68***	2.97***	3.24***	3.20***
	(0.591)	(0.669)	(0.262)	(0.332)
tr2013	-0.01**		0.00	
	(0.004)		(0.002)	
inf2013	-0.03		-0.08*	
	(0.060)		(0.031)	
fdiina2013	-0.01		-0.01	
	(0.027)		(0.012)	
tr5		-0.01**		0.00
		(0.004)		(0.002)
inf5y		0.03		-0.01
		(0.044)		(0.022)
fdiin5y		0.00		-0.00
		(0.017)		(0.008)
Stały	16.50***	15.07***	-3.52**	-3.59**
	(2.322)	(2.733)	(1.035)	(1.355)
Obserwacje	72	78	71	77
R-squared	0.33	0.32	0.80	0.73
Adiutant. R-squared	0.29	0.28	0.79	0.71

10. PKB OLS Współczynniki beta modelu 4

Nasze badanie rozpoczynamy od modelu 4 [***PKBit*** $_{/(}$**GDPcit**$_{)}$ ***= b0 + b1 zekipr8it/*** **(zekipr7it) +** ***b2 Trade*** $_{It}$ ***+ b3 Inflacja*** **+b4** ***FDIit + uit***] przy użyciu standardowych współczynników OLS lub współczynników beta wykorzystujących zmienne napływy BIZ (napływy netto (BoP, aktualny USD)) i wyniki (Coef). -5,71***, -6,79***/1,37***, 1,30**) pokazują znaczenie zekipr8 dla roku 2013 i pięcioletniego okresu odniesienia w zakresie wzrostu PKB (rocznie %)/ PKB (stały 2005 USD) (Tabela 5). Warto w tym miejscu wspomnieć, że zekipr8 betas w odniesieniu do PKB wynoszą (-.6945353, -.8025859/,.2528317,.2474103).

Tabela 5. PKB OLS Współczynniki beta modelu 4

	(1)	(2)	(3)	(4)
VARIABLES	gdp2013	gdp5y	loggdpl2013	loggdpl5y
zekipr8	-5.71***	-6.79***	1.37***	1.30**
	(0.947)	(0.994)	(0.386)	(0.426)
tr2013	0.00		-0.01***	
	(0.005)		(0.002)	
logfdiif2013	0.12		0.81***	
	(0.176)		(0.071)	
inf2013	0.02		-0.05	
	(0.087)		(0.036)	
logfidifik5y		0.51**		0.76***
		(0.152)		(0.065)
tr5		0.00		-0.01***
		(0.005)		(0.002)
inf5y		-0.02		-0.00
		(0.060)		(0.026)
Stały	21.87***	16.84***	3.47	4.51*
	(4.375)	(4.314)	(1.780)	(1.850)
Obserwacje	64	76	64	76
R-squared	0.45	0.51	0.79	0.77
Adiutant. R-squared	0.41	0.49	0.78	0.76

11. Napływy BIZ OLS model 1 współczynniki beta

Podtrzymujemy nasze badania z modelem 1 [***BIZ = b0 + b1 GCIit + b2 GDPit/ (GDPcit) + b3 Tradeit+b4 Inflacja + uit***] przy użyciu standaryzowanych współczynników OLS lub współczynników beta wykorzystujących wzrost PKB per capita (roczny %) / wzrost PKB (roczny %), a wyniki (Coef. -2,37, -0,622/ -1,97, -0,50) pokazują znaczenie GCI 2014 dla roku 2013 i pięcioletniego okresu odniesienia w zakresie bezpośrednich inwestycji zagranicznych, napływów netto (% PKB). Warto w tym miejscu wspomnieć, że bety GCI 2014 dotyczące BIZ wynoszą (.0837217, -.0288108). Tabela 6 pokazuje znaczenie zarówno WKP, jak i zekipr8 w odniesieniu do bezpośrednich inwestycji zagranicznych, napáywów netto (% PKB) przy wykorzystaniu wzrostu PKB per capita (rocznie %).

Tabela 6. Napływy BIZ OLS Współczynniki beta modelu 1/ model2

VARIABLES	(1) fdiin2013	(2) fdiin5y	(3) fdiin2013	(4) fdiin5y
c2014	-2.37	-0.62		
	(1.554)	(2.584)		
gdpc2013	0.29		0.16	
	(0.372)		(0.416)	
tr2013	0.08***		0.08***	
	(0.014)		(0.014)	
inf2013	0.10		0.14	
	(0.328)		(0.323)	
gdpc5y		-0.05		0.01
		(0.551)		(0.638)
tr5		0.15***		0.14***
		(0.023)		(0.023)
inf5y		0.25		0.32
		(0.301)		(0.311)
zekipr8			-4.06	0.87
			(3.050)	(5.447)
Stały	6.47	-6.51	11.76	-12.93
	(7.513)	(12.346)	(12.430)	(22.343)
Obserwacje	71	77	71	77
R-squared	0.34	0.36	0.34	0.36
Adiutant. R-squared	0.30	0.33	0.30	0.33

Ponadto, tabela 7 pokazuje znaczenie zarówno WKP, jak i zekipr8 w zakresie bezpośrednich inwestycji zagranicznych, wpływów netto (% PKB) poprzez wykorzystanie wzrostu PKB (w % rocznie).

Tabela 7. Napływy BIZ OLS Współczynniki beta modelu 1/ model2

VARIABLES	(1) fdiin2013	(2) fdiin5y	(3) fdiin2013	(4) fdiin5y
c2014	-1.97	-0.50		
	(1.518)	(2.554)		
gdp2013	0.53		0.49	
	(0.313)		(0.391)	
tr2013	0.08***		0.08***	
VARIABLES	(1) fdiin2013	(2) fdiin5y	(3) fdiin2013	(4) fdiin5y
	(0.014)		(0.014)	
inf2013	0.04		0.11	
	(0.272)		(0.269)	
gdp5y		0.29		0.50
		(0.457)		(0.551)
tr5		0.14***		0.14***
		(0.023)		(0.022)
inf5y		0.19		0.33
		(0.302)		(0.300)
zekipr8			-2.03	3.74
			(3.332)	(5.603)
Stały	3.99	-7.37	3.02	-24.99
	(7.347)	(12.200)	(13.704)	(23.051)
Obserwacje	72	78	72	78
R-squared	0.36	0.37	0.35	0.37
Adiutant. R-squared	0.32	0.33	0.31	0.34

12. Handlu OLS Model 3/ Współczynniki beta Model 3a

Nasze dochodzenie rozpoczynamy od **Modelu 3/Modelu 3a [*Trade $_{it}$ = b0 + b1 zekipr8it + b2 GDPit $_{/(}$GDPc $_{it}$) + b3 Inflacja + uit / Trade $_{it}$ = b0 + b1 zekipr8it + b2* ex $_{it}$ *+ b3 Inflacja + uit*]** przy użyciu standardowych współczynników OLS lub współczynników beta wykorzystujących jako zmienne *odpowiednio PKB (stały 2005 USD), Eksport towarów i usług (% PKB)* oraz wyniki (Coef. 68,74**, 49,86*, /-6,05, -5,25) pokazują znaczenie zekipr8 dla roku 2013 i pięcioletniej wartości referencyjnej dotyczącej handlu (% PKB) (tabela 8). Warto tu wspomnieć, że zekipr8 bet w odniesieniu do handlu to (.3971797, .3079594/, -.0349472, -.0324066).

Tabela 8. Współczynniki handlowe OLS Model3/Model 3a beta

	(1)	(2)	(3)	(4)
VARIABLES	tr2013	tr5	tr2013	tr5
zekipr8	68.74**	49.86*	-6.05	-5.25
	(21.982)	(24.211)	(3.073)	(3.689)
loggdpl2013	-14.44***			
	(3.934)			
inf2013	-3.33		0.00	
	(2.081)		(0.317)	
loggdpl5y		-12.97***		
		(3.560)		
inf5y		-1.66		-0.14
		(1.425)		(0.239)
ex2013			1.82***	
			(0.031)	
ex5y				1.81***
				(0.033)
Stały	208.25*	238.44*	31.44*	29.54
	(104.137)	(103.559)	(12.137)	(14.975)
Obserwacje	72	78	72	78
R-squared	0.26	0.23	0.98	0.98
Adiutant. R-squared	0.23	0.19	0.98	0.98

13 Wywóz towarów i usług OLS Model 5/ Współczynniki beta modelu 5α

Rozpoczynamy nasze dochodzenie z **Modelem 5/model 5α [EXit=** ***b0 + b1 zekipr8it / zekipr7it + b2 Tradeit + b3GDPit + b4 Inflacja + uit /*** **EXit=** ***b0 + b1 zekipr8it / zekipr7it + b2 Tradeit + b3 FDIit + b4 Inflacja + uit]*** przy użyciu standardowych współczynników OLS lub współczynników beta wykorzystujących zmienne wzrostu PKB (rocznie %), Bezpośrednie inwestycje zagraniczne, wpływy netto (% PKB) i wyniki (Coef. 5.18*, 3.53/3.90*,3.02) pokazują znaczenie zekipr8 dla roku 2013 i pięcioletniego okresu odniesienia w odniesieniu do eksportu towarów i usług (% PKB) (tabela 9). Warto tu nadmienić, że zekipr8 beta dotyczący napływu BIZ wynosi (.0544602, .0396849/.0409306, .034006).

Tabela 9. Wywóz towarów i usług OLS Model 5/ Współczynniki beta modelu 5α

	(1)	(2)	(3)	(4)
VARIABLES	ex2013	ex5y	ex2013	ex5y
zekipr8	5.18*	3.53	3.90*	3.02
	(2.134)	(2.452)	(1.706)	(2.005)
tr2013	0.54***		0.53***	
	(0.009)		(0.011)	
gdp2013	0.28			
	(0.250)			
inf2013	-0.04		-0.04	
	(0.172)		(0.173)	
gdp5y		0.08		
		(0.241)		
tr5		0.54***		0.53***
		(0.010)		(0.012)
inf5y		0.05		0.03
		(0.131)		(0.131)
fdiina2013			0.05	
			(0.078)	
fdiin5y				0.06
				(0.050)
Stały	-24.10**	-17.57	-18.26**	-14.89
	(8.775)	(10.086)	(6.704)	(8.192)
Obserwacje	72	78	72	78
R-squared	0.98	0.98	0.98	0.98
Adiutant. R-squared	0.98	0.98	0.98	0.98

14. Wpływy z BIZ/PKB OLS Model 1/ Współczynniki beta modelu 1a

Podtrzymujemy nasze dochodzenie przy użyciu Modelu **1/ Model 1a [*FDIit= b0 + b1 GCIit + b2 Tradeit + b3 Inflacja + uit / GDPit/* (GDPcit) *= b0 + b1 GCIit + b2 FDIit + b3 Tradeit+b4 Inflacja + uit*]** przy użyciu standardowych współczynników OLS lub współczynników beta oraz wyników (Coef. 2,02***, 2,16***/-1,43, -0,83) pokazują znaczenie WKP 2014 dla roku 2013 i pięcioletniego okresu odniesienia w odniesieniu do bezpośrednich inwestycji zagranicznych, napływów netto (BOP, obecny USD) / wzrostu PKB (w % w ujęciu rocznym) (tabela 10). Warto tu wspomnieć, że bety GCI 2014 dotyczące BIZ i PKB wynoszą (.7193563, .7516683/ -.3029776, -.1696162).

Tabela 10. Napływy BIZ OLS Model 1/ współczynnik beta modelu 1a

	(1)	(2)	(3)	(4)
VARIABLES	logfdiif2013	logfidifik5y	gdp2013	gdp5y
c2014	2.02***	2.16***	-1.43	-0.83
	(0.322)	(0.349)	(0.840)	(0.826)
tr2013	-0.00		0.00	
	(0.003)		(0.006)	
inf2013	0.10		0.12	
	(0.054)		(0.113)	
tr5		-0.00		0.00
		(0.003)		(0.006)
inf5y		0.09*		0.20*
		(0.038)		(0.075)
logfdiif2013			0.02	
			(0.262)	
logfidifik5y				0.28
				(0.226)
Stały	13.60***	12.67***	8.36	-1.56
	(1.481)	(1.649)	(4.657)	(4.259)
Obserwacje	64	76	64	76
R-squared	0.40	0.36	0.15	0.20
Adiutant. R-squared	0.37	0.34	0.09	0.16

15. Napływy BIZ OLS Model 1/ Współczynniki beta modelu 2a

Podtrzymujemy nasze dochodzenie z Modelem **1/ Model 2a *[FDIit= b0 + b1 GCIit + b2 Tradeit + b3 Inflacja + uit / FDIit= b0 + b1 zekipr8it / zekipr7it + b2 Tradeit + b3 Inflacja + uit*]** przy użyciu standardowych współczynników OLS lub współczynników beta i wyników (Coef. 2,02***, 2,16***/1,91**, 2,16**) pokazują znaczenie wskaźnika GCI 2014/zekipr7 dla roku 2013 i pięcioletniego okresu odniesienia w zakresie bezpośrednich inwestycji zagranicznych, wpływów netto (BOP, obecny USD) (tabela 11). Warto tu wspomnieć, że bety GCI 2014/zekipr7 dotyczące BIZ wynoszą (.7193563, .7516683/ .3949803, .4384649).

Tabela11. Napływy BIZ OLS Model 1/ model 2a współczynniki beta

	(1)	(2)	(3)	(4)
VARIABLES	logfdiif2013	logfidifik5y	logfdiif2013	logfidifik5y
c2014	2.02***	2.16***		
	(0.322)	(0.349)		
tr2013	-0.00		-0.00	
	(0.003)		(0.003)	
inf2013	0.10		0.03	
	(0.054)		(0.064)	
tr5		-0.00		-0.00
		(0.003)		(0.004)
inf5y		0.09*		0.04
		(0.038)		(0.046)
zekipr7			1.91**	2.16**
			(0.645)	(0.716)
Stały	13.60***	12.67***	15.25***	13.95***
	(1.481)	(1.649)	(2.516)	(2.893)
Obserwacje	64	76	64	76
R-squared	0.40	0.36	0.13	0.13
Adiutant. R-squared	0.37	0.34	0.09	0.10

16. Napływy BIZ OLS Współczynniki beta modelu 6/zekipr6

Regresja przeprowadzona na standaryzowanych zmiennych angażuje standaryzowane współczynniki. Kontynuujemy nasze badania przy użyciu modelu 6 [***FDIit= b0 + b1 zekipr6it + b2 Tradeit + b3 Inflacja*** **+b4** ***GDPGRit + uit***]przy użyciu współczynników standaryzowanych OLS lub współczynników beta (PKB GR 2012 = wzrost PKB (rocznie %) 2012 Banku Światowego, INF2012= Inflacja, ceny konsumpcyjne (rocznie %), Bank Światowy 2012, TRADE2012= Handel (% PKB), Bank Światowy 2012, FDIin2012-= Dolar amerykański w cenach bieżących i bieżące kursy wymiany w milionach UNCTADstat 2012) oraz wyniki (Coef. 3,14***, 3,59***, 2,55**) w odniesieniu do średniej z 10, 5 lat i referencyjnej z 2012 r. pokazują, że prawa własności intelektualnej, wyrażone w zekipr6 , są znaczące w napływie BIZ.

3. Wyniki nieliniowe

Poniższa tabela przedstawia wartość *zekipr8* , która zostanie wykorzystana w naszym nieliniowym dochodzeniu:

```
. summarize zekipr8, detail

                          Zekipr8
-------------------------------------------------------------
      Percentiles      Smallest
 1%    3.117291        3.117291
 5%    3.205313        3.165248
10%    3.314236        3.199026       Obs                  79
25%    3.583221        3.205313       Sum of Wgt.          79

50%    3.909432                       Mean           3.855228
                        Largest       Std. Dev.      .3582848
75%    4.150887         4.39352
90%    4.318841        4.399541       Variance        .128368
95%     4.39352        4.498397       Skewness      -.2367334
99%      4.5082          4.5082       Kurtosis       2.103713
```

Po drugie, kontynuujemy naszą analizę, korzystając z nieliniowego dochodzenia.
Analiza danych z wykorzystaniem naszych modeli ekonometrycznych daje następujące wyniki:

1. **Wpływy BIZ OLS model 2/zekipr8 25%/75%, współczynniki beta**

Kontynuujemy nasze badania z modelem 2[***FDIit= b0 + b1 zekipr8it + b2 GDPit+ b3 Tradeit+b4 Inflationit+ uit***] przy użyciu standardowych współczynników OLS lub współczynników beta, a wyniki pokazują, że zekipr8 dla wartości zekipr8 < 25% / > 25% (Coef. 24,60, -3.93) oraz dla wartości zekipr8 < 75% / > 75% (Coef. -0,81, -12,87) w referencyjnych napływach BIZ w 2013 roku dotyczących bezpośrednich inwestycji zagranicznych, napływy netto (% PKB) (Tabela 12).Warto tu wspomnieć, że zekipr8/zekipr7 bety dotyczące BIZ wynoszą (.2957107, -.1266216/, -.0331855, -.1179377).

Tabela 12. Napływy BIZ OLS Model 2/zekipr8 25%/75%, współczynniki beta.

VARIABLES	(1) fdiin2013	(2) fdiin2013	(3) fdiin2013	(4) fdiin2013
zekipr8	24.60	-3.93	-0.81	-12.87
	(27.106)	(3.893)	(4.390)	(16.339)
gdp2013	0.39	0.33	0.43	1.22
	(0.971)	(0.438)	(0.406)	(1.211)
tr2013	0.01	0.08***	0.05*	0.12***
	(0.099)	(0.012)	(0.020)	(0.021)
inf2013	-0.37	0.16	0.03	-1.66
	(0.716)	(0.351)	(0.272)	(1.515)
Stały	-78.80	10.50	1.74	48.09
	(87.386)	(16.207)	(16.911)	(71.179)
Obserwacje	17	55	53	19
R-squared	0.10	0.52	0.14	0.73
Adiutant. R-squared	-0.20	0.48	0.07	0.65

Kontynuujemy nasze badania z modelem 2[***FDIit= b0 + b1 zekipr8it + b2 GDPit+ b3 Tradeit+b4 Inflationit+ uit***] przy użyciu standardowych współczynników OLS lub współczynników beta, a wyniki pokazują, że zekipr8 dla wartości zekipr8 <25%/ >25% (Coef. 3,77, 2,53) oraz dla wartości zekipr8 <75% />75% (Coef. 2,04, -0,89) w referencyjnych napływach BIZ w 2013 roku dotyczących bezpośrednich inwestycji zagranicznych, napływach netto (BoP, obecny USD) (Tabela 13). Warto tu wspomnieć, że zekipr8 betów dotyczących BIZ to (.3289776, .3630831/ .3433142, -.0540245).

Tabela 13. Napływy BIZ OLS Model 2/zekipr8 25%/75%, współczynniki beta.

	(1)	(2)	(3)	(4)
VARIABLES	logfdiif2013	logfdiif2013	logfdiif2013	logfdiif2013
zekipr8	3.77	2.53	2.04	-0.89
	(3.538)	(1.311)	(1.134)	(5.652)
gdp2013	-0.10	0.21	0.05	0.16
	(0.127)	(0.144)	(0.101)	(0.394)
tr2013	-0.01	-0.00	-0.00	-0.00
	(0.013)	(0.004)	(0.005)	(0.006)
inf2013	0.02	-0.03	0.05	-0.50
	(0.093)	(0.111)	(0.068)	(0.418)
Stały	9.76	12.52*	14.38**	27.92
	(11.404)	(5.414)	(4.340)	(24.530)
Obserwacje	17	47	50	14
R-squared	0.19	0.09	0.08	0.17
Adiutant. R-squared	-0.08	0.01	0.00	-0.19

Nasze badania rozpoczynamy od modelu 2 [***FDIit= b0 + b1 zekipr8it + b2 GDPit+ b3 Tradeit+b4 Inflationit+ uit***] przy użyciu standardowych współczynników OLS lub współczynników beta i wyniki pokazują, że zekipr8 dla wartości zekipr8 >25% /<25% (Coef. 4,69, 9,71) oraz dla wartości zekipr8 > 75% / < 75% (Coef. -14,60, 2,19) (handel 13a) w latach referencyjnych napływy BIZ grzywny dotyczące bezpośrednich inwestycji zagranicznych, napływy netto (% PKB). Warto tu wspomnieć, że zekipr8/zekipr7 betas dotyczące BIZ wynoszą (.0768824, .2237245/, -.0594509, .1340273).

Tabela 13a. Napływy BIZ OLS Model 2/zekipr8 25%/75%, współczynniki beta.

VARIABLES	(1) fdiin5y	(2) fdiin5y	(3) fdiin5y	(4) fdiin5y
zekipr8	4.69	9.71	-14.60	2.19
	(8.042)	(13.296)	(37.419)	(3.037)
gdp5y	0.23	0.82	3.85	0.56*
	(0.749)	(0.677)	(3.296)	(0.225)
tr5	0.15***	0.02	0.30***	0.03**
	(0.026)	(0.046)	(0.053)	(0.011)
inf5y	0.97	0.01	0.13	-0.05
	(0.717)	(0.232)	(4.294)	(0.121)
Stały	-31.49	-34.87	40.08	-8.34
	(33.523)	(45.441)	(163.475)	(11.901)
Obserwacje	59	19	19	59
R-squared	0.41	0.23	0.75	0.27
Adiutant. R-squared	0.36	0.01	0.68	0.21

Kontynuujemy nasze badania z modelem 2 [***FDIit= b0 + b1 zekipr8it + b2 GDPit+ b3 Tradeit+b4 Inflationit+ uit***] przy użyciu standardowych współczynników OLS lub współczynników beta, a wyniki pokazują, że zekipr8 dla wartości zekipr8 <25%/>25% (Coef. 4,74, 4,12***) oraz dla wartości zekipr8 <75%/ >75% (Coef. 3,32**, 3,34) w referencyjnych latach kształtowania się napływu BIZ w odniesieniu do bezpośrednich inwestycji zagranicznych, napływów netto (BoP, obecny USD) (Tabela 14). Warto w tym miejscu wspomnieć, że zekipr8 betas w odniesieniu do BIZ to (.4785156, .5530278/ .5813996, .196566). Warto wspomnieć, że staje się jasne znaczenie poziomu ochrony praw własności intelektualnej. W rzeczywistości wartość zekipr8 >25% i <75% wskazuje na większe znaczenie zekipr8 w zakresie bezpośrednich inwestycji zagranicznych, napływów netto.

Tabela 14. Napływy BIZ OLS Model 2/zekipr8 25%/75%, współczynniki beta.

VARIABLES	(1) logfidifik5y	(2) logfidifik5y	(3) logfidifik5y	(4) logfidifik5y
zekipr8	4.74	4.12***	3.32**	3.34
	(3.190)	(1.081)	(1.120)	(4.644)
gdp5y	-0.08	0.40***	0.24**	0.73
	(0.163)	(0.101)	(0.083)	(0.433)
tr5	-0.01	-0.00	-0.00	-0.00
	(0.011)	(0.003)	(0.004)	(0.007)
inf5y	0.04	0.03	0.03	0.27
	(0.056)	(0.096)	(0.045)	(0.553)
Stały	5.91	5.69	9.02*	8.69
	(10.901)	(4.500)	(4.389)	(20.280)
Obserwacje	19	57	58	18
R-squared	0.15	0.30	0.17	0.27
Adiutant. R-squared	-0.10	0.24	0.11	0.04

Następujące wykresy - wykresy z wykresem zmienności dodatkowej, czyli wykres regresji częściowej, pokazują wartość zmiennych w modelu ekonometrycznym.

reg logfdiif5y zekipr8 gdp5y tr5y inf5y jeśli zekipr825===1,beta

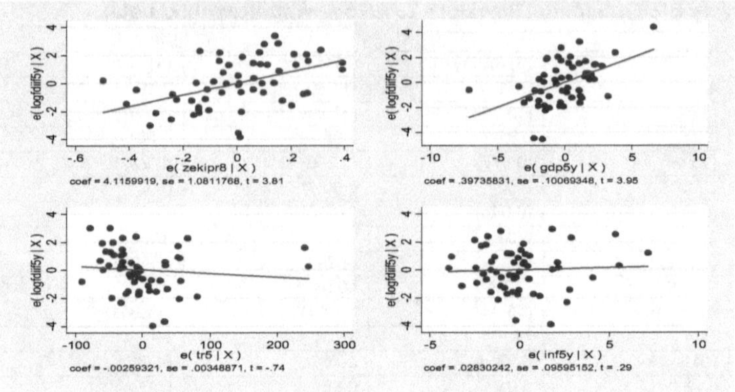

reg logfdiif5y zekipr8 gdp5y tr5y inf5y if zekipr875===0,beta

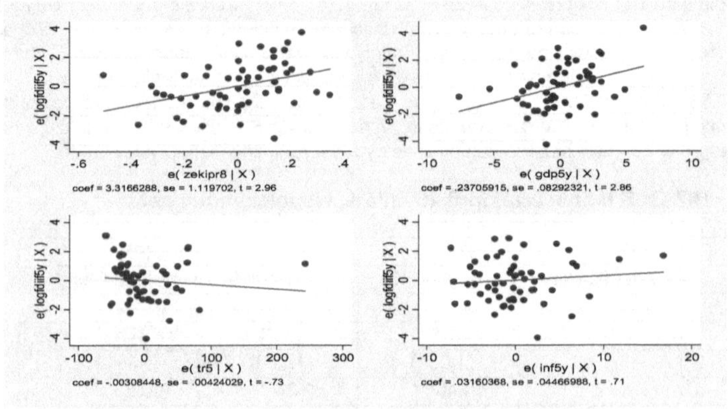

2. Odpływy BIZ OLS model 2/zekipr8 25%/75%, współczynniki beta

Nasze badania prowadzimy z modelem 2 [***FDIit= b0 + b1 zekipr8it + b2 GDPit+ b3 Tradeit+b4 Inflationit+ uit***] przy użyciu standardowych współczynników OLS lub współczynników beta, a wyniki pokazują, że zekipr8 dla wartości zekipr8 <25%/ >25% (Coef. 2,09, 20,52) oraz dla wartości zekipr8 <75% />75% (Coef. 1,08, -137,58) w referencyjnych odpływach BIZ w 2013 r. dotyczących bezpośrednich inwestycji zagranicznych, odpływy netto (% PKB). Warto tu wspomnieć, że zekipr8/zekipr7 bety dotyczące BIZ wynoszą (.2438777, .0588249/, .1014561, -.1028055). Z drugiej strony, nasze badania z modelem 2 [***FDIit= b0 + b1 zekipr8it + b2 GDPit+ b3 Tradeit+b4 Inflationit+ uit***] przy użyciu standardowych współczynników OLS lub współczynników beta i wyniki pokazują, że zekipr8 dla wartości zekipr8 <25%/ >25% (Coef. -1,42, 39,49) oraz dla wartości zekipr8 <75% />75% (Coef. 0,29, -50,20) w referencyjnych odpływach BIZ pięć lat w odniesieniu do bezpośrednich inwestycji zagranicznych, odpływy netto (% PKB). Warto tu wspomnieć, że zekipr8/zekipr7 betas dotyczące BIZ to (-.3229239, .1333424/, .0328179, -.0417725).

3. PKB OLS model 8/zekipr8 25%/75%, współczynniki beta

Utrzymujemy nasze badania z modelem 8 [***PKBit / (GDPcit) = b0 + b1 zekipr8it/ (zekipr7it) + b2 Handluj*** $_{nim}$ ***+ b3Inflacja +b4FDIit + uit***] przy użyciu standardowych współczynników OLS lub współczynników beta, a wyniki pokazują, że zekipr8 dla wartości zekipr8 < 25% / > 25% (Coef. 2,79, -4,56***) oraz dla wartości zekipr8 <75% />75% (Coef. -5,84***,-0,97) referencyjny PKB 2013 w odniesieniu do wzrostu PKB (rocznie %) (Tabela 15).Warto tu wspomnieć, że zekipr8 betas w odniesieniu do PKB wynoszą (.1156173, -.5343904/, -.5869348, -.0746927). Co więcej, nasze badania z modelem 8 wykorzystującym standardowe współczynniki OLS lub współczynniki beta i wyniki pokazują, że zekipr8 dla wartości zekipr8 <25%/ >25% (Coef. 4,46, -4,15**) oraz dla wartości zekipr8 < 75% /> 75% (Coef. -7,19***, 1,41) to referencyjny PKB na pięć lat w odniesieniu do wzrostu PKB (rocznie %). Warto tu wspomnieć, że zekipr8 betas w odniesieniu do PKB wynoszą (.2772037, -.419825/, -.6577638, .1344867).

reglogfdiif5yzekipr8gdp5ytr5 inf5y ifzekipr875===0,beta

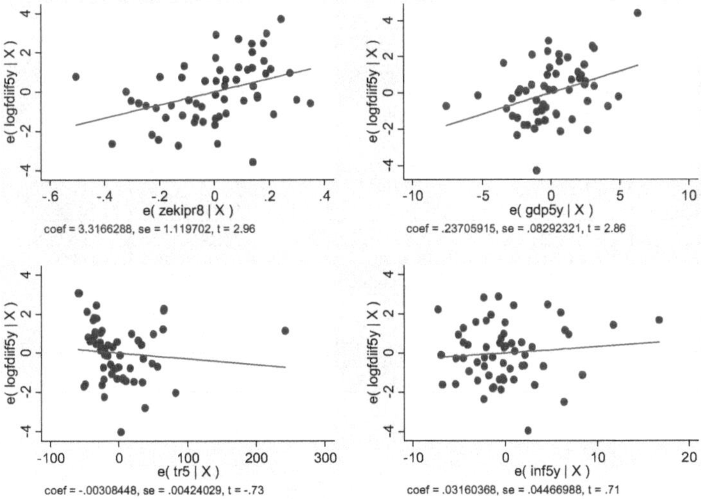

Tabela 15. PKB OLS Model 8/zekipr8 25%/75%, współczynniki beta.

VARIABLES	(1) gdp2013	(2) gdp2013	(3) gdp2013	(4) gdp2013
zekipr8	2.79	-4.56***	-5.84***	-0.97
	(8.234)	(1.084)	(1.295)	(3.548)
fdiina2013	0.03	0.03	0.05	0.06
	(0.085)	(0.045)	(0.050)	(0.055)
inf2013	-0.15	0.08	0.04	-0.16
	(0.209)	(0.112)	(0.095)	(0.334)
tr2013	-0.01	-0.00	0.00	-0.00
	(0.029)	(0.005)	(0.007)	(0.008)
Stały	-2.67	19.89***	24.65***	5.16
	(26.651)	(4.398)	(4.769)	(15.348)
Obserwacje	17	55	53	19
R-squared	0.06	0.35	0.36	0.13
Adiutant. R-squared	-0.25	0.30	0.31	-0.12

Kontynuujemy nasze badania z modelem 4 [*PKBit* /(GDPcit) = *b0* + *b1 zekipr8it/* (zekipr7it) + *b2 Trade* $_{it}$ + *b3 Inflacja* +b4 *FDIit* + *uit*] przy użyciu standardowych współczynników OLS lub współczynników beta przy użyciu zmiennej Zagraniczne inwestycje bezpośrednie, wpływy netto (BoP, obecny USD), a wyniki pokazują, że zekipr8 przy wartości zekipr8 <25%/ >25% (Coef. 5,33, -5,33***) oraz dla wartości zekipr8 <75% />75% (Coef. -6,36***,-5,71) referencyjnego PKB 2013 w odniesieniu do wzrostu PKB (rocznie %). Warto w tym miejscu wspomnieć, że zekipr8 betas w odniesieniu do PKB wynoszą (.2209449, -.6003332/, -.6149559, -.4045714). Ponadto, kontynuujemy nasze badania z modelem 4 wykorzystującym standardowe współczynniki OLS lub współczynniki beta wykorzystującym zmienną Bezpośrednie inwestycje zagraniczne, wpływy netto (BoP, obecny USD), a wyniki pokazują, że zekipr8 dla wartości zekipr8 <25%/ >25% (Coef. 7,10, -5,43***) oraz dla wartości zekipr8 <75% />75% (Coef. -8,30***, 0,44) referencyjne PKB w odniesieniu do wzrostu PKB (rocznie %) (Tabela 15a). Warto tu wspomnieć, że zekipr8 betas w odniesieniu do PKB wynoszą (.441171, -.5497682/, -.7554345, .0429857).

Tabela 15a. PKB OLS Model 4/zekipr8 25%/75%, współczynniki beta.

	(1)	(2)	(3)	(4)
VARIABLES	gdp5y	gdp5y	gdp5y	gdp5y
zekipr8	7.10	-5.43***	-8.30***	0.44
	(5.261)	(1.271)	(1.475)	(2.742)
logfidifik5y	-0.22	0.58***	0.56**	0.25
	(0.431)	(0.147)	(0.197)	(0.146)
tr5	0.01	0.00	0.01	-0.00
	(0.018)	(0.004)	(0.006)	(0.004)
inf5y	0.05	0.10	-0.03	0.34
	(0.091)	(0.115)	(0.069)	(0.310)
Stały	-14.74	9.26	20.85**	-7.72
	(17.510)	(5.368)	(6.422)	(11.643)
Obserwacje	19	57	58	18
R-squared	0.14	0.42	0.47	0.30
Adiutant. R-squared	-0.10	0.37	0.43	0.09

4. Napływy BIZ OLS model 2/zekipr8 25%/75%, współczynniki beta

Kontynuujemy nasze badania w modelu 2 [*FDIit* = *b0* + *b1 zekipr8it* + *b2 GDPit*+ *b3 Tradeit*+*b4 Inflationit*+ *uit*] przy użyciu standardowych współczynników OLS lub współczynników beta, a wyniki pokazują, że zekipr8 dla wartości zekipr8 < 25% / > 25% (Coef. 2,67, -1,21) oraz dla wartości zekipr8 < 75% / > 75% (Coef. 0,42, -2,58) w referencyjnych napływach BIZ w 2012 roku dotyczących napływu BIZ w dolarach amerykańskich w cenach bieżących i aktualnych kursach walut w milionach 2012 roku UNCTADstat (Tabela 16). Warto tu wspomnieć, że zekipr8 betów dotyczących BIZ to (.2725588, -.2110022/, .0781434, -.2241932). Ponadto, nasze badania z modelem 2 wykorzystującym standardowe współczynniki OLS lub współczynniki beta i wyniki pokazują, że zekipr8 dla wartości zekipr8 < 25% / > 25% (Coef. 1,90, 0,08) oraz dla wartości zekipr8 < 75% / > 75% (Coef. 0,72*, 1,65) w referencyjnych napływach BIZ dziesięć lat w odniesieniu do napływu BIZ w dolarach amerykańskich w cenach bieżących i aktualnych kursach walut w milionach 2012 UNCTADstat. Warto tu wspomnieć, że zekipr8 betas dotyczące BIZ to (.1813449, .0133979/, .1436598, .1211068).

Tabela 16. Napływy BIZ OLS Model 2/zekipr8 25%/75%, współczynniki beta.

VARIABLES	(1) logfdiin2012	(3) logfdiin2012	(4) logfdiin2012	(5) logfdiin2012
zekipr8	2.67	-1.21	-2.58	0.42
	(2.347)	(0.627)	(3.970)	(0.542)
loggdp2012	0.82**	0.83***	0.63	0.84***
	(0.193)	(0.092)	(0.358)	(0.086)
handel2012	0.01	0.01***	0.01	0.01**
	(0.009)	(0.002)	(0.007)	(0.002)
inf2012	0.08	-0.04	-0.32	-0.01
	(0.069)	(0.061)	(0.409)	(0.037)
Stały	-23.57*	-8.35**	3.55	-15.08***
	(9.665)	(2.468)	(15.805)	(2.778)
Obserwacje	13	39	12	40
R-squared	0.71	0.74	0.39	0.75
Adiutant. R-squared	0.56	0.71	0.05	0.73

5. LSDV (i.clasfsd)/ (i.region)

Model stałego współczynnika traktuje pulę szeregów czasowych tak, jakby istniał jeden efekt, który mógłby zmieścić wszystkie przekroje w puli. Zmienna dummy jest zmienną binarną, która jest zakodowana jako 1 lub zero, używaną do badania efektów grupowych w regresji i jest to klasyfikacja krajów (i.clasfsd) według etapu ich rozwoju oraz (i.region) według regionu.

5.1 Napływy BIZ: model 7-Dummy etap rozwoju (Clasfsd)

Kontynuujemy nasze badania z modelem 7 [***BIZ = b0 + d0 clasfsd/region/devel + b1 zekip8it + b2 GDPit + b3 Tradeit + b4Inflationit + uit***] przy użyciu standaryzowanych współczynników modelu LSDV lub współczynników beta dla napływu BIZ i wyników (Coef. 0,92, 3,25**) nie wykazują znaczenia *zekipr8* na napływie BIZ w ramach standardowych współczynników dla roku 2013, ale *zekipr8* jest nadal istotnym czynnikiem w naszej regresji dotyczącej średniej 5-letniej (Coef. 2,58**, 4,44***). Warto w tym miejscu wspomnieć, że zekipr8 bet na napływie BIZ wynosi (.1881115, .6552585) w odniesieniu do 2013 roku i 5 lat średniej referencyjnej. W przypadku modelu 7 wykorzystującego LSDV reg3 (trzystopniowa regresja najmniejszych kwadratów) wyniki (Coef. 0,92, 3,25***) wskazują na brak znaczenia zekipr8 w odniesieniu do roku 2013 oraz znaczenie zekipr8 w odniesieniu do pięciu lat odniesienia w zakresie bezpośrednich inwestycji zagranicznych, napływów netto (% PKB) (tabele 17-18).

Tabela 17. FDIinflows LSDV Model7 Współczynniki beta OLS (Dummy i.clasfsd/ i.region)

	(1)	(2)	(3)	(4)
VARIABLES	logfdiif2013	logfidifik5y	logfdiif2013	logfidifik5y
zekipr8	2.58**	4.44***	0.92	3.25**
	(0.962)	(0.888)	(1.091)	(0.985)
gdp2013	-0.04		0.13	
	(0.101)		(0.094)	
tr2013	0.00		-0.00	
	(0.003)		(0.003)	
inf2013	0.05		0.05	
	(0.066)		(0.064)	
Wiem.	1.46*	1.21		
	(0.673)	(0.671)		
Wiem.	0.64	-0.04		
	(0.853)	(0.846)		
Wiem.	1.38	1.02		
	(0.715)	(0.660)		
Wiem.	2.08	-0.20		
	(1.658)	(1.147)		
gdp5y		0.21*		0.30***
		(0.096)		(0.085)
tr5		-0.00		-0.00
		(0.003)		(0.003)
inf5y		0.08		0.06
		(0.045)		(0.044)
Wiesz co?			0.03	0.86
			(0.772)	(0.737)
Wiesz co?			1.46*	1.57*
			(0.713)	(0.700)
Wiesz co?			0.17	0.50
			(1.031)	(0.957)
Wiesz co?			2.17*	1.57
Stały	11.78**	4.02	17.44***	7.88*
	(3.991)	(3.737)	(3.921)	(3.738)
Obserwacje	64	76	64	76
R-squared	0.24	0.33	0.29	0.34
Adiutant. R-squared	0.13	0.25	0.19	0.26
			(1.073)	(0.972)

Standardowe błędy w nawiasach.
*** $p<0.001$, ** $p<0.01$, * $p<0.05$.

Tabela 18. Napływy BIZ LSDV Model 7 reg3 - trzyetapowa regresja najmniejszych kwadratów (Dummy i.clasfsd/ i.region)

	(1)	(2)	(3)	(4)
VARIABLES	logfdiif2013	logfidifik5y	logfdiif2013	logfidifik5y
zekipr8	2.58**	4.44***	0.92	3.25***
	(0.892)	(0.833)	(1.011)	(0.925)
gdp2013	-0.04		0.13	
	(0.094)		(0.087)	
tr2013	0.00		-0.00	
	(0.003)		(0.003)	
inf2013	0.05		0.05	
	(0.061)		(0.060)	
Wiem.	1.46*	1.21		
	(0.623)	(0.630)		
Wiem.	0.64	-0.04		
	(0.791)	(0.794)		
Wiem.	1.38*	1.02		
	(0.663)	(0.620)		
Wiem.	2.08	-0.20		
	(1.537)	(1.077)		
gdp5y		0.21*		0.30***
		(0.090)		(0.080)
tr5		-0.00		-0.00
		(0.003)		(0.003)
inf5y		0.08		0.06
		(0.042)		(0.041)
Wiesz co?			0.03	0.86
			(0.715)	(0.692)
Wiesz co?			1.46*	1.57*
			(0.661)	(0.657)
Wiesz co?			0.17	0.50
			(0.956)	(0.899)
Wiesz co?			2.17*	1.57
			(0.994)	(0.912)
Stały	11.78**	4.02	17.44***	7.88*
	(3.699)	(3.509)	(3.635)	(3.510)
Obserwacje	64	76	64	76
R-squared	0.24	0.33	0.29	0.34
Adiutant. R-squared	.	.	.	.

5.2 Wpływy z BIZ: LSDV model 7 -Dummy region

Trzymamy się naszego badania z modelem 7 ***[FDIit= b0 + d0 clasfsd /region/devel + b1 zekip8it + b2 GDPit+ b3 Tradeit+b4Inflationit +uit]*** przy użyciu standardowych współczynników modelu LSDV lub współczynników beta dla bezpośrednich inwestycji zagranicznych, napływy netto (% PKB), a wyniki (Coef. 2,58**, 4,44***) pokazują znaczenie *zekipr8* dla bezpośrednich inwestycji zagranicznych, napływów netto (% PKB) w 2013 roku i średniej 5-letniej. Zmienna dummy jest regionem państw (i.regionu). Warto w tym miejscu wspomnieć, że zekipr8 bety dotyczące BIZ wynoszą (.5311123, .8943308) w odniesieniu do średniej referencyjnej dla roku 2013 i 5 lat. W przypadku modelu 7 wykorzystującego LSDV reg3 (trzystopniowa regresja najmniejszych kwadratów) wyniki (Coef. 2,58**, 4,44***) pokazują znaczenie zekipr8 dla roku 2013 oraz pięcioletniego okresu odniesienia w zakresie bezpośrednich inwestycji zagranicznych, napływów netto (% PKB).

Imtest, biały pokazuje następujący wynik:

```
. imtest, white

White's test for Ho: homoskedasticity
         against Ha: unrestricted heteroskedasticity

         chi2(34)     =     27.08
         Prob > chi2  =    0.7942

Cameron & Trivedi's decomposition of IM-test
```

Source	chi2	df	p
Heteroskedasticity	27.08	34	0.7942
Skewness	9.59	8	0.2952
Kurtosis	0.22	1	0.6420
Total	36.89	43	0.7326

Co więcej, Linktest pokazuje następujący wynik:

```
. linktest
```

Source	SS	df	MS
Model	43.6964379	2	21.848219
Residual	136.003807	61	2.22957061
Total	179.700245	63	2.85238485

```
Number of obs =      64
F( 2,     61) =    9.80
Prob > F      =  0.0002
R-squared     =  0.2432
Adj R-squared =  0.2183
Root MSE      =  1.4932
```

logfdiif2013	Coef.	Std. Err.	t	P>|t|	[95% Conf.	Interval]
_hat	.5600475	8.81831	0.06	0.950	-17.07325	18.19335
_hatsq	.0097875	.1961135	0.05	0.960	-.3823656	.4019406
_cons	4.937337	99.06119	0.05	0.960	-193.1478	203.0224

Następujące wykresy - wykresy z wykresem zmienności dodatkowej, czyli wykres regresji częściowej, pokazują wartość zmiennych w modelu ekonometrycznym.

xi: reg logfdiif2013 zekipr8 gdp2013 tr2013 inf2013 i.region, beta
i.region _Iregion_1-5 (zakodowany naturalnie; _Iregion_1 pominięty)

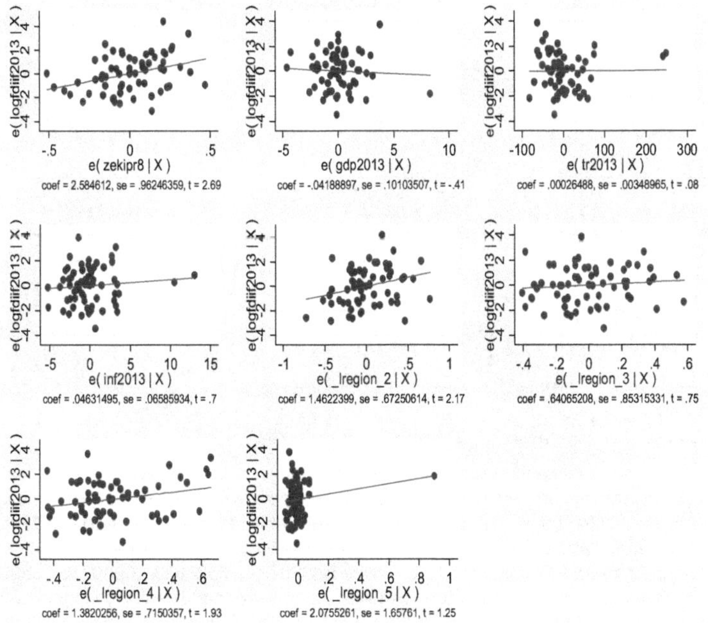

xi: reg logfdiif5y zekipr8 gdp5y tr5 inf5y i.clasfsd, beta
i.clasfsd _Iclasfsd_1-5 (kodowany naturalnie; _Iclasfsd_1

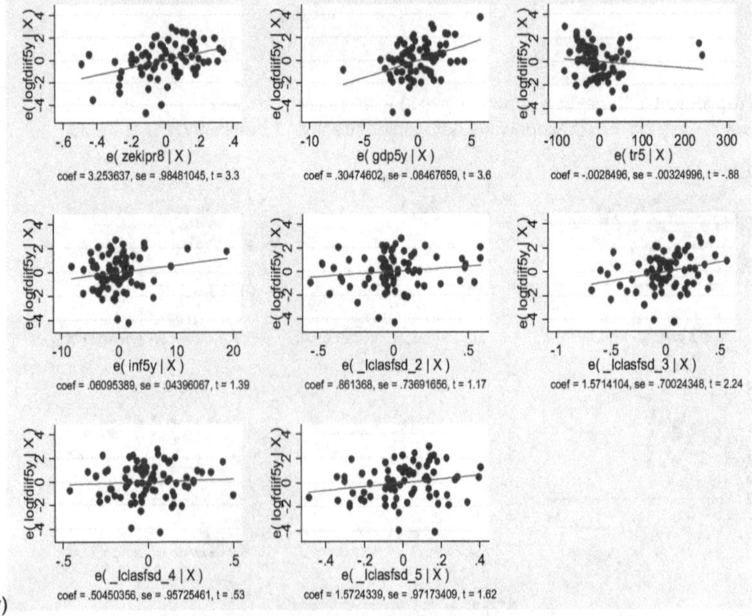

pominięty)

Ponadto wskazuje na znaczenie wskaźników ZEKIPR dotyczących wpływu praw własności intelektualnej na przyciąganie napływu BIZ pochodzących z poniższej analizy i wykorzystujących model ekonometryczny [***BIZ= b0 + b1* Zekipr6/ zekipr7/ zekipr8/ zekipr9it + *b2 GDPit+ b3 Tradeit+b4 Inflacja + uit***]. (tabela 19) w ciągu pięciu lat odniesienia. Warto tu wspomnieć, że bety zekipr6/ zekipr7/ zekipr8/ zekipr9 dotyczące BIZ wynoszą (.8030179, .6523333, .6980772, .5832299) odpowiednio około 5 lat średniej referencyjnej. Analiza opiera się na danych pochodzących ze wskaźników Banku Światowego (2002-2012), *PKB (wzrost per capita (roczny %)*, *handlu (% PKB) i inflacji* (deflator PKB (roczny %)), napływu/odpływu BIZ w dolarach amerykańskich w cenach bieżących i aktualnych kursach wymiany w milionach USD w 2012 r. UNCTADstat.

Tabela 19. BIZ= b0 + b1 Zekipr6/ zekipr7/ zekipr8/ zekipr9it + b2 PKBit+ b3 Tradeit+b4 Inflacja + współczynniki beta uit

	(1)	(2)	(3)	(4)
VARIABLES	logfdiin5y	logfdiin5y	logfdiin5y	logfdiin5y
zekipr7	2.90***			
	(0.748)			
dziadek (gdpgr5y)	0.23**	0.28***	0.24**	0.20**
	(0.074)	(0.071)	(0.073)	(0.073)
handel5y	-0.00	-0.00	-0.00	-0.00
	(0.003)	(0.003)	(0.003)	(0.003)
inf5y	-0.03	-0.01	-0.02	-0.04
	(0.052)	(0.048)	(0.052)	(0.052)
zekipr6		3.59***		
		(0.693)		
zekipr8			3.12***	
			(0.752)	
zekipr9				2.85***
				(0.809)
Stały	-2.74	-5.96*	-3.73	-2.58
	(3.146)	(2.985)	(3.184)	(3.413)
Obserwacje	76	76	76	76
R-squared	0.28	0.36	0.30	0.26
Adiutant. R-squared	0.24	0.33	0.26	0.21

Standardowe błędy w nawiasach.
*** p<0.001, ** p<0.01, * p<0.05.

Dodatkowo, charakterystyczne jest znaczenie wskaźników ZEKIPR dotyczących wpływu praw własności intelektualnej na odpływy BIZ wynikające z następującej analizy wykorzystującej model ekonometryczny [***BIZ = b0 + b1* Zekipr6/ zekipr7/ zekipr8/ zekipr9it + *b2 GDPit+ b3 Tradeit+b4 Inflacja + uit*]. *(*tabela 20) w okresie pięciu lat odniesienia. Warto tu wspomnieć, że bety zekipr6/ zekipr7/ zekipr8/ zekipr9 dotyczące odpływu BIZ wynoszą odpowiednio (.7894868, .6965412, .7255381, .5818439) około 5 lat średniej referencyjnej.

Tabela 20. BIZ = b0 + b1 Zekipr6/ zekipr7/ zekipr8/ zekipr9it + b2 PKBit+ b3 Handel +b4 Współczynniki inflacji + uit beta

	(1)	(2)	(3)	(4)
VARIABLES	wylogowanie5yav	wylogowanie5yav	wylogowanie5yav	wylogowanie5yav
zekipr6	6.18***			
	(1.163)			
dziadek (gdpgr5y)	0.32**	0.26*	0.27*	0.18
	(0.121)	(0.127)	(0.127)	(0.125)
handel5y	-0.00	-0.00	-0.00	-0.00
	(0.004)	(0.005)	(0.005)	(0.005)
inf5y	-0.03	-0.05	-0.03	-0.08
	(0.080)	(0.087)	(0.087)	(0.088)
zekipr7		5.40***		
		(1.264)		
zekipr8			5.65***	
			(1.271)	
zekipr9				4.99***
				(1.359)
Stały	-17.09**	-13.22*	-14.42**	-11.59*
	(5.005)	(5.306)	(5.372)	(5.729)
Obserwacje	71	71	71	71
R-squared	0.42	0.35	0.36	0.31
Adiutant. R-squared	0.39	0.31	0.33	0.27

Standardowe błędy w nawiasach.
*** $p < 0,001$, ** $p < 0,01$, * $p < 0,05$.

4. Wniosek

Prawa własności intelektualnej generują monopol, który był uważany za sprzeczny z konkurencją. Natomiast w polityce konkurencji ceni się swobodne wejście na rynek i mobilność aktywów, które prawa własności intelektualnej ograniczają w celu tworzenia zachęt. Zgodnie z tradycyjnymi założeniami neoklasycznymi zarówno innowacje, jak i konkurencja zwiększają wydajność, niezależnie od tego, czy jest ona obliczana na podstawie liczby jednostek czy ich jakości. Niewyważona ochrona praw własności intelektualnej ogranicza konkurencję poprzez ograniczanie mobilności aktywów bardziej niż jest to konieczne dla umożliwienia innowacji. Istotą polityki jest znalezienie punktu, w którym zoptymalizowane zostaną łączne skutki konkurencji i wykluczenia własności intelektualnej. Chociaż systemy PWI wspierają innowacje, działają również jako przeszkoda w rozpowszechnianiu lub gromadzeniu pomysłów w gospodarce.

Wreszcie, powyższa zwięzła analiza praw własności intelektualnej pozwala nam zrozumieć ocenę ilościową praw własności intelektualnej wykorzystanych do opracowania własnych indeksów praw własności intelektualnej[460]. Ponadto, cała analiza podstaw prawnych dotyczących patentów, praw autorskich i znaków towarowych wskazuje na stały rozwój regulacji prawnych i egzekwowania praw własności intelektualnej, co oznacza ciągłą zmianę indeksu w zakresie ochrony praw własności intelektualnej. Analiza ekonometryczna pokazuje nie tylko znaczenie ochrony praw własności intelektualnej wyrażonej przez indeksy ZEKIPR dla przyciągania napływu i odpływu BIZ, ale również dla wzrostu pracy, handlu i PKB.

[460] GEORGIOS I ZEKOS, IPRS PROTECTION AND THEIR IMPACT UPON FDI, GDP GROWTH & TRADE, 2013 SCHOLAR'S PRESS, WWW.SCHOLARS-PRESS.COM , www.morebooks.de Niemcy

Rozdział 7

Wyniki ekonometryczne ZEKEUIPR

1. Dane i metodologia

Duża próba 79 krajów została zebrana w celu przeprowadzenia przez Zekos badań[461] w zakresie tworzenia indeksów IPR. Wszystkie przepisy krajowe obowiązujące na koniec 2012 r. w 79 badanych jurysdykcjach zostały zbadane i wykorzystane do zestawienia różnych czynników branych pod uwagę przy konstruowaniu indeksu ZEKIPR6.[462] Warto wspomnieć, że konstrukcja naszych indeksów praw własności intelektualnej opiera się na nich: (a) członkostwo w międzynarodowych traktatach dotyczących praw własności intelektualnej, (b) prawa patentowe, (c) prawa autorskie, (d) prawa do znaków towarowych, oraz (e) system prawny i ranking praw własności intelektualnej (ranking) krajów.

W tym zakresie, na podstawie przepisów krajowych obowiązujących na koniec 2012 r. z 28 badanych jurysdykcji UE, zbadano i wykorzystano w rankingu różnych czynników branych pod uwagę przy konstruowaniu wskaźników ochrony praw własności intelektualnej w Unii Europejskiej: zekeuipr1, zekeuipr2, zekeuipr4, zekeupat1, zekeucopy1, zekeumark1.

Warto w tym miejscu wspomnieć, że zmiany w prawie krajowym dotyczącym praw własności intelektualnej badanych jurysdykcji oraz ocena badanych systemów prawnych przyniosą zmiany w indeksie (ZEKIPR[463]- zekeuipr1, zekeuipr2, zekeuipr4), a więc możliwa jest regularna aktualizacja indeksów ZEKIPR/ZEKEUIPR. Skuteczna ochrona praw własności intelektualnej zależy zarówno od istnienia przepisów o ochronie własności intelektualnej, jak i od ich egzekwowania.

Dlatego też wszystkie przyszłe zmiany w przepisach dotyczących własności intelektualnej i ich egzekwowaniu będą nadal powodować zmiany w naszych wskaźnikach, co oznacza potrzebę ciągłej aktualizacji wskaźników praw własności intelektualnej, takich jak Zekeuipr3.

Zekeuipr3 = Członkostwo w traktatach międzynarodowych + INDEX PRAWA PATENTA + INDEX PRAWA KOPERACYJNEGO + INDEX PRAWA HANDLOWEGO + Ocena egzekwowania prawa ((środowisko prawno-polityczne (LP) (Niezależność sądownictwa + praworządność + stabilność polityczna + kontrola korupcji) (Międzynarodowy indeks praw własności| sprawozdanie za rok 2014)). Warto wspomnieć, że niektóre kraje nie są zawarte w IPRI z 2014 r., a więc ich szeregi są wzięte z IPRI z 2013 r.

---

461 G. Zekos, "Constructing a New IPRs index", 4 Web JCLI (2012), http://webjcli.ncl.ac.uk/2012/issue4/zekos4.html; G. Zekos, "Law & Economics of IPRs", 2016 Nova *Science Publications,* New York, *www.novapublishers.com; G.* Zekos, "IPRs' impact on FDI", 2013 PhD Thesis, Economics Department, University of Peloponnese, Tripoli, Hellas www.uop.gr.

462 G. Zekos, "IPRs Protection And Their Impact Upon FDI, GDP Growth & Trade", 2013 Scholar's Press, Www.Scholars-Press.Com, www.morebooks.de Niemcy.

463 *Id.*

2. Model liniowy

Model liniowy jest w formie

$$Y_i = \beta_0 + \sum_{j=1}^{p} \beta_j X_{i,j} + \varepsilon_i,$$

gdzie, dla *i-tego* przypadku, *Yi* jest zmienną odpowiedzi, są $X_{i,1}, \ldots, X_{i,p}$ *p* regresorami i $\varepsilon_i$jest średnim zerowym terminem błędu. Wielkości te $\beta_0, \ldots, \beta_p$ są nieznanymi współczynnikami, których wartości są określone za pomocą najmniejszych kwadratów.

Poniżej przedstawiono szczegółowo modele ekonometryczne, które są wykorzystywane w naszym badaniu w celu określenia wpływu praw własności intelektualnej i WKP na przyciąganie napływu i odpływu BIZ, wymianę handlową i wzrost PKB:

FDIit= b0 + b1 Beechr1/ Beechr2/ Beechr4/ Beechr3 $_{it}$ + *b2 Tradeit + b3 Inflacja* +b4 *GDPGRit* + $_{off}$ *(1)*

Trade $_{it}$ *= b0 + b1* Beechr1/ Beechr2/ Beechr4 $_{it}$ *+ b2 GDPGRit + b3 Inflacja* + $_{out}$ *(2)*

GDPGRit = b0 + b1 Beechr1/ Beechr2/ Beechr4 *+ b2 Trade* $_{it}$ *+ b3 Inflacja* +b4 *FDIit* + $_{off}$ *(3)*

GDPGRit = b0 + b1 Beechr1/ Beechr2/ Beechr4 *+ b2 Trade* $_{it}$ *+ b3 Inflacja* + $_{off}$ *(3a)*

FDIit= b0 + b1 b1 GCIit $_{it}$ *+ b2 Tradeit + b3 Inflacja* +b4 *GDPGRit + uit (4)*

Poniżej znajdują się zmienne, które są wykorzystywane w naszej analizie regresji dotyczącej wpływu praw własności intelektualnej na BIZ, wzrost PKB i handel w porównaniu: Jeśli chodzi o modele, to pierwszą rzeczą, którą należy zwrócić uwagę, są dwa indeksowe wskaźniki: i - oznaczający *i-ty* poszczególny kraj i t - oznaczający *t-ty* okres czasu. Analiza koncentruje się na napływie BIZ. FDI inflows FDIin2012-= Napływ BIZ FDI w latach 2012-2012 w dolarach amerykańskich w cenach bieżących i po bieżących kursach walutowych w milionach UNCTADstat, *b0* to wartość przechwytująca, a (PKB GR 2012 = wzrost PKB (w % rocznie) Bank Światowy 2012, INF2012 = inflacja, ceny konsumpcyjne (w % rocznie), Bank Światowy 2012, TRADE2012 = handel (w % PKB), Bank Światowy 2012 i GCI. Wykorzystanie Global Competitiveness Index 2011-2012 (GCI) jest zmienną objaśniającą.

W tym zakresie, miecz wykonujący test Shapiro-Wilk W na normalność został zilustrowany w Załączniku 3.

Załącznik 3-Shapiro-Wilk W Test na dane normalne

Zmienna	Obs	W	V	z	Prob>z
zekeuipr1	28	0.92767	2.184	1.608	0.05387
zekeuipr2	28	0.96877	0.943	-0.121	0.54804
zekeuipr4	28	0.97146	0.862	-0.306	0.62031
zekieupr3	28	0.97871	0.643	-0.909	0.81840
dziadek (gdpgr5y)	28	0.96493	1.059	0.118	0.45295

Warto wspomnieć, że PKB odnosi się do wartości rynkowej wszystkich dóbr i usług końcowych wytworzonych w danym kraju w danym okresie. Globalne BIZ rosły szybciej niż światowy PKB, częściowo w wyniku zmian polityki w krajach przyjmujących. Wiadomo, że inflacja (makrostabilność) jest negatywnie kojarzona z BIZ w literaturze dotyczącej czynników *przyciągających.*[464] Negatywna korelacja pomiędzy stopą procentową a odpływem BIZ istnieje biorąc pod uwagę, że relatywnie niskie stopy procentowe związane z obfitością kapitału w danym kraju obniżają koszt alternatywny kapitału i zwiększają opłacalność inwestycji za granicą. Prognozy dotyczące relacji pomiędzy BIZ a wymianą handlową krytycznie zależą od tego, czy BIZ mają charakter pionowy czy poziomy. Teorie dotyczące

---

[464] Lin, S., Ye, H., "Does inflation targeting make a difference in developing countries?", *Journal of Development Economics*, 89(1), 118-123 (2009).

BIZ poziomych przewidują relację[465][466] negatywną, natomiast teorie dotyczące BIZ pionowych - dodatnią. Z drugiej strony, relacja pomiędzy handlem a BIZ nie jest prosta. O ile wymiana handlowa związana z transgraniczną integracją pionową może zwiększać odpływ BIZ poprzez dostarczanie bodźców do redukcji kosztów, o tyle wymiana wewnątrzprzemysłowa może hamować BIZ mające na celu osiągnięcie korzyści skali.[467]

3. Wyniki empiryczne

Zaczynamy od korelacji zmiennych wykorzystywanych w naszych modelach ekonometrycznych w celu uniknięcia wieloliniowości. W rezultacie unikamy stosowania zmiennych o wysokiej współliniowości, aby uniknąć wysokiego współczynnika inflacji wariancji (VIF) obliczającego VIF dla niezależnych zmiennych w modelu liniowym. (*Patrz* załącznik 4.)

Załącznik 4

```
. corr  gdpgr5y inf5y trade5y zekeuipr1 zekeuipr2 zekeuipr4 gci12 zekeupat1 zekeucopy1 zekeumark1
(obs=28)
```

	gdpgr5y	inf5y	trade5y	zekeui~1	zekeui~2	zekeui~4	gci12	zekeup~1	zekeuc~1	zekeum~1
gdpgr5y	1.0000									
inf5y	0.0453	1.0000								
trade5y	0.1747	-0.0019	1.0000							
zekeuipr1	-0.1406	-0.3720	-0.3034	1.0000						
zekeuipr2	-0.0023	-0.4182	-0.1712	0.9502	1.0000					
zekeuipr4	-0.0551	-0.3127	-0.2583	0.9516	0.9780	1.0000				
gci12	0.2063	-0.5314	0.0811	0.6360	0.7252	0.6396	1.0000			
zekeupat1	-0.0745	-0.6277	-0.0498	0.7105	0.6779	0.5917	0.8343	1.0000		
zekeucopy1	-0.0474	-0.6385	0.0223	0.6645	0.6518	0.5633	0.8810	0.9728	1.0000	
zekeumark1	-0.0700	-0.6474	-0.0081	0.6761	0.6602	0.5795	0.8703	0.9759	0.9904	1.0000

Ponadto **collin oblicza** VIF i inne metody diagnostyki wieloliniowości, a gdy liczba ta jest większa niż 100, szacunki mogą mieć znaczną ilość błędów liczbowych. (*Patrz* załącznik 5.)

[465] Markusen, J., "Multinationals, multi-plant economy, and the gains from trade", *Journal of International Economics*, Volume 16, Issues 3-4 (1984).
[466] Helpman, E., "A Simple Theory of International Trade with Multinational Corporations", *Journal of Political Economy* 92(3), 451-471 (1984).
[467] Goldar, B.N i R. Banga, "Impact of trade liberalization on foreign direct investment in Indian industries", ARTNeT Working Paper Series, No. 36, June 2005.

Załącznik 5

```
. collin gdpgr5y inf5y trade5y zekeuipr1
(obs=28)

  Collinearity Diagnostics

                        SQRT                   R-
  Variable      VIF     VIF    Tolerance    Squared
----------------------------------------------------
   gdpgr5y     1.04    1.02    0.9609      0.0391
     inf5y     1.18    1.09    0.8470      0.1530
   trade5y     1.14    1.07    0.8751      0.1249
 zekeuipr1     1.31    1.14    0.7640      0.2360
----------------------------------------------------
  Mean VIF     1.17

                          Cond
         Eigenval         Index
---------------------------------
    1     3.7544          1.0000
    2     0.9911          1.9463
    3     0.1641          4.7830
    4     0.0896          6.4721
    5     0.0007         71.4269
---------------------------------
 Condition Number         71.4269
 Eigenvalues & Cond Index computed from scaled raw sscp (w/ intercept)
 Det(correlation matrix)    0.7391
```

1) Otwieramy nasze dochodzenie za pomocą modelu 1(***FDIit= b0 + b1* zekeuipr1/ zekeuipr2/ zekeuipr4** $_{it}$ ***+ b2 Tradeit + b3 Inflacja* +b4 *GDPGRit + uit)*** z zastosowaniem standardowych współczynników OLS lub współczynników beta oraz wyników (Coef. 3,33, 3,09, 3,62 / 4,43**, 3,72*, 3.95*) wskazują na znaczenie zekeuipr1, zekeuipr2, zekeuipr4 dla roku 2012 i pięcioletniego okresu odniesienia w zakresie bezpośrednich inwestycji zagranicznych, napływów netto (% PKB) (por. rys. 6), wskazując na znaczenie praw własności intelektualnej dla krótkookresowego okresu odniesienia w odniesieniu do jednorocznego wpływu na przyciąganie napływu BIZ. Warto w tym miejscu wspomnieć, że wartości beta zekeuipr1, zekeuipr2, zekeuipr4 dotyczące napływu BIZ wynoszą (.431419,.4061434,.4416674/,.6002161,.4555029,.4665177).

Rysunek 6. Wpływ BIZ na OLS Model 1 Współczynniki beta

VARIABLES	(1) logfdiina201 2	(2) logfdiina201 2	(3) logfdiina201 2	(4) logfdiin5 y	(5) logfdiin5 y	(6) logfdiin5 y
zekeuipr1	3.33			4.43**		
	(2.016)			(1.292)		
handel2012	0.01	0.00	0.01			
	(0.005)	(0.005)	(0.005)			
inf2012	-0.47	-0.45	-0.51			
	(0.392)	(0.410)	(0.387)			
GRUPA201 2	-0.05	-0.09	-0.10			
	(0.133)	(0.147)	(0.145)			
zekeuipr2		3.09			3.72*	
		(2.138)			(1.539)	
zekeuipr4			3.62			3.95*
			(2.261)			(1.534)
handel5y				0.00	0.00	0.00
				(0.004)	(0.004)	(0.005)
inf5y				-0.19	-0.22	-0.27
				(0.192)	(0.215)	(0.203)
dziadek (gdpgr5y)				0.26	0.19	0.21
				(0.154)	(0.168)	(0.166)
Stały	-4.65	-3.38	-5.60	-9.60	-6.09	-7.00
	(9.138)	(9.559)	(10.008)	(5.830)	(6.807)	(6.746)
Obserwacje	17	17	17	28	28	28
R-squared	0.34	0.31	0.34	0.46	0.35	0.37
Adiutant. R-squared	0.13	0.09	0.12	0.37	0.24	0.26

Standardowe błędy w nawiasach
*** $p<0.001$, ** $p<0.01$, * $p<0.05$

2) Nasze dochodzenie prowadzimy z modelem 1[***FDIit= b0 + b1* zekeuipr1/ zekeuipr2/ zekeuipr4 *it + b2 Tradeit + b3 Inflacja* +b4 *GDPGRit + uit*** *]* przy użyciu standardowych współczynników OLS lub współczynników beta i solidnych błędów standardowych, a więc wyników (Coef. 4,65**, 4,33**, 4,46**/ 4.65***, 4,33***, 4,46***) ilustrują znaczenie zekeuipr1, zekeuipr2, zekeuipr4 dla dziesięcioletniego okresu odniesienia w odniesieniu do bezpośrednich inwestycji zagranicznych, napływów netto (% PKB) (*patrz* załącznik 6a) wskazujący na znaczenie praw własności intelektualnej dla długoterminowego okresu odniesienia w zakresie przyciągania napływów BIZ. Warto w tym miejscu wspomnieć, że wartości beta zekeuipr1, zekeuipr2, zekeuipr4 dotyczące napływu BIZ wynoszą (.6474946, .5455602, .5419349).

Załącznik 6a. Wpływ BIZ na OLS Model 1 Współczynniki beta/ solidne błędy standardowe

	(1)	(2)	(3)	(4)	(5)	(6)
VARIABLES	logfdiin10y	logfdiin10y	logfdiin10y	logfdiin10y	logfdiin10y	logfdiin10y
zekeuipr1	4.65**			4.65***		
	(1.270)			(0.946)		
handel10y	0.00	-0.00	-0.00	0.00	-0.00	-0.00
	(0.004)	(0.005)	(0.005)	(0.003)	(0.004)	(0.004)
gdpgr10y	0.07	-0.00	-0.00	0.07	-0.00	-0.00
	(0.207)	(0.218)	(0.216)	(0.171)	(0.162)	(0.169)
inf10y	-0.16	-0.15	-0.21	-0.16	-0.15	-0.21
	(0.183)	(0.197)	(0.191)	(0.151)	(0.152)	(0.151)
zekeuipr2		4.33**			4.33***	
		(1.431)			(1.012)	
zekeuipr4			4.46**			4.46***
			(1.442)			(0.920)
Stały	-10.41	-8.54	-9.03	-10.41*	-8.54	-9.03*
	(5.704)	(6.278)	(6.303)	(4.235)	(4.342)	(3.975)
Obserwacje	28	28	28	28	28	28
R-squared	0.47	0.40	0.41	0.47	0.40	0.41
Adiutant. R-squared	0.38	0.30	0.31	0.38	0.30	0.31

Standardowe błędy w nawiasach
*** p<0.001, ** p<0.01, * p<0.05

Ponadto, regresje modelu 1[*FDIit*= ***b0*** + ***b1*** **ZEKeuIPR1/ zekeuipr2/ zekeuipr4** $_{it}$ + ***b2 Tradeit*** + ***b3 Inflacja*** **+b4** ***GDPGRit*** + ***uit*** *]* przy użyciu trzystopniowej regresji o najmniejszych kwadratach i regresji solidnej (NIE solidnych błędów standardowych) pokazują znaczenie zekeuipr1, zekeuipr2, zekeuipr4 dla pięcioletniego okresu odniesienia dotyczącego bezpośrednich inwestycji zagranicznych, napływy netto (% PKB) potwierdzające wpływ praw własności intelektualnej na BIZ (zob. rys. 7).

Rysunek 7. Wpływ BIZ na OLS Model 1 a Trzystopniowa regresja najmniej kwadratowa i silna regresja (nie silne błędy standardowe)

	(1)	(2)	(3)	(4)	(5)	(6)
VARIABLES	logfdiin5y	logfdiin5y	logfdiin5y	logfdiin5y	logfdiin5y	logfdiin5y
zekeuipr1	4.43***			4.53**		
	(1.171)			(1.416)		
dziadek (gdpgr5y)	0.26	0.19	0.21	0.22	0.16	0.18
	(0.139)	(0.153)	(0.150)	(0.168)	(0.180)	(0.179)
handel5y	0.00	0.00	0.00	0.00	-0.00	0.00
	(0.004)	(0.004)	(0.004)	(0.005)	(0.005)	(0.005)
inf5y	-0.19	-0.22	-0.27	-0.17	-0.22	-0.27
	(0.174)	(0.195)	(0.184)	(0.210)	(0.230)	(0.219)
zekeuipr2		3.72**			3.90*	
		(1.395)			(1.646)	
zekeuipr4			3.95**			4.16*
			(1.390)			(1.658)
Stały	-9.60	-6.09	-7.00	-9.99	-6.82	-7.89
	(5.284)	(6.170)	(6.114)	(6.386)	(7.280)	(7.292)
Obserwacje	28	28	28	28	28	28
R-squared	0.46	0.35	0.37	0.42	0.33	0.34
Adiutant. R-squared	.	.	.	0.31	0.21	0.23

W teście VIF znaleziono współczynnik inflacji wariancyjnej dla niezależnych zmiennych w modelu liniowym. (Zob. załącznik 8.)

Załącznik 8

```
. vif

    Variable |       VIF       1/VIF
-------------+----------------------
   zekeuipr4 |      1.20    0.835136
       inf5y |      1.12    0.893019
     trade5y |      1.11    0.899000
     gdpgr5y |      1.03    0.967370
-------------+----------------------
    Mean VIF |      1.12
```

3) Kontynuujemy nasze dochodzenie z modelem 1[***FDIit= b0 + b1* zekeuipr1/ zekeuipr2/ zekeuipr4** *it* ***+ b2 Tradeit + b3 Inflacja* +b4 *GDPGRit + uit]*** przy użyciu standardowych współczynników OLS lub współczynników beta oraz wyników (Coef. 8,04***, 7,55***, 7,49*** / 4,43**, 3,72*, 3.95*) wskazują na znaczenie zekeuipr1, zekeuipr2, zekeuipr4 dla pięcioletniego okresu odniesienia w zakresie bezpośrednich inwestycji zagranicznych, napływów i odpływów netto (% PKB) (Rysunek 9) wskazując w porównaniu znaczenie IPR dla krótkookresowego wpływu odniesienia na przyciąganie napływów i powodowanie odpływów BIZ. Warto w tym miejscu wspomnieć, że zekeuipr1, zekeuipr2, zekeuipr4 beta dotyczące odpływów BIZ to napływy (.6514587, .5540649, .5300298/, .6002161, .4555029, .4665177).

Rysunek 9. Przepływy BIZ/Informacje OLS Model 1 Współczynniki beta

	(1)	(2)	(3)	(4)	(5)	(6)
VARIABLES	wylogowanie5yav	wylogowanie5yav	wylogowanie5yav	logfdiin5y	logfdiin5y	logfdiin5y
zekeuipr1	8.04***			4.43**		
	(1.424)			(1.292)		
handel5y	0.00	-0.00	0.00	0.00	0.00	0.00
	(0.005)	(0.005)	(0.005)	(0.004)	(0.004)	(0.005)
inf5y	-0.81***	-0.82**	-0.95***	-0.19	-0.22	-0.27
	(0.212)	(0.250)	(0.242)	(0.192)	(0.215)	(0.203)
dziadek (gdpgr5y)	0.18	0.06	0.10	0.26	0.19	0.21
	(0.169)	(0.196)	(0.198)	(0.154)	(0.168)	(0.166)
zekeuipr2		7.55***			3.72*	
		(1.791)			(1.539)	
zekeuipr4			7.49***			3.95*
			(1.835)			(1.534)
Stały	-23.57**	-20.79*	-20.32*	-9.60	-6.09	-7.00
	(6.423)	(7.920)	(8.067)	(5.830)	(6.807)	(6.746)
Obserwacje	28	28	28	28	28	28
R-squared	0.77	0.69	0.68	0.46	0.35	0.37
Adiutant. R-squared	0.73	0.63	0.62	0.37	0.24	0.26

Kontynuujemy nasze badania z modelem 1[***FDIit= b0 + b1* zekeuipr1/ zekeuipr2/ zekeuipr4** *it* ***+ b2 Tradeit + b3 Inflacja* +b4 *GDPGRit + uit]*** przy użyciu standardowych współczynników OLS lub współczynników beta i wyników (Coef. 7,51***, 7,21***, 7.31***) pokazują znaczenie zekeuipr1, zekeuipr2, zekeuipr4 dla dziesięcioletniego okresu odniesienia dotyczącego bezpośrednich inwestycji zagranicznych, odpływów netto (% PKB) (rys. 9a), wskazując na znaczenie praw własności intelektualnej dla długoterminowego efektu odniesienia w zakresie powodowania odpływów BIZ. Warto w tym miejscu wspomnieć, że odpływy zekeuipr1, zekeuipr2 i zekeuipr4 beta dotyczące odpływów BIZ wynoszą (.6292718, .5466996, .5350086).

Rysunek 9a-FDI Wypływy OLS Model 1 Współczynniki beta

	(1)	(2)	(3)
VARIABLES	wylogowanie10yav	wylogowanie10yav	wylogowanie10yav
zekeuipr1	7.51***		
	(1.301)		
handel10y	0.00	0.00	0.00
	(0.004)	(0.005)	(0.005)
gdpgr10y	-0.19	-0.29	-0.30
	(0.212)	(0.235)	(0.235)
inf10y	-0.63**	-0.61**	-0.72**
	(0.188)	(0.213)	(0.208)
zekeuipr2		7.21***	
		(1.546)	
zekeuipr4			7.31***
			(1.567)
Stały	-21.49**	-19.42**	-19.76**
	(5.845)	(6.782)	(6.849)
Obserwacje	28	28	28
R-squared	0.80	0.75	0.75
Adiutant. R-squared	0.76	0.70	0.70

Kontynuujemy nasze dochodzenie z modelem 1[***FDIit= b0 + b1* zekeuipr1/ zekeuipr2/ zekeuipr4/** zekeuipr3 $_{it}$ ***+ b2 Tradeit + b3 Inflacja* +b4 *GDPGRit + uit]*** wykorzystując OLS Robust standardowe błędy i wyniki (Coef. 4,43***, 3,72*, 3,95**, 3.92**) pokazują znaczenie zekeuipr1, zekeuipr2, zekeuipr4, zekeuipr3 dla pięcioletniego okresu odniesienia w odniesieniu do bezpośrednich inwestycji zagranicznych, napływów netto (% PKB) (rysunek 10), wskazując na znaczenie praw własności intelektualnej dla krótkoterminowego wpływu odniesienia na przyciąganie napływów BIZ przy zastosowaniu Solidnych błędów standardowych, które wykazują większe znaczenie zekeuipr1, zekeuipr2, zekeuipr4, zekeuipr3 niż przy zastosowaniu błędów standardowych (Coef. 4.43**, 3.72*, 3.95*, 3.92*).

Rysunek 10-FDI Napływy OLS Model 1 Współczynniki solidności (Robust Coefficients)

	(1)	(2)	(3)	(4)
VARIABLES	logfdiin5y	logfdiin5y	logfdiin5y	logfdiin5y
zekeuipr1	4.43***			
	(1.049)			
dziadek (gdpgr5y)	0.26*	0.19	0.21	0.19
	(0.118)	(0.130)	(0.134)	(0.132)
handel5y	0.00	0.00	0.00	0.00
	(0.003)	(0.004)	(0.004)	(0.004)
inf5y	-0.19	-0.22	-0.27	-0.19
	(0.163)	(0.160)	(0.145)	(0.158)
zekeuipr2		3.72*		
		(1.460)		
zekeuipr4			3.95**	
			(1.368)	
zekieuipr3				3.92**
				(1.289)
Stały	-9.60	-6.09	-7.00	-7.09
	(4.745)	(6.368)	(5.965)	(5.676)
Obserwacje	28	28	28	28
R-squared	0.46	0.35	0.37	0.39
Adiutant. R-squared	0.37	0.24	0.26	0.28

3) Kontynuując nasze badania z modelem 1[***FDIit= b0 + b1* zekeuipr1/ zekeuipr2/ zekeuipr4/** zekeuipr3 *it* ***+ b2 Tradeit + b3 Inflacja* +b4 *GDPGRit + uit]*** przy użyciu standardowych współczynników OLS lub współczynników beta i wyników (Coef. 7,45***, 7,49***, 7,55***, 8.04***) pokazują znaczenie zekeuipr1, zekeuipr2, zekeuipr4, zekeuipr3 dla pięcioletniego okresu odniesienia dotyczącego bezpośrednich inwestycji zagranicznych, odpływów netto (% PKB) (rys. 11) wskazując na znaczenie praw własności intelektualnej dla krótkoterminowego wpływu odniesienia na powodowanie odpływów BIZ. Warto w tym miejscu wspomnieć, że odpływy zekeuipr3, zekeuipr4, zekeuipr2, zekeuipr1 beta dotyczące odpływów BIZ wynoszą (.5777941, .5300298, .5540649, .6514587).

Rysunek 11. Wypływy BIZ OLS Model 1 Współczynniki beta

VARIABLE S	(1) wylogowanie5yav	(2) wylogowanie5yav	(3) wylogowanie5yav	(4) wylogowanie5ya
zekieuipr3	7.45***			
	(1.651)			
dziadek (gdpgr5y)	0.04	0.10	0.06	0.18
	(0.190)	(0.198)	(0.196)	(0.169)
handel5y	0.00	0.00	-0.00	0.00
	(0.005)	(0.005)	(0.005)	(0.005)
inf5y	-0.79**	-0.95***	-0.82**	-0.81***
	(0.243)	(0.242)	(0.250)	(0.212)
zekeuipr4		7.49***		
		(1.835)		
zekeuipr2			7.55***	
			(1.791)	
zekeuipr1				8.04***
				(1.424)
Stały	-20.54*	-20.32*	-20.79*	-23.57**
	(7.347)	(8.067)	(7.920)	(6.423)
Obserwacje	28	28	28	28
R-squared	0.70	0.68	0.69	0.77
Adiutant. R-squared	0.65	0.62	0.63	0.73

Podtrzymujemy nasze badania z modelem 1[***FDIit= b0 + b1* zekeuipr1/ zekeupat1/ zekeucopy1/ zekeumark1** $_{it}$ + ***b2 Tradeit + b3 Inflacja*** **+b4** ***GDPGRit + uit*** *]* przy użyciu standardowych współczynników OLS lub współczynników beta i wyników (Coef. 4,43**, 4,75*, 4,94, 5.32*) pokazują znaczenie zekeuipr1, zekeupat1, zekeucopy1, zekeumark1 dla pięcioletniego okresu odniesienia dotyczącego bezpośrednich inwestycji zagranicznych, napływów netto (% PKB) (*patrz* rys. 12) wskazując na znaczenie praw własności intelektualnej dla krótkoterminowego wpływu odniesienia na powodowanie napływu BIZ.

Załącznik 12. Wpływ BIZ na OLS Model 1 Współczynniki beta

	(1)	(2)	(3)	(4)
VARIABLES	logfdiin5y	logfdiin5y	logfdiin5y	logfdiin5y
zekeuipr1	4.43**			
	(1.292)			
dziadek (gdpgr5y)	0.26	0.23	0.22	0.23
	(0.154)	(0.173)	(0.173)	(0.172)
handel5y	0.00	-0.00	-0.00	-0.00
	(0.004)	(0.005)	(0.005)	(0.004)
inf5y	-0.19	-0.11	-0.10	-0.08
	(0.192)	(0.257)	(0.259)	(0.259)
zekeupat1		4.75*		
		(2.297)		
zekeukopia1			4.94	
			(2.395)	
zekeumark1				5.32*
				(2.437)
Stały	-9.60	1.48	1.17	0.42
	(5.830)	(4.306)	(4.475)	(4.564)
Obserwacje	28	28	28	28
R-squared	0.46	0.31	0.31	0.33
Adiutant. R-squared	0.37	0.19	0.19	0.21

Standardowe błędy w nawiasach
*** p<0.001, ** p<0.01, * p<0.05

5) Podtrzymujemy nasze dochodzenie przy użyciu modelu 1[***FDIit= b0 + b1* zekeuipr1/ zekeupat1/ zekeucopy1/ zekeumark1** $_{it}$ **+ *b2 Tradeit + b3 Inflacja* +b4 *GDPGRit + uit*** *]* przy użyciu standardowych współczynników OLS lub współczynników beta i solidnych błędów standardowych, a więc wyników (Coef. 4,65**, 5,78*, 6,07*, 6,46*/ 5.78*, 6,07*, 6,46*) wyjaśniają znaczenie zekeuipr1, zekeupat1, zekeucopy1, zekeumark1 dla dziesięcioletniego okresu odniesienia dotyczącego bezpośrednich inwestycji zagranicznych, napływów netto (% PKB) (*patrz* załącznik 12a) wskazujący na znaczenie praw własności intelektualnej dla długoterminowego wpływu odniesienia na powodowanie napływu BIZ. Warto tu wspomnieć, że zekeupat1, zekeucopy1, zekeumark1 beta dotyczące napływu BIZ to (.5759604, .5860971, .6131402).

Dowód 12a. Wpływ BIZ na OLS Model 1 Współczynniki beta/ solidne błędy standardowe

	(1)	(2)	(3)	(4)	(5)	(6)	(7)
VARIABLES	logfdiin10y	logfdiin10y	logfdiin10y	logfdiin10y	logfdiin10y	logfdiin10y	logfdiin10y
zekeuipr1	4.65**						
	(1.270)						
handel10y	0.00	-0.00	-0.00	-0.00	-0.00	-0.00	-0.00
	(0.004)	(0.005)	(0.005)	(0.005)	(0.004)	(0.004)	(0.004)
gdpgr10y	0.07	0.04	0.00	0.03	0.04	0.00	0.03
	(0.207)	(0.235)	(0.231)	(0.232)	(0.207)	(0.213)	(0.211)
inf10y	-0.16	0.02	0.05	0.07	0.02	0.05	0.07
	(0.183)	(0.251)	(0.258)	(0.257)	(0.218)	(0.217)	(0.220)
zekeupat1		5.78*			5.78*		
		(2.495)			(2.437)		
zekeukopia1			6.07*			6.07*	
			(2.575)			(2.384)	
zekeumark1				6.46*			6.46*
				(2.664)			(2.529)
Stały	-10.41	-0.28	-0.81	-1.56	-0.28	-0.81	-1.56
	(5.704)	(4.644)	(4.784)	(4.962)	(4.404)	(4.277)	(4.611)
Obserwacje	28	28	28	28	28	28	28
R-squared	0.47	0.32	0.33	0.34	0.32	0.33	0.34
Adiutant. R-squared	0.38	0.21	0.21	0.22	0.21	0.21	0.22

6) Ponadto, przechodzimy przez nasze dochodzenie z modelem 1[***FDIit= b0 + b1* zekeuipr1/ zekeupat1/ zekeucopy1/ zekeumark1** *it* ***+ b2 Tradeit + b3 Inflacja* +b4 *GDPGRit + uit*]** przy użyciu OLS Robust standardowe błędy i wyniki (Coef. 4,43***, 4,75, 4,94, 5.32) pokazują znaczenie subindeksów zekeuipr1, zekeupat1, zekeucopy1, zekeumark1 dla pięcioletniego okresu odniesienia w zakresie bezpośrednich inwestycji zagranicznych, wpływów netto (% PKB) i wzrostu PKB wydaje się być bardziej znaczący (Coef. 0,26*, 0,23*, 0,22*, 0,23*) niż subindeksy zekeupat1, zekeucopy1, zekeumark1 zekeuipr1. Ponadto badamy model 1[***FDIit= b0 + b1* zekeuipr1/ zekeupat1/ zekeucopy1/ zekeumark1** *it* ***+ b2 Tradeit + b3 Inflacja* +b4 *GDPGRit + uit*]** stosując regresję kwantylową (w tym medianę) i wyniki (Coef. 5.25*,3.55, 3.25, 4.05) potwierdzają znaczenie zekeuipr1, zekeupat1, zekeucopy1, zekeumark1 dla pięcioletniego okresu odniesienia dotyczącego bezpośrednich inwestycji zagranicznych, wpływów netto (% PKB).

Średnie wykresy na rysunku 13 wykresów oraz wykres regresji częściowej pokazują wartość zmiennych w modelu ekonometrycznym. reg logfdiin5y zekeuipr1 gdpgr5y trade5y inf5y, solidny.

Wystawa 13

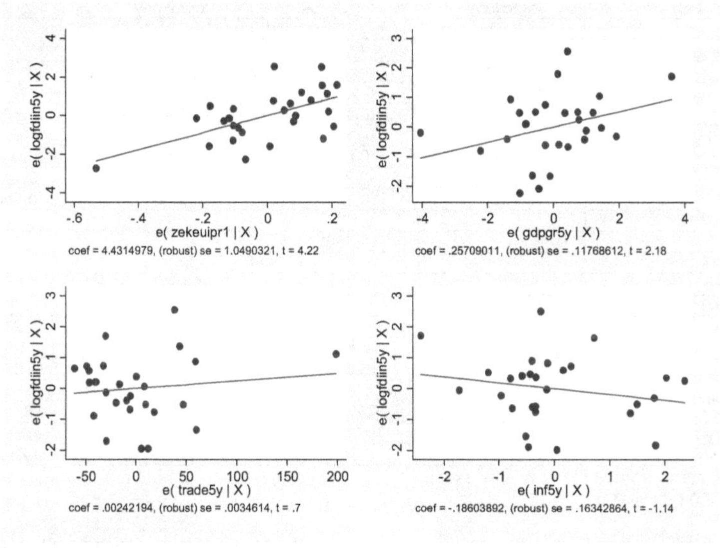

7) Kontynuujemy nasze dochodzenie z modelem 1[***FDIit= b0 + b1* zekeuipr1/ zekeuipr2/ zekeuipr4/** zekeuipr3 *it* ***+ b2 Tradeit + b3 Inflacja* +b4 *GDPGRit + uit]*** wykorzystując OLS Robust standardowe błędy i wyniki (Coef. 4,43***, 3,72*, 3,95**, 3.92**) pokazują znaczenie zekeuipr1, zekeuipr2, zekeuipr4, zekeuipr3 dla pięcioletniego okresu odniesienia w odniesieniu do bezpośrednich inwestycji zagranicznych, wpływów netto (% PKB) (rysunek 13a) wskazujący na znaczenie praw własności intelektualnej dla krótkoterminowego wpływu odniesienia na przyciąganie napływu BIZ przy zastosowaniu Solidnych błędów standardowych, które wykazują większe znaczenie zekeuipr1, zekeuipr2, zekeuipr4, zekeuipr3 niż przy zastosowaniu błędów standardowych (Coef. 4.43**, 3.72*, 3.95*, 3.92*).

Dowód 13a. BIZ napływające OLS Model 1 Współczynniki solidności

	(1)	(2)	(3)	(4)
VARIABLES	logfdiin5y	logfdiin5y	logfdiin5y	logfdiin5y
zekeuipr1	4.43***			
	(1.049)			
dziadek (gdpgr5y)	0.26*	0.19	0.21	0.19
	(0.118)	(0.130)	(0.134)	(0.132)
handel5y	0.00	0.00	0.00	0.00
	(0.003)	(0.004)	(0.004)	(0.004)
inf5y	-0.19	-0.22	-0.27	-0.19
	(0.163)	(0.160)	(0.145)	(0.158)
zekeuipr2		3.72*		
		(1.460)		
zekeuipr4			3.95**	
			(1.368)	
zekeuipr3				3.92**
				(1.289)
Stały	-9.60	-6.09	-7.00	-7.09
	(4.745)	(6.368)	(5.965)	(5.676)
Obserwacje	28	28	28	28
R-squared	0.46	0.35	0.37	0.39
Adiutant. R-squared	0.37	0.24	0.26	0.28

Solidne standardowe błędy w nawiasach
*** p<0.001, ** p<0.01, * p<0.05

8) W oparciu o dane Banku Światowego do 2013 r. dotyczące naszych zmiennych kontynuujemy nasze badania z modelem 1 ***[FDIit= b0 + b1* zekeuipr1/ zekeuipr2/ zekeuipr4/** zekeuipr3 $_{it}$ ***+ b2 Tradeit + b3 Inflacja*** **+b4** ***GDPGRit + uit*** **]** przy użyciu OLS Robust standardowe błędy wraz ze współczynnikami beta i wynikami (Coef. 4.22*, 5.10**/, 4.22, 5.10**) wskazują na znaczenie traktatu zekeuipr3 dla okresu odniesienia w 2013 r. i dla pięcioletniego okresu odniesienia dotyczącego bezpośrednich inwestycji zagranicznych, napływów netto (% PKB) (rysunek 14), wskazując na znaczenie praw własności intelektualnej dla krótkoterminowego wpływu na przyciąganie napływu BIZ. Ponadto zastosowanie solidnej regresji błędów standardowych wskazuje na większe znaczenie zekeuipr3 niż w przypadku błędów standardowych. Warto w tym miejscu wspomnieć, że zekeuipr3, beta dotycząca napływu BIZ to (.4991109, 5507342) dotyczące odpowiednio roku 2013 i pięciu lat odniesienia.

Rysunek 14. BIZ napływające OLS Model 1 Współczynniki solidności / współczynniki beta

	(1)	(2)	(3)	(4)
VARIABLES	logfdiif2013	logfidifik5y	logfdiif2013	logfidifik5y
zekeuipr3	4.22*	5.10**	4.22	5.10**
	(1.766)	(1.420)	(2.176)	(1.738)
gdp2013	-0.04		-0.04	
	(0.248)		(0.296)	
inf2013	-0.11		-0.11	
	(0.295)		(0.294)	
tr2013	0.00		0.00	
	(0.004)		(0.005)	
gdp5y		0.17		0.17
		(0.241)		(0.234)
inf5y		-0.20		-0.20
		(0.276)		(0.334)
tr5		0.00		0.00
		(0.006)		(0.006)
Stały	4.78	1.19	4.78	1.19
	(7.094)	(6.324)	(9.144)	(7.573)
Obserwacje	18	26	18	26
R-squared	0.23	0.37	0.23	0.37
Adiutant. R-squared	0.00	0.25	0.00	0.25

Następujące wykresy - wykresy z wykresem zmienności dodatkowej, czyli wykres regresji częściowej, pokazują wartość zmiennych w modelu ekonometrycznym.

reg logfdiif5y zekeuipr3 gdp5y inf5y tr5, wytrzymały

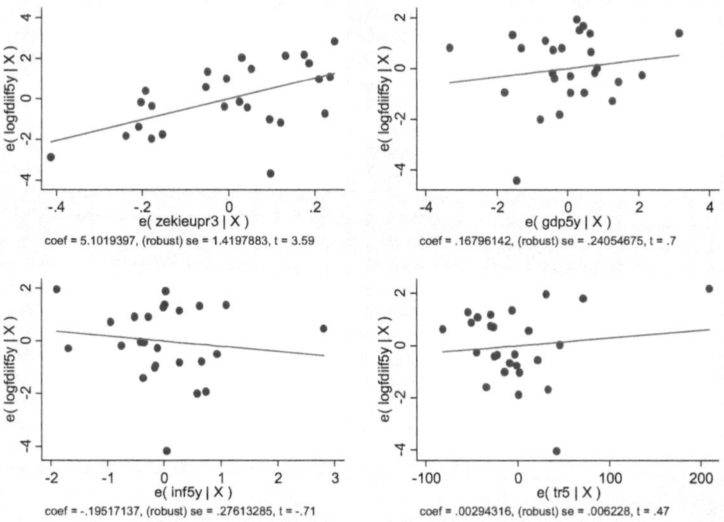

Nasze badania prowadzimy w oparciu o model 1 [***FDIit= b0 + b1* zekeuipr1/** zekeuipr2/ zekeuipr4it ***+ b2 Tradeit + b3 Inflacja* +b4 *GDPGRit + uit]*** i model 4 [FDIit= *b0* **+** *b1* ***GCIit*** *it* **+** *b2* ***Tradeit* + *b3 Inflacja* +b4 *GDPGRit* + *uit]*** przy użyciu standardowych współczynników OLS lub współczynników beta oraz wyników (Coef. 4,43**, 3,72*,3,95*, 1,10) pokazują znaczenie zekeuipr1, zekeuipr2, zekeuipr4 i GCI (konkurencyjność) dla pięcioletniego okresu odniesienia dotyczącego bezpośrednich inwestycji zagranicznych, wpływów netto (% PKB). Warto w tym miejscu wspomnieć, że wartości beta zekeuipr1, zekeuipr2, zekeuipr4 i GCI dotyczące odpływu BIZ wynoszą (.6002161, .4555029, .4665177, .4037991). Z drugiej strony, nasze dochodzenie prowadzimy z modelem 1[***FDIit= b0 + b1* zekeuipr1/** zekeuipr2/ zekeuipr4it ***+ b2 Tradeit + b3 Inflacja* +b4 *GDPGRit + uit]*** i modelem 4 ***[FDIit= b0 + b1 GCIit*** *it* ***+ b2 Tradeit + b3 Inflacja* +b4 *GDPGRit + uit]*** przy użyciu OLS Robust standardowe błędy i wyniki (Coef. 4,43***, 3,72*, 3,95**, 1,10) potwierdzają znaczenie zekeuipr1, zekeuipr2, zekeuipr4 i WKP (konkurencyjność) dla pięcioletniego okresu odniesienia dotyczącego bezpośrednich inwestycji zagranicznych, wpływów netto (% PKB). Wydaje się, że prawa własności intelektualnej mają większe znaczenie w zakresie napływu BIZ niż konkurencyjność w krótkim okresie odniesienia (*patrz* rys. 14a).

Dowód 14a. FDI napływające OLS Model 1/ Model 4 Solidne błędy standardowe

	(1)	(2)	(3)	(4)
VARIABLES	logfdiin5y	logfdiin5y	logfdiin5y	logfdiin5y
zekeuipr1	4.43***			
	(1.049)			
handel5y	0.00	0.00	0.00	-0.00
	(0.003)	(0.004)	(0.004)	(0.005)
inf5y	-0.19	-0.22	-0.27	-0.20
	(0.163)	(0.160)	(0.145)	(0.277)
dziadek (gdpgr5y)	0.26*	0.19	0.21	0.13
	(0.118)	(0.130)	(0.134)	(0.207)
zekeuipr2		3.72*		
		(1.460)		
zekeuipr4			3.95**	
			(1.368)	
gci12				1.10
				(0.670)
Stały	-9.60	-6.09	-7.00	4.45
	(4.745)	(6.368)	(5.965)	(3.713)
Obserwacje	28	28	28	28
R-squared	0.46	0.35	0.37	0.25
Adiutant. R-squared	0.37	0.24	0.26	0.12

Solidne standardowe błędy w nawiasach
*** p<0.001, ** p<0.01, * p<0.05

4. Wyniki liniowe w zakresie wzrostu PKB i wymiany handlowej

Kontynuujemy nasze badania z modelem 2[***Trade*** $_{it}$ **= *b0* + *b1* zekeuipr1/ zekeuipr2/ zekeuipr4** $_{it}$ **+ *b2 GDPGRit* + *b3 Inflacja* + *uit]*** i modelem 3 ***[GDPGRit* = *b0* + *b1* zekeuipr1/ zekeuipr2/ zekeuipr4 + *b2 Trade*** $_{it}$ **+ *b3 Inflacja* +b4 *FDIit* + *uit]*** przy użyciu standardowych współczynników OLS lub współczynników beta i wyników (Coef. -95,52, -67,07, -91,66/-2,48, -0,58, -1,19) pokazują znaczenie zekeuipr1, zekeuipr2, zekeuipr4 dla pięcioletniego okresu referencyjnego dotyczącego odpowiednio wymiany handlowej i wzrostu PKB. Warto w tym miejscu wspomnieć, że zekeuipr1, zekeuipr2 i zekeuipr4 beta dotyczące odpowiednio wymiany handlowej i wzrostu PKB wynoszą (-.3337756, -.2120368, -.2795567/-.3311775, -.069573, -.1387314). Ponadto rozszerzamy nasze dochodzenie o model 2 [***Trade*** $_{it}$ **= *b0* + *b1* zekeuipr1/ zekeuipr2/ zekeuipr4** $_{it}$ **+ *b2 GDPGRit* + *b3 Inflacja* + *uit]*** i model 3 ***[GDPGRit* = *b0* + *b1* zekeuipr1/ zekeuipr2/ zekeuipr4 + *b2 Trade*** $_{it}$ **+ *b3 Inflacja* +b4 *FDIit* + *uit]*** z wykorzystaniem standardowych błędów OLS Robust i wyników (Coef. -95,52**, -67,07, -91,66/-2,48, -0,58, -1,19) wskazują na znaczenie zekeuipr1, zekeuipr2, zekeuipr4 dla pięcioletniego okresu odniesienia dotyczącego odpowiednio wymiany handlowej i wzrostu PKB (*patrz* załącznik 15).

Rysunek 15. Napływ OLS Model 2/Model 3 Solidne błędy standardowe

	(1)	(2)	(3)	(4)	(5)	(6)
VARIABLES	handel5y	handel5y	handel5y	dziadek (gdpgr5y)	dziadek (gdpgr5y)	dziadek (gdpgr5y)
zekeuipr1	-95.52**			-2.48		
	(33.881)			(1.947)		
inf5y	-5.92	-4.42	-4.33	0.09	0.14	0.14
	(7.645)	(8.490)	(7.938)	(0.224)	(0.256)	(0.234)
dziadek (gdpgr5y)	5.11	6.82	6.25			
	(6.391)	(6.454)	(6.836)			
zekeuipr2		-67.07			-0.58	
		(46.316)			(2.662)	
zekeuipr4			-91.66			-1.19
			(45.902)			(2.773)
handel5y				0.00	0.00	0.00
				(0.006)	(0.006)	(0.006)
logfdiin5y				0.42	0.28	0.31
				(0.205)	(0.183)	(0.190)
Stały	534.45**	408.52	510.13*	6.03	-1.14	1.19
	(151.337)	(203.559)	(202.247)	(8.114)	(11.654)	(11.909)
Obserwacje	28	28	28	28	28	28
R-squared	0.12	0.07	0.10	0.14	0.09	0.10
Adiutant. R-squared	0.02	-0.05	-0.01	-0.01	-0.07	-0.06

Solidne standardowe błędy w nawiasach
*** $p<0.001$, ** $p<0.01$, * $p<0.05$

Rozszerzamy nasze badania o model 2[***Trade*** $_{it}$ **= *b0* + *b1* zekeuipr1/ zekeuipr2/ zekeuipr4** $_{it}$ **+ *b2 GDPGRit* + *b3 Inflacja* + *uit]*** i model 3a ***[GDPGRit* = *b0* + *b1* zekeuipr1/ zekeuipr2/ zekeuipr4 + *b2 Trade*** $_{it}$ **+ *b3 Inflacja* + *uit]*** przy użyciu standardowych współczynników OLS lub współczynników beta i wyników (Coef. -79,01, -48,40, -74,84/-1,10, -0,67, -0,67) pokazują znaczenie zekeuipr1, zekeuipr2, zekeuipr4 dla dziesięcioletniego okresu referencyjnego dotyczącego odpowiednio wymiany handlowej i wzrostu PKB. Ponadto wydaje się, że inflacja jest istotną zmienną dla wzrostu PKB (Coef. 0,41*, 0,43*, 0,45**). Warto w tym miejscu wspomnieć, że wartości beta zekeuipr1, zekeuipr2 i zekeuipr4 dotyczące odpowiednio wymiany handlowej i wzrostu PKB wynoszą (-.2902496, -.1608617, -.2399489/ -.1652964, -.0915834, -.0878882) (*patrz* rys. 15a).

Dowód 15a. Wpływy OLS Model 2/Model 3a Współczynniki beta

	(1)	(2)	(3)	(4)	(5)	(6)
VARIABLES	handel10y	handel10y	handel10y	gdpgr10y	gdpgr10y	gdpgr10y
zekeuipr1	-79.01			-1.10		
	(56.810)			(1.234)		
gdpgr10y	12.19	14.53	13.64			
	(9.288)	(9.308)	(9.186)			
inf10y	-8.85	-8.22	-8.01	0.41*	0.43*	0.45**
	(8.325)	(8.707)	(8.321)	(0.160)	(0.163)	(0.156)
zekeuipr2		-48.40			-0.67	
		(63.493)			(1.336)	
zekeuipr4			-74.84			-0.67
			(62.189)			(1.355)
handel10y				0.01	0.01	0.01
				(0.004)	(0.004)	(0.004)
Stały	448.24	311.93	422.57	4.56	2.59	2.57
	(249.023)	(274.595)	(266.260)	(5.555)	(5.866)	(5.929)
Obserwacje	28	28	28	28	28	28
R-squared	0.17	0.13	0.16	0.37	0.36	0.36
Adiutant. R-squared	0.07	0.02	0.05	0.29	0.28	0.28

Standardowe błędy w nawiasach
*** p<0.001, ** p<0.01, * p<0.05

5. Wyniki nieliniowe

Rysunek 16 przedstawia wartość **zekeuipr1** , który jest wykorzystywany w naszym nieliniowym dochodzeniu. Kontynuujemy naszą analizę, wykorzystując badanie nieliniowe. Analiza danych z wykorzystaniem naszych modeli ekonometrycznych daje wyniki omówione poniżej.

Załącznik 16

```
. summarize zekeuipr1 , detail

                         zekeuipr1
-------------------------------------------------------------
      Percentiles      Smallest
 1%     3.601774       3.601774
 5%     3.986601       3.986601
10%     4.014532       4.014532       Obs                  28
25%     4.062787        4.01862       Sum of Wgt.          28

50%     4.152797                      Mean           4.188952
                        Largest       Std. Dev.      .1944406
75%     4.368312       4.415082
90%     4.419037       4.419037       Variance       .0378071
95%     4.465059       4.465059       Skewness      -.6387947
99%     4.506968       4.506968       Kurtosis       4.077449
```

1. BIZ napływające do OLS Model 1/zekeuipr1 25 procent/75 procent, współczynniki beta

Badanie jest kontynuowane przy użyciu modelu 1[***FDIit= b0*** + ***b1*** **zekeuipr1/ zekeuipr2/ zekeuipr4/** Zekieupr3 $_{it}$ **+ *b2 Tradeit* + *b3 Inflacja* +b4 *GDPGRit* + *uit]*** przy użyciu standardowych współczynników OLS lub współczynników beta, a wyniki pokazują, że **zekeuipr1** dla wartości **zekeuipr1** <25%/ >25% (Coef. 3,96, 2,51) oraz dla wartości **zekeuipr1** <75% />75% (Coef. 3,88*,-0,10) w referencyjnych BIZ pięć lat średnie wpływy dotyczące bezpośrednich inwestycji zagranicznych, wpływy netto (patrz *rys.* 17). Warto w tym miejscu wspomnieć, że bety **zekeuipr1 dotyczące BIZ** wynoszą (.574124, .2585958/ .4601455, -.0037612). Warto również wspomnieć, że staje się jasne znaczenie poziomu ochrony praw własności intelektualnej. W rzeczywistości wartość **zekeuipr1** >25% i <75% wskazuje na większe znaczenie zekeuipr1 w odniesieniu do bezpośrednich inwestycji zagranicznych, napływów netto. Ponadto, solidna regresja błędów standardowych oraz regresja zmiennych instrumentalnych (2SLS) dają podobne wyniki jak regresja **współczynników beta.**

Rysunek 17. Wpływ BIZ na OLS Model 1/zekeuipr1 25%/75%, współczynniki beta

	(1)	(2)	(3)	(4)
VARIABLES	logfdiin5y	logfdiin5y	logfdiin5y	logfdiin5y
zekeuipr1	3.96	2.51	3.88*	-0.10
	(2.792)	(2.650)	(1.687)	(14.905)
dziadek (gdpgr5y)	0.41	0.32	0.23	1.17
	(0.219)	(0.268)	(0.159)	(0.895)
handel5y	-0.01	0.00	0.01	-0.02
	(0.013)	(0.005)	(0.005)	(0.019)
inf5y	-0.05	-0.26	-0.20	0.63
	(0.416)	(0.263)	(0.200)	(1.201)
Stały	-7.52	-1.06	-7.71	11.10
	(12.228)	(11.996)	(7.152)	(68.093)
Obserwacje	7	21	21	7
R-squared	0.81	0.30	0.40	0.61
Adiutant. R-squared	0.43	0.13	0.25	-0.16

Standardowe błędy w nawiasach
*** p<0.001, ** p<0.01, * p<0.05

Ponadto, analiza regresji qreg quantile (łącznie z medianą) daje dla wartości **zekeuipr1** <25%/ >25% (Coef. 4,43, 2,77) oraz dla wartości zekeuipr1 **<75% />75%** (Coef. 4,90*, 3,48) w referencyjnej wartości BIZ pięć lat średnich napływów dotyczących bezpośrednich inwestycji zagranicznych, napływów netto. (*Patrz* rys. 18.)

Załącznik 18

```
. imtest, white

White's test for Ho: homoskedasticity
         against Ha: unrestricted heteroskedasticity

         chi2(14)     =    12.05
         Prob > chi2  =   0.6020

Cameron & Trivedi's decomposition of IM-test
```

Source	chi2	df	p
Heteroskedasticity	12.05	14	0.6020
Skewness	1.63	4	0.8029
Kurtosis	0.00	1	0.9452
Total	13.69	19	0.8014

Średnia z rysunku 19 wykresów, wykres regresji częściowej, przedstawia wartość zmiennych w modelu ekonometrycznym: reg logfdiin5y zekeuipr1 gdpgr5y trade5y inf5y jeśli zekeuipr175==0, beta.

Załącznik 19

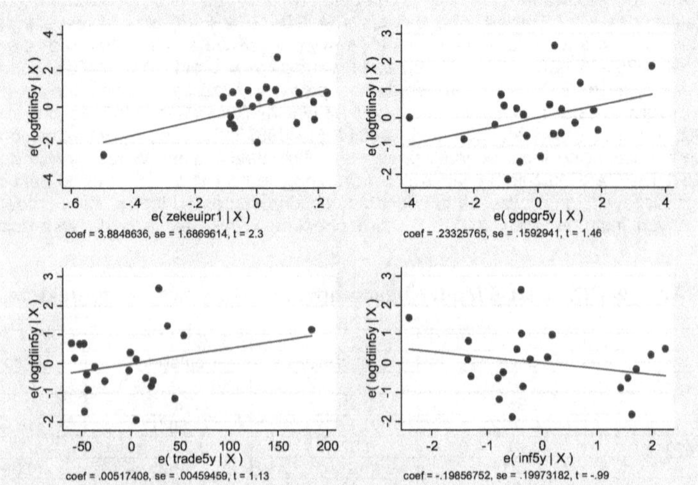

W naszym badaniu utrzymujemy model 1[***FDIit= b0 + b1* zekeuipr1/ zekeuipr2/ zekeuipr4/** Zekieupr3 *it* **+ *b2 Tradeit* + *b3 Inflacja* +b4 *GDPGRit* + *uit]*** przy użyciu regresji OLS pozornie niezwiązanej i trzystopniowej regresji najmniej kwadratowej, a wyniki pokazują, że **zekeuipr1** dla wartości **zekeuipr1** <25%/ >25% (Coef. 2,51, 3,96**) oraz dla wartości **zekeuipr1** <75% />75% (Coef. 3,88**,-0,10) w referencyjnych BIZ pięć lat średnich napływów dotyczących bezpośrednich inwestycji zagranicznych, napływów netto (por. *Rysunek* 21).

Rysunek 21. BIZ napływające do OLS Model 1/zekeuipr1 25%/75%, Regresja pozornie niepowiązana i regresja trzystopniowa najmniej kwadratowa

	(1)	(2)	(3)	(4)
VARIABLES	logfdiin5y	logfdiin5y	logfdiin5y	logfdiin5y
zekeuipr1	3.88**	-0.10	3.96**	2.51
	(1.473)	(7.967)	(1.492)	(2.313)
dziadek (gdpgr5y)	0.23	1.17*	0.41***	0.32
	(0.139)	(0.478)	(0.117)	(0.234)
handel5y	0.01	-0.02*	-0.01	0.00
	(0.004)	(0.010)	(0.007)	(0.005)
inf5y	-0.20	0.63	-0.05	-0.26
	(0.174)	(0.642)	(0.222)	(0.230)
Stały	-7.71	11.10	-7.52	-1.06
	(6.243)	(36.397)	(6.536)	(10.471)
Obserwacje	21	7	7	21
R-squared	0.40	0.61	0.81	0.30
Adiutant. R-squared	.	.	.	.

Standardowe błędy w nawiasach
*** p<0.001, ** p<0.01, * p<0.05

1. Odpływy BIZ OLS Model 1/zekeuipr1 25%/75%, współczynniki beta

Nasze badania prowadzimy przy użyciu modelu 1 ***[FDIit= b0 + b1* zekeuipr1/ zekeuipr2/ zekeuipr4/** Zekeuipr3 *it* **+ *b2 Tradeit* + *b3 Inflacja* +b4 *GDPGRit* + *uit]*** przy użyciu standardowych współczynników OLS lub współczynników beta, a wyniki pokazują, że **zekeuipr1** dla wartości **zekeuipr1** <25%/ >25% (Coef. 5,41, 9,07**) oraz dla wartości **zekeuipr1** <75% />75% (Coef. 7,24**,-5,74) w referencyjnych BIZ pięć lat średnie wpływy dotyczące bezpośrednich inwestycji zagranicznych, odpływy netto (patrz *rys.* 22). Warto tu wspomnieć, że bety **zekeuipr1 dotyczące BIZ** wynoszą (.5908742, .5641153/ .5326525, -.3171355). Warto wspomnieć, że staje się jasne, jak ważny jest poziom ochrony praw własności intelektualnej. W rzeczywistości wartość **zekeuipr1** >25% i <75% wskazuje na większe znaczenie zekeuipr1 w zakresie bezpośrednich inwestycji zagranicznych, odpływów netto. Charakterystyczne jest, że wartość **zekeuipr1** >25% jest wyższa w zakresie odpływów BIZ niż napływów. Podobnie, regresja zmiennych instrumentalnych (2SLS) daje podobne wyniki jak regresja **współczynników beta.** Ponadto, solidna analiza błędów standardowych daje wyniki dla wartości **zekeuipr1** <25%/ >25% (Coef. 5,41, 9,07**) oraz dla wartości zekeuipr1 **<75% />75%** (Coef. 7,24***,-5,74). Ponadto regresja kwantylowa (z uwzględnieniem mediany) daje wyniki dla wartości **zekeuipr1** <25%/ >25% (Coef. 3,57, 8,57*) oraz dla wartości zekeuipr1 **<75% />75%** (Coef. 7,23*,-6,14).

Rysunek 22. Odpływy BIZ OLS Model 1/zekeuipr1 25%/75%, współczynniki beta

VARIABLE S	(1) wylogowanie5yav	(2) wylogowanie5yav	(3) wylogowanie5yav	(4) wylogowanie5yav
zekeuipr1	5.41	9.07**	7.24**	-5.74
	(2.656)	(2.853)	(1.971)	(10.706)
dziadek (gdpgr5y)	0.54	-0.02	0.17	1.02
	(0.209)	(0.289)	(0.186)	(0.643)
handel5y	-0.01	0.01	0.01	-0.02
	(0.013)	(0.006)	(0.005)	(0.013)
inf5y	-0.24	-0.79*	-0.82**	0.05
	(0.396)	(0.284)	(0.233)	(0.863)
Stały	-13.81	-28.36*	-20.63*	37.61
	(11.634)	(12.916)	(8.357)	(48.911)
Obserwacje	7	21	21	7
R-squared	0.90	0.70	0.68	0.61
Adiutant. R-squared	0.71	0.63	0.60	-0.18

Standardowe błędy w nawiasach
*** p<0.001, ** p<0.01, * p<0.05

Kontynuujemy nasze badania z modelem 1[***FDIit= b0 + b1* zekeuipr1/ zekeuipr2/ zekeuipr4/** Zekeuipr3 $_{it}$ ***+ b2 Tradeit + b3 Inflacja* +b4 *GDPGRit + uit]*** przy użyciu regresji OLS pozornie niezwiązanej i trzystopniowej regresji najmniej kwadratowej, a wyniki pokazują, że **zekeuipr1** dla wartości **zekeuipr1** <25%/ >25% (Coef. 5,41***, 9,07***) oraz dla wartości **zekeuipr1** <75% />75% (Coef. 7,24***,-5,74) w referencyjnych BIZ pięć lat średnich odpływów dotyczących bezpośrednich inwestycji zagranicznych, odpływów netto (patrz *rys.* 23). Wydaje się więc, że bardzo wysoka ochrona praw własności intelektualnej nie jest znaczącą zmienną w powodowaniu odpływu BIZ, co oznacza, że mniejsza ochrona praw własności intelektualnej powoduje odpływy BIZ.

Dowód 23. Odpływy BIZ OLS Model 1/zekeuipr1 25%/75%, Regresja pozornie niepowiązana i regresja trzystopniowa najmniej kwadratowa

	(1)	(2)	(3)	(4)
VARIABLES	wylogowanie5yav	wylogowanie5yav	wylogowanie5yav	wylogowanie5yav
zekeuipr1	-5.74	7.24***	9.07***	5.41***
	(5.723)	(1.721)	(2.491)	(1.420)
dziadek (gdpgr5y)	1.02**	0.17	-0.02	0.54***
	(0.344)	(0.162)	(0.252)	(0.112)
handel5y	-0.02*	0.01	0.01	-0.01
	(0.007)	(0.005)	(0.005)	(0.007)
inf5y	0.05	-0.82***	-0.79**	-0.24
	(0.461)	(0.204)	(0.248)	(0.211)
Stały	37.61	-20.63**	-28.36*	-13.81*
	(26.144)	(7.295)	(11.274)	(6.218)
Obserwacje	7	21	21	7
R-squared	0.61	0.68	0.70	0.90
Adiutant. R-squared	.	.	.	.

Standardowe błędy w nawiasach
*** p<0.001, ** p<0.01, * p<0.05

Rysunek 24 przedstawia wartość Zekeuipr3, który jest wykorzystywany w naszym nieliniowym dochodzeniu. Kontynuujemy naszą analizę, wykorzystując nieliniowe dochodzenie. Analiza danych z wykorzystaniem naszych modeli ekonometrycznych daje wyniki omówione poniżej.

Wystawa 24

```
. summarize  zekieupr3, detail

                        Zekieupr3
-------------------------------------------------------------
      Percentiles      Smallest
 1%     3.691773       3.691773
 5%     3.838579       3.838579
10%     3.958647       3.958647       Obs                  28
25%     4.003818       3.961084       Sum of Wgt.          28

50%     4.161809                      Mean           4.155335
                        Largest       Std. Dev.      .1858844
75%     4.310786       4.372224
90%      4.39352        4.39352       Variance        .034553
95%     4.399541       4.399541       Skewness      -.3571841
99%     4.498397       4.498397       Kurtosis       2.859232
```

1. **BIZ Napływy OLS Model 1/** Zekeuipr3 **25 procent/75 procent, współczynniki beta**

Badanie jest kontynuowane przy użyciu modelu 1[***FDIit= b0 + b1* zekeuipr1/ zekeuipr2/ zekeuipr4/** Zekieupr3 $_{it}$ ***+ b2 Tradeit + b3 Inflacja* +b4 *GDPGRit + uit]*** przy użyciu standardowych współczynników OLS lub współczynników beta, a wyniki pokazują, że Zekeuipr3 dla wartości Zekeuipr3 <25%/ >25% (Coef. 14,26, 3,13) oraz dla wartości Zekeuipr3<75% />75% (Coef. 3,46, 11,52) w odniesieniu do referencyjnych BIZ dziesięć lat średnich napływów dotyczących bezpośrednich inwestycji zagranicznych, napływów netto (patrz *rys.* 25). Warto w tym miejscu wspomnieć, że bety Zekeuipr3 dotyczące BIZ wynoszą (2,162022, .3139155/ .4262011, .6087713). Warto również wspomnieć, że staje się jasne znaczenie poziomu ochrony praw własności intelektualnej. W rzeczywistości wartość Zekeuipr3 >25% i <75% wskazuje na większe znaczenie Zekeuipr3 w zakresie bezpośrednich inwestycji zagranicznych, napływów netto.

Rysunek 25. Wpływ BIZ na OLS Model 1/ zekieupr3 25%/75%, współczynniki beta

	(1)	(2)	(3)	(4)
VARIABLES	logfdiin10y	logfdiin10y	logfdiin10y	logfdiin10y
zekeuipr3	14.26	3.13	3.46	11.52
	(5.477)	(3.021)	(1.816)	(15.972)
handel10y	0.03	-0.00	0.00	0.00
	(0.019)	(0.005)	(0.005)	(0.031)
gdpgr10y	-1.10	0.03	-0.09	1.65
	(0.606)	(0.308)	(0.224)	(1.739)
inf10y	-0.03	-0.13	-0.07	1.60
	(0.303)	(0.275)	(0.209)	(2.110)
Stały	-49.56	-3.45	-5.55	-45.79
	(22.746)	(13.430)	(7.538)	(76.338)
Obserwacje	7	21	21	7
R-squared	0.84	0.19	0.24	0.45
Adiutant. R-squared	0.51	-0.01	0.05	-0.66

1. **BIZ napływy OLS Model 1/** zekeuipr1 **25 procent/75 procent, współczynniki beta**

Badanie jest kontynuowane przy użyciu modelu 1[***FDIit= b0 + b1* zekeuipr1/ zekeuipr2/ zekeuipr4/** Zekieupr3 $_{it}$ ***+ b2 Tradeit + b3 Inflacja* +b4 *GDPGRit + ui]*** przy użyciu standardowych współczynników OLS lub współczynników beta, a wyniki pokazują, że zekeuipr1 dla wartości zekeuipr1 <25%/ >25% (Coef. 1,74, 5,69*) oraz dla wartości zekeuipr1 <75% />75% (Coef. 3,59*,- 10,69) w referencyjnych BIZ dziesięć lat średnie wpływy dotyczące bezpośrednich inwestycji zagranicznych, wpływy netto (patrz *rys.* 25a). Warto w tym miejscu wspomnieć, że bety zekeuipr1 dotyczące BIZ wynoszą (.2617413, .6088855/ .48089, -.4545054). Warto również wspomnieć, że staje się jasne znaczenie poziomu ochrony praw własności intelektualnej. W rzeczywistości wartość zekeuipr1 >25% i <75% wskazuje na większe znaczenie zekeuipr1 w zakresie bezpośrednich inwestycji zagranicznych, napływów netto.

Dowód 25a. BIZ napływające do OLS Model 1/ zekeuipr1 25%/75%, współczynniki beta

	(1)	(2)	(3)	(4)
VARIABLES	logfdiin10y	logfdiin10y	logfdiin10y	logfdiin10y
zekeuipr1	1.74	5.69*	3.59*	-10.69
	(3.658)	(2.507)	(1.603)	(13.804)
handel10y	-0.01	0.00	0.00	-0.03
	(0.015)	(0.006)	(0.005)	(0.020)
gdpgr10y	0.64	-0.09	0.04	1.84
	(0.463)	(0.349)	(0.215)	(1.128)
inf10y	-0.64	0.03	-0.12	-0.69
	(0.373)	(0.278)	(0.186)	(1.420)
Stały	1.88	-15.32	-6.54	59.46
	(15.113)	(11.296)	(6.805)	(62.924)
Obserwacje	7	21	21	7
R-squared	0.75	0.34	0.30	0.63
Adiutant. R-squared	0.24	0.18	0.12	-0.10

1. Odpływy BIZ OLS Model 1/ zekeuipr3 25%/75%, współczynniki beta

Nasze badania prowadzimy przy użyciu modelu 1 ***[FDIit= b0 + b1* zekeuipr1/ zekeuipr2/ zekeuipr4/** Zekeuipr3 $_{it}$ ***+ b2 Tradeit + b3 Inflacja* +b4 *GDPGRit + uit]*** przy użyciu standardowych współczynników OLS lub współczynników beta, a wyniki pokazują, że zekeuipr3 dla wartości zekeuipr3 <25%/ >25% (Coef. 12,29, 6,17) oraz dla wartości zekeuipr3 <75% />75% (Coef. 6,27**,10,51) w referencyjnych BIZ 10 lat średnie wpływy dotyczące bezpośrednich inwestycji zagranicznych, odpływy netto (patrz *rys.* 26). Warto w tym miejscu wspomnieć, że w odniesieniu do BIZ, betas zekeuipr3 to (1,246262, .3681515/ .4582141, .6690571). Warto wspomnieć, że staje się jasne znaczenie poziomu ochrony praw własności intelektualnej. W rzeczywistości wartość zekeuipr3 >25% i <75% wskazuje na większe znaczenie zekeuipr3 w zakresie bezpośrednich inwestycji zagranicznych, odpływów netto. Charakterystyczne jest, że wartość zekeuipr3 < 75% jest wyższa w zakresie odpływów BIZ niż napływów. Warto w tym miejscu wspomnieć, że wartość zekeuipr3 >75% jest bardziej znacząca dla dziesięcioletniego okresu odniesienia niż wartość dla pięcioletniego okresu odniesienia zekeuipr1 **>75%,** co **wskazuje na to**, że nawet bardzo wysoka wartość ochrony praw własności intelektualnej jest cenna dla okresu odniesienia długoterminowego.

Rysunek 26. Odpływy BIZ OLS Model 1/ zekeuipr3 25%/75%, współczynniki beta

	(1)	(2)	(3)	(4)
VARIABLE S	wylogowanie10ya v	wylogowanie10ya v	wylogowanie10ya v	wylogowanie10ya v
zekeuipr3	12.29	6.17	6.27**	10.51
	(8.189)	(3.317)	(2.039)	(14.235)
handel10y	0.01	0.00	0.00	0.00
	(0.029)	(0.006)	(0.006)	(0.027)
gdpgr10y	-0.88	-0.25	-0.40	1.23
	(0.907)	(0.338)	(0.252)	(1.550)
inf10y	-0.37	-0.64*	-0.52*	1.09
	(0.453)	(0.302)	(0.235)	(1.880)
Stały	-39.89	-15.19	-16.17	-39.30
	(34.009)	(14.743)	(8.462)	(68.037)
Obserwacj e	7	21	21	7
R-squared	0.84	0.66	0.66	0.36
Adiutant. R-squared	0.51	0.57	0.58	-0.92

1. Odpływy BIZ OLS Model 1/zekeuipr1 25%/75%, współczynniki beta

Kontynuujemy nasze badania z modelem 1 [***FDIit= b0 + b1* zekeuipr1/ zekeuipr2/ zekeuipr4/** Zekeuipr3 *it* **+ *b2 Tradeit* + *b3 Inflacja* +b4 *GDPGRit* + *uit]*** przy użyciu standardowych współczynników OLS lub współczynników beta i wyniki pokazują, że **zekeuipr1** dla wartości **zekeuipr1** <25%/ >25% (Coef. 2,52, 8,92**) oraz dla wartości **zekeuipr1** <75% />75% (Coef. 6,59**,-9,07) w referencyjnych BIZ 10 lat średnie wpływy dotyczące bezpośrednich inwestycji zagranicznych, odpływy netto (patrz *rys.* 26a). Warto w tym miejscu wspomnieć, że bety **zekeuipr1 dotyczące BIZ** wynoszą (.3119211, .3681515/ .5791633, -.47035). Warto wspomnieć, że staje się jasne, jak ważny jest poziom ochrony praw własności intelektualnej. W rzeczywistości wartość **zekeuipr1** >25% i <75% wskazuje na większe znaczenie zekeuipr1 w zakresie bezpośrednich inwestycji zagranicznych, odpływów netto.

Dowód 26a. Odpływy BIZ OLS Model 1/ zekeuipr1 25%/75%, współczynniki beta

VARIABLES	(1) wylogowanie10yav	(2) wylogowanie10yav	(3) wylogowanie10yav	(4) wylogowanie10yav
zekeuipr1	2.52	8.92**	6.59**	-9.07
	(2.538)	(2.523)	(1.700)	(11.384)
handel10y	-0.02	0.01	0.01	-0.02
	(0.011)	(0.006)	(0.005)	(0.017)
gdpgr10y	0.62	-0.54	-0.21	1.52
	(0.321)	(0.352)	(0.228)	(0.930)
inf10y	-0.87	-0.42	-0.61**	-0.97
	(0.259)	(0.280)	(0.197)	(1.171)
Stały	-0.93	-28.05*	-18.19*	53.44
	(10.488)	(11.368)	(7.214)	(51.892)
Obserwacje	7	21	21	7
R-squared	0.92	0.75	0.72	0.63
Adiutant. R-squared	0.75	0.69	0.65	-0.11

1. BIZ Napływ towarów i usług oraz sektora usługowego

Warto zbadać wpływ praw własności intelektualnej na BIZ w zakresie towarów i usług oraz sektora usługowego wykorzystującego dużą liczbę praw własności intelektualnej.

Nasze dochodzenie otwieramy modelem 1[***FDIit= b0 + b1* zekeuipr1/ zekeuipr2/ zekeuipr4** *it* **+ *b2 Tradeit* + *b3 Inflacja* +b4 *GDPGRit* + *uit*** *]* przy użyciu OLS Robust standardowe błędy i wyniki (Coef.4.40***,4.97***/3.81***,4.56***/4.19**,4.60***/3.80**,4.71***/ 4.17**,4.77***/3.61**,4.68***) pokazują znaczenie zekeuipr1, zekeuipr2 i zekeuipr4 odpowiednio dla okresu dziesięciu lat i pięciu lat odniesienia, pokazując znaczenie praw własności intelektualnej dla długo- i krótkoterminowego odniesienia dotyczącego wpływu na przyciąganie napływu BIZ towarów i usług oraz napływu BIZ trzeciorzędnych w UE. Charakterystyczne jest, że istnieją dowody na większy wpływ praw własności intelektualnej na BIZ w odniesieniu do okresu referencyjnego wynoszącego pięć lat, a nie dziesięć lat. Tak więc, stosując różne metody regresji, uzyskujemy niemal identyczny wynik dotyczący wpływu indeksów zekeuipr1, zekeuipr2 i zekeuipr4 na napływ BIZ towarów i usług oraz napływ BIZ trzeciorzędnych w UE (rysunki 27-29).

Rysunek 27. BIZ Napływ towarów i usług / Sektor usługowy OLS Model 1 Współczynniki solidności (Robust Coefficients)

	(1)	(2)	(3)	(4)
VARIABLES	dziennikarze10yav	dziennikarze5yav	logfrodyter10yav	logfrodyter5yav
zekeuipr1	4.40***	4.97***	3.81***	4.56***
	(0.705)	(0.771)	(0.637)	(0.421)
handlowiec10yav	-0.01		-0.01*	
	(0.004)		(0.003)	
inf10yav	-0.06		-0.02	
	(0.112)		(0.098)	
dziadek 10yav	-0.11		-0.13	
	(0.235)		(0.228)	
handlowiec5yav		-0.01		-0.01*
		(0.003)		(0.003)
inf5yav		-0.09		-0.08
		(0.077)		(0.059)
dziadek 5yav		0.22*		0.27**
		(0.108)		(0.082)
Stały	-8.61*	-11.21**	-6.33*	-9.69***
	(3.131)	(3.513)	(2.732)	(1.794)
Obserwacje	28	26	25	24
R-squared	0.64	0.63	0.70	0.80
Adiutant. R-squared	0.57	0.56	0.64	0.75

Solidne standardowe błędy w nawiasach
*** p<0.001, ** p<0.01, * p<0.05

Rysunek 28. BIZ Napływ towarów i usług / Sektor usługowy OLS Model 1 Współczynniki solidności (Robust Coefficients)

	(1)	(2)	(3)	(4)
VARIABLES	dziennikarze10ya v	dziennikarze5ya v	logfrodyter10ya v	logfrodyter5ya v
zekeuipr2	4.19**	4.60***	3.80**	4.71***
	(1.204)	(0.995)	(1.114)	(0.819)
handlowiec10ya v	-0.00		-0.01	
	(0.004)		(0.004)	
inf10yav	-0.04		-0.00	
	(0.127)		(0.111)	
dziadek 10yav	-0.23		-0.21	
	(0.236)		(0.233)	
handlowiec5yav		-0.01		-0.01*
		(0.004)		(0.003)
inf5yav		-0.13		-0.10
		(0.087)		(0.070)
dziadek 5yav		0.14		0.22*
		(0.133)		(0.098)
Stały	-7.56	-9.32*	-6.13	-10.07*
	(5.333)	(4.398)	(4.868)	(3.579)
Obserwacje	28	26	25	24
R-squared	0.56	0.51	0.64	0.72
Adiutant. R-squared	0.48	0.42	0.57	0.66

Solidne standardowe błędy w nawiasach
*** p<0.001, ** p<0.01, * p<0.05

Rysunek 29. BIZ Napływ towarów i usług / Sektor usługowy OLS Model 1 Współczynniki solidności (Robust Coefficients)

	(1)	(2)	(3)	(4)
VARIABLES	dziennikarze10ya v	dziennikarze5ya v	logfrodyter10ya v	logfrodyter5ya v
zekeuipr4	4.17**	4.77***	3.61**	4.68***
	(1.176)	(0.953)	(1.099)	(0.771)
handlowiec10ya v	-0.00		-0.01	
	(0.004)		(0.004)	
inf10yav	-0.07		-0.03	
	(0.126)		(0.110)	
dziadek 10yav	-0.22		-0.22	
	(0.238)		(0.234)	
handlowiec5yav		-0.01		-0.01*
		(0.004)		(0.003)
inf5yav		-0.18*		-0.15*
		(0.079)		(0.064)
dziadek 5yav		0.17		0.24*
		(0.129)		(0.099)
Stały	-7.29	-9.89*	-5.18	-9.79**
	(5.205)	(4.275)	(4.790)	(3.385)
Obserwacje	28	26	25	24
R-squared	0.56	0.53	0.63	0.72
Adiutant. R-squared	0.48	0.44	0.56	0.66

Solidne standardowe błędy w nawiasach
*** p<0.001, ** p<0.01, * p<0.05

Na poniższych wykresach przedstawiono wykres zmiennych dodatkowych, czyli wykres regresji częściowej, przedstawiający wartość zmiennych w modelu ekonometrycznym.

reg logfdiinter5yav zekeuipr4 trade5yav inf5yav gdpgr5yav, wytrzymały.

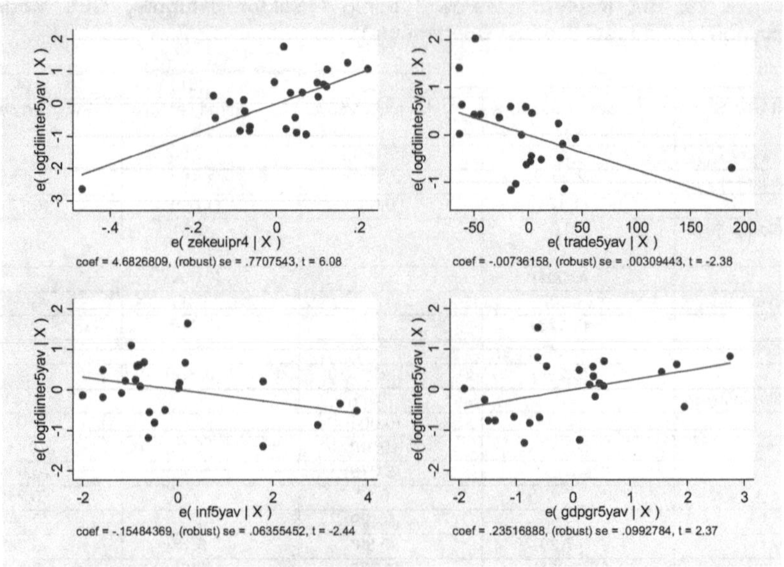

Ponadto, imtest, biały pokazuje następujący wynik:

```
. imtest, white

White's test for Ho: homoskedasticity
         against Ha: unrestricted heteroskedasticity

         chi2(14)     =    14.55
         Prob > chi2  =   0.4099

Cameron & Trivedi's decomposition of IM-test
```

Source	chi2	df	p
Heteroskedasticity	14.55	14	0.4099
Skewness	2.52	4	0.6405
Kurtosis	0.14	1	0.7094
Total	17.21	19	0.5758

Co więcej, owczarek pokazuje następujący wynik:

```
. ovtest

Ramsey RESET test using powers of the fitted values of logfdiinter5yav
       Ho:  model has no omitted variables
                  F(3, 16) =      0.90
                  Prob > F =      0.4646
```

Kontynuujemy nasze dochodzenie z modelem 1[***FDIit= b0 + b1*** **zekeuipr1/ zekeuipr2/ zekeuipr4** $_{it}$ **+ *b2 Tradeit* + *b3 Inflacja* +b4 *GDPGRit* + *uit*** *]* przy użyciu trzystopniowej regresji najmniej kwadratowej i wyników (Coef. 4,17***,4,77***/3,61***,4.68***) pokazują znaczenie zekeuipr4 dla dziesięcioletniego i pięcioletniego okresu odniesienia (*patrz* rys. 30), wskazując na znaczenie praw własności intelektualnej dla długo- i krótkoterminowego okresu odniesienia dotyczącego wpływu na przyciąganie napływu BIZ towarów i usług oraz napływu BIZ w UE.

Rysunek 30. BIZ Napływ towarów i usług / Sektor usługowy OLS Model 1 trzystopniowa regresja najmniejszych kwadratów

	(1)	(2)	(3)	(4)
VARIABLES	dziennikarze10ya v	dziennikarze5ya v	logfrodyter10ya v	logfrodyter5ya v
zekeuipr4	4.17***	4.77***	3.61***	4.68***
	(1.195)	(1.405)	(1.035)	(0.968)
handlowiec10ya v	-0.00		-0.01	
	(0.004)		(0.004)	
inf10yav	-0.07		-0.03	
	(0.109)		(0.094)	
dziadek 10yav	-0.22		-0.22	
	(0.212)		(0.183)	
handlowiec5yav		-0.01		-0.01**
		(0.004)		(0.003)
inf5yav		-0.18		-0.15
		(0.125)		(0.086)
dziadek 5yav		0.17		0.24*
		(0.166)		(0.115)
Stały	-7.29	-9.89	-5.18	-9.79*
	(5.180)	(6.164)	(4.495)	(4.250)
Obserwacje	28	26	25	24
R-squared	0.56	0.53	0.63	0.72
Adiutant. R-squared	)	)	)	)

Kontynuujemy nasze dochodzenie przy użyciu modelu 1[***FDIit= b0 + b1* zekeuipr1/ zekeuipr2/ zekeuipr4** $_{it}$ ***+ b2 Tradeit + b3 Inflacja* +b4 *GDPGRit + uit*** *]* przy użyciu solidnej regresji (NIE solidnych błędów standardowych) i wyników (Coef. 4,26**,5,28**/3,49*,4.86***) pokazują znaczenie zekeuipr4 dla dziesięcioletniego i pięcioletniego okresu odniesienia (zob. załącznik 31), wskazując na znaczenie praw własności intelektualnej dla długo- i krótkoterminowego okresu odniesienia dotyczącego wpływu na przyciąganie napływu BIZ na towary i usługi oraz napływ BIZ na rynku usług w UE.

Rysunek 31. BIZ Napływ towarów i usług / Sektor usługowy OLS Model 1 solidna regresja (NIE solidne błędy standardowe)

VARIABLES	(1) dziennikarze10ya v	(2) dziennikarze5ya v	(3) logfrodyter10ya v	(4) logfrodyter5ya v
zekeuipr4	4.26**	5.28**	3.49*	4.86***
	(1.397)	(1.440)	(1.224)	(1.110)
handlowiec10ya v	-0.00		-0.01	
	(0.005)		(0.004)	
inf10yav	-0.38		-0.31	
	(0.218)		(0.195)	
dziadek 10yav	-0.04		-0.08	
	(0.259)		(0.226)	
handlowiec5yav		-0.01		-0.01*
		(0.004)		(0.005)
inf5yav		-0.16		-0.16
		(0.128)		(0.099)
dziadek 5yav		0.26		0.28
		(0.170)		(0.134)
Stały	-7.19	-12.16	-4.20	-10.07
	(6.094)	(6.317)	(5.350)	(4.878)
Obserwacje	27	26	24	23
R-squared	0.57	0.58	0.64	0.70
Adiutant. R-squared	0.50	0.50	0.56	0.64

Kontynuujemy nasze dochodzenie przy użyciu modelu 1[***FDIit= b0 + b1* zekeuipr1/ zekeuipr2/ zekeuipr4** $_{it}$ ***+ b2 Tradeit + b3 Inflacja* +b4 *GDPGRit + uit*** *]* przy użyciu regresji zmiennych instrumentalnych (2SLS) i wyników (Coef. 4,17**,4,77**/3,61**,4.68***) pokazują znaczenie zekeuipr4 dla dziesięcioletniego i pięcioletniego okresu odniesienia (*patrz* rys. 32), wskazując na znaczenie praw własności intelektualnej dla długo- i krótkoterminowego okresu odniesienia dotyczącego wpływu na przyciąganie napływu BIZ na towary i usługi oraz napływ BIZ na rynku usług w UE.

Rysunek 32. BIZ Napływ towarów i usług / Sektor usługowy OLS Model 1 regresja zmiennych instrumentalnych (2SLS)

	(1)	(2)	(3)	(4)
VARIABLES	dziennikarze10yav	dziennikarze5yav	logfrodyter10yav	logfrodyter5yav
zekeuipr4	4.17**	4.77**	3.61**	4.68***
	(1.318)	(1.563)	(1.157)	(1.088)
handlowiec10yav	-0.00		-0.01	
	(0.004)		(0.004)	
inf10yav	-0.07		-0.03	
	(0.120)		(0.105)	
dziadek 10yav	-0.22		-0.22	
	(0.234)		(0.205)	
handlowiec5yav		-0.01		-0.01*
		(0.004)		(0.003)
inf5yav		-0.18		-0.15
		(0.139)		(0.097)
dziadek 5yav		0.17		0.24
		(0.185)		(0.130)
Stały	-7.29	-9.89	-5.18	-9.79
	(5.715)	(6.858)	(5.026)	(4.776)
Obserwacje	28	26	25	24
R-squared	0.56	0.53	0.63	0.72
Adiutant. R-squared	0.48	0.44	0.56	0.66

Nasze badania prowadzimy z modelem 1[***FDIit= b0 + b1* zekeuipr1/ zekeuipr2/ zekeuipr4** $_{it}$ **+ *b2 Tradeit + b3 Inflacja* +b4 *GDPGRit + uit*** *]* przy użyciu standardowych współczynników OLS lub współczynników beta oraz wyników (Coef. 4,17**,4,77**/3,61**,4.68***) pokazują znaczenie zekeuipr4 dla dziesięcioletniego i pięcioletniego okresu odniesienia (*patrz* rys. 33) wskazując na znaczenie praw własności intelektualnej dla długo- i krótkoterminowego okresu odniesienia dotyczącego wpływu na przyciąganie napływu BIZ na towary i usługi oraz napływ BIZ na usługi w UE. W tym miejscu warto zwrócić uwagę, że betas zekeuipr4 dotyczący napływu towarów i usług oraz napływu BIZ trzeciorzędnych to (.4962793, .5602898, .4866223, .6455294).

Rysunek 33. BIZ Napływ towarów i usług / Sektor usługowy OLS Model 1, współczynniki beta

	(1)	(2)	(3)	(4)
VARIABLES	dziennikarze10yav	dziennikarze5yav	logfrodyter10yav	logfrodyter5yav
zekeuipr4	4.17**	4.77**	3.61**	4.68***
	(1.318)	(1.563)	(1.157)	(1.088)
handlowiec10yav	-0.00		-0.01	
	(0.004)		(0.004)	
inf10yav	-0.07		-0.03	
	(0.120)		(0.105)	
dziadek 10yav	-0.22		-0.22	
	(0.234)		(0.205)	
handlowiec5yav		-0.01		-0.01*
		(0.004)		(0.003)
inf5yav		-0.18		-0.15
		(0.139)		(0.097)
dziadek 5yav		0.17		0.24
		(0.185)		(0.130)
Stały	-7.29	-9.89	-5.18	-9.79
	(5.715)	(6.858)	(5.026)	(4.776)
Obserwacje	28	26	25	24
R-squared	0.56	0.53	0.63	0.72
Adiutant. R-squared	0.48	0.44	0.56	0.66

Na poniższych wykresach przedstawiono wykresy zmiennych dodatkowych, a także wykres regresji częściowej przedstawiający wartość zmiennych w modelu ekonometrycznym. reg logfdiinter5yav zekeuipr4 trade5yav inf5yav gdpgr5yav,beta

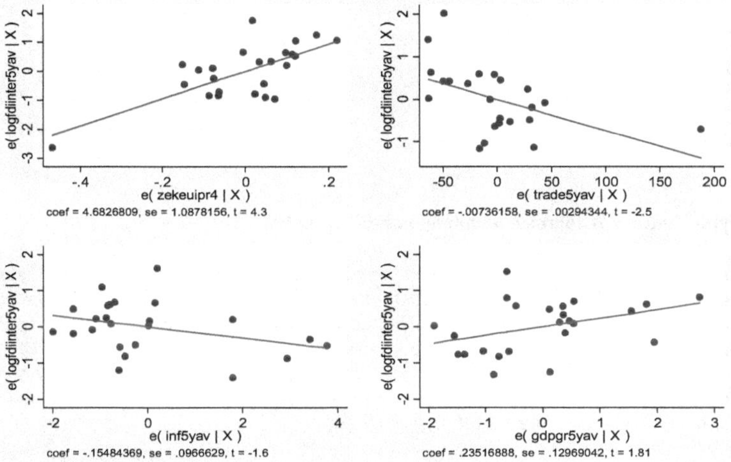

Podobnie, test jajeczny pokazuje następujący wynik:

```
. ovtest

Ramsey RESET test using powers of the fitted values of logfdiinter5yav
       Ho:  model has no omitted variables
                 F(3, 16) =      0.90
                 Prob > F =      0.4646
```

Ponadto, imtest, biały pokazuje następujący wynik:

```
. imtest, white

White's test for Ho: homoskedasticity
         against Ha: unrestricted heteroskedasticity

         chi2(14)     =     14.55
         Prob > chi2  =    0.4099

Cameron & Trivedi's decomposition of IM-test
```

Source	chi2	df	p
Heteroskedasticity	14.55	14	0.4099
Skewness	2.52	4	0.6405
Kurtosis	0.14	1	0.7094
Total	17.21	19	0.5758

1.1.1.

W teście VIF znaleziono współczynnik inflacji wariancyjnej dla niezależnych zmiennych w modelu liniowym.

```
. vif

    Variable |       VIF       1/VIF
-------------+----------------------
   zekeuipr4 |      1.54    0.649764
   gdpgr5yav |      1.30    0.768454
     inf5yav |      1.20    0.835930
   trade5yav |      1.16    0.862797
-------------+----------------------
    Mean VIF |      1.30
```

1. Wyniki liniowe w zakresie wymiany handlowej w UE

Kontynuujemy nasze badania z modelem 2[***Trade*** $_{it}$ **= *b0* + *b1* zekeuipr1/ zekeuipr2/ zekeuipr4** $_{it}$ **+ *b2 GDPGRit* + *b3 Inflacja* + *uit]*** przy użyciu Robust Standard Errors / pozornie niepowiązana regresja/ trzystopniowa regresja najmniejszych kwadratów/ Współczynniki znormalizowane OLS lub współczynniki beta oraz wyniki (Coef. -20,29, -42,10/ -60,41, -73,13) pokazują znaczenie zekeuipr1, i zekeuipr4 dla dziesięciu lat i pięciu lat odniesienia w odniesieniu do handlu. Warto wspomnieć, że beta zekeuipr1 i zekeuipr4 w odniesieniu do handlu są ujemne (-.0694233, -.146649/-.1803849, -.2136473).

Rysunek 34. Trade OLS Model 1 Solidne błędy standardowe

	(1)	(2)	(3)	(4)
VARIABLES	handlowiec1 0yav	handlowiec 5yav	handlowiec1 0yav	handlowiec 5yav
zekeuipr1	-20.29	-42.10		
	(41.400)	(65.674)		
inf10yav	-11.40*		-11.10*	
	(4.725)		(4.652)	
dziadek 10yav	29.53*		27.32*	
	(12.327)		(12.512)	
inf5yav		5.89		5.62
		(8.008)		(7.579)
dziadek 5yav		3.98		2.65
		(7.319)		(7.558)
zekeuipr4			-60.41	-73.13
			(64.767)	(85.882)
Stały	142.32	244.53	312.38	374.78
	(183.972)	(288.883)	(281.701)	(370.113)
Obserwacje	28	27	28	27
R-squared	0.34	0.09	0.36	0.11
Adiutant. R-squared	0.26	-0.02	0.28	0.00

Standardowe błędy w nawiasach
*** p<0.001, ** p<0.01, * p<0.05

Rysunek 35. Handel OLS Model 2, pozornie niepowiązany z regresją

	(1)	(2)	(3)	(4)
VARIABLES	handlowiec1 0yav	handlowiec 5yav	handlowiec1 0yav	handlowiec 5yav
zekeuipr4	-60.41	-73.13		
	(56.233)	(72.210)		
inf10yav	-11.10*		-11.40*	
	(4.805)		(4.889)	
dziadek 10yav	27.32**		29.53**	
	(8.778)		(9.012)	
inf5yav		5.62		5.89
		(6.481)		(6.767)
dziadek 5yav		2.65		3.98
		(8.504)		(8.508)
zekeuipr1			-20.29	-42.10
			(51.788)	(62.455)
Stały	312.38	374.78	142.32	244.53
	(241.638)	(312.435)	(227.293)	(275.875)
Obserwacje	28	27	28	27
R-squared	0.36	0.11	0.34	0.09
Adiutant. R-squared	)	)	)	)

Rysunek 36. Handel OLS Model 2 trzystopniowa regresja najmniejszych kwadratów

	(1)	(2)	(3)	(4)
VARIABLES	handlowiec1 0yav	handlowiec 5yav	handlowiec1 0yav	handlowiec 5yav
zekeuipr1	-20.29	-42.10		
	(51.788)	(62.455)		
inf10yav	-11.40*		-11.10*	
	(4.889)		(4.805)	
dziadek 10yav	29.53**		27.32**	
	(9.012)		(8.778)	
inf5yav		5.89		5.62
		(6.767)		(6.481)
dziadek 5yav		3.98		2.65
		(8.508)		(8.504)
zekeuipr4			-60.41	-73.13
			(56.233)	(72.210)
Stały	142.32	244.53	312.38	374.78
	(227.293)	(275.875)	(241.638)	(312.435)
Obserwacje	28	27	28	27
R-squared	0.34	0.09	0.36	0.11
Adiutant. R-squared	)	)	)	)

Na poniższych wykresach przedstawiono wykresy zmiennych dodatkowych, czyli wykres regresji częściowej, przedstawiający wartość zmiennych w modelu ekonometrycznym.

reg trade5yav zekeuipr4 inf5yav gdpgr5yav, solidny

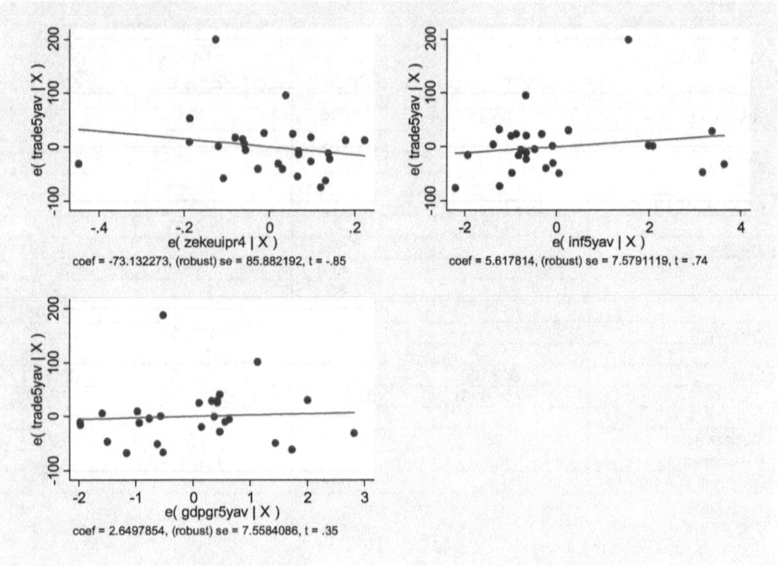

Wykorzystując test VIF, stwierdzono, że współczynnik inflacji wariancyjnej dla niezależnych zmiennych w modelu liniowym wynosi

. vif

Variable	VIF	1/VIF
zekeuipr4	1.35	0.739241
gdpgr5yav	1.23	0.816227
inf5yav	1.12	0.896067
Mean VIF	1.23	

1. Wyniki liniowe dotyczące wzrostu PKB w stosunku do bezpośrednich inwestycji zagranicznych Napływ towarów i usług / Sektor usługowy Model OLS

Nasze badania kontynuujemy z modelem 3***[GDPGRit = b0 + b1* zekeuipr1/ zekeuipr2/ zekeuipr4 + *b2 Trade it + b3 Inflationit* +b4 *FDIit + uit]*** przy użyciu standaryzowanych współczynników OLS lub współczynników beta/ trzystopniowej regresji najmniej kwadratowej i wyników (Coef. -1,02, -4,87*,-0,67, -6,60**/ -1,02, -4,87**, -0,67, -6,60***) pokazują znaczenie zekeuipr1 dla dziesięcioletnich i pięcioletnich wartości referencyjnych dotyczących wzrostu PKB, wykorzystujących odpowiednio napływy BIZ towarów i usług oraz napływy BIZ trzeciorzędnych. Warto tu wspomnieć, że beta zekeuipr1 w odniesieniu do wzrostu PKB jest ujemna (-.1531837, -.7379738/-.1006443, -1.015235) (rys. 37-38[468]).

---

[468] patrz G. Zekos, "Wpływ praw własności intelektualnej na BIZ", 2013 PhD Thesis, Economics Department, University of Peloponnese, Tripoli, Hellas www.uop.gr.

Rysunek 37. Wzrost PKB OLS Współczynniki beta modelu 3

	(1)	(2)	(3)	(4)
VARIABLES	dziadek 10yav	dziadek 5yav	dziadek 10yav	dziadek 5yav
handlowiec10yav	0.01*		0.01	
	(0.003)		(0.004)	
zekeuipr1	-1.02	-4.87*	-0.67	-6.60**
	(1.325)	(1.759)	(1.476)	(1.855)
inf10yav	0.30**		0.30**	
	(0.085)		(0.090)	
dziennikarze10yav	-0.10			
	(0.198)			
handlowiec5yav		0.00		0.01
		(0.005)		(0.005)
inf5yav		-0.12		-0.04
		(0.164)		(0.160)
dziennikarze5yav		0.36		
		(0.266)		
logfrodyter10yav			-0.19	
			(0.261)	
logfrodyter5yav				0.88*
				(0.365)
Stały	5.87	18.62**	5.11	20.79**
	(4.635)	(6.306)	(4.972)	(6.020)
Obserwacje	28	26	25	24
R-squared	0.60	0.29	0.61	0.41
Adiutant. R-squared	0.53	0.16	0.53	0.28

Standardowe błędy w nawiasach

*** p<0.001, ** p<0.01, * p<0.05

Rysunek 38. Wzrost PKB OLS Model 3 trzystopniowa regresja najmniej kwadratowa

VARIABLES	(1) dziadek 10yav	(2) dziadek 5yav	(3) dziadek 10yav	(4) dziadek 5yav
handlowiec10yav	0.01**		0.01*	
	(0.003)		(0.004)	
zekeuipr1	-1.02	-4.87**	-0.67	-6.60***
	(1.201)	(1.581)	(1.320)	(1.651)
inf10yav	0.30***		0.30***	
	(0.077)		(0.080)	
dziennikarze10yav	-0.10			
	(0.180)			
handlowiec5yav		0.00		0.01
		(0.004)		(0.005)
inf5yav		-0.12		-0.04
		(0.147)		(0.142)
dziennikarze5yav		0.36		
		(0.239)		
logfrodyter10yav			-0.19	
			(0.233)	
logfrodyter5yav				0.88**
				(0.325)
Stały	5.87	18.62**	5.11	20.79***
	(4.200)	(5.668)	(4.447)	(5.356)
Obserwacje	28	26	25	24
R-squared	0.60	0.29	0.61	0.41
Adiutant. R-squared	)	)	)	)

Na poniższych wykresach przedstawiono wykresy zmiennych dodatkowych, czyli wykres regresji częściowej, przedstawiający wartość zmiennych w modelu ekonometrycznym.

reg gdpgr5yav trade5yav zekeuipr1 inf5yav logfdiinter5yav, beta

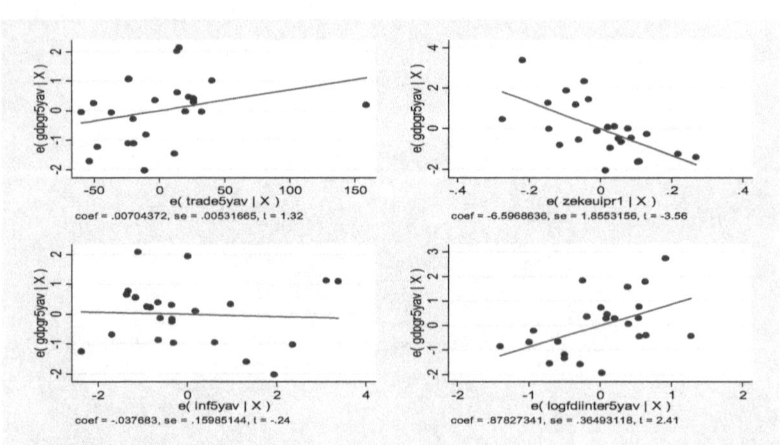

Wykorzystując test VIF, stwierdzono, że współczynnik inflacji wariancyjnej dla niezależnych zmiennych w modelu liniowym wynosi

```
. vif

    Variable |       VIF       1/VIF  
-------------+----------------------
logfdi~r5yav |      3.78    0.264427
   zekeuipr1 |      2.62    0.382084
   trade5yav |      1.57    0.637327
     inf5yav |      1.36    0.736674
-------------+----------------------
    Mean VIF |      2.33
```

Powyższa zwięzła analiza praw własności intelektualnej pozwala nam zrozumieć ocenę ilościową praw własności intelektualnej wykorzystanych do opracowania własnych wskaźników praw własności intelektualnej. Ponadto, cała analiza podstaw prawnych dotyczących patentów, praw autorskich i znaków towarowych wskazuje na stały rozwój regulacji prawnych i egzekwowania praw własności intelektualnej, co oznacza ciągłą zmianę wskaźnika w zakresie ochrony praw własności intelektualnej. Tym samym, ochrona praw własności intelektualnej zwiększa ich użyteczność jako środka do przyciągania BIZ.

Charakterystyczne jest, że znaczenie praw własności intelektualnej jest większe w przypadku odniesienia krótkoterminowego niż odniesienia rocznego. Konkurencyjność wydaje się być mniej istotna niż zekeuipr1/zekeuipr2/zekeuipr3/zekeuipr4 w przyciąganiu napływu BIZ lub powodowaniu odpływu BIZ.

Wartość praw własności intelektualnej wyrażona za pomocą wskaźników **zekeuipr1** > 25% i < 75% jest najbardziej znacząca w przyciąganiu BIZ, co wskazuje, że dobry poziom ochrony ma zasadnicze znaczenie dla znaczenia praw własności intelektualnej w Unii Europejskiej. Tym samym, prawa własności intelektualnej są istotną zmienną, która odgrywa istotną rolę w przyciąganiu napływu BIZ lub powodowaniu odpływu BIZ. Ponadto, dobry i dokładny wskaźnik praw własności intelektualnej pozwala dokładniej zilustrować znaczenie roli praw własności intelektualnej dla BIZ, PKB i handlu. Wreszcie, krótka analiza ekonometryczna pokazuje znaczenie **zekeuipr1/zekeuipr2/zekeuipr3/zekeuipr4/zekeupat1/zekeucopy1/zekeumark1** oraz konkurencyjności w przyciąganiu napływu i odpływu BIZ, wzrostu PKB i wymiany handlowej dotyczącej Unii Europejskiej.

Wnioski

Kluczowym celem prawa własności intelektualnej jest właściwe przypisanie bronionych praw majątkowych do aktywów, które mogą mieć wartość ekonomiczną. Technologie takie jak biotechnologia/nanotechnologia i cyberprzestrzeń stworzyły nowe produkty mające wartość ekonomiczną dla nowej gospodarki, które wymagają ochrony praw własności intelektualnej. Gdyby prawa własności intelektualnej były ustanawiane i egzekwowane przez organ globalny, organ ten byłby w stanie określić odpowiednią siłę ochrony praw własności intelektualnej dla całego świata. Jednak prawa własności intelektualnej są przyznawane przez rządy krajowe i ważne tylko w ramach właściwej jurysdykcji. Dlatego też krajowe systemy praw własności intelektualnej w dużej mierze skupiały się na tym, co było postrzegane jako leżące w najlepszym interesie danego kraju. W związku z tym kraje rozwinięte, w których istnieje wielu potencjalnych innowatorów, zazwyczaj wybierają stosunkowo silne systemy praw własności intelektualnej w celu wspierania działalności wynalazczej i twórczej.

Jedną z najbardziej kwestionowanych kwestii w dziedzinie prawa własności intelektualnej jest poziom, do którego prawnie ustanowione prawa mogą ograniczać, a nie zachęcać do badań naukowych. W tym zakresie prawo autorskie musi się rozwijać w miarę rozwoju technologii, aby osiągnąć odpowiednią równowagę między prawami prywatnymi a interesami publicznymi. Chociaż prawa własności intelektualnej mają na celu wspieranie postępu naukowego, nadmierne rozpowszechnianie lub zniekształcanie optymalnego układu praw powoduje powstawanie wąskich gardeł, które utrudniają przepływ badań. Prawo autorskie musi przyczyniać się do tworzenia, rozpowszechniania i ochrony utworów wartościowych dla społeczeństwa, wyrażanych nie tylko za pomocą tradycyjnych środków, ale także środków elektronicznych, takich jak cyberprzestrzeń itp. Rozwój towarów i usług cyfrowych sprawia, że konieczne jest wprowadzenie elektronicznych znaków towarowych, które będą funkcjonować w taki sam sposób jak tradycyjne znaki towarowe, a jedyną różnicą może być ich odmienny wymiar, który może utrudnić i utrudnić umieszczanie znaku towarowego w celu powiązania go przez klientów z produktem wytworzonym przez producenta, który zarejestrował znak towarowy. Obecne otoczenie prawne nie zapewnia wystarczającej ochrony w zmieniającym się środowisku technologicznym, ale konieczne jest dalsze wspieranie postępu technologicznego przy jednoczesnej ochronie danych i interesów użytkowników. Obecnie technologia zmienia się w szybszym tempie niż rozwój prawa i rządów prawa, co oznacza, że to niepowodzenie przekłada się na regulacje dotyczące praw własności intelektualnej. Analiza wykazała, że w erze cyberprzestrzeni i globalizacji regulacja praw autorskich jest daleko w tyle za skutecznością w zaspokajaniu potrzeb twórców i społeczeństwa, co oznacza, że twórcy nie będą motywowani do tworzenia.

Rozwój elektronicznych znaków towarowych wymaga skutecznej elektronicznej regulacji międzynarodowych znaków towarowych. Oczywiście, w pewnym stopniu i w niektórych przypadkach, konwencjonalne przepisy dotyczące znaków towarowych mają również zastosowanie do znaków elektronicznych. Terytorialność znaków towarowych z tradycyjnego pojęcia przekształca się w cyberterytorialność dla znaków towarowych umieszczanych na cyberbunku i usługach, co sprawia, że konieczne jest opracowanie międzynarodowego elektronicznego rejestru znaków towarowych.

Funkcjonalność przemysłu komputerowego/oprogramowania, biotechnologii, nanotechnologii i produktów bio-nanotechnologicznych lub biochemicznych nie jest przewidywalna i wiąże się z wysokim stopniem niepewności i ryzyka. Dlatego też, jeśli wynalazki te mają trafić na rynek, muszą być lepiej motywowane niż inne rodzaje wynalazków. Co więcej, reformy zaostrzyły normy w zakresie zdolności patentowej, utrudniając tym samym uzyskanie patentów. Przy stale zmieniających się standardach patentowych, niezbędne jest posiadanie aktualnych informacji na temat najlepszych sposobów ochrony wynalazków w nadchodzących technologiach. Prowadzone są szeroko zakrojone badania nad urządzeniami biomolekułowymi[469] i biomimetycznymi, biosensorami, silnikami molekularnymi, tkaninami biomolekularnymi, enzymami i białkami technicznymi oraz opracowywaniem i dostarczaniem leków, które są tak nowym i imponującym postępem naukowym, że nawet czysta nauka może uzyskać patent. Należy zbadać, czy złożoność teorii w nauce można uznać za wynalazek, uniemożliwiając w ten sposób pracę nad nim osobom trzecim. To, jaki poziom postępu naukowego można uznać za patentowy, jest sporne. Na przykład patenty na geny wywołują gorącą debatę, ponieważ geny ucieleśniają materiał dziedziczny i nie mogą być tylko produktem w rękach komercyjnych firm. Podczas gdy wiele metod diagnozowania i leczenia medycznego jest obecnie nieopatentowanych, wynalazki, które stosują prawa naturalne lub zjawiska naturalne są patentowalne i można opatentować proces przekształcania nieutwardzonej gumy w wyroby z gumy formowanej, nawet jeśli proces ten wykorzystuje prawo natury w celu ustalenia, kiedy należy otworzyć formę. Wreszcie, przemysł komputerowy/oprogramowania, biotechnologia, nanotechnologia, bio-nanotechnologia i biochemia przedstawiają codziennie nowe teorie naukowe i wiedzę, co oznacza, że aby zdecydować o zdolności patentowej, konieczne jest posiadanie czegoś więcej niż tylko teorii naukowej i wiedzy.

Większość systemów patentowych twierdzi, że pomysły nie mogą być opatentowane, a jedynie praktyczne zastosowania pomysłów. Aby przyznać ochronę, prawo patentowe wiąże się z dużą przeszkodą w postaci nowości, nieoczywistości[470]i użyteczności, podczas gdy prawo autorskie wiąże się z niższym progiem oryginalności. W ciągu ostatnich kilkudziesięciu lat ustalenia dotyczące zdolności patentowej uległy znacznemu rozproszeniu. Ponadto reformy zaostrzyły normy dotyczące zdolności patentowej, zawężając ją w celu ograniczenia zakresu przedmiotów kwalifikujących się do uzyskania patentu oraz utrudniając uzyskiwanie (i unieważnianie) patentów opartych na oczywistości[471]. Stopień wynalazczy może istnieć albo wtedy, gdy procedura wymagana do uzyskania sekwencji DNA jest wynalazcza, a produkty mają dokładną użyteczność, albo gdy sekwencja ta ujawnia nieprzewidziany skutek, którego nie można oczekiwać na podstawie aktualnego stanu wiedzy. Przy stale zmieniających się standardach patentowych istotne jest, abyśmy dysponowali aktualnymi informacjami o tym, jak najlepiej chronić Państwa wynalazki biotechnologiczne. Zmiany takie jak spersonalizowana medycyna i zdolność prawa patentowego do generowania systemów, które pozwalają na indywidualne zaprojektowanie medycyny dla poszczególnych osób, stawiają przed nami trudne pytania z zakresu prawa patentowego[472].

Napływające BIZ i OFDI w coraz większym stopniu służą jako uzupełniający kanał wspomagający rozwój kraju ojczystego. Obserwuje się wzrost napływu BIZ do strategicznych sektorów gospodarki europejskiej. W oparciu o modele ekonometryczne stwierdza się, że konkurencja jest bardziej znaczącym czynnikiem przyciągającym BIZ niż prawa własności intelektualnej, a w szczególności wartość praw własności intelektualnej staje się wyższa w krótkim i długim okresie odniesienia niż w roku 2010. Ochrona praw własności intelektualnej jest ważną zmienną w przyciąganiu BIZ. BIZ są istotną zmienną dotyczącą pracy, a prawa własności intelektualnej wydają się być ważne w odwrotny sposób. Wzrost PKB jest istotnym czynnikiem dotyczącym wartości dodanej w przemyśle, ale ochrona praw własności intelektualnej jest istotnym czynnikiem w perspektywie krótko- i długoterminowej, a nie w perspektywie krótkoterminowej, stanowiącej punkt odniesienia.

Najnowsza trylogia Trybunału - Bilski, *Mayo* i *Alicja* - wskazała, że orzeczenia w sprawie zdolności patentowej są kierowane przez dawno ustanowione sądowe wyłączenia, które stwarzają

---

[469] Przegląd nanomedycyny, Krajowe Instytuty Zdrowia, http://commonfund.nih.gov/nanomedicine/. przegląd.aspx .

[470] *Patent Primer*, BIDMIC (2015), http://tvo.bidmc.org/for-bidmc/invention-disclosure/ patent-primer/ ("Pomimo możliwej różnorodności definicji nowości i użyteczności, pojęcie "nieoczywistości" jest najbardziej złożonym z tych trzech wymogów dotyczących zdolności patentowej"); *własność intelektualna dla studentów CS: Patents - The Nonobviousness Requirement*, DUKE UNIV. https://www.cs.duke.edu/courses/cps182s/spring06/cscopyright/. Patenty/Patent-Nonobviousness.htm ("Podczas gdy nowość może być najbardziej złożonym z podstawowych wymagań patentowych, nieoczywistość jest najtrudniejsza").

[471] Bilski v. Kappos, 130 S. Ct. 3218, 3231 (2010) (KSR Int'l Co. v. Teleflex Inc., 550 U.S. 398, 415 (2007)

[472] *Medycyna spersonalizowana 101, The Challenges*, Personalized Medicine Coalition, http://pmc.blueonblue.com/. Resources/Personalized_Medicine_101.

problemy związane z pieniędzmi i czasem[473]. Istnieje potrzeba standaryzacji znaczenia i treści zdolności patentowej, pozwalającej na dostosowanie się do rozwoju technologii w celu uniknięcia sytuacji, w której opatentowane abstrakcyjne idee i teorie naukowe zyskują na skuteczności i redukcji kosztów, prowadząc do wzrostu gospodarczego poprzez BIZ.

Współczynniki beta analizy regresji wskazują na znaczenie zekipr8, zekipr7, zekipr9, zekipr1a, zekipr1b w zakresie napływu BIZ, odpływu BIZ, handlu i PKB. Ponadto, istnieje porównanie zekipr8 i WKP dotyczące napływu BIZ ilustrujące odpowiednio ich znaczenie. Należy wziąć pod uwagę, że dane o zmiennych takich jak BIZ i PKB wyrażonych w liczbach lub procentach procentowych wykorzystywanych w naszych modelach ekonometrycznych podkreślają/podkreślają bardziej zdecydowanie lub nie znaczenie praw własności intelektualnej wyrażonych przez indeksy ZEKIPR dla przyciągania BIZ. Zwięzłe opracowanie pokazuje znaczenie praw własności intelektualnej wyrażonych przez indeksy ZEKIPR dla napływu i odpływu BIZ oraz odwrotny wpływ praw własności intelektualnej na PKB. Zaktualizowane indeksy ZEKIPR wydają się być cennymi instrumentami w rękach naukowców, które mogą być wykorzystane w dalszych analizach i projektach badawczych. Wartość praw własności intelektualnej wyrażona za pomocą indeksów ZEKIPR > 25% i < 75% jest najbardziej znacząca w przyciąganiu BIZ, co wskazuje, że dobry poziom ochrony ma zasadnicze znaczenie dla znaczenia praw własności intelektualnej. W związku z tym, prawa własności intelektualnej są istotną zmienną, która odgrywa istotną rolę w przyciąganiu zarówno napływu, jak i odpływu BIZ. Wreszcie, dobry i dokładny wskaźnik praw własności intelektualnej pozwala dokładniej zilustrować znaczenie roli praw własności intelektualnej dla BIZ, PKB i handlu.

Czy pytanie o to, jak ważna jest ochrona praw własności intelektualnej w międzynarodowej konkurencji o BIZ, jest nadal nierozstrzygnięte? Z analizy empirycznej wynika, że PKB jest kluczowym czynnikiem determinującym BIZ. Porównanie istniejących indeksów (IPR index of Property Rights Alliance & Park's index) oraz nowo skonstruowanego przez nas indeksu wykazuje wyższość w pokazaniu wpływu praw własności intelektualnej na przyciąganie BIZ. W szczególności, nasz indeks wykazuje większe znaczenie dla BIZ na towary i usługi oraz dla zasobu BIZ niż dla napływu BIZ. Co więcej, nasz indeks wydaje się być bardziej znaczący niż zgłoszenia patentów i znaków towarowych. Co więcej, egzekwowanie prawa jako zmienna jest istotne dla długoterminowego punktu odniesienia dotyczącego napływu BIZ i bardzo istotne dla zasobów BIZ, co potwierdza znaczenie egzekwowania praw własności intelektualnej i jest kluczowym czynnikiem w przyciąganiu BIZ. Ponadto, nasze indeksy (*zekipr1, zekipr1a, zekipr3, zekipr4, zekipr5, zekipr6 i zekipr7)* są istotne dla przyciągania BIZ, gdy w naszych modelach wzrost PKB jest wykorzystywany jako zmienna, a nie PKB. W tym zakresie, prawa własności intelektualnej wydają się mieć większe znaczenie, gdy w naszych modelach ekonometrycznych wzrost PKB jest wykorzystywany jako zmienna dotycząca napływu BIZ, a nie PKB.

Ponadto, dochodzenie wskazuje, że wskaźniki praw własności intelektualnej (zekipr1, zekipr1a, zekipr3, zekipr4, zekipr5, zekipr6) są istotnymi zmiennymi w analizie ekonometrycznej dotyczącej napływu BIZ, zwłaszcza gdy wzrost PKB jest wykorzystywany jako zmienna w naszych modelach. W rzeczywistości, wydaje się, że zekipr1 (Coef. 2,45***, 3,13***,3,70***), zekip1a (Coef. 2,14***,2,84***,3,06***), zekipr3 (Coef. 2.09***, 2.69***, 2.79***), zekipr4 (Coef. 2.04***, 2.71***, 2.97***), zekipr5 (Coef. 2.31***, 3.00***, 3.10***) są istotne w odniesieniu do napływu BIZ oraz w odniesieniu do 10, 5 lat i 2010 r. i zekipr6 (Coef. 3,14***,3,59***,2,55**), zekipr7 (Coef. 2,83***,2,90***,2,11*) w odniesieniu do 10, 5 lat i 2012 r. średnia. Tak więc nasze wskaźniki skonstruowane w podobny sposób, ale uwzględniające możliwość zastosowania PWI, które zostały

---

473 Bilski przeciwko Kappos, 561 U.S. 593, 606 (2010) (odmawiając stwierdzenia, że wszystkie metody prowadzenia działalności gospodarczej nie są przedmiotem patentu na rzecz ustalenia, czy dane zastrzeżenie jest abstrakcyjnym pomysłem); Mayo Collaborative Servs. przeciwko Prometheus Labs., Inc, 132 S. Ct. 1289, 1303 (2012); Alice Corp. przeciwko CLS Bank Int'l, 134 S. Ct. 2347, 2354 (2014) (zastrzeżenia patentowe dotyczące "komputerowo wdrażanego systemu ograniczania ryzyka ugody" ... wciągają do abstrakcyjnego pomysłu na ugodę pośrednią, a sam wymóg wdrożenia generycznego systemu komputerowego nie przekształca tej abstrakcyjnej idei w wynalazek kwalifikujący się do objęcia patentem").

obliczone na różne sposoby, aby zbliżyć się do rzeczywistego zastosowania i egzekwowania przepisów dotyczących PWI w badanych jurysdykcjach, wskazują, że PWI są ważne w przyciąganiu napływu BIZ i niezależnie od przesunięcia różnicy w stopniu znaczenia wśród naszych wskaźników dla krótkoterminowego punktu odniesienia.

Prawa własności intelektualnej nie mają znaczenia dla handlu. Z drugiej strony, prawa własności intelektualnej, wyrażone w naszych wskaźnikach, są znaczące w odwrotny sposób w odniesieniu do wzrostu PKB. W dłuższej perspektywie czasowej analiza pokazuje znaczenie praw własności intelektualnej dla napływu BIZ raczej w perspektywie krótkoterminowej. Ponadto, w naszej analizie znaczenie praw własności intelektualnej dla zasobu BIZ, BIZ na towary i usługi oraz BIZ na sektor usług jest bardzo wysokie i zajmuje drugie miejsce po PKB. Z analizy empirycznej wynika, że swoboda handlu wydaje się być znaczącą zmienną i wyższą od instytucji w przyciąganiu BIZ.

Ujawniający się wynik przynosi podział i badanie w zależności od poziomu ochrony. Prawa własności intelektualnej nie są istotne dla niskiego poziomu ochrony <25% w przypadku BIZ, ale są istotne dla wyższego. Ponadto, analiza empiryczna wskazuje na znaczenie praw własności intelektualnej dla wartości < 50% i nieistotne dla wartości > 50%. Co więcej, analiza empiryczna wskazuje na znaczenie dla wysokiej wartości praw własności intelektualnej < 75%, które jest mniejsze, gdy wartość ta staje się jeszcze wyższa > 75%. Tak więc, cena ochrony praw własności intelektualnej nie jest zbyt niska jak <25% lub zbyt wysoka jak >75% jest bardzo istotna w przyciąganiu BIZ dotyczących napływu BIZ, zasobu BIZ, BIZ na towary i usługi oraz BIZ na sektor usługowy. Ponadto, ceny na poziomie >25%, >50% lub <75% i >75% praw własności intelektualnej wskazują na znaczenie praw własności intelektualnej w odniesieniu do BIZ w sektorze usług, w którym konkretna dziedzina wykorzystuje/korzysta ze znacznej większości praw własności intelektualnej, deklarując, że wysoki poziom ochrony praw własności intelektualnej jest niezbędny dla sektora usług. Ponadto, bardzo wysoki poziom ochrony praw własności intelektualnej zniechęca do napływu BIZ i zasobów BIZ. W związku z tym różne dziedziny wymagają innego poziomu ochrony PWI, który zależy od istoty danej dziedziny, uznając, że przyznanie praw własności intelektualnej ma zasadnicze znaczenie. Powyższa analiza empiryczna ujawnia potrzebę wysokiej ochrony praw własności intelektualnej w dziedzinach, w których przyznawanie praw własności intelektualnej ma zasadnicze znaczenie dla istnienia danej dziedziny (sektor usług).

W branżach stosunkowo zaawansowanych technologicznie, takich jak przemysł chemiczny, farmaceutyczny, maszynowy i elektrotechniczny, krajowy system ochrony własności intelektualnej często ma znaczący wpływ na wielkość inwestycji bezpośrednich. W związku z tym można argumentować, że im silniejszy jest system ochrony praw własności intelektualnej w danej gospodarce przyjmującej (oznaczony czynnikiem IPR - wskaźnik krajowy), tym więcej BIZ otrzymają zaawansowane technologie.

Ponadto znaczenie zekipr1α wzrasta tak długo, jak poziom ochrony praw własności intelektualnej wzrasta >25%. Znaczenie zekipr1a dla wartości < 50% i nieistotne dla wartości > 50% jest zilustrowane. Cena zekipr1α <75% oznacza większy wpływ na BIZ. Ponadto, zekipr6 jest nieistotny dla niskiego poziomu ochrony zekipr1a < 25% w odniesieniu do napływu BIZ, a znaczenie wzrasta wraz ze wzrostem poziomu ochrony praw własności intelektualnej. O ile znaczenie zekipr6 dla wartości >50% i nieistotne dla wartości <50% w odniesieniu do 10- i 5-letniego okresu odniesienia, który zanika dla okresu odniesienia 2012, to dla wysokiej wartości zekipr6 <75% znaczenie to jest mniejsze, gdy wartość ta staje się jeszcze wyższa >75%.

Charakterystyczne jest, że znaczenie praw własności intelektualnej jest większe w przypadku odniesienia krótkoterminowego niż odniesienia rocznego. Konkurencyjność wydaje się być mniej istotna niż zekeuipr1/zekeuipr2/zekeuipr3/zekeuipr4 w przyciąganiu napływu BIZ lub powodowaniu odpływu BIZ. Ponadto, wartość praw własności intelektualnej wyrażona przez wskaźniki zekeuipr1/zekeuipr3 > 25% i < 75% ma największe znaczenie w przyciąganiu BIZ, co wskazuje, że dobry poziom ochrony jest niezbędny dla znaczenia praw własności intelektualnej w Unii Europejskiej. Tak więc, prawa własności intelektualnej są istotną zmienną, która odgrywa istotną rolę w przyciąganiu napływu BIZ lub powodowaniu odpływu BIZ. Ponadto, dobry i dokładny wskaźnik praw własności intelektualnej pozwala dokładniej zilustrować znaczenie roli praw własności intelektualnej dla BIZ, PKB i handlu. Wreszcie, krótka analiza ekonometryczna wskazuje na znaczenie zekeuipr1/zekeuipr2/zekeuipr3/zekeuipr4/zekeupat1/zekeucopy1/zekeumark1 oraz konkurencyjności w przyciąganiu napływu i odpływu BIZ, wzrostu PKB i wymiany handlowej dotyczącej Unii Europejskiej.

Prawa własności intelektualnej są niezbędnym składnikiem szerszej polityki mającej na celu maksymalizację korzyści z rozszerzonego dostępu do rynku i wspieranie dynamicznej konkurencji, w której mogą znacząco uczestniczyć lokalne przedsiębiorstwa. Ochrona PWI może zainspirować przedsiębiorstwo do podjęcia decyzji o internalizacji lub eksternalizacji jego aktywów intelektualnych. W kilku sektorach wysokich technologii, w których, jak pokazują badania, prawa własności intelektualnej odgrywają ważną rolę. Przedsiębiorstwa są bardziej skłonne do inwestowania w krajach o silnej ochronie, ponieważ mniejsze ryzyko naśladownictwa prowadzi do nieco większego popytu netto na produkty chronione. Przedsiębiorstwa tworzące własność intelektualną są mniej skłonne do angażowania się w produkcję zagraniczną w krajach o nieodpowiednim systemie praw własności intelektualnej.

Czy istnieje harmonizacja praw własności intelektualnej? Harmonizacja patentów jest postrzegana jako sposób na wzmocnienie ochrony patentowej, którą zapewniają inne kraje. Ogólnie rzecz biorąc, podejmowane są wysiłki w celu zharmonizowania ochrony praw własności intelektualnej. Silniejsze prawa własności intelektualnej ograniczyłyby zdolność lokalnych przedsiębiorstw do naśladowania i korzystania z zaawansowanych technologii firm zagranicznych w dziedzinach, w których nagroda nie jest tak istotna, co może spowolnić postęp gospodarczy.

Powyższa analiza empiryczna wskazuje, że istnieje związek pomiędzy prawami własności intelektualnej a konkurencyjnością w zakresie akumulacji BIZ. W rzeczywistości, w krótkim okresie konkurencyjność ma większe znaczenie niż prawa własności intelektualnej, które ulegają zmianie w długim okresie. Ponadto, analiza pokazuje, że w sektorze, w którym prawa własności intelektualnej mają największe znaczenie, ochrona praw własności intelektualnej jest ważniejsza niż konkurencyjność.

System ten musi zostać wzmocniony w ramach kompleksowego i spójnego zestawu inicjatyw politycznych, które zoptymalizują skuteczność praw własności intelektualnej. Przyjęte obecnie porozumienia nie uwzględniają w pełni wyzwań, jakie stwarzają nowe technologie. Jedno z najważniejszych wyzwań w obszarze egzekwowania prawa dotyczy ochrony praw własności intelektualnej w środowisku cyfrowym. Obecnie Internet, nowe technologie komunikacyjne i sieci wymiany plików spowodowały poważne i powszechne problemy związane z nieuprawnionym kopiowaniem na całym świecie.

Jak wspomniano wcześniej, silniejsze prawa własności intelektualnej hamowałyby zdolność lokalnych przedsiębiorstw do naśladowania i wykorzystywania zaawansowanych technologii firm zagranicznych, co oznacza spowolnienie postępu gospodarczego. Prawo własności intelektualnej i prawo konkurencji powinny być umieszczone na tym samym poziomie, tak aby żadne z nich nie zapowiadało drugiego z zamiarem rozwiązania potencjalnych konfliktów na zasadzie koncesji, która uwzględnia uzasadnione interesy obu stron. Można by argumentować, że system praw własności intelektualnej jest właściwy, o ile zachowana jest równowaga między konkurencją a prawami własności intelektualnej. Zasady konkurencji nie mają na celu ograniczenia funkcjonowania systemu własności intelektualnej, lecz raczej zachowanie jego właściwego funkcjonowania.

Gospodarka cyfrowa zmieniła modele biznesowe, wprowadzając rozwiązania w zakresie opieki zdrowotnej oparte na danych i sztucznej inteligencji, a nie na badaniach farmaceutycznych, natomiast projektowanie i produkcja w coraz większym stopniu opierają się na sztucznej inteligencji i algorytmach, a nie na tradycyjnej inżynierii[474]. W tym zakresie przedsiębiorstwa z różnych obszarów dostosowują się do coraz bardziej cyfrowego środowiska biznesowego poprzez budowanie wewnętrznych zdolności, jak również poprzez pozyskiwanie zewnętrznych aktywów i wiedzy z całego świata. Celem każdej ochrony prawnej jest znalezienie najkorzystniejszej równowagi w taki sposób, aby prawo zapewniało wystarczającą ochronę dla maksymalizacji inwestycji przy jednoczesnym zminimalizowaniu wszelkich ograniczeń swobody korzystania z produktów wynikających z takiej kreatywności.

Zwięzła analiza praw własności intelektualnej pozwala nam zrozumieć ocenę ilościową praw własności intelektualnej wykorzystanych do opracowania własnych indeksów praw własności intelektualnej475. Ponadto, cała analiza podstaw prawnych dotyczących patentów, praw autorskich i znaków towarowych wskazuje na stały rozwój regulacji prawnych i egzekwowania praw własności intelektualnej, co oznacza ciągłą zmianę indeksu w zakresie ochrony praw własności intelektualnej. Analiza ekonometryczna pokazuje nie tylko znaczenie ochrony praw własności intelektualnej wyrażonej przez indeksy ZEKIPR dla przyciągania napływu i odpływu BIZ, ale również dla wzrostu pracy, handlu i PKB. Tym samym, ochrona praw własności intelektualnej zwiększa ich użyteczność jako środka do przyciągania BIZ. Jak wspomniano powyżej, należy wziąć pod uwagę ciągły rozwój technologii, który przynosi nowe prawa własności intelektualnej, a w konsekwencji nowe przepisy, ponieważ cena poziomu ochrony podlega ciągłym zmianom (zmienna zekipr-zekipr1-zekipr1a-zekipr6 itd.)). Istnieje więc potrzeba ciągłego wysiłku, aby ocenić prawidłowo i dokładnie rzeczywisty poziom ochrony, a nie tylko teoretyczny. Sposób, w jaki nasze wskaźniki zostały skonstruowane zbliża się do rzeczywistego poziomu ochrony całkiem wystarczająco i skutecznie. Można powiedzieć, że wyniki oparte na naszych wskaźnikach wskazują nie tylko na pozytywne i rzeczywiste znaczenie praw własności intelektualnej dla przyciągania BIZ, ale również na odwrotny sposób przyczyniania się do wzrostu PKB.

---

474 Neville, S. (2017), Pharma zwraca się do dużych danych do pomiaru opieki i cen, Financial Times Online, www.ft.com/content/c148011a-4f43-11e7-a1f2-db19572361bb. Gauger, C., Gehres, B., Quinn, M., Schmieg, F., Xu, G. (2017), Building the Digital Car Company of the Future, Boston Consulting Group Publications, www.bcg.com/publications/2017/automotivedigital-transformation-building-digital-car-company-future.aspx.

475 Georgios I Zekos, IPRs Protection and Their Impact Upon FDI, GDP Growth & Trade, 2013 Scholar's Press, WWW.Scholars-Press.Com, www.morebooks.de Niemcy.

Referencje

1. Andrew Griffiths, An Economic Perspective on Trade Mark Law (2011).
2. Büthe, T. And H. V. Milner (2008) The Politics of Foreign Direct Investment into Developing Countries: Zwiększanie bezpośrednich inwestycji zagranicznych poprzez międzynarodowe umowy handlowe. American Journal of Political Science, Vol. 52, s. 741-762.
3. C. Geiger, G. Frosio i O. Bulayenko, "The EU Commission's Proposal to Reform Copyright Limits: A Good but Far too Timid Step in the Right Direction", 40(1) EIPR 4 (2018).
4. C.J. Craig, "Globalizacja praw użytkowników - rozmowa: On Copyright Limits and Risks Rhetorical Risks", 33(1) American University International Law Review 1 (2017), na 27.
5. Caselli, M. (2013). Nation States, Cities, and People: Alternatywne sposoby pomiaru globalizacji. SAGE Open. https://journals.sagepub.com/doi/pdf/10.1177/2158244013508417
6. Charis Tsigou, "Notice-and-Takedown Procedure under Greek Intellectual Property Law 4481/2017" (2018) 9(2) JIPITEC 201.
7. Charlton, A. (2003), "Incentive Bidding for Mobile Investment: Economic Consequences and Potential Responses", Technical Paper no. 203, Centrum Rozwoju OECD, Paryż.
8. Chen, W., i F. Kamal (2016). "The impact of information and communication technology adoption on multinational firm boundary decisions". Journal of International Business Studies, 47(5): 563-576.
9. de Haan, Jacob, Sander Oosterloo i Dirk Schoenmaker. 2015. Rynki finansowe i instytucje: Perspektywa europejska, wydanie trzecie. Cambridge, UK: Cambridge University Press.
10. Deutsche Bundesbank, "Mark-ups on Firms in Selected European Countries", Raport miesięczny grudzień 2017, Frankfurt nad Menem, 2017.
11. Drexl, J. (2008). Research handbook on Intellectual property and Competition law, Cheltenham: Edward Elgar Publishing.
12. E Rosati, Originality in EU copyright, Full Harmonization through case law (Edward Elgar:2013).
13. Emmanuelle Auriol, Sara Biancini, 2009, Intellectual Property Rights Adoption in Developing Countries 2 października, WP 09-094 Toulouse school of economics.
14. Komisja Europejska, "Europejska agenda cyfrowa" (komunikat) COM(2010) 245 wersja ostateczna/2 z dnia 26 sierpnia 2010 r.
15. European Copyright Society, General Opinion on the EU Copyright Reform Package, 24 stycznia 2017 r., dostępna na stronie: https://europeancopyrightsocietydotorg.files.wordpress.com/2015/12/ecs-opinion-on-eu-copyright-reformdef.pdf.
16. Fabrizio Di Benedetto, "Europejski Komitet Inwestycji Zagranicznych?" Columbia FDI Perspectives, No. 214, December 4, 2017.
17. G Zekos, 'Constructing a New IPRs index' [2012] 4 Web JCLI http://webjcli.ncl.ac.uk/2012/issue4/zekos4.html
18. G Zekos, ECONOMICS AND LAW ON COMPETITION IN 21st CENTURY GLOBALIZATION 2014 Nova Science Publications New York USA. www.novapublishers.com
19. G Zekos, Impact of IPRs on FDI and Trade, 2013, The IUP Journal of Management Research, Vol. XII, No. 4. www.iupindia.jn.
20. G Zekos, Wzajemne powiązanie praw własności intelektualnej i konkurencyjności: FDI inwards i FDI outwards, 2013 Journal of Intellectual Property Rights vol. 18 July 2013 s. 338-350 www.niscair.res.in
21. G Zekos, Wpływ praw własności intelektualnej na BIZ, 2013 PhD Thesis Economics Department, University of Peloponnese Tripoli Hellas www.uop.gr .
22. G Zekos, IPRS' Influence on FDI Inflows & FDI Outflows In EU, 2017 Lambert Academic Publishing www.lap-publishing.com.
23. G Zekos, Law & Economics of IPRs, 2016 Nova Science Publications New York USA. www.novapublishers.com.
24. G Zekos, The United States of Europe in place of the European Union, 2017 Nova Science Publications New York USA. www.novapublishers.com.

25. G Zekos, The Value of IPRs and Competitiveness Regarding FDI: Linear and Non-Linear Analysis 2013 Journal of Computational Optimization in Economics and Finance Volume 5 Issue 2, www.novapublishers.com.
26. Georgios I. Zekos, Prawa autorskie i znaki towarowe w cyberprzestrzeni: A Legal and Economic Analysis, 15 Chi. -Kent J. Intell. Prop. 313 (2016). https://scholarship.kentlaw.iit.edu/ckjip/vol15/iss1/10
27. Giulia Priora, Copyright law and the promotion of scientific networks: some reflections on the rules on co-autororship in the EU Queen Mary Journal of Intellectual Property 9(2), 2019 p 232.
28. Giuseppe Mazziotti, Copyright in the EU Digital Single Market Report of The Ceps Digital Forum czerwiec 2013, Centre for European Policy Studies Brussels Copyright 2013, Centre for European Policy Studies.
29. Guti´errez, G. i Philippon, T. (2018). How EU Markets Became More Competitive Thanely Than US Markets: A Study of Institutional Drift. NBER Working Papers 24700, National Bureau of Economic Research, Inc.
30. Gygli, S., F. Haelg i J. Sturm (2018) The KOF Globalisation Index - Revisited. KOF Swiss Economic Institute, KOF Working Paper No. 439.
31. Irini Stamatoudi i Paul Torremans, Prawo autorskie UE: A Commentary (Edward Elgar, Cheltenham 2014).
32. Jannick Damgaard i Thomas Elkjaer, The Global FDI Network: Searching for Ultimate Investors, IMF Working Paper WP/17/258.
33. Jean-Luc Verhelst, Bitcoin - The Blockchain and beyond, 2017.
34. Jean-Marc Natal i Nicolas Stoffels, Globalization, Market Power, and the Natural Interest Rate, IMF Working PaperWP/19/95 str. 16.
35. Joseph Schumpeter, Capitalism, Socialism and Democracy 84 (Harper Perennial 1976) (1942).
36. Kacper Szkalej, "Nakazy blokujące wobec dostawców usług internetowych w Szwecji 2.0 beta - podwyższenie poziomu nakazu tymczasowego? (Część 2)" (2018) Kluwer Copyright Blog, <http://copyrightblog.kluweriplaw.com/2018/11/26/blocking-injunctions-against-isps-in-sweden-2-0-beta-the-rise-of-the-interim-injunction-part-2/>
37. Kent, K. (2008). Law of the European Union, Harlow: Longman.
38. Kertzer, J. D., B. Rathbun i N. S. Rathbun (2018) The Price of Peace: A Behavioral approach to Costly Signaling in International Relations. Dostępne na stronie: https://people.fas.harvard.edu/~jkertzer/Research_fi les/Price%20of%20Peace%20Web.pdf
39. Lane, Philip i Gian-Maria Milesi-Ferretti (2017), "International Financial Integration in the Aftermath of the Global Financial Crisis", IMF Working Paper WP/17/115.
40. Manuel Castells, The Rise of the Network Society (Blackwell, Oxford 2010) 51-4.
41. Martin Husovec, "Holey Cap! CJEU Drills (Yet) Another Hole in the E-Commerce Directive's Safe Harbors" (2017) 12(2) Journal of Intellectual Property Law & Practice 115.
42. Martin Husovec, proszący niewinne osoby trzecie o naprawę: Pochodzenie i tendencje Franza Hoffmana i Franziska Kurz (Eds.) Ustawa o środkach zaradczych (Intersencia 2019).
43. Martin Husovec, Injunctions Against Intermediaries in the European Union: Odpowiedzialny, ale nieodpowiedzialny? (CUP, 2017).
44. McKinsey Global Institute (2016). Globalizacja cyfrowa: Nowa Era Globalnych Przepływów. Nowy Jork: MCKINSEY MGI.
45. Michèle Finck, Blockchain - Regulacje i zarządzanie w Europie, Cambridge University Press, 2019.
46. Niko Fanbasten i Alexandra Gostas Escobar (2016). Uwarunkowania bezpośrednich inwestycji zagranicznych: A panel data analysis of the MINT countries, Thesis, Uppsala University,1-56.
47. Nordhaus, William D. (1969), Invention, Growth and Welfare: A Theoretical Treatment of Technological Change, Cambridge MA: The M.I.T. Press.
48. P Oliver & C Stothers, Własność intelektualna zgodnie z Kartą: czy waga Trybunału jest właściwie skalibrowana?" (2017) Przegląd prawa wspólnego rynku 517.

49. P.B. Hugenholtz, "Elastyczne prawa autorskie, czy prawo autorskie UE może być sprawiedliwe?", w: R. Okediji (red.), Copyright Law in an Age of Limitation and Exceptions (Cambridge: Cambridge University Press, 2016), str. 275, w: 276-277.
50. Perlmutter, H.V. i Heenan, D.A.,... "Cooperate to compete global", Harvard Business Review, marzec-kwiecień 1986, str. 78-86.
51. Raju Parakkal, Powroty gospodarcze z globalizacji społecznej i politycznej: Czy sygnalizacja pomaga krajom rozwijającym się i przejściowym w przyciąganiu bezpośrednich inwestycji zagranicznych? dostępne na stronie: https://ssrn.com/abstract=3249332 str. 23.
52. Reitzig, M., Henkel, J. i Schneider, F. (2010), "Collateral damage for R&D manufacturers: how patent sharks operate in markets for technology", Industrial and Corporate Change, 19(3), strony 947-967.
53. Ronald U. Mendoza, Miann S. Banaag , Irwin Kendrick L. Uy, Unleashing the Country's Full Potential to Attract FDI, ASOG WORKING PAPER 18-005.
54. Schwab, K. (2016). Czwarta rewolucja przemysłowa. Genewa: Światowe Forum Ekonomiczne.
55. Scotchmer, Suzanne.2004. Innowacje i zachęty. Cambridge MA: MIT Press.
56. Taylor, C. (2008). Foreign Direct Investment and the Euro: The First Five Years. Cambridge Journal of Economics, 32(1):1-28.
57. Traina, James, "Czy skumulowana siła rynkowa wzrasta? Production Trends Using Financial Statements", Stigler Center New Working Paper Series, No. 17, 2018.
58. Van Reenen, J. (2018). Wzrost Differences Między firmami: Siła rynkowa a Makroekonomia. CEP Discussion Papers dp1576, Centre for Economic Performance, LSE.
59. Williamson, J.G. (1997) Globalizacja i nierówność, przeszłość i teraźniejszość. World Bank Research Observer 12, 117-35.
60. WIPO, (2003), "What Is Intellectual Property?" Publikacja WIPO NO.450.
61. World Investment Report 2017: Inwestycje a gospodarka cyfrowa. Nowy Jork i Genewa: Organizacja Narodów Zjednoczonych. UNCTAD (2017).
62. Yingyao Hu i Jiaxiong Yao, Illuminating Economic Growth, IMF Working Paper WP/19/77.

Dodatki

Dodatek 1:
Wynik aktualizacji Szacunków Indeksu *ZEKIPR*

Nazwa kraju	Zekipr8	Zekipr7	Zekipr1a	Zekipr1b	Zekipr9
Albania	3.688556	3.718556	3.849187	3.693187	3.748556
Algieria	3.395945	3.31698	3.435758	3.341758	3.42698
Argentyna	3.496495	3.516495	3.544736	3.483736	3.506495
Armenia	3.848818	3.779852	3.941714	3.765714	3.939852
Australia	4.226821	4.226821	4.203505	4.244505	4.186821
Austria	4.221304	4.241304	4.273934	4.305934	4.241304
Azerbejdżan	3.688227	3.698227	3.939857	3.702857	3.938227
Belgia	4.172732	4.128249	4.073934	4.105934	4.088249
Brazylia	3.664869	3.664869	3.686879	3.640879	3.674869
Nazwa kraju	Zekipr8	Zekipr7	Zekipr1a	Zekipr1b	Zekipr9
Bułgaria	4.08798	4.10798	4.113286	4.074286	4.11798
Kanada	3.988299	3.929333	3.917648	3.941648	3.889333
Chile	3.881724	3.891724	3.745571	3.708571	3.861724
Chiny	3.739261	3.729261	3.910714	3.725714	3.899261
Chorwacja	4.12798	4.076552	4.154571	4.088571	4.116552
Cypr	3.958647	3.978647	3.950637	3.952637	3.918647
Czechy	3.996995	3.986995	4.008857	4.002857	3.976995
Dania	4.365081	4.385081	4.374692	4.377692	4.315081
Ekwador	3.440387	3.390387	3.482165	3.355165	3.520387
Egipt,	3.61335	3.71335	3.781143	3.727143	3.64335
Estonia	4.232224	4.232224	4.279549	4.230549	4.242224
Finlandia	4.302732	4.292732	4.286648	4.291648	4.302732
Francja	4.498397	4.426969	4.437505	4.414505	4.416969
Gruzja	3.661372	3.661372	3.799022	3.598022	3.801372
Niemcy	4.39352	4.369038	4.384363	4.417363	4.349038
Ghana	3.583221	3.548738	3.555802	3.487802	3.578738
Grecja	3.838579	3.868579	3.922978	3.931978	3.888579
Gujana	3.165248	3.175248	3.206637	3.132637	3.225248
Węgry	4.116355	4.136355	4.148286	4.124286	4.136355
Islandia	4.027241	4.027241	4.033	4.05	4.037241
Indie	3.487003	3.44252	3.569835	3.494835	3.56252
Indonezja	3.442167	3.412167	3.448	3.37	3.492167
Irlandia	4.150887	4.126404	4.107571	4.158571	4.096404
Izrael	3.817594	3.832077	3.866549	3.840549	3.842077
Włochy	4.210837	4.220837	4.252143	4.187143	4.250837
Japonia	4.270205	4.191239	4.195407	4.183407	4.171239
Jordania	3.578276	3.578276	3.675571	3.598571	3.698276
Kenia	3.409132	3.389132	3.496659	3.340659	3.549132
Łotwa	3.988621	3.998621	4.14	4.06	4.058621
Litwa	3.961084	3.906601	3.959286	3.884286	3.966601
Luksemburg	4.215369	4.200887	4.157571	4.178571	4.160887
Malezja	3.617003	3.617003	3.722264	3.606264	3.717003
Malta	3.691773	3.721773	3.809143	3.807143	3.701773
Meksyk	3.921478	3.876995	3.899857	3.842857	3.916995
Mozambik	3.467135	3.442653	3.436736	3.433736	3.412653
Holandia	4.372224	4.372224	4.324835	4.364835	4.342224

Nowa Zelandia	4.025089	3.946124	3.912956	3.923956	3.946124
Nikaragua	3.630493	3.580493	3.688714	3.535714	3.740493
Nigeria	3.199026	3.229026	3.33511	3.25011	3.269026
Norwegia	4.186427	4.186427	4.202363	4.187363	4.176427
Pakistan	3.251402	3.151402	3.285791	3.108791	3.261402
Panama	3.546692	3.546692	3.534022	3.458022	3.646692
Paragwaj	3.296453	3.296453	3.363	3.26	3.346453
Peru	3.600296	3.610296	3.724286	3.574286	3.710296
Filipiny	3.413793	3.36931	3.479857	3.392857	3.50931
Polska	4.061125	4.026643	4.046736	3.983736	4.026643
Portugalia	4.12781	4.12781	4.160209	4.201209	4.15781
Korea, Rep.	3.980205	3.945722	4.029121	3.989121	3.995722
Rumunia	4.01064	4.03064	4.143429	4.051429	4.10064

Dodatek 2:
Wynik aktualizacji Szacunków Indeksu ZEKIPR

Kraj	Zekipr6	Zekipr6a	Zekpat6	Zekkopy6	Zekmark6
Albania	3.758556271	3.288556271	1.291428571	1.362857143	1.354615385
Algieria	3.326979917	2.976979917	1.171428571	1.207142857	1.234615385
Argentyna	3.626494884	3.096494884	1.365714286	1.415714286	1.422307692
Armenia	3.729852217	3.359852217	1.22	1.255714286	1.27
Australia	4.266820765	3.406820765	1.774285714	1.774285714	1.783076923
Austria	4.311303524	3.441303524	1.77	1.798571429	1.793076923
Azerbejdżan	3.728226601	3.318226601	1.252857143	1.295714286	1.31
Belgia	4.178249337	3.378249337	1.671428571	1.728571429	1.723076923
Brazylia	3.794869269	3.154869269	1.525714286	1.568571429	1.532307692
Bułgaria	4.107980296	3.617980296	1.404285714	1.397142857	1.39
Kanada	3.969333081	3.089333081	1.772857143	1.808571429	1.803076923
Chile	3.911724138	3.151724138	1.574285714	1.645714286	1.66
Chiny	3.819261084	3.299261084	1.391428571	1.427142857	1.42
Chorwacja	4.126551724	3.546551724	1.444285714	1.465714286	1.48
Cypr	4.048647215	3.278647215	1.727142857	1.662857143	1.646923077
Czechy	4.056995074	3.366995074	1.547142857	1.575714286	1.59
Dania	4.41508147	3.51508147	1.8	1.814285714	1.807692308
Ekwador	3.53038651	3.07038651	1.317142857	1.367142857	1.352307692
Egipt	3.663349754	3.243349754	1.298571429	1.298571429	1.32
Estonia	4.272224327	3.522224327	1.664285714	1.657142857	1.657692308
Finlandia	4.272732095	3.412732095	1.731428571	1.788571429	1.783076923
Francja	4.506968549	3.696968549	1.724285714	1.738571429	1.733076923
Gruzja	3.751371732	3.221371732	1.365714286	1.437142857	1.422307692
Niemcy	4.419037514	3.559037514	1.774285714	1.788571429	1.783076923
Ghana	3.468738158	3.018738158	1.278571429	1.357142857	1.319230769
Grecja	4.068579007	3.348579007	1.591428571	1.634285714	1.627692308
Gujana	3.1452482	2.7552482	1.19	1.261428571	1.266923077
Węgry	4.13635468	3.52635468	1.488571429	1.495714286	1.51
Islandia	4.007241379	3.217241379	1.675714286	1.704285714	1.69
Indie	3.542519894	3.002519894	1.404285714	1.425714286	1.447692308
Indonezja	3.492167488	3.022167488	1.327142857	1.355714286	1.37
Irlandia	4.096403941	3.306403941	1.661428571	1.704285714	1.69
Izrael	4.012076544	3.232076544	1.672857143	1.694285714	1.687692308
Włochy	4.370837438	3.660837438	1.667142857	1.617142857	1.61
Japonia	4.231239106	3.421239106	1.81	1.702857143	1.717692308
Jordania	3.638275862	3.048275862	1.425714286	1.454285714	1.49
Kenia	3.429132247	3.059132247	1.205714286	1.241428571	1.239230769
Łotwa	4.01862069	3.40862069	1.467142857	1.502857143	1.51
Litwa	3.986600985	3.326600985	1.524285714	1.567142857	1.56
Luksemburg	4.2308867	3.3408867	1.761428571	1.804285714	1.79
Malezja	3.597002653	3.037002653	1.417142857	1.452857143	1.467692308
Malta	3.601773399	2.981773399	1.477142857	1.534285714	1.52
Meksyk	3.956995074	3.466995074	1.368571429	1.454285714	1.39
Mozambik	3.39265252	3.00265252	1.211428571	1.368571429	1.282307692
Holandia	4.402224327	3.522224327	1.794285714	1.787142857	1.787692308
Nowa Zelandia	3.946123532	3.066123532	1.751428571	1.78	1.795384615

Dodatek 3:
Wynik aktualizacji Szacunków Indeksu ZEKEUIPR

Kraj	zekeuipr1	zekeuipr1b	zekeupat1	zekeukopia1
Austria	4.311303524	3.441303524	1.77	1.798571429
Belgia	4.178249337	3.378249337	1.671428571	1.728571429
Bułgaria	4.107980296	3.617980296	1.404285714	1.397142857
Chorwacja	4.126551724	3.546551724	1.444285714	1.465714286
Cypr	4.048647215	3.278647215	1.727142857	1.662857143
Czechy	4.056995074	3.366995074	1.547142857	1.575714286
Dania	4.41508147	3.51508147	1.8	1.814285714
Estonia	4.272224327	3.522224327	1.664285714	1.657142857
Finlandia	4.272732095	3.412732095	1.731428571	1.788571429
Francja	4.506968549	3.696968549	1.724285714	1.738571429
Niemcy	4.419037514	3.559037514	1.774285714	1.788571429
Grecja	4.068579007	3.348579007	1.591428571	1.634285714
Węgry	4.13635468	3.52635468	1.488571429	1.495714286
Irlandia	4.096403941	3.306403941	1.661428571	1.704285714
Włochy	4.370837438	3.660837438	1.667142857	1.617142857
Łotwa	4.01862069	3.40862069	1.467142857	1.502857143
Litwa	3.986600985	3.326600985	1.524285714	1.567142857
Luksemburg	4.2308867	3.3408867	1.761428571	1.804285714
Malta	3.601773399	2.981773399	1.477142857	1.534285714
Holandia	4.402224327	3.522224327	1.794285714	1.787142857
Polska	4.036642668	3.386642668	1.5	1.535714286
Portugalia	4.167809776	3.467809776	1.642857143	1.592857143
Rumunia	4.080640394	3.540640394	1.411428571	1.447142857
Słowacja	4.01453202	3.46453202	1.414285714	1.457142857
Słowenia	4.137783251	3.547783251	1.461428571	1.504285714
Hiszpania	4.465058734	3.755058734	1.667142857	1.695714286
Szwecja	4.365786283	3.475786283	1.79	1.818571429
Zjednoczone Królestwo	4.394357711	3.504357711	1.818571429	1.818571429

Dodatek 4:
Wynik aktualizacji Szacunków Indeksu ZEKEUIPR

Kraj	zekeuipr2	zekeuipr4	Zekeuipr3
Austria	4.241303524	4.241303524	4.221304
Belgia	4.128249337	4.088249337	4.172732
Bułgaria	4.107980296	4.117980296	4.08798
Chorwacja	4.076551724	4.116551724	4.12798
Cypr	3.978647215	3.918647215	3.958647
Czechy	3.986995074	3.976995074	3.996995
Dania	4.38508147	4.31508147	4.365081
Estonia	4.232224327	4.242224327	4.232224
Finlandia	4.292732095	4.302732095	4.302732
Francja	4.426968549	4.416968549	4.498397
Niemcy	4.369037514	4.349037514	4.39352
Grecja	3.868579007	3.888579007	3.838579
Węgry	4.13635468	4.13635468	4.116355
Irlandia	4.126403941	4.096403941	4.150887
Włochy	4.220837438	4.250837438	4.210837
Łotwa	3.99862069	4.05862069	3.988621
Litwa	3.906600985	3.966600985	3.961084
Luksemburg	4.2008867	4.1608867	4.215369
Malta	3.721773399	3.701773399	3.691773
Holandia	4.372224327	4.342224327	4.372224
Polska	4.026642668	4.026642668	4.061125
Portugalia	4.127809776	4.157809776	4.12781
Rumunia	4.030640394	4.100640394	4.01064
Słowacja	4.02453202	4.02453202	3.994532
Słowenia	4.187783251	4.157783251	4.197783
Hiszpania	4.375058734	4.425058734	4.399541
Szwecja	4.345786283	4.295786283	4.335786
Zjednoczone Królestwo	4.284357711	4.284357711	4.31884

Kolibri 360 GmbH
Ferdinand-Jühlke-Straße 7
99095 Erfurt, Deutschland
produktsicherheit@kolibri360.de

Druck:
CPI Druckdienstleistungen GmbH
im Auftrag der
Kolibri 360 GmbH
Ferdinand-Jühlke-Str. 7
99095 Erfurt